Reshad Feild

The Inner Work · Die innere Arbeit

II

Reshad Feild

The Inner Work II

Study Material of a
Living Esoteric School

Die innere Arbeit

Studienmaterial einer
lebenden esoterischen Schule

Band II

Übersetzungen von
Barbara Feild, Stefan Bommer,
Robert Cathomas, Karin Hein,
Karin Monte, Warren Richardson
und Angelika Schott

Chalice Verlag

Umschlagillustration und Frontispiz: Alois Alexander
Buchgestaltung: Robert Cathomas
Gesetzt aus der Adobe Garamond
Herstellung: Books on Demand GmbH
Printed in Germany

ISBN 978-3-905272-22-2

What I
want most for you
is to actually *know* that
you are loved,
more than anything else,
for it is knowledge
that anchors love.
Otherwise love is
like a ship that is blown
this way and that way
by winds of endless
change.

Das, was ich mir
am meisten für euch wünsche,
ist, dass ihr wirklich *wisst,*
dass ihr geliebt seid.
Das ist wichtiger
als alles andere,
denn Wissen verankert Liebe.
Sonst wird die Liebe
wie ein Schiff hierhin
und dorthin getrieben von
den Winden der stetigen
Veränderung.

Contents

Study Papers · Part Three

Inhalt

Prayers

Practices

Gebete

Übungen

The Sails Are Set

THIS SHIP IS MADE OF THE WOOD OF CENTURIES, BUT THE
nails that hold the planks together are of copper and iron. The wood is seasoned by the long journeys, but it bends in the tides and in the storms when the wind blows so strongly that we might wonder if we will ever reach the shore. The map is tried and tested and leads only to the centre of the centre, but it is like a labyrinth.

We must take the right path with a sure and certain step in the right direction. We must not stop, once we begin, because the pathway is so narrow that only one person at a time can cross over the tow bridges that lie between where we came from and where we are going. On either side of the pathway, lit by the sun in the daytime and by the moon at night, there are many traps and dangers. Each one is sent to test us, to test our courage and our patience and our honesty.

One foot is the foot of our predestination in eternity, and the other takes the step of perseverance. One after the other, step by step, we walk on, the sound of love echoing in our hearts. If we lose that sound, the sound of gratefulness, we know we have lost the way. Then we have to re-trace our steps ever so carefully until we find out where we went wrong.

We blame no one on this journey, for the One Guide is always there to help us. It is only we, in our lack of humility and true submission, who step off the path. God, the One Creator of us all, wants us all to come to the centre. Why should He push us away? We are His Creation and the highest of His Creatures. No one could love us as He does. No one could care for us as He does or know us as He knows us; for He is the All-Knower and the All-Merciful and the Compassionate.

This ship is strong. Let us not forget that we can trust in this ship. We will work to keep it afloat, and God will steer it in the right direction on the path of return to Him. So let us go on, hand in hand, in love and respect and gentle beauty. The sails are set. The wind is fair and the map is drawn with a fine pen. Let go off the anchor! Turn the wheel home!

1992

Die Segel sind gesetzt

DIESES SCHIFF IST AUS DEM HOLZ DER JAHRHUNDERTE GE-
fertigt, aber die Nägel, welche die Planken zusammenhalten, sind
aus Kupfer und Eisen. Das Holz ist von den langen Fahrten ver-
wittert, und doch biegt es sich in den Gezeiten und Stürmen, wenn
der Wind so stark bläst, dass wir uns vielleicht fragen, ob wir jemals die Küste erreichen werden. Die Karte ist vielfach erprobt
und führt einzig und allein ins innerste Zentrum, aber sie gleicht
einem Labyrinth.

Wir müssen den richtigen Weg einschlagen, mit festem und si-
cherem Schritt in die richtige Richtung. Wir dürfen nicht Halt
machen, wenn wir einmal begonnen haben; denn der Pfad ist so
eng, dass nur jeweils eine Person die Seilbrücken überqueren kann
von da, wo wir herkommen, nach dort, wo wir hingehen. Am Tag
vom Licht der Sonne und nachts vom Mond erhellt, liegen auf beiden Seiten des Pfades viele Fallen und Gefahren. Jede von ihnen
wird geschickt, uns zu prüfen: unseren Mut, unsere Geduld und
unsere Aufrichtigkeit.

Der eine Fuß ist der Fuß unserer Vorherbestimmung in der
Ewigkeit, der andere nimmt den Schritt der Ausdauer. Schritt für
Schritt, einen nach dem anderen, gehen wir voran, während der
Klang von Gottes Liebe in unseren Herzen widerhallt. Wenn wir
diesen Klang verlieren, den Klang der Dankbarkeit, wissen wir,
dass wir vom Weg abgekommen sind. Dann müssen wir unsere
Schritte ganz genau nachvollziehen, bis wir herausfinden, wo wir
uns verirrt haben.

Auf dieser Reise machen wir niemandem einen Vorwurf, denn
der Eine Führer ist immer da, um uns zu helfen. Wir allein sind es,
mit unserem Mangel an Demut und wahrer Ergebenheit, die vom
Pfad abweichen. Gott, der Eine Schöpfer von uns allen, möchte,
dass wir alle ins Zentrum gelangen. Warum sollte Er uns von Sich
stoßen? Wir sind Seine Schöpfung und das höchste Seiner Geschöpfe. Niemand könnte uns so lieben wie Er. Niemand könnte für
uns sorgen, wie Er es tut, oder uns so genau kennen wie Er, denn Er
ist der All-Wissende und der All-Gnädige und der Erbarmer.

Dieses Schiff ist stark. Wir wollen nicht vergessen, dass wir diesem Schiff trauen können. Wir werden dafür arbeiten, dass es fahr-

Want and Need

sion in connection with the words "want" and "need". I have talked about this on different occasions, but I feel that there is more
that can be said on the subject.

First of all, it is true to say that when we enter a real school for
the first time, we are carried along with enough enthusiasm to provide the impetus to work on whatever project is given to us whether
we feel we want to or not. Everything is new, everything quite fresh.
Even if we are asked to scrub a tiled floor with a toothbrush for one
whole weekend, it will not be seen to be that strange; rather it will
be sensed to be all part of the "inner" teaching that obviously exists
in the school that we have agreed to attend. Life may not be easy, in
fact it may be very hard, but still we will proceed, receiving test after
test both from life itself and from the teaching methods that are
used in every living school to test us sufficiently – so that those who
are responsible are quite sure that we are ready to go on to the next
rung of the ladder, leaving nothing behind and having fulfilled all
that we were asked to do in the stage before.

Sometime during the early stages it may well be explained to us
that we have to give up all notions of ourselves as being separate
from the One Universal Principle and that it is only through completely entering the path of service that we can proceed on the true
way. We put ourselves second and, hopefully, others first. All this
is correct and as it ought to be, but when one cycle is complete, it
is necessary to move on to another. In the first years of work in a
school the word "want"– "I want this or that" et cetera – is not
used, but the word "need" is stressed very much. It is not that the
need is for us, but rather we are asked to serve whatever is nearest
to us to serve, and to give up our selfish motives for what is needed
in any one moment. It is a good training, and yet it has many
stages, many steps to climb that we can truly understand.

Let me try to put it this way; if you are talking to a little child
and there is a large box of chocolates in front of the child, he might
say, "I want those". The parents will, little by little, say that it is all
very well wanting them, but if too many are eaten, the child can
become sick, therefore it is better to eat only that number that are
good for the child. There is an attempt made on the part of the
parents to help the child to understand, at a very early age, that we

tüchtig bleibt, und Gott wird es auf dem Weg der Heimkehr zu Ihm in die richtige Richtung steuern. Darum lasst uns Hand in Hand weitergehen, in Liebe und Respekt und in sanfter Schönheit. Die Segel sind gesetzt. Der Wind steht günstig, und die Seekarte ist mit gutem Stift gezeichnet. Lichtet den Anker! Dreht das Steuer herum für die Heimfahrt!

⁂

Wünschen und Benötigen

MIR SCHEINT, DASS ÖFTER EINIGE VERWIRRUNG BESTEHT IM Zusammenhang mit den Begriffen »wünschen« und »benötigen«. Ich habe schon häufig hierüber gesprochen, doch ich denke, dass noch mehr über dieses Thema gesagt werden kann.

Zunächst trifft es zu, dass, wenn wir erstmalig in eine echte Schule eintreten, wir von genügend Begeisterung getragen sind und den Schwung haben, an allen möglichen uns aufgetragenen Projekten zu arbeiten, ob sie unseren Wünschen entsprechen oder nicht. Alles ist neu, alles ganz frisch. Selbst wenn von uns verlangt wird, das ganze Wochenende einen Kachelfußboden mit einer Zahnbürste zu schrubben, mutet uns das nicht allzu seltsam an; wir spüren vielmehr, dass dies zu der »inneren« Lehre gehört, die in der Schule, an der wir teilzunehmen bereit sind, offenbar vorhanden ist. Das Leben mag nicht einfach sein, es mag sogar sehr schwer sein, und dennoch machen wir weiter und nehmen eine Prüfung nach der anderen auf uns, ob sie aus dem Leben selbst kommt oder aus den Lehrmethoden, die jede lebende Schule benutzt, um uns genügend zu testen – damit die Verantwortlichen ganz sicher sein können, dass wir bereit sind, die nächste Sprosse der Leiter zu erklimmen, nichts hinter uns zurückzulassend und alles erfüllt, was auf der vorherigen Stufe von uns verlangt wurde.

Irgendwann während der Anfangsphase wird uns wohl auch erklärt, dass wir alle Vorstellungen von uns selbst als getrennt von dem Einen Universellen Prinzip aufgeben müssen und dass wir auf dem wahren Weg nur voranschreiten können, wenn wir uns ganz dem Pfad des Dienens widmen. Wir stellen uns selbst zurück und andere, hoffentlich, an die erste Stelle. All das ist richtig und so, wie es sein sollte, aber wenn ein Zyklus beendet ist, wird es nötig,

should eat only as much as we need for the physical well-being of our bodies, rather than as much as we want, which would, if carried through to its ultimate, eventually lead to vast over-indulgence in one way or another.

So we can see here how an attempt is made to adjust the mind of the child from being controlled just by the animal nature (whose survival is dependent upon fighting for food) towards a higher and more intelligent approach to food, eventually concerning food on many different levels, whether it be the food we eat, the impressions we take in or the air we breathe. It does not take very much for us to realise that the more we understand the very direct need of the food of impressions and conscious breathing, the less physical food we need.

All that is said here is to attempt to help us understand something about the next step of the journey after we have sacrificed absolutely everything for the need of the moment. For there is bound to come a time, after the initial enthusiasm has worn off, when very deep questions, and even doubts, start to enter our minds, and perhaps with a little awakened conscience (based on an understanding of discrimination) something may start to build in ourselves when we ask the very important question, "Do I *really* want to do this, or complete this or that project? Am I *willing* to complete it, or set out on this journey?" and so on.

This is a healthy sign, for we would be foolish indeed, at this stage, to jump into everything if we do not want to, or at least if we have not agreed to complete a cycle consciously, whether we feel we want to or not. Perhaps we can see, for the first time, the meaning behind the pressure put on us to complete cycles, rather than just finish them. We can see that will *grows* out of completing cycles and that will *is lost* whenever we say that we are going to do something and then fail in our promise. We begin to see behind the appearance of things, and our sense of the need of the moment becomes deeper. The deeper it becomes, the nearer our own want relates directly to the need itself until, finally, there is the possibility that our wish becomes God's Desire, God's Will; and so the need of the moment and our wanting to fulfil the need become a joyous festival of life.

It is a challenge that is well worth facing, but we would be naive indeed if we thought that we would not be tested all the way until this may happen. Naturally, for this to be real, we would have

zum nächsten überzugehen. In den ersten Jahren der Arbeit in einer Schule wird das Wort »wünschen« – »ich wünsche, möchte, will dieses oder jenes« und so weiter – nicht benutzt; stattdessen wird das Wort »benötigen« sehr stark betont. Dabei geht es nicht darum, was *wir* benötigen, sondern wir sind vielmehr gefordert, dem zu dienen, was immer uns am nächsten ist, und unsere egoistischen Motive aufzugeben für das, was in jedem Augenblick notwendig ist. Das ist ein gutes Training, und doch besteht es aus vielen Stufen: viele Stufen, die wir erklimmen müssen, um wirklich verstehen zu können.

Lasst es mich so formulieren: Wenn man mit einem kleinen Kind redet, das eine große Schachtel Schokolade vor sich hat, könnte es sagen:»Ich will sie haben«, und die Eltern werden ihm, Schritt für Schritt, klarmachen, dass das Habenwollen zwar gut und schön ist, wenn es aber zuviel davon isst, es ihm schlecht wird und es deshalb besser ist, nur so viel zu nehmen, wie es vertragen kann und ihm gut tut. Die Eltern bemühen sich, im Kind schon in einem sehr frühen Alter das Verständnis dafür zu wecken, dass wir nur so viel essen sollten, wie wir für das physische Wohlergehen unseres Körpers brauchen, und nicht so viel wir wollen, weil das, ins Extreme weitergeführt, letztlich zu einer maßlosen Genusssucht in dieser oder jener Hinsicht führen würde.

Wir sehen also, wie versucht wird, das Denken des Kindes von der ausschließlichen Kontrolle durch die tierische Natur (deren Überleben vom Kampf ums Essen abhängt) in Richtung eines höheren und intelligenteren Ansatzes gegenüber Nahrung umzustimmen; und das betrifft dann letzten Endes Nahrung auf vielen verschiedenen Ebenen, ob es sich um die Nahrung handelt, die wir essen, die Eindrücke, die wir aufnehmen, oder die Luft, die wir atmen. Es braucht nicht viel, um zu erkennen, dass wir um so weniger physische Nahrung benötigen, je besser wir die unmittelbare Notwendigkeit der Nahrung der Eindrücke und des bewussten Atmens verstehen.

Alles, was hier gesagt wird, soll uns helfen, etwas über den nächsten Schritt der Reise zu verstehen, nachdem wir den Erfordernissen des Augenblicks absolut alles geopfert haben. Denn zweifellos wird, wenn die anfängliche Begeisterung einmal abgeflaut ist, eine Zeit kommen, in der sehr tiefe Fragen und sogar Zweifel in uns auftauchen, und mit ein bisschen wachem Bewusstsein (das auf der Fähigkeit zur Unterscheidung beruht) könnte sich dann etwas in

reached a state of non-existence. We would have passed from the unreal to the real, from appearance to an ever-living world of reality that lies here, all the time, waiting to be recognized. I believe that it is asked of us to truly face the tests that we are given, accepting them willingly, not expecting anything from them, but rather, in an intelligent fashion, *wanting* to carry on until the test is over. Then we can proceed in whatever privation we may have to face and in whatever difficulties that stand in our way. We can see that the *need* is to fulfil the test, and we willingly enter into it.

There is a story of Martin Buber's which illustrates this so well. Question: Why is the sacrifice of Isaac considered so glorious? At that time, our Father Abraham had already reached a high rung of holiness, and so it was no wonder that he immediately did as God asked him. Answer: When man is tried, all the rungs and all holiness are taken from him. Stripped of everything he has attained, he stands face to face with God, Who is putting him to the test.

Now, it is all very well listening to such a story, but as we all know inside our hearts, we are far from holy in ourselves. We have so far to go, and thus, at certain times, we are given the chance to really look into our lives and see just what is needed. For example, what sacrifices need to be made so that we will not be in a state of resentment when the going gets difficult, but rather want to fulfil whatever needs to be done – having observed the reason for the test in the first place.

With all this come the two key words – "patience" and "perseverance". Without patience, seen to be an actively receptive state, and without courage and perseverance in the face of difficulties, it is all too easy to slip back into the early stages of our journey, yet, this time, with less and less of the original enthusiasm driving us on. It is even possible to reach such a point of apathy, resentment or bitterness that we complain how the world is apparently treating us and so we can give up the work altogether and miss the greatest opportunity that God can give us; the realisation of the school of life and its purpose, leading to deeper and deeper realisation of God's Will and thus our own real destiny.

So I ask, at this time, just where do we find ourselves? Are we still flushed with the enthusiasm that we might have actually found something, a way, whatever we wish to call it, to which we can devote ourselves? If so, then we have little worries, for the wave will carry us onwards in our wish to learn and to serve.

uns entwickeln, wenn wir die sehr bedeutsame Frage stellen: »Will ich dies *wirklich* tun oder dieses oder jenes Projekt vollenden? Bin ich *gewillt*, es zu vollenden oder mich auf diese Reise zu begeben?« und so weiter.

Das ist ein gesundes Zeichen, denn wir wären in diesem Stadium wirklich töricht, uns auf alles einzulassen, wenn wir es nicht wollen oder nicht zumindest zugestimmt haben, einen Zyklus bewusst zu vollenden, ob wir nun möchten oder nicht. Vielleicht können wir nun zum ersten Mal sehen, welchen Sinn der auf uns ausgeübte Druck hat, Zyklen zu vollenden, statt sie einfach nur zu Ende zu bringen. Wir können sehen, dass aus der Vollendung von Zyklen Wille *erwächst* und dass jedes Mal Wille *verlorengeht*, wenn wir sagen, wir tun etwas, und unser Versprechen dann nicht halten. Wir beginnen, hinter den äußeren Anschein der Dinge zu schauen, und unser Gespür für die Erfordernisse des Augenblicks wird tiefer. Je tiefer es wird, desto eher beziehen sich unsere eigenen Wünsche immer direkter auf das, was wirklich notwendig ist, bis es schließlich möglich wird, dass unser Wunsch Gottes Verlangen, Gottes Willen, entspricht; und so werden das in jedem Augenblick Notwendige und unser Wunsch, es zu erfüllen, zu einem freudvollen Festspiel des Lebens.

Es ist eine Herausforderung, die sich lohnt, aber es wäre sehr naiv von uns zu glauben, wir würden nicht immer wieder aufs Neue geprüft, bis dies geschehen kann. Natürlich müssten wir, damit dies wirklich wird, einen Zustand der Nichtexistenz erreicht haben. Wir müssten vom Unwirklichen zum Wirklichen gelangt sein, vom Scheinbaren zu einer stets lebendigen Welt der Wirklichkeit, welche die ganze Zeit über hier ist und darauf wartet, erkannt zu werden. Ich glaube, wir sind gefordert, uns wahrhaft den Prüfungen zu stellen, die uns gegeben werden, und sie bereitwillig anzunehmen, ohne etwas von ihnen zu erwarten, sondern stattdessen auf intelligente Weise *in dem Wunsch* weiterzumachen, bis die Prüfung überstanden ist. Dann können wir fortfahren, welche Entbehrungen wir auch immer zu tragen und welche Schwierigkeiten wir auch immer zu überwinden haben. Wir sehen, dass die Erfüllung der Prüfung das *Notwendige* ist, und wir gehen bereitwillig hinein.

Bei Martin Buber findet sich eine Geschichte, die dies sehr schön veranschaulicht. Frage: Warum hält man das Opfer von Isaak für derart glorreich? Zu dem Zeitpunkt hatte unser Vater

Or are we finding that the original impulse is wearing out? Not that it was wrong, or unreal. None of these things, but rather that we have, ever so subtly, changed so that our motivators are no more the same as they were when we first came together, and therefore, if we try to remember the reason we first *thought* we came into this work we find ourselves in a dilemma. The only way out being either to try to recreate what we thought or considered the original aim or intention to have been (which, after all, is now illusion), or to take a big step into the unknown, trusting that indeed there *has been* change and thus we need to re-look at everything with which we are involved.

Are we involved with either of these two possibilities? Are we seeing that it is possible to have a look at these words "want" and "need"? Could we realise that the first flush of enthusiasm, although naive and even young, may be the very impulse that will last all of our lives? Is there any impulse but the impulse of Divine Love?

Perhaps what would be good enough for us, at least for the time being, would be to realise that we want to serve His Need; and, paradoxically enough, His Need is, finally, dependent upon our desire to serve Him and therefore potentially 'our' want. Everything is His. He is the Only Provider, He is the Only Knower, He is the Only Guide and so on. There is only *one* of everything. There is only One. Thus it is this sense, even knowledge, of the completion and perfection of all life that we serve. We serve only One. "One I serve, One I know." If we keep our spirits high, have courage and faithfulness, patience and perseverance, we can most surely serve the Unity, of Which we are a member, a limb, a unique exemplar of that truth. On that stone of truth we may die to the illusions and be re-born in Him, to eternal life.

1979

Abraham bereits eine hohe Stufe der Heiligkeit erreicht, und so war es kein Wunder, dass er sofort tat, wie Gott ihm befahl. Antwort: Wenn der Mensch geprüft wird, werden alle Errungenschaften und alle Heiligkeit von ihm genommen. Von allem entblößt, was er jemals erreicht hat, steht er von Angesicht zu Angesicht vor Gott, Der ihn auf die Probe stellt.

Nun, es ist zwar schön und gut, sich so eine Geschichte anzuhören, aber wie wir alle im innersten Herzen wissen, sind wir selbst weit vom Heiligsein entfernt! Wir haben einen weiten Weg vor uns, und daher wird uns zu bestimmten Zeiten die Gelegenheit gegeben, unser Leben einmal wirklich zu betrachten und zu sehen, was nötig ist. Beispielsweise welche Opfer notwendig sind, damit wir nicht in einen Zustand der Ablehnung geraten, wenn das Weitergehen schwierig wird, sondern stattdessen erfüllen möchten, was zu tun notwendig ist – vorausgesetzt, wir haben den Grund für die Prüfung überhaupt wahrgenommen.

Hier kommen wir zu den zwei Schlüsselwörtern – »Geduld« und »Ausdauer«. Ohne Geduld, die einen aktiv empfänglichen Zustand meint, und ohne Mut und Ausdauer angesichts von Schwierigkeiten ist es allzu leicht, in die frühen Stadien unserer Reise zurückzurutschen, diesmal allerdings mit immer weniger von der ursprünglichen Begeisterung als Triebfeder. Wir können sogar an den Punkt kommen, an dem wir uns voller Apathie, Ablehnung oder Bitterkeit darüber beklagen, wie uns anscheinend von der Welt so übel mitgespielt wird, und dann geben wir vielleicht die Arbeit völlig auf und verpassen damit die großartigste Chance, die Gott uns geben kann: das Erkennen einer Schule des Lebens und von deren Sinn, was uns zu einer immer tieferen Erkenntnis von Gottes Willen und somit zur Verwirklichung unserer wahren Bestimmung führt.

Deshalb frage ich euch nun: Wo genau befinden wir uns eigentlich? Sind wir noch von dieser Begeisterung darüber erfüllt, dass wir tatsächlich etwas gefunden haben könnten, einen Weg oder wie immer wir es nennen wollen, dem wir uns verschreiben können? Wenn ja, brauchen wir keine Sorge zu haben, denn die Woge wird uns in unserem Wunsch zu lernen und zu dienen vorwärts tragen.

Oder stellen wir fest, dass der ursprüngliche Impuls an Kraft verliert? Nicht dass er falsch war oder unwirklich. Nichts in dieser Richtung, sondern eher so, dass wir uns, beinahe unmerklich,

verändert haben, so dass unsere Beweggründe nicht mehr dieselben sind wie zu Anfang, als wir zusammenkamen, und dass wir uns deshalb in einem Dilemma befinden, wenn wir uns an den Grund erinnern wollen, aus dem wir ursprünglich *dachten,* zu dieser Arbeit gekommen zu sein. Der einzige Ausweg besteht darin, entweder zu versuchen, das wiederherzustellen, was wir für unsere ursprüngliche Absicht, unser ursprüngliches Ziel hielten (das jetzt allerdings eine Illusion ist), oder aber einen großen Schritt ins Unbekannte zu wagen in dem Vertrauen, dass tatsächlich eine Veränderung stattgefunden *hat,* und so müssen wir alles, womit wir zu tun haben, neu überdenken.

Trifft eine dieser beiden Möglichkeiten auf uns zu? Sehen wir, dass es möglich ist, uns diese Wörter »wünschen« und »benötigen« anzuschauen? Können wir erkennen, dass die erste Welle der Begeisterung, obschon naiv und noch sehr jung, womöglich genau der Impuls ist, der unser ganzes Leben lang andauern wird? Gibt es irgendeinen anderen Impuls als den Impuls der Göttlichen Liebe?

Was für uns, jedenfalls zur Zeit, genügen würde, wäre zu erkennen, dass wir Seiner Notwendigkeit, dem für Ihn Nötigen, dienen wollen; und paradoxerweise hängt das für Ihn Nötige letztlich von unserem Verlangen danach ab, Ihm zu dienen, und daher potenziell von ›unserem‹ Wunsch. Alles ist Sein. Er ist der Einzige Ernährer, Er ist der Einzige Wissende, Er ist der Einzige Führer und so weiter. Es gibt nur Einen in allem. Es gibt nur Einen. Deshalb dienen wir diesem Sinn, diesem Wissen der Ganzheit und Vollkommenheit allen Lebens. Wir dienen nur dem Einen. »Einem diene ich, Einen kenne ich.« Wenn wir einen klaren Kopf bewahren, Mut und Glauben, Geduld und Ausdauer haben, sind wir sehr wahrscheinlich imstande, der Einheit zu dienen, von Der wir ein Teil sind, ein Glied, ein einzigartiges Exemplar jener Wahrheit. Auf diesem Stein der Wahrheit können wir die Illusionen sterben lassen und in Ihm wiedergeboren werden zum ewigen Leben.

Some Questions

tion is clear, we find ourselves in difficult situations that can only cause disappointment and many other things which can then repeat themselves in different ways. We should therefore always ask ourselves the following questions:

1. What do you feel that a teacher can do for you?

2. What do you think you can do for a teacher?

3. What can you learn from a school of inner teachings?

4. Would you be prepared to realise, once and for all, that a school of inner work, or a teacher of the teachings within such a school, is not here to just help people out of their problems, but, over many years, to help the individuals within the school to learn how to help others on the way, which in our case we call the Way of Love, Compassion and Service?

5. If someone has psychological problems, then it is often necessary for such an individual to go to a suitable therapist *before* applying to join such a school. Do you understand this?

6. Do you realise that just in the same way that a teacher gives his or her life entirely to their Creator, so the student needs also to realise, by studying what is called "the law of reciprocity", that the *flow* must go both ways? Just as someone needs a good teacher, so the teacher needs a good pupil! What would "a good pupil" mean to you?

7. Do you know the difference between a student and a pupil, and that to know the meaning of being a real pupil normally takes about twelve years of working with a school as a student, learning the "language" of this school and all the inner work and practices that are necessary both for the student's growth and his protection?

8. Did you realise yet that just taking initiation from a teacher does not mean that, suddenly, life is going to get any easier? Far from it!

Einige Fragen

ES GESCHIEHT HÄUFIG, AUSSER WENN UNSER MOTIV UND UN-
sere Absicht klar sind, dass wir uns in einer schwierigen Situationen wiederfinden, die nur Enttäuschung und viele andere Dinge
verursacht, welche sich in verschiedener Weise wiederholen können. Daher sollten wir uns stets die folgenden Fragen stellen:

1. Was, meinst du, kann ein Lehrer für dich tun?

2. Was, denkst du, kannst du für einen Lehrer tun?

3. Was kannst du von einer Schule der inneren Lehren lernen?

4. Bist du bereit, ein für alle Mal zu erkennen, dass eine Schule der
inneren Arbeit oder ein Lehrer der Lehren in einer solchen Schule
nicht dazu da ist, den Menschen einfach aus ihren Problemen zu
helfen, sondern dazu, den Individuen in der Schule über viele
Jahre hinweg beim Lernen zu helfen, wie sie andere auf dem Weg
unterstützen können, den wir in unserem Fall den »Weg der Liebe,
des Mitgefühls und des Dienens« nennen?

5. Wenn jemand psychische Probleme hat, dann ist es für solch ein
Individuum häufig notwendig, zu einem geeigneten Therapeuten
zu gehen, *bevor* es sich um den Beitritt zu einer solchen Schule be-
wirbt. Verstehst du das?

6. Erkennst du, dass in der genau gleichen Weise, wie ein Lehrer
oder eine Lehrerin ihr Leben vollständig ihrem Schöpfer hingeben,
der Student oder die Studentin durch das Studium dessen, was
»das Gesetz der Gegenseitigkeit« genannt wird, auch realisieren
sollte, dass das Fließen in beide Richtungen geschehen muss?
Genau wie jemand einen guten Lehrer braucht, so braucht der
Lehrer einen guten Schüler! Was würde »ein guter Schüler« für
dich bedeuten?

7. Kennst du den Unterschied zwischen einem Studenten und
einem Schüler? Und weißt du, dass es üblicherweise etwa zwölf
Jahre Arbeit als Student in einer Schule braucht, um die »Sprache«
dieser Schule zu erlernen und all die innere Arbeit und die Übun-

It might make life more difficult. And that is why I do not necessarily grant initiation to everyone in the first instance – not until they at least *begin* to understand the implications and the responsibility involved.

9. Why are you attracted to the Sufi tradition? Do you realise that nearly all teachers in the Sufi tradition are, naturally, practicing *Muslims?* That is why we, in this school, have no official "label"; but, on the other hand, we do not mix traditions or practices. Nevertheless it is true to say that I, personally, teach from the *essence* of the inner tradition, which, after the time of the Prophet (peace and blessings be upon him), developed to be *called* "Sufism", which you will see in the dictionary as being what is termed "the esoteric branch of Islam".

If you want to proceed, then there is a lot of work to do. Particularly, you need to read again the paper called *Why Study?** and then ask what it all could mean *to you.* You will also need to go to the regular group meetings and any larger meetings of the school as much as possible – whether you like Sufi stories or not! May God guide you every day of your life. "Light upon Light; God guides those to whom He pleaseth" (Koran). Do not try to 'jump'. Go step by step, with patience, perseverance and trust!

2003

* See: *The Inner Work I,* page 108.

gen, die erforderlich sind sowohl für das Wachstum als auch den Schutz des Studierenden?

8. Verstehst du, dass, von einem Lehrer die Initiation anzunehmen, nicht bedeutet, dass dadurch das Leben plötzlich einfacher werden wird? Weit entfernt davon! Es kann das Leben schwieriger machen. Das ist der Grund, weshalb ich nicht unbedingt jedem die Initiation auf Anhieb gewähre – nicht, bis sie oder er zumindest die damit verbundenen Auswirkungen und Verantwortlichkeiten zu realisieren *beginnt*.

9. Warum fühlst du dich von der Sufi-Tradition angezogen? Bist du dir bewusst, dass fast alle Lehrer in der Sufi-Tradition natürlicherweise praktizierende *Muslime* sind? Das ist der Grund, weshalb wir in dieser Schule kein offizielles »Etikett« tragen; andererseits aber vermischen wir nicht Traditionen oder Übungen. Trotzdem ist es wahr zu sagen, dass ich persönlich aus der *Essenz* der inneren Tradition lehre, die sich nach der Zeit des Propheten (Friede und Segen seien mit ihm!) unter dem *Namen* »Sufismus« entwickelte, den du im Lexikon als »der esoterische Zweig des Islams« beschrieben findest.

Wenn du weitermachen willst, gibt es viel zu tun. Besonders solltest du den Text *Warum studieren?** nochmals lesen und dich dann fragen, was das alles *für dich* bedeuten könnte. Auch wird es nötig sein, dass du so oft wie möglich zu den regelmäßigen Gruppentreffen sowie den größeren Treffen der Schule gehst – ob du nun Sufi-Geschichten magst oder nicht! Möge Gott dich jeden Tag deines Lebens führen. »Licht über Licht, Gott führt diejenigen, die Er will« (Koran). Versuche nicht zu ›springen‹. Gehe Schritt für Schritt, mit Geduld, Beharrlichkeit und Vertrauen!

҉

* Siehe: *Die Innere Arbeit I,* Seite 109.

An Introduction to
the Study of the Unity of the One
in the Works of Muhyiddin Ibn Arabi
and Jalaluddin Rumi

by Hugh Tollemache

"INTRODUCTION" MEANS TO MAKE AN ENTRY POINT, TO open a door which allows a way in. This assumes that there is a desire to enter. This is why the first question is, "Why study?", and "Study what?" only follows after.

Why Study?

"Why study?" is usually easy enough to answer because in most cases there is an ulterior motive. For instance, "I study anatomy in order to become a doctor." That is, in most cases the reason for studying lies outside the subject studied. Then what is studied can be defined by the limits which bound the information which has to be acquired for doing something other than the study itself.

But the kind of study we are discussing is, in essence, of quite a different order. It cannot be defined by limits; it is not the acquiring of information nor is there an ulterior motive. This is the study of truth. The only motive that leads to truth is love of the truth for the sake of truth. All that is implied by honesty and the straight path is summed up by this. This also makes the introduction, or finding a point of entry, to such study of quite a different order. The truth is of necessity complete – how else would it be the truth? And something complete allows nothing outside itself as a point from which it may be entered. This means that essentially every student of the truth, in making the subject their own, must find their own point of entry, and this point of entry cannot lie outside of themselves or outside the subject entered. "Know thyself, and thou shalt know thy Lord" (hadith of the Prophet Muhammad, peace and blessings be upon him).

Here already is a paradox; that the entry into the objective, universal and unlimited (i.e. the truth) lies through the subjective, unique and defined (i.e. yourself) – while the subjective, unique and defined (i.e. yourself) depends for its existence on the objective, universal and unlimited (i.e. the truth).

Einführung in
das Studium der Einheit des Einen
in den Werken von Muhyiddin Ibn Arabi
und Jalaluddin Rumi

von Hugh Tollemache

»EINFÜHRUNG« BEDEUTET, EINEN EINTRITTSPUNKT ZU SETZEN, eine Tür zu öffnen, die einen Weg hinein erlaubt. Das setzt voraus, dass es einen Wunsch gibt einzutreten. Deshalb lautet die erste Frage: »Warum studieren?«, und »Was studieren?« folgt erst danach.

Warum Studieren?

„Warum studieren?« ist gewöhnlich einfach zu beantworten, weil es in den meisten Fällen einen tiefer liegenden Beweggrund gibt. Zum Beispiel: »Ich studiere Anatomie, um Arzt zu werden.« Dies heißt, dass in den meisten Fällen der Grund des Studierens außerhalb des studierten Themas liegt. Dann kann das, was studiert wird, durch die Eingrenzung definiert werden, welche die Information umschließt, die erworben werden muss, um etwas anderes zu tun, als bloß zu studieren.

Aber die Art von Studium, die wir diskutieren, ist in der Essenz von einer ganz anderen Ordnung. Sie kann nicht durch Eingrenzung definiert werden; es handelt sich nicht um das Erwerben von Informationen, noch gibt es einen tieferen Beweggrund. Dies ist das Studium der Wahrheit. Das einzige Motiv, das zur Wahrheit führt, ist die Liebe zur Wahrheit um der Wahrheit willen. All dies impliziert Ehrlichkeit, und der gerade Pfad wird dadurch beschrieben. Deshalb ist auch die Einführung, oder das Finden eines Eintrittspunktes in solch ein Studium, von einer ganz anderen Ordnung. Die Wahrheit ist notwendigerweise vollständig – wie sonst könnte sie die Wahrheit sein? Und etwas Vollständiges erlaubt nichts außerhalb von sich selbst als Punkt, von welchem aus es betreten werden könnte. Das bedeutet, dass im Grunde jeder Student der Wahrheit, der dieses Thema zu seinem eigenen macht, seinen eigenen Eintrittspunkt finden muss. Und dieser Eintrittspunkt kann nicht außerhalb seiner selbst oder außerhalb des gewählten Themas liegen. »Erkenne dich selbst, und du sollst deinen Herrn kennen« (Hadith des Propheten Mohammed, Friede und Segen seien mit ihm!).

But such paradoxes are not to be avoided, as they are of the very nature of reality, when an attempt is made to comprehend with the mind. Each such paradox is a point of entry. This is the value of forming such questions if the truth is to be unlocked; for though such questions are formulated by the mind, if they are honest, they come from the essence of one's being and can only be answered by that essence.

Such study is not intellectual, though without the intellect it is impossible. It is motivated by love, the love of the one truth to know itself. Or we could say it is only the truth which loves to know the truth. And it is because of beauty that the truth recognizes itself. This is the beauty of the perfection, which is discovered when that which is sought and that which seeks are recognised to be the same.

To take a very simple example; when you recognize a form to be beautiful – say a flower – it is the inner essence of your being (that is, your truth) recognizing the inner essence of the being of the flower (that is, its truth) as essentially the same truth. The recognition takes place through the medium of the form of the flower. We could say, truth has recognized itself; its measuring rod was beauty, and its mirror the form of the flower.

This points to a simple fact; that for our inner being to know the truth a mirror is required. Or to put it another way; the essence discovers itself in the mirror of form. The converse of this is also true, which is a paradox to ponder over and provide yet another entry point of insight. It is a fact that for you as a separate form to recognize any other separate form such as a flower, it requires the truth, which is beyond form, as a mirror in which it is seen; otherwise it would have no existence. This mirror may not be known to be there, but without it no forms could appear.

Thus, when we study the truth beyond the confines of form, we require a mirror in which it may be reflected and through which it may be recognized. And, conversely, when we study this form which reflects the truth, we discover that it exists because of the truth which is beyond form.

When a pupil is guided on a path of spiritual development, that which guides becomes for the pupil the mirror through which the pupil recognises his own essential self. That which guides comes to be recognized as the form which reflects the essential truth and is determined by it.

Hier liegt bereits ein Paradox vor: dass der Eintritt in das Objektive, Universelle und Unbegrenzte (das heißt die Wahrheit) durch das Subjektive, Einzigartige und Definierte geschieht (das heißt durch dich selbst) – während das Subjektive, Einzigartige und Definierte (das heißt du selbst) für seine Existenz vom Objektiven, Universellen und Unbegrenzten abhängt (das heißt der Wahrheit).

Aber solche Paradoxe sollten nicht vermieden werden, da sie der Natur der Wirklichkeit entsprechen, wenn ein Versuch gemacht wird, mit dem Verstand zu verstehen. Jedes dieser Paradoxe ist ein Eintrittspunkt. Darin liegt der Wert, solche Fragen zu formulieren, wenn die Wahrheit entschlüsselt werden soll; denn obwohl solche Fragen vom Verstand formuliert werden, kommen sie, wenn sie aufrichtig sind, aus der Essenz des eigenen Seins und können nur von dieser Essenz beantwortet werden.

Solch ein Studium ist nicht intellektuell, obwohl es ohne Intellekt unmöglich ist. Es ist von Liebe motiviert, der Liebe zur Einen Wahrheit, sich zu kennen. Oder wir könnten sagen, es ist nur die Wahrheit, die sich danach sehnt, die Wahrheit zu kennen. Und es ist wegen der Schönheit, dass die Wahrheit sich selbst erkennt. Dies ist die Schönheit der Vollständigkeit, die entdeckt wird, wenn das, was gesucht wird, und das, was sucht, als dasselbe erkannt wird.

Um ein sehr einfaches Beispiel zu nehmen: Wenn du eine Form als schön erkennst – sagen wir eine Blume –, ist es die innerste Essenz deines Seins (das heißt deine Wahrheit), die die innere Essenz des Seins der Blume (das heißt ihre Wahrheit) als wesentlich dieselbe Wahrheit erkennt. Das Erkennen geschieht durch das Medium der Form der Blume. Wir könnten sagen: Die Wahrheit hat sich selbst erkannt; ihr Messstab war Schönheit und deren Spiegel die Form der Blume.

Dies deutet auf eine einfache Tatsache: dass, damit unser inneres Sein die Wahrheit kennen kann, ein Spiegel notwendig ist. Oder um es anders auszudrücken: Die Essenz entdeckt sich selbst im Spiegel der Form. Das Gegenteil davon ist auch wahr, was ein Paradox ist, das zu bedenken ist und das noch einen andern Eintrittspunkt oder eine andere Einsicht gewährt. Es ist eine Tatsache, dass, damit du als getrennte Form eine andere getrennte Form wie eine Blume erkennen kannst, die Wahrheit, die jenseits von Form ist, als Spiegel benötigt wird, in welcher sie

Such a guide may be a person or it may be a life situation or it may be the written word. It is certainly true that – when we study the writings of a mystic who has realised the essential truth and whose writings come from that source – our guide can be at one and the same time the mystic himself as embodying an essential reflection of the truth, the situation in which we find ourselves while studying, and the written words we are studying. All these together will act as the mirror in which truth recognises itself. When it is love that dedicates our study, that is when it is wholehearted.

We must not forget that we are studying truth beyond the confines of any form, truth which is universal. And then we can ask, "Why are we studying such truth in the mirror of this particular form – the writings of Muhyiddin Ibn Arabi and Jalaluddin Rumi?"

Why Ibn Arabi? Why Rumi?

Let us begin by saying that Ibn Arabi and Rumi in their essential being complement each other in a particular way. They are two reflections of the same truth, each of which is necessary for a complete understanding. To use the analogy of light; Ibn Arabi is like a lens which concentrates the light into a single focus from which it can spread out onto whatever it falls, Rumi is like a substance permeated by that light. Or, to use the analogy of water; Ibn Arabi is like a river which gathers all the tributaries, and Rumi is like the ocean into which it flows. We could say that in Ibn Arabi knowledge comes into focus through love and that Rumi is permeated by love because of knowledge. Historically, this means that the coming of Rumi was a cause of Ibn Arabi's being born first, and that without Ibn Arabi Rumi could not have been. To put in another way; it is love which makes knowledge necessary, and without knowledge true love is not possible. Understanding this, we can see why these two reflections are necessary if the truth is to manifest completely. But one may still ask, "Why particularly these two great Sufi masters?"

Muhyiddin Ibn Arabi was born at Murcia in Spain on July 29, 1165. At this time, Spain was the meeting point of the Jewish, Christian and Islamic traditions. Having been born in the most western point of the Islamic world, he travelled east. During these travels throughout the Muslim world in search of knowledge, he

gesehen wird; sonst hätte sie keine Existenz. Dieser Spiegel mag nicht bekannt sein, aber ohne ihn könnten keine Formen erscheinen.

Wenn wir folglich die Wahrheit jenseits der Begrenzungen von Form studieren, benötigen wir einen Spiegel, in welchem sie reflektiert werden kann und durch welchen sie erkannt werden kann. Und umgekehrt, wenn wir diese Form studieren, welche die Wahrheit reflektiert, entdecken wir, dass sie wegen der Wahrheit, die jenseits von Form ist, existiert.

Wenn ein Schüler auf einem Pfad spiritueller Entwicklung geführt wird, wird das, was führt, für den Schüler zum Spiegel, durch welchen er sein eigenes essenzielles Selbst erkennt. Dasjenige, das führt, wird als Form erkannt, die die essenzielle Wahrheit reflektiert und von ihr bestimmt wird.

Ein solcher Führer mag eine Person sein oder eine Lebenssituation, oder es kann das geschriebene Wort sein. Es ist bestimmt wahr, dass – wenn wir die Schriften eines Mystikers studieren, der die essenzielle Wahrheit erkannt hat und dessen Schriften aus jener Quelle kommen – unser Führer gleichzeitig der Mystiker selbst sein kann als Verkörperung einer essenziellen Reflektion der Wahrheit, die Situation, in welcher wir uns selbst befinden, und die geschriebenen Worte, die wir studieren. Sie alle zusammen werden als Spiegel dienen, in welchem die Wahrheit sich selbst erkennt. Wenn es Liebe ist, die unser Studium motiviert, dann geschieht es aus ganzem Herzen.

Wir dürfen nicht vergessen, dass wir die Wahrheit jenseits der Beschränkungen durch jegliche Form studieren, Wahrheit, die universell ist. Und dann können wir fragen: »Warum studieren wir die Wahrheit im Spiegel dieser spezifischen Form – den Schriften von Muhyiddin Ibn Arabi und Jalaluddin Rumi?«

Warum Ibn Arabi? Warum Rumi?

Lasst uns beginnen, indem wir sagen, dass Ibn Arabi und Rumi sich gegenseitig in ihrem essenziellen Sein in besonderer Weise ergänzen. Sie sind zwei Reflektionen derselben Wahrheit, wobei beide für ein vollständiges Verständnis nötig sind. Um die Analogie von Licht zu gebrauchen: Ibn Arabi ist wie eine Linse, welche das Licht auf einen einzigen Fokus konzentriert, von welchem es

met many teachers from many traditions, but always moved beyond the confines of their traditions. In some of his writings, however, he reveals who his teacher is. Khidr, who is mentioned in the Koran as the companion of Moses and who teaches through instantaneous comprehension outside the confines of historical time, made Ibn Arabi his disciple. This means that Ibn Arabi's link with the source is direct (though of course this did not prevent him from having living teachers). Such men whose knowledge comes direct are known among the Sufis as *uwaisi,* after Uwais Qarani, who lived at the time of the prophet Muhammad but who never met him, so that it could not be said that he derived his knowledge directly from the prophet. Uwais was himself a disciple of Khidr. Muhammad left a cloak to be given to him as a sign of transmission outside the confines of religious doctrine.

When Ibn Arabi arrived in Bagdad, he also found a cloak waiting for him. It was left there by Abd al-Qadir Gilani on his death, fifty years previously, for a man who was to arrive in Bagdad, born in Murcia and known as "Ibn Arabi". Gilani was one of the most revered Muslim saints and was known as the Pole of the World.

At a certain point in his life, Ibn Arabi felt his heart drawn toward Konya, a town in Turkey, where there lived the son of one of his friends who had recently died. Ibn Arabi realised he was to become the spiritual father of this boy and so married the boy's mother, the widow of this friend. Ibn Arabi thus became the boy's teacher and spiritual guide. The boy, Sadruddin Konevi, himself became a great teacher of his time living in Konya. To this town Rumi came. Born at Balkh in Persia in 1207, he arrived to live in Konya with his father in 1226. Konevi became Rumi's teacher, and it is here that the transmission from Konevi to Rumi took place. Konevi literally passed the sheikh's seat, a sheepskin rug, for Rumi to sit upon in his stead. Ibn Arabi died in 1234 in Damascus, leaving behind him some three hundred or more books and manuscripts, many of which were passed on to Konevi.

In 1244, a wondering dervish named Shams-i Tabriz arrived in Konya. The meeting between himself and Rumi was to change Rumi's life. It is said that Shams taught like Khidr, and he called himself "the money changer of the world". The currency change through Rumi's inner transformation was from the esoteric teaching within Islam to the universal religion of love. Without the

sich, auf was immer es trifft, ausbreiten kann; Rumi ist wie eine Substanz, die von jenem Licht durchdrungen ist. Oder um die Analogie von Wasser zu gebrauchen: Ibn Arabi ist wie ein Strom, welcher all die Nebenflüsse sammelt; und Rumi ist wie ein Ozean, in welchen das Wasser fließt. Wir könnten sagen, dass bei Ibn Arabi das Wissen durch Liebe zentriert wird und Rumi wegen des Wissens von Liebe durchdrungen ist. Historisch gesehen bedeutet das, dass das Kommen von Rumi eine Ursache von Ibn Arabis früherer Geburt war und dass ohne Ibn Arabi Rumi nicht hätte sein können. Auf andere Art ausgedrückt: Es ist Liebe, die Wissen notwendig macht, und ohne Wissen ist wahre Liebe nicht möglich. Wenn wir das verstehen, können wir sehen, warum diese beiden Betrachtungsweisen notwendig sind, wenn sich die Wahrheit vollständig manifestieren soll. Aber man könnte noch immer fragen: »Warum gerade diese zwei großen Sufi-Meister?«

Muhyiddin Ibn Arabi wurde am 29. Juli 1165 in Murcia in Spanien geboren. Zu jener Zeit war Spanien der Treffpunkt der jüdischen, christlichen und islamischen Traditionen. Im westlichsten Punkt der islamischen Welt geboren, reiste er in den Osten. Auf seinen Reisen durch die muslimische Welt auf der Suche nach Wissen traf er zahlreiche Lehrer vieler Traditionen, bewegte sich aber immer jenseits der Begrenzungen der jeweiligen Tradition. In einigen seiner Schriften jedoch offenbart er, wer sein wirklicher Lehrer ist. Khidr, der im Koran als Gefährte von Moses erwähnt wird und der durch unmittelbares Verstehen lehrt außerhalb der Begrenzungen der historischen Zeit, machte Ibn Arabi zu seinem Schüler. Das bedeutet, dass Ibn Arabis Verbindung mit der Quelle direkt ist (obwohl ihn dies natürlich nicht davon abhält, lebende Lehrer zu haben). Solche Menschen, die ihr Wissen direkt erhalten, sind unter den Sufis als *uwaisi* bekannt, nach Uwais Qarani, der zur Zeit des Propheten Mohammeds lebte, diesem aber niemals begegnete, so dass nicht gesagt werden kann, dass er sein Wissen direkt vom Propheten abgeleitet hatte. Uwais selbst war ein Schüler von Khidr. Mohammed hinterließ einen Umhang, der Uwais als Zeichen der Übermittlung außerhalb der Begrenzungen religiöser Doktrin übergeben werden sollte.

Als Ibn Arabi in Bagdad ankam, fand auch er einen Umhang, der auf ihn wartete. Dieser war von Abd al-Qadir Gilani vor seinem Tod fünfzig Jahre zuvor dort hinterlassen worden für einen Mann, der, in Murcia geboren und als »Ibn Arabi« bekannt, in

focus of Ibn Arabi's teaching transmitted through Konevi, this would not have been possible. Because of this transformation, Rumi joins the line of Jesus, which fulfils the aspiration for a future Messiah uniting mankind who can be recognized by all religions and who embodies a truth which is beyond them all.

When Ibn Arabi settled in Damascus, he had a vision in which the prophet Muhammad entrusted him with a mission by placing into his hands a book which Ibn Arabi was to write. In the same way as the Koran is the book on which the outer teaching of Islam is founded and within which the inner meaning is hidden, this book was to be the book through which the inner meaning of the Koran was to be revealed in the time of Muhammad. His rule as a prophet was to found a religion that could nurture the ground from which could grow many seeds, one of which became the plant which is the complete knowledge of the truth, as revealed in the form given it through Ibn Arabi.

Muhammad knew himself to be the Seal of the Prophets, meaning by this that there were to be no new world religions after Islam. In the same way, Ibn Arabi knew himself to be the Seal of the Line of Muhammadian Sainthood, meaning by this that with him the inner teaching of Islam finds its completion.

Ibn Arabi left no school, order or sect behind him, because through him the transmission of the truth is destined to become universal. From the introduction to his *Fusus al-Hikam:*

> Listen to God and return to Him! And when you have heard what was revealed to me, then impress it upon your hearts; and when you have understood it, then the unity of what I have written, dissect it into parts and put it together again. Then reveal it to those that thirst for it and withhold it not from them! That is the grace which you have received, therefore transmit it to others!

From the *Mathnawi* of Jalaluddin Rumi:

> The religion of love is apart from all religions. The lovers of God have no religion but God alone.

Bagdad ankommen würde. Gilani war einer der am meisten ver-
ehrten Muslim-Heiligen und als Pol der Welt bekannt.

An einem bestimmten Punkt in seinem Leben fühlte Ibn Arabis
Herz sich nach Konya hingezogen, einer Stadt in der Türkei, wo
der Sohn eines Freundes, der kürzlich verstorben war, lebte. Ibn
Arabi erkannte, dass er der spirituelle Vater dieses Knaben werden
sollte, und so heiratete er dessen Mutter, die Witwe dieses
Freundes, und wurde zum Lehrer und spirituellen Führer des
Jungen. Dieser, Sadruddin Konevi, wurde später selbst zu einem
großen Lehrer seiner Zeit in Konya. In diese Stadt kam Rumi.
Geboren in Balkh in Persien um 1207, kam er mit seinem Vater
um 1226 nach Konya, um dort zu leben. Konevi wurde Rumis
Lehrer, und hier war es, wo die Übermittlung von Konevi zu Rumi
geschah. Konevi übergab Rumi im buchstäblichen Sinne den Sitz
des Scheichs, ein rotes Schaffell, so dass er an seiner Stelle darauf
sitzen solle. Ibn Arabi starb um 1234 in Damaskus und ließ etwa
dreihundert oder mehr Bücher und Manuskripte zurück, wovon
viele an Konevi übergingen.

1244 erreichte ein wandernder Derwisch namens Shams-i Tabriz
Konya. Die Begegnung zwischen ihm und Rumi sollte Rumis
Leben verändern. Es wird gesagt, dass Shams wie Khidr lehrte und
dass er sich »der Geldwechsler der Welt« nannte. Der Währungs-
wechsel durch Rumis innere Transformation geschah von der esoterischen Lehre innerhalb des Islams zur universellen Religion der
Liebe. Ohne dass Konevi das Zentrale in Ibn Arabis Lehre über-
mittelte hätte, wäre das nicht möglich gewesen. Wegen dieser
Transformation tritt Rumi in die Linie Jesu, was das Sehnen erfüllt
nach einem künftigen Messias, der die Menschheit vereint, der von
allen Religionen anerkannt werden kann und der eine Wahrheit
verkörpert, die jenseits von ihnen allen ist.

Als sich Ibn Arabi in Damaskus niederließ, hatte er eine Vision,
in welcher der Prophet Mohammed ihm eine Mission anvertraute,
indem er ihm ein Buch in die Hand drückte, das Ibn Arabi schreiben sollte. Auf die gleiche Weise wie der Koran das Buch ist, auf
welchem die äußere Lehre des Islams gründet und innerhalb dessen die innere Bedeutung verborgen ist, sollte dieses Buch dasjenige sein, durch welches die innere Bedeutung des Korans zur Zeit
Mohammeds offenbart werden sollte. Seine Rolle als Prophet war
es, eine Religion zu gründen, die den Boden nähren konnte, aus
dem viele Saaten wachsen würden, wovon eine die Pflanze wurde,

What Is It that Is Studied?

It would be easy to dismiss this question by saying, "Go and study Ibn Arabi and Rumi!" But as this is meant to serve as an introduction, this section will attempt to outline something of the form within which Ibn Arabi and Rumi display the truth.

The truth is that of the unity of the One Existence, outside of Which there is nothing else. This unity, which we may call "God", can know Itself in two aspects (we might say, metaphorically, looking inward and looking outward):

1. as an infinite multiplicity of all possible forms, each of which is capable of reflecting the unity of its oneness. This is the manifested universe;

2. as an absolute reality beyond all limitation of form and attributes. This is the Divine Essence. This unity is beyond time and space, although all the forms of the immanent universe which are revealed in a setting of time and space are included within it as uncreated potentialities. Thus, each form is the reflection in time and space of its own essence as an uncreated potentiality within the Divine Essence. There is thus the transcendent aspect of God, the Divine Essence, beyond all limitation but capable of being revealed through the setting of forms. And there is the immanent aspect of God, the infinite multiplicity of forms which owe their existence to the Divine Essence. It is like the form of the chalice, which reveals its essence (the space inside), and the essence of the chalice (the space inside), without which the form of the chalice could not exist.

Were the truth not the reality itself of the forms of the world, these forms could not exist, and thus the world could have no reality. Now the particular forms in which the truth lies hidden – except for those who have the eyes to see – depend on the setting in which they find themselves. At any particular state of the evolution of the world there are particular forms in which the truth must hide itself, for the state of evolution to exist. As an example; at the stage of evolution of life on earth in which reptiles were kings, truth hid itself in the shape of a Brontosaurus. Some time later, in the age

die das vollständige Wissen der Wahrheit ist, wie sie in der durch Ibn Arabi gegeben Form offenbart wurde.

Mohammed wusste, dass er das Siegel der Propheten war, was bedeutet, dass es nach dem Islam keine neue Weltreligionen geben würde. Auf die gleiche Weise wusste Ibn Arabi, dass er das Siegel der Linie mohammedanischer Heiligkeit war, was bedeutet, dass mit ihm die innere Lehre des Islams ihre Vervollständigung findet.

Ibn Arabi hinterließ keine Schule, Ordenslinie oder Sekte, weil die Übermittlung der Wahrheit durch ihn dazu bestimmt ist, universell zu werden. Aus seiner Einführung zum *Fusus al-Hikam*:

> Und wenn ihr gehört habt, was mir geoffenbart wurde, so prägt es euch ins Herz; und wenn ihr es verstanden habt, dann zerleget im Einzelnen die Gesamtheit der Worte und fasset sie wieder zusammen. Dann teilet es denen mit, die danach Verlangen tragen, und verwehret es ihnen nicht! Das ist die Gnade, die ihr empfangen habt, darum erweiset sie anderen!

Aus dem *Mathnawi* von Jalaluddin Rumi:

> Die Religion der Liebe ist abseits aller Religionen. Die Liebenden Gottes haben keine Religion als Gott allein.

Was ist es, was studiert wird?

Es wäre einfach, diese Frage abzutun, indem man sagt: »Geht und studiert Ibn Arabi und Rumi!« Aber da dies als Einführung dienen soll, wird in diesem Abschnitt versucht, etwas von der Form zu umreißen, innerhalb welcher Ibn Arabi und Rumi die Wahrheit aufzeigen.

Die Wahrheit ist die der Einheit der Einen Existenz, außerhalb der es nichts gibt. Diese Einheit, die wir »Gott« nennen mögen, kann sich in zwei Aspekten kennen (wir können sagen, metaphorisch betrachtet, nach innen und nach außen schauend):

1. als eine unendliche Vielzahl aller möglichen Formen, von denen jede fähig ist, die Einheit ihres Einsseins zu widerspiegeln. Dies ist das manifestierte Universum.

of mammals, truth could no longer hide itself in that form. Continuing the example, we could say that with the coming of man, truth no longer had to hide itself. In man was developed the latent possibility of eyes that could see the truth. Such a man who could see the truth was also a man from whom the truth shone for others who could see the truth. As an image, we can picture the manifested truth as points of light which weave threads across the face of the earth, creating an intricate pattern in space and time. These moving points of light all have the same source and form the fabric which gives reality to this world.

In the history of man, in every age, there have been particular men who have manifested the truth most completely in a form necessary for its particular setting and for the future development of man. The new development provided the setting for another manifestation in a new form of the same truth. Thus, there is a transmission of the truth like a moving point of light, this movement being determined by how the light wishes to manifest itself. This transmission does not necessarily have anything to do with the formal transmissions and initiations which are part of the institutional structures, religious or otherwise, erected by man. But it obeys its own laws, which are the true laws which govern the development of man and, one can say, come from a higher order. In the case of a true transmission one can always say that there is a direct link with the source, and this can be called the cause of the transmission. Now it is clear that certain transmissions are cut off in time, because they are of a form that would limit the future development of man; others are a necessary link because they are of a form which allows hidden potentialities to come to birth. The transmission which comes through Ibn Arabi and Rumi is of the latter kind because the form which they represent is of the line which completes the development of mankind toward universal understanding.

God says, "I was a Hidden Treasure and I loved to be known, so I created the world that I might be known" (hadith of the prophet Muhammad). If the form of the world is such that God ceases to know Himself in it, then that form ceases to exist. It is becoming increasingly obvious that the only form of the world which is not doomed to cease is one which allows man a universal understanding, based on true knowledge born of love.

The details of Muhyiddin Ibn Arabi's and Jalaluddin Rumi's lives can be found elsewhere. Here we will go into those facts

2. als absolute Wirklichkeit jenseits aller Begrenzungen von Form und Eigenschaften. Dies ist die Göttliche Essenz. Diese Einheit ist jenseits von Zeit und Raum, obwohl all die Formen des immanenten Universums, die in einem Zeitrahmen offenbart werden, innerhalb davon als unerschaffene Möglichkeiten eingeschlossen sind. Folglich ist jede Form die Reflektion innerhalb von Zeit und Raum ihrer eigenen Essenz als nichterschaffene Möglichkeit innerhalb der Göttlichen Essenz. Da ist folglich der transzendente Aspekt Gottes, die Göttliche Essenz, jenseits aller Begrenzungen, aber fähig, durch den Rahmen der Formen offenbart zu werden. Und da ist der immanente Aspekt Gottes, die unendliche Vielfalt der Formen, die ihre Existenz der Göttlichen Essenz verdanken. Es ist wie die Form des Kelchs, der seine Essenz offenbart (den inneren Raum), und die Essenz des Kelchs (der innere Raum), ohne welche die Form des Kelchs nicht existieren könnte.

Wäre die Wahrheit nicht die eigentliche Wirklichkeit der Formen der Welt, könnten diese Formen nicht existieren und folglich könnte die Welt keine Wirklichkeit haben. Nun hängen die besonderen Formen, in welchen die Wahrheit verborgen liegt, – außer für diejenigen, die Augen haben zu sehen – von den Umständen ab, in welchen sie sich befinden. Auf jeder bestimmten Stufe der Evolution der Welt gibt es besondere Formen, in welchen sich die Wahrheit verbergen muss, damit dieser Zustand der Welt existieren kann. Als Beispiel: Beim Evolutionsstand des Lebens auf der Erde, in welchem die Reptilien die Könige waren, verbarg sich die Wahrheit in der Form des Brontosaurus. Einige Zeit später, im Zeitalter der Säugetiere, konnte sich die Wahrheit nicht länger in jener Form verbergen. Wenn wir dieses Beispiel fortführen, könnten wir sagen, dass mit dem Erscheinen des Menschen die Wahrheit sich nicht länger verbergen musste. Im Menschen war die latente Möglichkeit von Augen, die die Wahrheit sehen können, entwickelt. Solch ein Mensch, der die Wahrheit sehen konnte, war auch ein Mensch, aus welchem die Wahrheit für andere leuchtete, die sie zu sehen vermochten. Wir können uns die manifestierte Wahrheit in einem Bild als bewegliche Lichtpunkte vorstellen, die Fäden über das Gesicht der Erde weben und ein kompliziertes Muster in Raum und Zeit erschaffen.

which are pertinent to the idea of the transmission of the truth just explained.

The Divine Essence, conceived of apart from the immanent aspect, is unknowable except to the essence itself. It is in that sense that God says, "I was a Hidden Treasure and I loved to be known, so I created the world that I might be known." To ordinary man – animal man – each form in the universe, including himself, hides the Divine Essence; thus, ordinary man cannot know God completely. He can worship Him as a transcendent being Who stands outside himself and the forms of the world, but he cannot know Him in the sense of realising the unity of the two Aspects of God, the immanent and the transcendent, within and between Himself and everything else. But because each form in the universe is also capable of revealing the Divine Essence, which gives it existence, each form as part of the whole is also capable of revealing the whole, of which it is a part. It is only a knower, however, who can know what is revealed. From this point of view God can be considered as a rational principle and all-knowing essence. Man, as a part of the whole, has as his essence the same rational principle, which gives him existence and through which he can know himself. Thus, when man comes to know himself, the Unity knows Itself; and God can say to the man who knows himself – the perfect man – "It is because of thee that I created the universes." And it is in this sense that the perfect man is known as the guardian of the world.

Thus, man can be seen as the link between the immanent and the transcendent Aspect of God. He stands between heaven and earth and can know both; but this demands that he loves God in all His Aspects, immanent and transcendent, both outside himself and within himself. Or, put differently, that the Unity loves and knows Itself beyond all aspects, through the perfect man, who is that Unity. Here is the perfect man in a dialogue with his Lord:

> My existence is from You, and Your appearance is
>   through me.
> Yet if I had not appeared, You would not have been.

MUHYIDDIN IBN ARABI

Diese Lichtpunkte haben alle dieselbe Quelle und formen den Stoff, der dieser Welt Wirklichkeit verleiht.

Die Menschheitsgeschichte kennt in jedem Zeitalter besondere Menschen, die die Wahrheit am vollständigsten und in einer für ihren jeweiligen Rahmen und die künftige Entwicklung der Menschheit notwendigen Form manifestierten. Die neue Entwicklung schaffte den Rahmen für eine weitere Manifestation einer neuen Form derselben Wahrheit. Folglich gibt es eine Übertragung der Wahrheit gleich einem beweglichen Lichtpunkt, und diese Bewegung wird davon bestimmt, wie das Licht sich zu manifestieren wünscht. Diese Übermittlung hat nicht notwendigerweise etwas mit den formellen Übermittlungen und Initiationen zu tun, welche Teil der institutionellen, vom Menschen geschaffenen, religiösen oder anderweitigen Strukturen sind. Doch sie gehorcht ihren eigenen Gesetzen, welche die wahren Gesetze sind, die die Entwicklung der Menschheit bestimmen und sozusagen von einer höheren Ordnung stammen. Im Falle einer echten Übermittlung kann man immer sagen, dass es eine direkte Verbindung mit der Quelle gibt, und diese kann als Ursache der Übermittlung bezeichnet werden. Nun ist es klar, dass bestimmte Übermittlungen im Laufe der Zeit abbrechen, weil sie von einer Form sind, welche die zukünftige Entwicklung der Menschheit begrenzen würde; andere bilden eine notwendige Verbindung, weil sie von einer Form sind, die verborgenen Möglichkeiten erlauben, ins Leben zu treten. Die Übermittlung, die wir durch Ibn Arabi und Rumi erhalten, ist von letzterer Art, weil die von ihnen vertretene Form jener Linie entstammt, welche die Entwicklung der Menschheit hin zum universellen Verstehen abschließt.

Gott sagt: »Ich war ein Verborgener Schatz und sehnte Mich danach, erkannt zu werden; so erschuf Ich die Welt, damit Ich erkannt werde« (Hadith des Propheten Mohammed). Wenn die Form der Welt dergestalt ist, dass Gott aufhört, Sich darin zu erkennen, endet die Existenz dieser Form. Es wird zunehmend offensichtlich, dass die einzige Form der Welt, die nicht zum Aussterben verdammt ist, eine ist, die der Menschheit ein universelles Verstehen ermöglicht, das auf wahrem, in Liebe entstandenem Wissen fußt.

Die Einzelheiten der Leben von Muhyiddin Ibn Arabi und Jalaluddin Rumi finden sich andernorts. Hier befassen wir uns mit jenen Tatsachen, die einen Bezug haben zur Idee der Übertragung der soeben geschilderten Wahrheit.

Die Göttliche Essenz, gedacht als vom immanenten Aspekt unterschieden, ist unerkennbar, außer für die Essenz selbst. In diesem Sinne sagt Gott: »Ich war ein Verborgener Schatz und sehnte Mich danach, erkannt zu werden; so erschuf Ich die Welt, damit Ich erkannt werde.« Dem gewöhnlichen Menschen – dem Tier-Menschen – verhüllt jede Form im Universum die Göttliche Essenz; daher kann der gewöhnliche Mensch Gott nicht vollständig kennen. Er kann Ihn als ein transzendentes Wesen verehren, Das außerhalb seiner selbst und den Formen der Welt steht, aber er kann Ihn nicht kennen im Sinne des Begreifens der Einheit der beiden Aspekte Gottes, den immanenten und den transzendenten, innerhalb und zwischen Ihm und allem anderen. Aber weil jede Form im Universum auch fähig ist, die Göttliche Essenz zu offenbaren, die ihr Existenz verleiht, ist jede Form als Teil des Ganzen ebenso fähig, das Ganze zu enthüllen, von dem sie nur ein Teil ist. Sie ist aber lediglich ein Wissendes, das wissen kann, was offenbart wird. Von diesem Gesichtspunkt aus kann Gott als Verstandesprinzip gedacht und allwissende Essenz werden. Der Mensch als Teil des Ganzen besitzt als seine Essenz dasselbe Verstandesprinzip, welches ihm Existenz verleiht und durch welches er sich selbst erkennen kann. Wenn der Mensch sich selbst zu erkennen beginnt, kennt daher die Einheit Sich selbst, und Gott kann zum Menschen, der sich selbst kennt – dem vollständigen Menschen – sagen: »Es ist wegen dir, dass Ich die Universen geschaffen habe.« Und in diesem Sinne ist der vollkommene Mensch als der Hüter der Welt bekannt.

Und so kann der Mensch als die Verbindung zwischen dem immanenten und dem transzendenten Aspekt Gottes betrachtet werden. Er steht zwischen Himmel und Erde und vermag, beide zu kennen; doch verlangt dies, dass er Gott in all Seinen Aspekten kennt, den immanenten wie den transzendenten, sowohl außerhalb als auch in sich selbst. Oder anders ausgedrückt, dass die Einheit Sich selbst liebt und kennt jenseits aller Aspekte durch den vollkommenen Menschen, der diese Einheit ist. Hier steht der vollkommene Mensch im Zwiegespräch mit seinem Herrn:

Meine Existenz stammt von Dir, und Dein Erscheinen
   geschieht durch mich.
Doch wäre ich nicht erschienen, wärest Du nicht gewesen.

MUHYIDDIN IBN ARABI

Let us end with a question. It is the opening question, "Why study?", put in a different way. Perhaps, after reading all this, it is easier to answer. One could say that this question, silently put, and its silent answer form one's continual passport at the port of entry into the land of the truth. The question is, "Of what service am I by studying the Unity of the One? Am I serving myself or am I serving God and humanity and the unfoldment of truth itself?"

1972

Spiritual Ecology

DURING MY CURRENT TRIP TO AMERICA, THE TRANS-CULTURAL

shock is much more noticeable than before. It is hard to put it into words unless one falls into the trap of comparison; but there is also something about true discrimination which can help us realise just how "alive" we need to keep the line so that others may indeed "hold fast to the Rope of God." We are not like fakirs in India who do the disappearing rope trick, who throw the rope up in the air, climb up it – and then everything disappears! No, we need to keep this line alive through loving attention and hard work on ourselves.

What has really become very apparent and what I would like to share with you all is that there is indeed a sort of spiritual ecology, which we can look at concerning the work of a living school. Ecology, as we normally see it, is our relationship to the planet. Spiritual ecology is something to do not only with our relationship to the planet, which was created for us so that we could learn how to be true custodians of it, but also our relationship with ourselves as the potential manifested Consciousness of God. That is what I mean by "spiritual ecology".

I have a way of explaining this which may be useful. First of all, remember that we are approximately eighty-five percent water. You have heard me say this a thousand times! You have also heard me say that a thought-form is an electrical impulse and, as such – since water is a conductor of electricity (however albeit a poor one) –, we are riddled with thought-form and so have remarkably little clarity

Lasst uns mit einer Frage abschließen. Es ist die Eingangsfrage, »Warum studieren?«, auf eine andere Art gestellt. Vielleicht ist sie, nachdem ihr all dies gelesen habt, einfacher zu beantworten. Man könnte sagen, dass diese Frage, schweigend gestellt, und ihre stumme Antwort den ständigen Reisepass am Eintrittstor ins Land der Wahrheit bilden. Die Frage lautet: »Wem diene ich beim Studieren der Einheit des Einen? Diene ich mir selbst? Oder diene ich Gott und der Menschheit und der Entfaltung der Wahrheit selbst?«

Spirituelle Ökologie

AUF MEINER MOMENTANEN REISE NACH AMERIKA IST DER Kulturschock viel deutlicher spürbar als früher. Es ist schwierig, dafür Worte zu finden, ohne in die Falle des Vergleichens zu tappen; es gibt aber auch so etwas wie wahres Unterscheidungsvermögen, das uns helfen kann zu realisieren, wie »lebendig« wir die Linie halten müssen, damit andere sich tatsächlich »am Seil Gottes festhalten können.« Wir sind nicht wie Fakire in Indien, die den Trick mit dem verschwindenden Seil vorführen, das Seil in die Luft werfen, daran hochklettern – und dann verschwindet alles! Nein, wir müssen diese Linie mit liebevoller Aufmerksamkeit und harter Arbeit an uns selbst lebendig halten.

Was wirklich sehr deutlich geworden ist und was ich mit euch allen teilen möchte, ist, dass es tatsächlich eine Art spirituelle Ökologie gibt, die wir in Bezug auf die Arbeit einer lebenden Schule betrachten können. Ökologie, wie wir sie normalerweise sehen, ist unsere Beziehung zum Planeten. Spirituelle Ökologie ist etwas, das nicht nur mit unserer Beziehung zum Planeten zu tun hat, der erschaffen wurde, damit wir lernen können, dessen wahre Hüter zu sein, sondern auch mit unserer Beziehung zu uns selbst als dem potenziell manifestierten Bewusstsein Gottes. Das meine ich mit »spiritueller Ökologie«.

Ich erkläre dies auf eine Art und Weise, die vielleicht von Nutzen sein kann. Erinnert euch zuerst einmal daran, dass wir zu annähernd fünfundachtzig Prozent aus Wasser bestehen. Ihr habt mich das schon tausend Mal sagen gehört! Ihr habt auch gehört,

and true view point. "Water takes on the colour of the vehicle that contains it."

Yes, I have said this again and again and, by way of illustration, tried to explain how a river flows. If you have a dried up riverbed then, when the rains start falling, they first of all make the earth wet and then, when it is wet enough, the water flows on down the river bed filling up the holes first, and then finally reaches a sufficient state of flow so that the river can continue on to the ocean. Sometimes, when there has not been enough rain, the water level drops; then there are back-eddies and backwaters that are formed. Stagnant ponds exist which produce mosquitoes, but they do not provide for the fish from a flowing river! People sometimes live in these backwaters and have forgotten what it feels like to be beside a flowing river, or even floating down the river itself towards the ocean. When they are in the back-eddies or the backwaters, they have to wait there until there is another great storm of rain which will then equalize the level of the water in the river with the backwaters that have been left high and dry, and then everything can start flowing again. However, there is an interesting problem because when those people caught in the back-eddies come back into the flow of the river, they discover that they may have been away for a long time and they did not even know it.

Spiritual ecology is possible for us by the continuous use of practices and, first and foremost, by realising, with every breath we take, our total dependence upon the one and only Absolute Being. Without realising our dependence, we will never be free. Without being free, we will never be able to free others. To deny the truth is to pollute the very possibility we have of pure backflow to the ocean which is sometimes called "the ocean of bliss". These eighty-five percent of our being which are water must be in continuous circulation, and this is only done or achieved through the regular use of practices. This is what *salat* means in Islam; the necessity of doing the five prayers a day. It is necessary to practice regularly. If we are not orthodox Muslims and come from some other tradition, we equally well need to keep the water flowing through regular practices and realise and feel our total dependence upon God by indeed "putting our head on the dust of the road and on the burning sand."

Do you see what I mean? It is so important that you come into total conviction yourselves and pass on that conviction through being a living example of total dependence. It requires daily weeding

wie ich sagte, dass eine Gedankenform ein elektrischer Impuls ist
und wir daher – da Wasser ein elektrischer Leiter ist (wenn auch
ein schwacher) – vor Gedankenformen strotzen und also über be-
merkenswert wenig Klarheit und wahren Standpunkt verfügen.
»Wasser nimmt die Farbe des Gefäßes an, das es enthält.«

Ja, ich habe das wieder und wieder gesagt und, als eine Art
Illustration, zu erklären versucht, wie ein Fluss fließt. In einem
ausgetrockneten Flussbett wird der Regen, wenn er zu fallen beginnt, zuerst die Erde nässen; wenn sie dann genügend feucht ist,
fließt das Wasser weiter das Flussbett hinunter, füllt zuerst die
Löcher auf und erzeugt dann schließlich genügend Strömung, so
dass der Fluss weiterfließen kann bis zum Ozean. Manchmal,
wenn es nicht genug geregnet hat, sinkt der Wasserstand; dann bilden sich Tümpel und Teiche. Stille Teiche entstehen, die zwar
Mücken produzieren, nicht aber die Fische eines fließenden
Flusses! Mitunter leben Menschen an solchen Tümpeln und haben
vergessen, wie es sich anfühlt, an einem strömenden Fluss zu leben
oder sogar auf dem Fluss selbst dem Ozean entgegenzutreiben.
Solange sie in den Tümpeln oder Teichen festsitzen, müssen sie
warten, bis ein nächstes schweres Regenwetter kommt, das den
Wasserstand wieder ausgleichen wird zwischen dem Fluss und den
höher und trocken liegenden Tümpeln, und dann kann alles wie-
der zu fließen beginnen. Übrigens gibt es da ein interessantes
Problem, weil wenn die in den Tümpeln gefangenen Leute in den
Fluss zurückkommen, entdecken sie vielleicht, dass sie eine lange
Zeit weg waren und das nicht einmal wussten.

Spirituelle Ökologie ist für uns möglich durch das ständige
Praktizieren von Übungen und zuerst und vor allem anderen dadurch, dass wir uns bei jedem Atemzug, den wir tun, unserer vollständigen Abhängigkeit von dem einen und einzigen Absoluten
Sein bewusst sind. Ohne dass wir unsere Abhängigkeit realisieren,
werden wir nie frei sein. Ohne dass wir frei sind, werden wir nie
fähig sein, andere zu befreien. Die Wahrheit zu verleugnen heißt,
dass wir gerade die Möglichkeit verschmutzen, die wir haben,
zurückzufließen in den Ozean, der manchmal »der Ozean des
Entzückens« genannt wird. Diese fünfundachzig Prozent unseres
Wesens, die Wasser sind, müssen in ständiger Zirkulation sein,
und das wird nur erreicht durch regelmäßiges Praktizieren der
Übungen. Dies ist es, was *salat* im Islam bedeutet: die Notwendigkeit, täglich die fünf Gebete zu praktizieren. Es ist unabdingbar,

of the rose bed, it requires watering of the plants, it requires dusting of the leaves of the rosebushes. Nothing can be wasted if we understand, and so even the rose petals can be turned into perfume.

In spiritual ecology there are similar rules as in normal ecology, and so the recycling of energy is part of our life process. Nothing is ever wasted; at least nothing *should* ever be wasted. On the other hand, if you look at the vast wastage here in Switzerland for example, it is not surprising that the banks are actually going bankrupt! Since people have forgotten their dependence to a very great degree, the 'false gold' that makes the country run is seen, at last, to be nothing more or less than illusion; and thus the collapse is all about to be seen for everyone who still has the eyes to see. It does not mean to say that everyone can notice the dirt in the streets or the pollution in the supermarkets, let alone the total collapse of the spiritual psychology and spiritual ecology that we are confronted with in the spiritual supermarkets!

So my message to everyone is very clear. Remember that just as the collapse of the ecosystem of the Great Lakes in Ontario occurred in a very short time after many years of constant pollution, so the same thing can happen to our own water table. For years and years people have poured the wrong substances into the Great Lakes and then, in such a very short time, there was a flip-over of the ecosystem and death was seen everywhere. The water was undrinkable and could not support life. The oxygen disappeared. The fish died and everything went wrong. Now, of course, the Great Lakes are okay again, but for a very long period of time they had to wait for what we, in the Sufi tradition, call "the rain from another world". In our own lives there can be an equally fast flip-over point when the ecosystem of our being turns from being creative and holding the possibility of completion into nothing more or less than a murky pond of despair and self-pity. This is a terrible thing to see and to witness.

On the other hand, there is always potential hope because just as there is a flip-over into total pollution so – through daily perseverance and more daily perseverance and more daily perseverance and, indeed, persevering with your practices and prayers until you sweat! – the flip-over can go 'upwards'. There can come a time when the water of our existence (*saf* means "pure and adaptable like water") becomes clear and in total connection with the ocean. When we come to know this once and for all, we know of our

regelmäßig zu üben. Wenn wir keine orthodoxen Muslime sind und aus einer anderen Tradition kommen, müssen wir doch ebenso das Wasser mit regelmäßigen Übungen im Fluss halten und unsere vollständige Abhängigkeit von Gott dadurch fühlen und erkennen, dass wir tatsächlich »unseren Kopf in den Staub der Strasse und auf den brennenden Sand legen.«

Versteht ihr, was ich meine? Es ist wichtig, dass ihr in die vollkommene Überzeugung kommt und diese Überzeugung dadurch weitergebt, dass ihr lebendige Beispiele seid für vollständige Abhängigkeit. Das erfordert tägliches Jäten im Rosenbeet, das erfordert das Wässern der Pflanzen, das erfordert das Abstauben der Blätter des Rosenstrauchs. Nichts kann verschwendet werden, wenn wir verstehen, und so können sogar die Rosenblätter in Parfüm verwandelt werden.

In der spirituellen Ökologie gibt es ähnliche Regeln wie in der normalen Ökologie, also ist die Wiederverwertung von Energie Teil unseres Lebensprozesses. Nichts wird jemals verschwendet; zumindest *sollte* nichts jemals verschwendet werden. Wenn man andererseits die ungeheure Vergeudung zum Beispiel hier in der Schweiz betrachtet, ist es nicht überraschend, dass die Banken in Wirklichkeit bankrott gehen! Da die Menschen ihre Abhängigkeit zu einem großen Maß vergessen haben, entpuppt sich das ›falsche Gold‹, das dieses Land am Laufen hält, schließlich als Illusion, nicht mehr und nicht weniger; und daher ist der Zusammenbruch überall sichtbar für diejenigen, die noch die Augen haben zu sehen. Das bedeutet nicht, dass jeder den Dreck auf den Straßen bemerkt oder die Verschmutzung in den Supermärkten, geschweige denn den vollkommenen Zusammenbruch der spirituellen Psychologie und spirituellen Ökologie, mit dem wir in den spirituellen Supermärkten konfrontiert sind!

Meine Botschaft an alle ist also sehr klar. Denkt daran, dass ebenso wie das Ökosystem der Großen Seen in Ontario nach vielen Jahren ständiger Verschmutzung in sehr kurzer Zeit zusammenbrach, das Gleiche mit unserem eigenen Grundwasserspiegel geschehen kann. Über Jahre hinweg hatten die Leute die falschen Substanzen in die Grossen Seen gegossen, und dann kam es innerhalb sehr kurzer Zeit zum Kippen des Ökosystems, und der Tod wurde überall sichtbar. Das Wasser war nicht trinkbar und konnte das Leben nicht mehr unterstützen. Der Sauerstoff verschwand. Die Fische starben und alles lief falsch. Mittlerweile sind die

Großen Seen natürlich wieder in Ordnung, aber während einer sehr langen Zeitspanne mussten sie auf das warten, was wir in der Sufi-Tradition »den Regen aus einer anderen Welt« nennen. In unseren eigenen Leben kann es den Punkt eines genauso schnellen Kippens geben, wenn das Ökosystem unseres Wesens sich verändert und dessen Kreativität und Möglichkeit der Vollendung sich in nicht mehr und nicht weniger verwandeln als einen morastigen Tümpel der Verzweiflung und des Selbstmitleids. Dies ist schrecklich mit anzusehen und mitzuerleben.

Andererseits gibt es immer Hoffnung, denn genauso, wie es ein Kippen in die vollständige Verschmutzung gibt, kann das Kippen – durch tägliche Beharrlichkeit und mehr tägliche Beharrlichkeit und noch mehr tägliche Beharrlichkeit und tatsächlich durch Beharrlichkeit in euren Übungen und Gebeten bis ihr schwitzt! – nach ›oben‹ erfolgen. Es kann eine Zeit kommen, wenn das Wasser unserer Existenz (*saf* bedeutet »rein und anpassungsfähig wie Wasser«) klar wird und zu einer vollständigen Verbindung mit dem Ozean gelangt. Wenn wir dies ein für allemal erfahren, wissen wir um unsere Verpflichtung, als Mann und Frau geboren zu sein. Sogar unser Geburtsrecht verlangt eine Verpflichtung als Gegenleistung. Es ist klar, worin diese Verpflichtung für wahrhaft Suchende auf dem Weg besteht.

Ich hoffe und bete, dass ihr alle Zeit findet zum bewussten Wiederdurchlesen all der Texte, die ich euch gegeben habe, wie auch die Zeit, um eure Übungen zu praktizieren, wenn ihr versteht, was ich meine. Gelangt zur Überzeugung! Arbeitet, bis ihr schwitzt, wie ich sagte! Denkt ihr nicht auch, dass eine Biene ganz sicher schwitzen muss, wenn ihr euch bewusst macht, wie viele Millionen Mal sich ihre Flügel im Flug heben und senken, während sie nach der Substanz sucht, aus der Honig gemacht wird? Die Biene haben wir in uns, und doch haben wir Angst, beim Beten ins Schwitzen zu kommen.

Nur wenn wir genügend Substanz besitzen, die von der in jeder Hinsicht harten Arbeit kommt, können wir die Essenz aus der Blume unserer Träume extrahieren. Vielleicht ist das eine recht schöne Art zu erklären, worum es in der Arbeit geht, zugleich individuell, kollektiv und tatsächlich auch universell. Diejenigen von uns, die in dieser lebenden Schule sind, dürfen nie vergessen, dass jedes unserer Rechte eine Verpflichtung als Gegenleistung verlangt.

obligation in being born man and woman. Even our birthright requires an obligation in return. It is obvious what this obligation is to true seekers of the way.

I hope and pray that you all will find the time for a true revision of all the papers I have given you as well as the time for practicing your practices, if you see what I mean. Come into conviction! Work until you sweat, as I said! Don't you consider that a bee must surely sweat when you realise how many millions of times its wings go up and down as it flies searching for the substance out of which honey is made? We have the bee within us, and yet we are frightened of sweating as we pray.

Only when we have sufficient substance, which comes from hard work in every way, can we extract the essence from the flower of our dreams. Perhaps this is rather a beautiful way of explaining what the work is involved with, both individually, collectively, and indeed universally. Those of us who are in this living school must never forget that our every right requires an obligation in return.

Soon I will be leaving to go to New York, where only thirteen people will be coming to a week-long seminar. Is this not a sign? Again, we must not look from comparison, for comparison only feeds the ego and the mind in its lower levels. But do remember that we individuals need groups to work with. Can one bee produce honey? No! It needs many bees to make a house. It needs bees to *be* a beehive.

1991

Bald werde ich nach New York aufbrechen, wo nur dreizehn Leute zu einem Wochenseminar kommen werden. Ist das nicht ein Zeichen? Nochmals: Wir dürfen nicht aus dem Vergleich heraus schauen, denn Vergleich nährt nur das Ego und den Geist auf seinen niederen Ebenen. Aber erinnert euch daran, dass wir Individuen Gruppen brauchen, mit denen wir arbeiten können. Kann eine Biene allein Honig produzieren? Nein! Es braucht viele Bienen, um ein Haus zu bauen. Es braucht Bienen, um ein Bienenstock zu *sein*.

In die Sufi-Tradition ›versunken‹ sein

EIN SPRICHWORT SAGT: »ES GIBT SO VIELE PFADE ZU GOTT wie menschliche Wesen auf dem Planeten; aber es gibt nur einen Weg!« Darin liegt ein großes Geheimnis. Wenn dies nicht richtig verstanden wird, kann Elitedenken entstehen, und dies ist eine Gefahr, die immer vermieden werden sollte. Elitedenken lässt die Leute sich »besonders« fühlen, und daraus entstehen Machtkämpfe und alle Arten von Schwierigkeiten.

Andererseits gibt es innerhalb der christlichen Tradition das Sprichwort: »Viele werden gerufen, doch wenige sind auserwählt«, und das ist es, was in unserer Tradition gemeint ist mit »jenen, die erwählt sind.« Wenn jemand zum Beispiel in einer demokratischen Gesellschaft gewählt wird, wünschen die Menschen, dass diese Person eine bestimmte behördliche Autorität einnimmt, und dieser Posten ist abhängig von ihrer *funktionalen Fähigkeit*. Wenn jemand besonders gut im Transportwesen ist, wird er verständlicherweise zum Transportminister ernannt, und diejenigen die mit ihrem Herzen dem Gesundheitswesen nahestehen, werden natürlich im Gesundheitsamt ihre Fähigkeiten einsetzen. Das ist offensichtlich.

Um nun herauszufinden, was innerhalb und hinter der Sufi-Tradition liegt, gilt es für jeden Einzelnen innerhalb unserer Gruppen, eine Menge Arbeit zu tun, was wir manchmal *Hausarbeit* nennen. Dies heißt nicht nur, etwas zu den wöchentlichen Themen zu schreiben, es hat auch mit dem Studium der *Sprache*

To Be 'Steeped' in the Sufi Tradition

THERE IS A SAYING, "THERE ARE AS MANY PATHS TO GOD AS there are human beings on the planet; but there is only one Way!" Therein lies a great mystery. If this is not understood in the right way, then there is a danger that elitism can appear, and that is something always to be avoided. Elitism makes people feel "special", and then there are power struggles and all sorts of difficulties which arise.

On the other hand, within the Christian tradition, there is the saying, "Many are called, but few are chosen," and that is the meaning of what we call in our tradition "those who are elected". When someone is elected in a democratic society, for example, it is the wish of the people that this person assumes a certain position in authority, and that position is dependent upon their *functional ability*. If someone is particularly good with the subject of transport, then naturally they would be appointed as a transport minister, and if they were deeply involved within their heart with the subject of health, then they would, of course, join the department of health. It is obvious.

Now, to discover what lies within and behind the Sufi tradition, there is naturally a great deal of work that has to be done by each individual within our groups, a work which we sometimes call *homework*. This is not just writing something on the weekly themes, but it is also to do with a study of the *language* of the Sufis. Again, this is not to be considered in terms of books translated into the German language or the English language and so forth. It is rather about doing one's best to discover deep down inside *for oneself* (remember the first sentence in this paper) how and why, for example, the Sufi stories are some of the finest examples of teachings useful for our time that are available to us. We need to at least learn the basic words and concepts of the tradition. In a living school, it does not matter whether we are orthodox in a religious sense. That is between us as individuals and our Lord.

On the other hand, in order to be able to communicate, it is vital that we have a common "language" beyond the limitations of either German, Dutch, French, English or American. We need words and sentences, concepts and ideas that we can share with a common sound. For example, when we talk about the *nafs*, we can use the actual word, rather than the symbol I once gave in a semi-

der Sufis zu tun. Damit meine ich nicht Bücher, die in die deutsche Sprache oder in die englische Sprache und so weiter übersetzt wurden. Es hat vielmehr damit zu tun, sein Bestes zu geben, um tief in unserem Innern *für sich selbst* (erinnert euch an den ersten Satz dieses Textes) zu entdecken, wie und warum zum Beispiel die überlieferten Sufi-Geschichten einige der besten für unsere Zeit nützlichen Beispiele von Lehren sind, die uns zugänglich sind. Wir müssen zumindest die grundlegenden Begriffe und Konzepte der Tradition lernen. In einer lebenden Schule spielt es keine Rolle, ob wir in einem religiösen Sinne orthodox sind. Dies ist eine Sache zwischen uns als Individuen und unserem Herrn.

Damit wir miteinander kommunizieren können, ist es andererseits notwendig, dass wir eine gemeinsame »Sprache« jenseits der Grenzen des Deutschen, Holländischen, Französischen, Englischen oder Amerikanischen haben. Wir brauchen Wörter und Sätze, Konzepte und Ideen, die wir in einem gemeinsamen Klang teilen können. Wenn wir zum Beispiel über die *nafs* sprechen, können wir das eigentliche Wort benützen anstatt jenes Symbol, das ich einmal an einem Seminar gab, als ich es als »das Wie-immer-du-es-nennen-willst« bezeichnete. Damals war es in Ordnung, darüber zu lachen, aber die Wissenschaft der *nafs* könnte der Grundstein eines neuen Verständnisses der Psychologie im Westen sein, vor allem jetzt, da die Phänomene Freud, Adler und Jung mittlerweile, gelinde gesagt, etwas historisch geworden sind. Wir müssen uns in diesem Fall auch daran erinnern, dass all diese Männer aus einem deutschen Hintergrund stammen, und ihr begriffliches Denken deshalb auf diesem Kontext beruht und gewachsen ist. Ich persönlich habe immer gesagt, dass deutsche Wurzeln nicht unbedingt schöne französische oder englische Blumen hervorbringen, so wenig wie englische Wurzeln spanisches Bier erzeugen können!

Somit haben die Hausaufgaben, die ich erwähnte, damit zu tun, alles, was mit der Sufi-Tradition zusammenhängt, zu studieren. Es gehört sich zu wissen, wie sie entstand und was die grundsätzlichen Unterschiede sind, zum Beispiel zwischen nördlichem und südlichem und ebenso zwischen östlichem und westlichem Sufismus. Für uns in dieser lebenden Schule ist es vor allem wichtig, über die Sufi-Meister *alles* zu wissen, was wir können, und ganz speziell über die *drei Pole,* den Pol der Liebe, verkörpert in Mevlana Jalaluddin Rumi, den Pol der Macht in Abd al-Qadir Gilani und den Pol des Wissens in Scheich al-Akhbar Muhyiddin Ibn Arabi

nar naming it "the whatever-you-want-to-call-it". It was fine to laugh about it then, but the science of the *nafs* could well be the foundation of a really new way of understanding psychology for the West, particularly now that the phenomena of Freud, Adler and Jung are becoming a little historical, to say the least. We also need to remember, in this case, that the gentlemen in question were all from a German background, and therefore their conceptual thinking was founded on that background and grew from it. I have personally always said that German roots do not necessarily make beautiful French or English flowers, any more than English roots can produce Spanish beer!

So, the homework I have mentioned is to do with studying all that you can about the Sufi tradition. It is good manners to know how it originated and what are the basic differences, for example, between northern and southern Sufism, and even eastern and western Sufism. For us, in this living school, it is particularly important to know *all* that we can about the Sufi masters, and most particularly about the *three Poles,* i.e. the Pole of Love as found in Mevlana Jalaluddin Rumi, the Pole of Power in Abd al-Qadir Gilani and the Pole of Knowledge in the Sheikh al-Akhbar Muhyiddin Ibn Arabi from Andalusia. We need to know and understand the 'link' between the three Poles, and I have written a paper on this subject which needs to be studied.* I would also advocate the study of the works of Faruddin Attar, particularly *The Conference of the Birds,* remembering that each of these stories can be understood on *at least* seven levels. They are not just nice little stories; they are given to us for a reason. There are also the works of Ibn Sinai and many others, and soon we will start working with the knowledge given to us through and by Ibn Arabi. There is little translated in German so far, but work is going on in that direction at this time.

Other very important expressions you will hear a lot of are *fana* and *baqa. Fana* means the passing away of the veils of illusion that separate us from the truth, and *baqa* means the remaining of the essential reality underlying all appearances. Of course, these are truths and not formal opinions, for they come from those who have reached union themselves, and therefore there can be no separation. The work speaks through the pen of the gnostic.

---

* See *The Inner Work I,* page 250.

aus Andalusien. Wir müssen die ›Verbindung‹ zwischen diesen drei Polen kennen und verstehen. Ich habe dazu einen Text verfasst, der studiert werden sollte.* Auch empfehle ich das Studium der Werke von Faruddin Attar, speziell *Die Vogelgespräche,* und erinnere euch daran, dass jede dieser Geschichten auf *mindestens* sieben Ebenen verstanden werden kann. Das sind nicht nur nette kleine Geschichten; sie wurden uns aus einem Grund gegeben. Es sind auch die Werke von Ibn Sinai und vielen anderen, und bald werden wir beginnen, mit dem Wissen zu arbeiten, das uns durch und von Ibn Arabi gegeben wurde. Bis jetzt ist nur wenig davon ins Deutsche übersetzt worden, aber entsprechende Arbeiten sind im Moment im Gange.

Weitere wichtige Ausdrücke, von denen ihr viel hören werdet, sind *fana* und *baqa*. *Fana* bedeutet das Wegfallen des Schleiers der Illusion, der uns von der Wahrheit trennt, und *baqa* meint das Übrigbleiben der essenziellen Realität, welche allen Erscheinungen zugrunde liegt. Natürlich sind dies Wahrheiten und keine formalen Meinungen, da sie von jenen kommen, die selber die Einheit erreicht haben, und deshalb kann es da keine Trennung geben. Das Wort spricht durch die Feder des Gnostikers.

Auch werdet ihr zur Erkenntnis gelangen müssen, dass es keine direkten oder einfachen »Stufen« oder »Schritte« zur Einheit gibt. Das wäre nur ein Ausdruck des logischen westlichen Urteilens, welches schließlich vollständig unbefriedigend ist. Es gibt keine Grade, kein »Stufen-System«, wenn man so will, das zu entsprechenden Auszeichnungen führt, mit denen man das Badezimmer tapezieren oder die Wände des Wohnzimmers dekorieren könnte, damit alle sie sehen! Der Eintritt in eine lebende Schule bringt keine solchen ›Belohnungen‹. Die Belohnungen werden wir möglicherweise nie sehen, und die Ernte werden vielleicht die kommenden Generationen einbringen. Wir sind in der Tat nicht auf Belohnungen aus. Wir suchen nach Wegen, auf denen wir dienen können. Und es gibt tausend und eine Möglichkeit, wie wir tatsächlich dienen können. Es ist einfach eine Frage von *Gleichheit in der Essenz und Hierarchie in der Funktion.* Findet heraus, worin ihr wirklich gut seid in dieser Welt, und dann könnt ihr die Essenz der Lehre im Alltagsleben anwenden. Niemand ist ›wichtiger‹ in dieser Schule. Denn schließlich: Was in aller Welt ist der Zweck

---

* Siehe: *Die innere Arbeit I,* Seite 251.

You will also need to come to know that there are no directly simple "stages" or "steps" towards unity. That would merely be an expression of the western logical reasoning, which, ultimately, is entirely unsatisfactory. There are no gradations – a "grading system" if you like – which produce suitable documents to wallpaper the bathroom with or to leave framed in important places in the living room for all to see! There are no 'rewards' as such for joining a living school. The rewards we may never see, and the harvest may well be reaped by generations to come. Indeed, we do not look for rewards. We look for ways to be able to serve. And there are a thousand and one ways in which we can indeed serve. It is simply a question of *equality in essence and hierarchy in function.* Find out what you are actually good at in this world, and then you can apply the essence of the teaching in everyday life. No one is more 'important' in this school. After all, what on earth is the point of having a spiritual teacher if there are no pupils? And what is the point of a teacher *or* a pupil if there is not a very definite agreement, and mutual understanding, as to what it is that is being taught and what it is that you wish to learn?

Lastly, for the sake of this paper, I wish to stress, as I have done in many talks, that we are not some sort of an exclusive 'club' or anything like that. At this stage, at least, I do not say that you should, or should not, attend other groups. I merely would ask just *why* you would want to get involved with other concepts such as the "Ascended Masters", the "Maitreya" and channelling of all sorts of strange paraphernalia. Sheikh Suleyman Dede used to call our school a "university for the attained", i.e. a university for those who have already attained a degree of inner stability and a very direct need to know the truth and nothing but the truth. That is why it is also called "the road of truth".

So remember please, that we start with the declaration of unity, and we complete with the declaration of unity, *la illaha il'Allah,* "no, there is no divinity except the One Divinity." Remembering this at all times is both the beginning of wisdom and a great protection along the road, where there are many pitfalls and temptations to deviate us from what we truly seek – which is surely freedom in the truth itself.

1989

eines spirituellen Lehrers, wenn keine Schüler da sind? Und was ist der Zweck eines Lehrers *oder* eines Schülers, wenn es kein wirkliches Einverständnis und gegenseitiges Verstehen dessen gibt, was gelehrt wird und was ihr zu lernen wünscht?

Zuletzt, um dieses Textes willen, möchte ich betonen, wie ich es bereits in vielen Vorträgen getan habe, dass wir in keiner Weise so etwas wie ein exklusiver ›Club‹ oder etwas Derartiges sind. Ich sage nicht (wenigstens nicht in diesem Stadium), dass ihr an anderen Gruppen teilnehmen oder nicht teilnehmen sollt. Ich würde nur fragen, *warum* ihr euch auf andere Konzepte einlasst, wie das der »Aufgestiegenen Meister«, des »Maitreya« und dem Channeling aller Arten von seltsamem Hokuspokus. Scheich Suleyman Dede hat unsere Schule als eine »Universität für die Angekommenen« bezeichnet, das heißt eine Universität für diejenigen, die bereits einen Grad der inneren Stabilität erreicht und das sehr direkte Bedürfnis haben, die Wahrheit zu kennen und nichts als die Wahrheit. Deshalb wird sie auch »der Weg der Wahrheit« genannt.

So erinnert euch bitte daran, dass wir mit der Proklamation der Einheit beginnen, und wir schließen mit der Proklamation der Einheit ab: *la illaha il'Allah,* »nein, es gibt keine Gottheit außer der Einen Gottheit.« Sich daran jederzeit zu erinnern, ist sowohl der Beginn der Weisheit als auch ein großer Schutz entlang des Weges, auf dem es viele Fallgruben und Versuchungen gibt, um uns von dem abzubringen, was wir wirklich suchen – was sicherlich die Freiheit in der Wahrheit selbst ist.

❧

What is it — man

Glu...

Moral/Immoral

Son   MAKE   Kind

HE RASH LEADER

Rational CREATIVE Commotional

Hunter   Protector

PATIENT RESPONSIBLE

Provider Egotistical

Conceited ANGER PROUD NORMAL

INSECURE Shy Perennial

Reliable SENSITIVE STR...

Cunning

HONEST/Dishonest EXPANSIV...

BEAUTIFUL WEAK Hardhea...

SECURE ENDURANCE DEI...

SEXUAL

Humerous

ESS

Tolerant

Follower

MODEST

Friend

Spiritual

Disciplened

FEARLESS

Intelligent

How to Become a Normal Idiot
Letter to My Children

YOU KNOW, I CAN'T QUITE REMEMBER WHO IT WAS THAT
told me it was about time to write this letter. Maybe it was your mother, but I have got a terrible memory for such things. I do recollect someone pointing out to me that I have spent the last thirty years of my life running around the world, singing, giving endless lectures and seminars on the subject of consciousness and the spiritual life, and even written lots of books, which have been translated into other languages, and yet I have never written to you personally about these matters. It is strange, really, how we so often forget those that are closest to us. Perhaps we just assume that they are going to understand the things that we do through some sort of 'spiritual osmosis'. It is very presumptuous of us, and so I am sorry.

I decided this very morning to write you a short letter which perhaps you will read one day. Actually you are old enough to read it now, but then, when you will be older, it will sound different. Life will have changed for you. You might want to read it again, perhaps several times, if it is of any help. Time is strange enough, but it gets much stranger when you are old, that is, if you don't understand its meaning. It sort of slips on by and, hard as we try to get a hold of it, it is suddenly gone into what we call "the past". Most people think that time comes from the past, but that is only part of the story. Time is coming in from the future as well as spinning out patterns of the past right in front of our eyes. We have to be very awake to see which is which and what is what – if you know what I mean!

But then, I am digressing. Sometimes I get so caught up with trying to teach all these subjects and write books about them, that I forget how to write just a simple letter to the three sons I love so much. After all, what I want most for you is to actually *know* that you are loved, more than anything else, for it is knowledge that anchors love. Otherwise love is like a ship that is blown this way and that way by winds of endless change. There is an old saying, "I was a Hidden Treasure and I loved to be known, so I created the world that I might be known" (hadith of the prophet Muhammad, peace and blessings be upon him). That's God speaking. You see, He wants to be known just like you want to be known, as you are and not only as people think you are. It is the same for all of us. Age

Wie man ein normaler Idiot wird

Brief an meine Kinder

WISST IHR, MIR FÄLLT NICHT MEHR EIN, WER GENAU ZU MIR sagte, es sei jetzt an der Zeit, diesen Brief zu schreiben. Vielleicht war es eure Mutter, für solche Dinge taugt mein Gedächtnis überhaupt nicht. Jedenfalls erinnere ich mich daran, wie jemand darauf hinwies, dass ich die letzten dreißig Jahre meines Lebens damit verbracht habe, um die Welt zu eilen, zu singen, endlose Vorträge und Seminare über Bewusstsein und spirituelles Leben zu halten und eine Menge Bücher zu schreiben, die in andere Sprachen übersetzt wurden. Aber euch persönlich habe ich nie über diese Dinge geschrieben. Es ist wirklich seltsam, wie oft wir diejenigen vergessen, die uns am nächsten stehen. Vielleicht gehen wir einfach davon aus, dass sie die Dinge, die wir tun, durch eine Art ›spiritueller Osmose‹ verstehen werden. Dies ist sehr vermessen, und daher tut es mir leid.

Heute Morgen habe ich mich also entschieden, euch einen kurzen Brief zu schreiben, den ihr vielleicht eines Tages lesen werdet. Eigentlich seid ihr jetzt schon alt genug, ihn zu lesen, aber später, wenn ihr älter seid, wird er anders klingen. Euer Leben wird sich verändert haben. Vielleicht wollt ihr ihn noch einmal lesen, falls er hilfreich ist, vielleicht sogar mehrere Male. Die Zeit ist seltsam genug; sie wird aber noch eigenartiger, wenn du alt wirst, ohne ihre Bedeutung verstanden zu haben. Irgendwie gleitet sie vorbei und ist, wie sehr wir uns auch anstrengen, unversehens in dem, was wir »die Vergangenheit« nennen, verschwunden. Die meisten Menschen denken, Zeit komme aus der Vergangenheit, aber das ist nur ein Teil der Geschichte. Zeit kommt aus der Zukunft herein, und gleichzeitig webt sie direkt vor unseren Augen Muster aus der Vergangenheit. Wir müssen sehr wach sein, um erkennen zu können, was aus welcher Richtung kommt – wenn ihr versteht, was ich meine!

Aber ich schweife ab. Manchmal lasse ich mich derart gefangen nehmen vom Versuch, all diese Dinge zu lehren und Bücher zu schreiben, dass ich vergesse, wie ich einen einfachen Brief schreibe an die drei Söhne, die ich so sehr liebe. Schließlich ist das, was ich mir am meisten für euch wünsche, dass ihr wirklich *wisst,* dass ihr geliebt seid. Das ist wichtiger als alles andere, denn Wissen verankert Liebe. Sonst wird die Liebe wie ein Schiff hierhin und dorthin

doesn't change that one bit. We run around all over the place, looking for love, and yet, really, it is love that is looking for us until we find ourselves. Then God is very happy because He completed what He set out to do in the first place.

Of course, all this may sound very grand and far away, and perhaps it actually feels more difficult to understand these days. Everything is going so fast with all this advanced technology that virtually rules our lives. It is difficult to remember the important things when we are trying to choose the shopping in a supermarket or to cope with the vibrations in a bank. Jet planes roar overhead, and we can be in New York in a few hours. What we read in the newspapers could put anyone off the truth if they identified to all the stories of war, pollution and death, greed and ignorance. And yet, the search for freedom you have and the search for freedom I have has been the same from the beginning of time. And it always will be, it just *seems* to be different.

It is all here to stay, technology, I mean, and your yearning for the truth and my yearning for the truth will never change, for mankind will always go on searching. That is how organic and conscious evolution work. Just as the plants and the trees all try to move towards the light, so do we struggle for our own enlightenment. What the plants and the trees and the animals do unconsciously, we have to learn to do consciously. That is the big challenge! We have to make that great big leap forward in our lives so that we can help those who will come after us. As the saying goes, "The journey of a thousand miles starts with one step."

Yes, we have to make that great step and then pull that other foot from behind us and get on with life. I have been persevering all my life, and although there have been some very hard times, somehow or other I knew that it was the right thing to do. In fact, it is the only normal thing an idiot like me *can* do! Once you have been given a taste of that freedom we all look for, then you keep moving on. The rainbow is not going to stop for us. No way! There is always going to be a rainbow, and there is always going to be a crock of gold at the end of it. However much we are told that it is an illusion, we will still go on searching in one way or another.

Some people say that there is nothing to do, only to *be*. But I always say that we can't just sit on our behinds forever, meditating or going on retreats up in the mountains. That is not going to catch the rainbow. It is the same as when we go out fishing together. We

getrieben von den Winden der stetigen Veränderung. Es gibt einen Ausspruch aus alter Zeit: »Ich war ein Verborgener Schatz und sehnte Mich danach, erkannt zu werden; so erschuf Ich die Welt, damit Ich erkannt werde.« So spricht Gott. Ihr seht: Er will erkannt werden, wie ihr erkannt werden wollt, so wie ihr seid, und nicht so, wie die Leute meinen, dass ihr seid. Darin sind wir uns alle gleich. Das Alter ändert daran nichts. Wir rennen überall herum, suchen Liebe, und in Wirklichkeit ist es die Liebe, die uns sucht, bis wir uns selbst gefunden haben. Dann ist Gott sehr glücklich, denn Er hat vollendet, was Er Sich ursprünglich vorgenommen hatte.

Das mag sicherlich sehr großartig und übertrieben klingen, und vielleicht haben wir wirklich den Eindruck, dass es heutzutage schwieriger ist, diese Dinge zu verstehen. Alles geht so schnell mit dieser weit fortgeschrittenen Technologie, die unser Leben praktisch beherrscht. Es ist schwierig, sich an die wichtigen Dinge zu erinnern, wenn wir versuchen, im Supermarkt unsere Einkäufe zu tätigen oder mit den Schwingungen in einer Bank klarzukommen. Flugzeuge donnern über unsere Köpfe, und in wenigen Stunden können wir in New York sein. Was wir in den Zeitungen lesen, könnte jeden vom Weg der Wahrheit abbringen, wenn er sich mit all diesen Geschichten von Krieg, Umweltverschmutzung, Tod, Gier und Unwissenheit identifiziert. Aber trotz allem: Eure Suche nach der Freiheit und meine Suche nach der Freiheit waren seit Anbeginn der Zeit immer dieselbe. Und sie wird es immer sein; es scheint nur so, als ob sie verschieden wäre.

Wir können nichts daran ändern, an der Technologie, meine ich; und euer Sehnen nach der Wahrheit und mein Sehnen nach der Wahrheit wird sich niemals ändern, denn die Menschheit wird immer weiter suchen. So funktionieren organische und bewusste Evolution. So wie die Pflanzen und die Bäume sich dem Licht zuwenden, so kämpfen wir für unsere eigene Erleuchtung. Was die Pflanzen, Bäume und Tiere unbewusst tun, müssen wir lernen, bewusst zu tun. Das ist die große Herausforderung! Wir müssen diesen riesigen Sprung vorwärts machen in unserem Leben, damit wir denen, die nach uns kommen, helfen können. Wird nicht gesagt: »Die Reise von tausend Meilen beginnt mit einem Schritt«?

Ja, wir müssen diesen großen Schritt tun, dann den hinteren Fuß nach vorne bringen und weiterschreiten im Leben. Ich habe mein ganzes Leben durchgehalten, und obwohl es einige sehr

never exactly know when the fish are going to bite, but we go on fishing until they do. As they say in America, "We've got to keep on keeping on." It is perfectly normal. I tell my pupils, "If you don't live in a question, then you won't be in the flow of life. You may land up in a backwater and get all smelly. You need to live in the question, questions like, „What is the purpose of life on earth?" and "Why am I here?" and "Who am I anyway?". With questions like that, you may just find the answer, and then you will have something to give your children when they grow up.

Not everyone listens to those lectures or reads my books. I don't even know if you have read them. But I can't force anyone. Life is like that. We are offered all sorts of things, but it is a question as to whether we notice what we are being given in the first place, and even then, nothing can happen unless the time is right. That is what my own teacher always said to me. And it is true. We can try and try and have all the right intentions, but God moves in a very mysterious way. I reckon He sort of tests us all the time until He actually *knows* that we are really honest with ourselves and others, and then He drops a little present in our laps as a sign that things are going all right.

Whatever you do, don't take life too seriously. That would be a disaster! Did that great God people talk about ever say that we were to walk around life being miserable, with our heads down, looking as though we were dogs who had just been beaten for pinching the neighbour's chicken? No Sir. That God 'up there', or everywhere or wherever He is, just gets bored if we are miserable. If we have forgotten how to laugh, then He gives us a kick up the backside and says something like, "Why on earth don't you listen down there? Here am I sweating it out and trying to tell you what to do and how to do it, and that I *am* Love, I am free and I am in all things, everywhere and always, and I want all My Friends to be happy and to laugh, just like I want to be happy and laugh. But I gave you the power of thought and now you can't stop thinking about the most stupid things – and you forget Me! So I don't know whether it is you who is the big joke – or Me? Anyway, half of those priests, meditators and religious people are far too serious and self-important to just keep breathing that breath of life I gave them. It's a shame. It really is."

You see, my sons, God also gave us all sorts of splendid instructions as to how to live life, but then all these computers and things

schwierige Zeiten gab, wusste ich doch immer irgendwie, dass es richtig war. Tatsächlich ist es das Einzige, was ein Idiot wie ich *tun* kann! Wenn dir einmal ein Geschmack dieser Freiheit gewährt wurde, kannst du nicht mehr anders, als weitergehen. Der Regenbogen wird nicht unseretwegen stehenbleiben. Keineswegs! Es wird immer einen Regenbogen und an seinem Ende einen Topf Gold geben. Wie häufig uns auch gesagt wird, dass es eine Illusion sei, wir werden in der einen oder der anderen Art weiterfahren zu suchen.

Manche Leute sagen, dass es nichts zu tun gäbe, außer zu *sein*. Aber ich sage immer wieder, dass wir nicht bloß auf unserem Hintern sitzen, meditieren und uns in die Berge zurückziehen können. So werden wir den Regenbogen nie erwischen. Es ist das Gleiche, wie wenn wir zusammen angeln gehen. Wir wissen nie genau, wann die Fische anbeißen werden, aber wir angeln so lange, bis sie es tun. In Amerika sagt man: »Wir müssen mit dem Weitermachen weitermachen.« Das ist vollkommen normal. Ich sage meinen Schülern: »Wenn ihr nicht in einer Frage lebt, werdet ihr nicht im Fluss des Lebens sein. Es könnte sein, dass ihr im Stauwasser liegen bleibt und zu stinken beginnt. Ihr müsst in der Frage leben, in Fragen wie: »Was ist der Zweck des Lebens auf der Erde?« und »Weshalb bin ich hier?« und »Wer bin ich eigentlich?«. Mit solchen Fragen könnt ihr genau die Antwort finden, und dann habt ihr etwas, das ihr euren Kindern geben könnt, wenn sie aufwachsen.

Nicht alle hören meine Vorträge oder lesen meine Bücher. Ich weiß nicht einmal, ob ihr sie gelesen habt. Aber ich kann niemanden zwingen. So ist das Leben. Uns werden allerlei Dinge angeboten, aber es ist fraglich, ob wir überhaupt bemerken, was uns gegeben wird, und sogar dann kann nichts geschehen, außer wenn die Zeit reif ist. Das pflegte mir mein eigener Lehrer immer wieder zu sagen. Und es ist wahr. Wir können es immer wieder versuchen und die besten Absichten haben, aber Gottes Wege sind geheimnisvoll. Ich nehme an, dass Er uns irgendwie die ganze Zeit über prüft, bis Er wirklich weiß, dass wir tatsächlich uns selbst und anderen gegenüber ehrlich sind, und dann lässt Er ein kleines Geschenk in unseren Schoß fallen als Zeichen dafür, dass alles gut geht.

Was immer ihr tut, nehmt das Leben nicht zu ernst. Das wäre schrecklich! Hat dieser große Gott, über Den die Leute sprechen,

have moved on so fast that lots of these lessons have been lost. I have never seen any point in people meditating and doing all those strange things if they don't know why they are doing it. Mostly, it is just a waste of time and, in my tradition, we say that wastage is really the only sin. After all, if we are given laws and rules as to how to live and we waste our time looking in another direction, then I suppose we could be called "sinners", couldn't we? Then God gets forgotten and we feel separate and miserable, or lonely sometimes and depressed. We run around with a label of "poor me" stuck around our necks. Finally God gets His Army of helpers, who throw rotten eggs and tomatoes at us until we take off the "poor me" label and get on with helping others. Feeling special is just another sort of pride. Actually, feeling specially good or feeling specially not capable or feeling specially anything is still pride.

So I say to you and your friends to start young. That's a good idea, and it is God's Idea anyway. I thought I would write you this letter so that you can keep it, and read it again (and again) when you feel like it. Maybe it can help you. After all, there isn't anyone who can't do with a little bit of help, and real help comes from personal experience. It doesn't come from reading books and trying to be holy. It comes from direct experience of life and, if you are lucky, the person who gives you the advice and the help may also know a little bit about why life exists here on the planet in the first place.

I would like to give you some advice as to how you can be a normal idiot. You often heard me say to the visitors who come into the house that what I am involved with is called *the wisdom of the idiots,* and I am telling you that the most advanced idiot is the most normal one. So you can start right away if you want.

Each time I sit down to write this letter, what I want to say comes out differently to what I had expected. But that is the first lesson in life anyway. Just about everyone who has come to me for help, whether individually or in groups, large or small, suffers from that well known social disease which is the disease of expectation. Most people are brought up to be something special. Perhaps their parents wanted the children to do the things in their lives that they themselves never managed to complete in their own. At least that never happened to you three boys. Things changed so fast in your lives that there was no time to really fall into that trap of expectation. For most people it happens, though, and then from expecta-

je gesagt, wir sollen trübsinnig herumlaufen, mit gesenktem Kopf wie ein Hund, der soeben vom Nachbarn geschlagen wurde, weil er den Hühnern nachgejagt ist? Wohl kaum. Jener Gott ›dort oben‹, oder überall, wo immer Er sein mag, ist gelangweilt, wenn wir uns elend fühlen. Wenn wir vergessen haben zu lachen, versetzt Er uns einen Tritt in den Hintern und sagt so etwas wie: »Warum um Himmels willen hörst du dort unten denn nicht zu? Ich gebe Mir alle Mühe und versuche dir zu sagen, was du wie tun sollst und dass Ich Liebe *bin,* dass Ich frei bin und dass Ich in allen Dingen bin, immer und überall, und dass Ich will, dass alle Meine Freunde glücklich sind und lachen, so wie auch Ich gerne glücklich bin und lache. Aber Ich habe dir die Kraft des Denkens gegeben, und nun kannst du nicht mehr aufhören, über die dümmsten Dinge nachzudenken – und du vergisst Mich! Und nun weiß Ich nicht mehr, ob du der große Witz bist – oder Ich? Zudem ist die Hälfte aller Priester, Meditierenden und religiösen Leute viel zu ernst, zu ernst und zu selbstgefällig, um einfach den Atem des Lebens zu atmen, den Ich ihnen gegeben habe. Es ist eine Schande, ja wirklich!«

Ihr seht, meine Söhne, Gott gab uns allerhand großartige Anweisungen, wie wir das Leben leben sollten. Aber dann haben alle diese Computer und Dinge sich so schnell entwickelt, dass die meisten dieser Lektionen verlorengingen. Ich habe nie eingesehen, wie Leute meditieren und all diese seltsamen Dinge tun können, ohne zu wissen warum. Meistens ist es einfach Zeitverschwendung, und in meiner Tradition wird gesagt, dass Verschwendung eigentlich die einzige Sünde ist. Schließlich, wenn uns Gesetze und Regeln gegeben wurden, wie wir leben sollten, und wir unsere Zeit damit verschwenden, in eine andere Richtung zu schauen, dann, so meine ich, können wir »Sünder« genannt werden, nicht wahr? Dann wird Gott vergessen und wir fühlen uns getrennt und elend, manchmal einsam und bedrückt. Wir rennen mit dem Schild »Ich armes Wesen« vor der Brust herum. Schließlich holt Gott Seine Armee von Helfern, die verdorbene Eier und faule Tomaten nach uns schmeißen, bis wir das Schild »Ich armes Wesen« ablegen und damit beginnen, anderen zu helfen. Zu denken, man sei etwas Besonderes, ist einfach eine andere Art von Stolz. Wenn wir denken, wir seien besonders gut, oder denken, wir seien besonders unfähig, oder denken, wir seien besonders irgendetwas, ist das eigentlich immer noch Stolz.

tion comes that nasty little twinge that we call "disappointment", and then that may lead into a bigger twinge, perhaps resentment or a touch of envy which makes people jealous. Or maybe when people or situations don't live up to the expectations, they think they know best and feel special about that illusion and then stand up as though they were the judges of this world, which is normally just another symptom of pride. There are not many people who wait long enough to become normal idiots. It is sad, really. They just go on chasing the wrong rainbow, and then they find fool's gold at the other end and have to start all over again.

So, to be a normal idiot, you have to start off by not having any expectation and being totally honest with yourselves. No, it is not as easy as it sounds, but it is a beautiful challenge and I have always told you to try and live life beautifully, haven't I? When you do start having a bit of trouble as the result of that dreaded expectation, then the thing to do is to see why you feel special or different. You may discover that feeling inadequate, for example, is just as much a part of pride as feeling big-headed. If you don't feel anything like that, then have a look at whether you are in a state of resentment or envy. Find out where that comes from and work with it.

Do you know what a normal idiot actually is? He or she is someone who is doing the right thing at the right time and in the right place. That's just about as normal as you can get! Of course we are never in the right place and doing the right thing if we are full of thinking and in a wondering-what-to-do-next mood. It is not as easy as it sounds. There are so many things to remember if you are going to walk the road of truth, for that is the straight way they all talk about. There are as many paths to God as there are human beings; but there is only one way; and that is the road of truth that you make out yourselves every day by being honest and awake and following the laws that have been given to us over thousands of years by very normal idiots indeed. I bet even Jesus Christ, who is surely the perfect example of someone who followed the laws, had to keep awake, remembering how to lead the good life, even if he did get everything directly – if you see what I mean. He once shouted at his own disciples for going to sleep when he went up the mountain to pray. We're all human; certainly his disciples were.

He said, "Love the Lord thy God, and love thy neighbour as thyself," and that these were the two best commandments that he

Also sage ich euch und euren Freunden: Beginnt schon in jungen Jahren. Das ist eine gute Idee, und eigentlich ist es die Idee Gottes. Ich habe mir gedacht, ich schreibe euch diesen Brief, damit ihr ihn aufbewahren und ihn wieder und wieder lesen könnt, wenn ihr Lust dazu habt. Vielleicht kann er euch helfen. Schließlich gibt es niemanden, der nicht ein bisschen Hilfe bräuchte; und wirkliche Hilfe kommt aus persönlicher Erfahrung. Sie kommt nicht vom Bücherlesen und nicht vom Versuch, heilig zu sein. Sie kommt aus der direkten Erfahrung des Lebens selbst; und wenn ihr Glück habt, weiß die Person, die euch berät und hilft, auch ein kleines Bisschen darüber, wozu überhaupt das Leben hier auf diesem Planeten existiert.

Ich möchte euch einige Ratschläge geben, wie ihr normale Idioten werden könnt. Ihr habt oft gehört, wie ich den Gästen in unserem Haus gesagt habe, dass ich mich mit der *Weisheit der Idioten* beschäftige, und ich sage euch, dass der fortgeschrittenste Idiot der normalste ist. Also könnt ihr sofort beginnen, wenn ihr wollt.

Jedes Mal, wenn ich mich hinsetze, um an diesem Brief weiterzuschreiben, kommt das, was ich sagen will, anders heraus, als ich es erwartete. Aber das ist ohnehin die erste Lektion im Leben. Beinahe alle Leute, die mich um Hilfe baten, einzeln oder in Gruppen, klein oder groß, leiden unter dieser wohlbekannten Volkskrankheit der Erwartung. Die meisten Leute werden dazu erzogen, etwas Besonderes zu sein. Vielleicht wollten ihre Eltern, dass die Kinder Dinge verwirklichen, die sie selbst in ihrem eigenen Leben nie vollbracht haben. Wenigstens ist dies euch drei Jungs nie passiert. Die Dinge haben sich in eurem Leben so schnell verändert, dass ihr kaum Zeit hattet, in die Falle der Erwartung zu tappen. Die meisten Menschen tun dies aber, und dann wird aus Erwartung dieses kleine fiese Zwicken, das wir »Enttäuschung« nennen. Das kann dann in ein schlimmeres Zwicken übergehen in Form von Groll oder eines Anflugs von Neid, der die Leute eifersüchtig macht. Oder wenn Menschen und Situationen nicht den Erwartungen entsprechen, denken die Leute womöglich, sie wüssten es am besten und meinen, sie seien dieser Illusion wegen etwas Besonderes. Sie erheben sich dann, als wären sie die Richter dieser Welt; dabei ist dies üblicherweise nur ein weiteres Symptom für Stolz. Es gibt nicht viele Leute, die lange genug warten, bis sie normale Idioten werden. Das ist wirklich traurig. Sie fahren fort,

gave us. If we followed them, we would be well on the way to being normal idiots. He didn't complicate life with concepts such as reincarnation (I wonder if they will still be talking about that when you are my age?) anymore than he talked about "channelling" strange creatures who live in other worlds or different time zones. Now it seems that there are people "channelling" all over the place while others are running around to find the most popular one and even paying lots of money for hearing mainly useless information. I am sure they are well-meaning people, but they certainly aren't changing the world much. They keep telling us that there is some-one 'out there' who is going to tell us what to do at any moment, and so we get expectation fever very quickly indeed. Of course, if we were really awake, we would not want to go to all these strange people in the first place, would we? If we live according to the laws, we are so busy being awake and helping others that we just haven't got the time to run around chasing channels or wondering whether we are going to reincarnate next time around.

No, I wouldn't bother about these things. Find yourselves the path that you want to follow, and then find a teacher who will keep you on the path as much as possible. *Keep going straight!* We walk in-between two evils, people's concepts of God on one side and their concepts of the devil on the other. We want freedom, not just for ourselves but for our children and our children's children. I want freedom for you, my own children, but I know freedom does not just grow on hedgerows. You have to work for it. I can guide you if you want. It is a razor's edge path, this road of truth, and I can hold your hands along that road – but not all the way. There will come a time when I will hand you over to yourself and you will have to go on alone. In the meantime you are going to have to work hard to get to that one point of commitment from which you can never look back. When you find the road that leads to truth, then go for it! Use every effort, strength and will that you have, so that you will, once and for all, take that great step of commitment. Then the whole world reaches out to help you, the world that you can see and the worlds that, as yet, you cannot see.

Walk proud along that road with your head held high. You can be proud without suffering from pride or these other things I men-tioned. You can be proud that you are honest with yourselves and therefore with God. You can be proud that you are doing your best to follow the simple laws that grease the wheels of freedom. You can

dem falschen Regenbogen hinterherzujagen, und am anderen Ende finden sie dann Katzengold und müssen wieder ganz von vorne beginnen.

Also: Um ein normaler Idiot zu sein, müsst ihr damit beginnen, keine Erwartungen zu haben und vollkommen ehrlich mit euch selbst zu sein. Nein, es ist nicht so einfach, wie es klingt, aber es ist eine schöne Herausforderung, und ich habe euch immer wieder aufgefordert zu versuchen, euer Leben in Schönheit zu leben, nicht wahr? Wenn ihr merkt, dass ihr in Schwierigkeiten kommt wegen dieser schrecklichen Erwartungen, müsst ihr herausfinden, weshalb ihr euch besonders oder anders fühlt. Vielleicht entdeckt ihr dann, dass zum Beispiel das Gefühl, nicht zu genügen, genauso Teil des Stolzes ist, wie das Gefühl, großartig zu sein. Wenn ihr nichts davon wahrnehmt, überprüft, ob ihr in einem Zustand von Groll oder Neid seid. Findet heraus, woher das kommt und arbeitet damit.

Wisst ihr, was ein normaler Idiot in Wirklichkeit ist? Er oder sie ist eine Person, die das Richtige zur richtigen Zeit und am richtigen Ort tut. Das ist so normal, wie ihr nur werden könnt! Selbstverständlich sind wir nie am richtigen Ort, um das Richtige zu tun, wenn wir voller Gedanken sind und mit der Frage beschäftigt, was wir als Nächstes tun sollen. Es ist nicht so einfach, wie es klingt. Es gibt so viele Dinge, an die wir denken müssen, wenn wir auf der Straße der Wahrheit gehen, denn das ist der gerade Weg, von dem so häufig gesprochen wird. Es gibt so viele Pfade zu Gott, wie es menschliche Wesen gibt; aber es gibt nur einen Weg, und das ist der Weg der Wahrheit, den ihr jeden Tag selbst findet, wenn ihr ehrlich und wach seid und den Gesetzen folgt, die uns während Tausenden von Jahren von ganz normalen Idioten gegeben wurden. Ich wette, dass sogar Jesus Christus, sicher das vollkommene Beispiel von jemandem, der den Gesetzen folgte, wachsam bleiben und sich darauf besinnen musste, wie ein gutes Leben zu führen sei, obwohl er doch alles unmittelbar empfing – seht ihr was ich meine? Einmal herrschte er seine Jünger an, weil sie eingeschlafen waren, während er selbst auf den Berg gestiegen war, um zu beten. Wir sind alle menschlich; ganz sicher waren es seine Jünger.

Er sagte: »Liebe den Herrn, deinen Gott, und liebe deinen Nächsten wie dich selbst«, und dies waren die zwei besten Gebote, die er uns gab. Wenn wir ihnen gehorchten, wären wir sehr wohl auf dem richtigen Weg, normale Idioten zu werden. Weder ver-

be proud of the song of freedom in your hearts. You can be proud that you are grateful to be alive and to be given this life in order to find your true freedom. Gratefulness is the key to will, and you need will to unlock the gates that you are going to find on the road.

Most important, you can be proud that you are able to remember every breath that you take as you walk along. For breath is life. Breath stretches beyond past time or the time coming in from the future. Breath is not limited by walls or concrete floors and ceilings. The breath of God's Compassion knows no boundaries, no class distinctions, no religious barriers or formal doctrines. Breath contains moisture which waters the seeds of ideas from which the future can grow in harmony for your own children when they come into the world that you have created for them. Breath fans the flames of truth that burn out the dross of human ignorance. The breath of God's Mercy brings beauty. You are given a name on the breath of your parents, as they were given names by their parents. It is the Name of God, pouring out His Breath of mercy and compassion, that gives us all our own identity so that each one of us is unique and yet interconnected to the whole, which gives us life. As Jesus Christ walked on the water, so we walk proud in the breath of God's Compassion, lifting our breath to His and yet, at the same time, being awake to every step we take. As above, so below. To sing the song of a normal idiot on the road of truth – that is my prayer for you.

Keep praying, since God likes to hear your voice, and keep smiling for us all. Be loved and be loving.

1989

komplizierte er das Leben mit Konzepten wie der Reinkarnation (Ich frage mich, ob man über diese noch immer reden wird, wenn ihr einmal mein Alter erreicht habt?), noch sprach er über das »Channeling« von eigenartigen Geschöpfen, die in anderen Welten und Zeitzonen leben. Heute scheint es, dass überall Leute etwas »channeln«, derweil andere hektisch das populärste Medium suchen und sogar eine große Menge Geld ausgeben, um zumeist unnütze Informationen zu hören. Ich bin sicher, dass es wohlmeinende Leute sind, aber sie verändern die Welt nicht sonderlich. Sie erzählen uns immer wieder, dass es ›dort draußen‹ jemanden gibt, der uns sagen wird, was wir in jedem Moment tun sollen, und so kriegen wir sehr schnell das Erwartungsfieber. Wenn wir wach wären, würden wir wohl kaum ausgerechnet zu diesen Leuten gehen wollen, nicht wahr? Wenn wir den Geboten entsprechend lebten, wären wir so sehr damit beschäftigt, wach zu bleiben und anderen zu helfen, dass uns überhaupt keine Zeit bliebe, Medien hinterherzujagen oder uns zu fragen, als was wir wohl das nächste Mal reinkarniert werden.

Nein, ich würde mich nicht um diese Dinge kümmern. Findet selbst den Weg, dem ihr folgen möchtet, und dann findet einen Lehrer, der euch so gut wie möglich auf diesem Weg halten wird. *Bleibt auf dem geraden Weg!* Wir bewegen uns zwischen zwei Übeln, einerseits den Konzepten, die sich die Leute von Gott machen, und andererseits ihren Konzepten vom Teufel. Wir wollen Freiheit, nicht einfach für uns selbst, sondern für unsere Kinder und unsere Kindeskinder. Ich will Freiheit für euch, meine eigenen Kinder, aber ich weiß, dass Freiheit nicht einfach am Wegesrand wächst. Ihr müsst dafür arbeiten. Ich kann euch leiten, wenn ihr das wollt. Es ist ein Weg auf Messers Schneide, dieser Pfad der Wahrheit, und ich kann euch unterwegs an die Hand nehmen – aber nicht auf dem ganzen Weg. Es wird eine Zeit kommen, wo ich euch euch selbst anvertrauen werde, dann werdet ihr alleine weitergehen müssen. In der Zwischenzeit werdet ihr hart arbeiten müssen, um zu diesem Punkt der Verpflichtung zu kommen, von dem aus ihr nie mehr zurückschauen könnt. Wenn ihr den Weg findet, der zur Wahrheit führt, dann hängt euch rein! Nutzt jede Anstrengung, Stärke und Willen, über die ihr verfügt, um ein für allemal diesen großen Schritt der Verpflichtung zu tun. Dann wird euch die ganze Welt zu Hilfe eilen: die Welt, die ihr seht, und die Welten, die ihr noch nicht sehen könnt.

The Art and Science of Visualisation

this school we are learning why visualisation is not only necessary –
and I am taking responsibility for everything I am saying – but also
one of the responsibilities of anyone with the name of a human
being. If you cannot take the responsibility for visualisation, how
in heaven's name can you call yourselves "human beings"?

God gave you the bridge from eternity into time. *We are the
light. We are the people who can visualise space through the manifestation of the pure energy of time.* How is time made in purity? When
you take the demanding self and you turn it and turn it and turn it,
you grind the demanding self. But you lose nothing; you will have,
in addition, the substance – the paint brush and the ink – to visualise.

If you visualise for yourself, you are separating yourself. If you
visualise from opinion, you are separating others. But if you can
listen – really listen – to what I am saying here, then one day,
maybe not today, but one day, you may be able to see what the art
and the beauty of visualisation are. The following poem is also an
exercise in watching *inside* yourselves by looking *outside* yourselves.

> First there is the point from which you view.
> And then there is the point to which you view.
> Then there is the point beyond that which you can see
>   but which you can still see.
> Then there is the point beyond which you can still see
>   but which you cannot see with the physical eye
>   but of which you can have an intuition.
> Beyond that which we can intuit there is the beyond.
> Beyond the beyond there is still further… "Still further am I."
> Now take away that which you can see with the physical eye
>   and look at that which you can still see.
> Now take away that which you can still see
>   and sense that which you can intuit.
> Now take away that which was originally looking,
>   and what do you see?

"We are the eyes through which God sees" (hadith of the
prophet Muhammad, peace and blessings be upon him).

Geht diesen Weg stolz, mit erhobenem Kopf. Ihr könnt stolz sein, ohne an Hochmut zu leiden und an diesen anderen Dingen, die ich erwähnt habe. Ihr könnt stolz sein darauf, dass ihr ehrlich seid mit euch selbst und somit auch mit Gott. Ihr könnt stolz darauf sein, dass ihr euer Bestes tut, den einfachen Gesetzen zu folgen, die die Räder der Freiheit schmieren. Ihr könnt stolz sein auf das Lied der Freiheit in euren Herzen. Ihr könnt stolz sein auf eure Dankbarkeit dafür, dass ihr lebendig seid und dass euch dieses Leben geschenkt wurde, damit ihr eure eigene Freiheit findet. Dankbarkeit ist der Schlüssel zum Willen; und ihr werdet Willen benötigen, um die Tore zu öffnen, die ihr auf dem Weg finden werdet.

Das Wichtigste ist, dass ihr stolz auf eure Fähigkeit sein könnt, euch an jeden Atemzug zu erinnern, den ihr auf dem Weg nehmt. Denn Atem ist Leben. Der Atem dehnt sich über die Zeiten aus der Vergangenheit und der Zukunft hinweg aus. Atem ist nicht begrenzt von Wänden oder Betonböden und -decken. Der Atem von Gottes Mitgefühl kennt keine Grenzen, keine Klassenunterschiede, keine religiösen Schranken oder formale Doktrin. Atem enthält Feuchtigkeit, welche die Samen der Ideen wässert, aus denen die Zukunft für eure eigenen Kinder harmonisch wachsen kann, wenn sie in die Welt kommen, die ihr für sie geschaffen habt. Atem entfacht die Flammen der Wahrheit, damit sie die Schlacken menschlicher Unwissenheit verbrennen. Der Atem von Gottes Gnade bringt Schönheit. Euch wurde auf dem Atem eurer Eltern ein Name gegeben, wie auch ihnen von ihren Eltern ein Name gegeben wurde. Der Name Gottes, der in Seinem Atem der Gnade und des Erbarmens ausströmt, gibt uns allen unsere eigene Identität, so dass jeder von uns einzigartig und doch mit dem Ganzen, das uns Leben gibt, verbunden ist. So wie Jesus Christus über das Wasser schritt, so schreiten wir stolz im Atem von Gottes Erbarmen, indem wir unseren Atem zu dem Seinen erheben und uns doch, zur selben Zeit, eines jeden unserer Schritte bewusst sind. Wie oben, so unten. Dass ihr das Lied eines normalen Idioten auf dem Pfad der Wahrheit singt – das ist mein Gebet für euch.

Betet weiter, denn Gott hört eure Stimme gern, und lächelt weiter für uns alle. Seid geliebt und liebend.

Die Kunst und Wissenschaft der Visualisation

In dieser Schule lernen wir, warum Visualisation nicht bloß notwendig ist – und ich übernehme die Verantwortung für alles, was ich sage –, sondern auch eine der Verantwortlichkeiten von jedem, der den Namen eines Menschen trägt. Wenn ihr die Verantwortung für die Visualisation nicht übernehmen könnt, wie um Himmels willen könnt ihr euch dann »Menschen« nennen?

Gott gab euch die Brücke von der Ewigkeit in die Zeit. *Wir sind das Licht. Wir sind es, die Raum vermöge der Manifestation reiner Zeitenergie visualisieren können.* Wie wird Zeit in Reinheit erschaffen? Wenn ihr das Fordernde Selbst nehmt und es dreht und dreht und dreht, zerreibt ihr das Fordernde Selbst. Aber ihr verliert nichts dabei und werdet zudem die Substanz – die Feder und die Tinte – haben, um zu visualisieren.

Wenn ihr für euch selbst visualisiert, trennt ihr euch ab. Wenn ihr aufgrund einer Meinung visualisiert, trennt ihr andere ab. Könnt ihr jedoch dem, was ich hier sage, zuhören – wirklich zuhören –, werdet ihr eines Tages, vielleicht noch nicht heute, aber eines Tages, erkennen können, worin die Kunst und die Schönheit der Visualisation bestehen. Das folgende Gedicht ist auch eine Übung darin, euch *innerlich* zu beobachten, indem ihr nach *außen* schaut.

> Zuerst gibt es den Punkt, von dem aus du schaust.
> Und dann gibt es den Punkt, zu dem du hinschaust.
> Dann gibt es den Punkt, über den du hinaussehen kannst,
>   den du dabei aber noch immer zu sehen vermagst.
> Dann gibt den Punkt, über den hinaus du immer noch
>   sehen kannst,
>   doch nicht mit dem physischen Auge,
>   von dem du aber eine Ahnung haben kannst.
> Jenseits dessen, was wir erahnen können, ist das Jenseits.
> Hinter dem Jenseits geht es immer noch weiter... »Noch
>   weiter bin Ich.«
> Nun nimm weg, was du mit dem physischen Auge sehen
>   kannst,
>   und spüre das, was du erahnen kannst.

If you cannot face what you are seeing in this world, how will you ever understand yourselves?

"What you are looking for, is what is looking" (attributed to Saint Francis).

What you can do is learn to visualise your breakfast. Set the table before you go to bed, and then confirm it when the sun comes up. Never again in your life miss the sun going down! If you are travelling to work or whatever you are doing, never miss the sun coming up even if you have to put on your alarm clock and feel as though you must go back to sleep again afterwards. Will you do that? Will you? If you do, it will change your life, and then maybe you can remember the trust given to you by God.

I will finish with the story of Solomon. *Once upon a time* Solomon at *that* time of history – which could be *this* time of history if you can accept that there is only now – was asked to build the temple in Jerusalem. He did not know how to do it, but he turned straight to his Lord because, as it is said in the Koran, "Turn straight! Go straight!" The good Lord confirmed that He wanted the temple built. Solomon asked, "How?"

The Lord questioned why Solomon had to ask that. Surely He was aware that he knew how to go about it. But Solomon had asked; he had put the question. God told Solomon that He would give him everything – including the answer. He would give him control of the winds, the world of the jinn and the elemental kingdom, provided Solomon would say, "I will!"

Solomon considered by that time he had little choice. He confirmed his commitment, and the jinn and the winds came. Solomon was no architect, but as he stood there with his stick he was able to see – because he closed his eyes and became quiet. What he saw was a point, and then he saw that the point would have to divide in order to unite.

"But then there will be separation!" he said to the Lord.

"Sure," replied the Lord, "but only in your time, not in Mine. The arms have to spread to draw the pattern of the temple, and then, when it is done, they will come together again as one hand clapping."

Solomon contemplated as he stood there with his stick. He reflected that he hadn't really known what to do, but he had looked

Nun nimm das weg, was du immer noch sehen kannst,
und erspüre, was du erahnen kannst.
Nun nimm das weg, was ursprünglich geschaut hat,
und was siehst du?

»Wir sind die Augen, durch die Gott sieht« (Hadith des
Propheten Mohammed, Friede und Segen seien mit ihm!).

Wenn ihr euch dem nicht stellen könnt, was ihr in dieser Welt
seht, wie wollt ihr euch jemals selbst verstehen?

»Wonach du schaust, ist das, was schaut« (dem heiligen
Franziskus von Assisi zugeschrieben).

Was ihr tun könnt, ist lernen, euer Frühstück zu visualisieren.
Deckt den Tisch, bevor ihr schlafen geht, und bestätigt es bei
Sonnenaufgang. Verpasst nie mehr in eurem Leben den Sonnenuntergang! Seid ihr auf dem Weg zur Arbeit, oder was auch immer
ihr gerade tut, versäumt nie den Sonnenaufgang, und solltet ihr
dafür auch den Wecker stellen müssen und hinterher das Gefühl
haben, gleich wieder schlafen gehen zu müssen. Werdet ihr das
tun? Wirklich? Wenn ihr es tut, wird es euer Leben verändern, und
vielleicht könnt ihr euch dann des Vertrauens erinnern, das euch
von Gott gegeben wurde.

Ich will mit der Erzählung von Salomon schließen. *Es war einmal,* dass Salomon zu *jener* Zeit der Geschichte – was *diese* ge-
schichtliche Zeit sein könnte, wenn ihr gelten lasst, dass es nur das
Jetzt gibt – gebeten wurde, den Tempel in Jerusalem zu bauen. Er
wusste nicht, wie das anzustellen sei, doch wandte er sich geradewegs an seinen Herrn, wie es denn im Koran heißt: »Wende dich
geradeaus! Und gehe geradeaus!« Der große Gott bekräftigte
Seinen Wunsch, den Tempel gebaut zu sehen. Salomon fragte:
»Wie denn?«

Der Herr stellte ihn zur Rede. Warum hatte Salomon das fragen
müssen? Sicherlich war Ihm klar, dass dieser schon wüsste, wie
man die Sache anzugehen hat. Doch Salomon hatte gefragt; er
hatte die Frage gestellt. Gott sagte zu Salomon, Er würde ihm alles
geben, die Antwort eingeschlossen. Er würde ihm die Herrschaft
über die Winde, die Welt der Dschinns und das Elementarreich
geben, vorausgesetzt, Salomon würde sagen: »Ich will!«

for what was needed; and what he had discovered was that people had everything in their hearts and needed nothing more than to be together, share together, dance together and learn what life is about. Many people did come, armies of builders and the jinn world, which most people cannot see. And from nowhere the building began to take shape, little by little, step by step. As he looked, so it was becoming. There is no creation in the world of appearances. It was becoming from being.

One day when Solomon was standing with his stick looking upon what he had created by visualising it, the Lord spoke and said that it was time for Solomon to join Him. "It is time now," He said. "There is no room for two." Although the temple was not quite finished, Solomon accepted, but in the world of appearances he stood there for a long, long time afterwards.

Then, one day, he suddenly collapsed. What had happened was that a little worm had been eating through his stick all the time. He had been dead for years! "Die before you die!" But the invisible world had continued working until the temple was complete.

Now, have you learned something? What does it teach you? *You are what is looking.* So why is visualisation so important? Well, my friends, how else are you going to free yourselves from the laws of fate? You would not be alive in the physical form without the sun and the moon and the whole galactic system of life, which God gave us. But we are *subject* to it only at the level of fate; when we can *love and acknowledge our dependence,* then we can realise our destiny.

In Britain there is an old saying, "Never let the sun go down on your anger!" Bulent Rauf, my beloved teacher, used to say, "Every day before the sun goes down clear yourself. When the sun goes down, it is tomorrow. If there is anything you are addicted to – hate, anger, fear, resentment, people, anything – remember that if you don't clear yourself at sundown, you will take it into tomorrow." At that time, I did not listen very well. In fact, it took me twenty years to remember that!

When you have cleared yourself, *then* you can visualise. Who else is going to do it for you? Where is God? Would you repeat tomorrow in a similar way? Or can we come into freedom? Each day as our planet turns remember the sun, as Saint Francis always did, and remember that without the sun this body would die, without the moon our electromagnetic field would disintegrate. We have

Zu diesem Zeitpunkt überlegte sich Salomon, dass er kaum eine Wahl hatte. Er bekräftigte seine Verpflichtung, und schon kamen die Dschinns und die Winde. Salomon war kein Architekt, doch als er da stand mit seinem Stock, konnte er es sehen – denn er schloss die Augen und wurde still. Was er sah, war ein Punkt, und dann erkannte er, dass der Punkt sich würde teilen müssen, um sich wieder zu vereinigen.

»Aber dann wird es doch Trennung geben!«, sprach er zum Herrn.

»Gewiss«, antwortete der Herr, »doch nur in deiner Zeit, nicht in Meiner. Die Arme müssen sich öffnen, um den Bauplan des Tempels zu zeichnen, und, wenn das getan ist, werden sie wieder zusammenkommen, wie beim Klatschen einer Hand.«

Salomon stand da mit seinem Stock, in Gedanken versunken. Er überlegte, dass er eigentlich nicht wisse, was zu tun sei; aber er hielt nach dem Ausschau, was benötigt wurde, und machte die Entdeckung, dass die Menschen schon alles in ihren Herzen trugen und nichts weiter brauchten als zusammen zu sein, miteinander zu teilen, miteinander zu tanzen und zu lernen, worum es im Leben wirklich geht. Es kamen viele Leute, ganze Heere von Baumeistern und die Welt der Dschinns, welche die meisten Menschen nicht sehen können. Und aus dem Nichts begann das Gebäude Gestalt anzunehmen, ganz allmählich, Schritt für Schritt. Während er schaute, entstand es. In der Welt der Erscheinungen gibt es keine Schöpfung. Es entstand aus dem Sein.

Eines Tages, als Salomon mit seinem Stock da stand und betrachtete, was er durch seine Visualisation erschaffen hatte, sprach der Herr und sagte, es sei Zeit für Salomon, zu Ihm zu kommen. »Es ist Zeit«, sprach Er. »Es gibt keinen Platz für zwei.« Obschon der Tempel noch nicht ganz fertig war, stimmte Salomon zu. In der Welt der Erscheinungen stand er jedoch noch eine lange, lange Zeit da.

Doch eines Tages fiel er plötzlich in sich zusammen. Was war geschehen? Ein kleiner Wurm hatte sich die ganze Zeit durch seinen Stock hindurchgefressen. Er war schon jahrelang tot! »Stirb, bevor du stirbst!« Aber die unsichtbare Welt hatte weitergebaut, bis der Tempel vollendet war.

Nun, habt ihr etwas gelernt? Was lehrt es euch? *Ihr seid das, was schaut.* Warum also ist Visualisierung so wichtig? Wie sonst, meine Freunde, werdet ihr euch von den Gesetzen des Schicksals befrei-

en? Ohne die Sonne, den Mond, und das ganze Milchstraßensystem des Lebens, das Gott uns gab, wäret ihr nicht in physischer Form lebendig. Doch sind wir ihm nur auf der Ebene des Schicksals *unterworfen*. Wenn wir unsere *Abhängigkeit lieben und würdigen* können, können wir unsere Bestimmung verwirklichen.

In England gibt es ein altes Sprichwort: »Lass die Sonne niemals über deinem Zorn untergehen!« Mein geliebter Lehrer Bulent Rauf pflegte zu sagen: »Kläre dich jeden Tag, bevor die Sonne untergeht. Wenn die Sonne untergeht, ist es bereits morgen. Gibt es irgendetwas, woran du haftest – Hass, Zorn, Angst, Unmut, Menschen, irgendetwas –, dann bedenke, dass du es ins Morgen mitnimmst, wenn du dich nicht bei Sonnenuntergang klärst.« Zu jener Zeit hörte ich nicht sehr aufmerksam zu. Tatsächlich brauchte ich zwanzig Jahre, mich daran zu erinnern!

Wenn ihr euch geklärt habt, *dann* könnt ihr visualisieren. Wer sonst wird es für euch tun? Wo ist Gott? Würdet ihr das morgen auf ähnliche Art wiederholen? Oder können wir zur Freiheit gelangen? Erinnert euch jeden Tag beim Drehen unseres Planeten an die Sonne, wie es der heilige Franziskus immer getan hat. Und erinnert euch daran, dass dieser Körper ohne die Sonne sterben würde, dass sich unser elektromagnetisches Feld ohne den Mond auflösen würde. Wir haben *ein* Leben, in dem wir die Wahrheit erfahren können, also lasst uns nie, niemals vergessen. Bulent sagte immer zu mir: »Wenn du dich beim Erwachen erinnern kannst, ist es immer ein neuer Tag.«

Meine Botschaft an euch heißt: »Erinnert euch!« Vergesst nie, wann die Sonne untergeht, vergesst nie, wann sie aufgeht! Seid ihr weise, dann werdet ihr – so wie ich heute Morgen – schon lange vor Sonnenaufgang wach sein, um euch dieses gesegneten Augenblicks zu erinnern. Könnt ihr die Wahrheit in Freiheit visualisieren? Wenn ich euch die Worte nenne, die den Raum aus der Zeit heraus spinnen, werdet ihr euch erinnern? Werdet ihr euch dem Menschlichen im Antlitz der Wahrheit stellen? *Ihr seid das Antlitz der Wahrheit!* Könnt ihr das annehmen? Welch' andere Gesichter hat Gott denn sonst? Vertraut euch zuerst der Wahrheit in euch selbst an, und niemandem sonst. Dann könnt ihr vollbringen, wozu ihr hierhergekommen seid: den Beginn eures Lebens zu entfalten.

Ihr tragt Salomon in eurem Wesen genauso wie siebenundzwanzig andere große Propheten. Ihr habt das Wissen, das mein gelieb-

one life in which to learn the truth, so let us never, never forget. Bulent would say to me, "When you can remember when you wake up, it is always a new day."

My message to you is, "Remember!" Never forget when the sun goes down, never forget when the sun comes up! If you are wise, you will be up – as I was this morning – long before the sun comes up, in order to remember that blessed moment. Can you visualise the freedom in truth? If I tell you the words that spin space out of time, will you remember? Will you face the humaneness in the face of truth? *You are the face of truth!* Can you accept that? What other faces does God have? First, commit yourself to the truth in yourself and to no one else. Then you can do what you came here to do; to unfold the beginning of your life.

You have Solomon in your being, as well as twenty-seven other major prophets. You have the knowledge which was granted to us by my beloved teacher. Bulent Rauf, who in Sufi circles was called "one of the hidden ones", lived in this world – and his stick went down. The One divides in order to unite; "I was a Hidden Treasure and I loved to be known, so I created the world that I might be known" (hadith of the prophet Muhammad). Man – woman, age – youth, time – eternity, earth – heaven... God is not separate from you! Don't you want to be recognised? Don't you want to be loved? God willing, you will know that you are loved, and then the "metaphysics of ecstasy" will be totally uninteresting. The Indian medicine woman Coming Morning said to me recently, "You are strange, you white people. You say, 'God is in my heart.' Why can't you accept that you are in the Heart of God?"

1994

ter Lehrer uns gegeben hat. Bulent Rauf, der in Sufi-Kreisen »einer der Verborgenen« genannt wurde, lebte in dieser Welt – und sein Stab sank nieder. Das Eine teilt sich, um sich zu vereinen: »Ich war ein Verborgener Schatz und sehnte Mich danach, erkannt zu werden; so erschuf Ich die Welt, damit Ich erkannt werde« (Hadith des Propheten Mohammed). Mann – Frau, Alter – Jugend, Zeit – Ewigkeit, Erde – Himmel... Gott ist nicht von euch getrennt! Möchtet ihr denn nicht erkannt werden? Möchtet ihr nicht geliebt sein? So Gott will, werdet ihr wissen, dass ihr geliebt seid, und dann wird die »Metaphysik der Ekstase« völlig belanglos. Coming Morning, eine indianische Medizinfrau, sagte mir kürzlich: »Ihr Weißen seid merkwürdig. Ihr sagt: ›Gott ist in meinem Herzen.‹ Warum könnt ihr nicht akzeptieren, dass ihr im Herzen Gottes seid?«

Zeit – eines der esoterischen Gesetze

IMMER WIEDER IST IM LAUFE DER GESCHICHTE VON EIGENT-lich allen Lehrern des geistigen Weges gesagt worden, dass wir anderen Gesetzen unterliegen, sobald wir auf den esoterischen Weg eingeladen werden – das heißt zusätzlich zu den üblichen Gesetzen, die wir befolgen müssen, wie Moral, Disziplin und so weiter. Diese anderen Gesetze, die wir auch lernen und befolgen müssen, werden uns beim Betreten des esoterischen Pfades jedoch nicht gegeben, zumindest nicht sofort.

Manche Menschen meinen, diese Gesetze hätten etwas mit Astrologie, Astronomie und so weiter zu tun. Hörtet ihr jedoch auf die Bedeutung von Tolstois Geschichte *Die drei Fragen,* so würdet ihr sehen, dass der König letztlich keines der Glaubenssysteme, wie Astrologie und so weiter, gelten ließ, weil sie ihn nicht hinreichend zufriedenstellten. Wonach er suchte, war ein weiser Mann, der ihn befreien würde. Ich leugne die Astrologie und alle diese esoteri-schen und gelegentlich mathematischen Gesetze nicht; was ich je-doch sage, ist, dass wir für die *Zeit* verantwortlich sind.

Wir sind nicht, oder sagen wir, nicht vollständig verantwortlich für die Zeit, die von den natürlichen Zyklen der Jahreszeiten be-stimmt wird, denn diese sind uns bereits gegeben, sie sind uns ge-

Time – One of the Esoteric Laws

teacher of the esoteric path throughout history that when we are invited into the esoteric path, we come under different laws – this is, in addition to the usual laws we have to obey, such as morality, discipline and so on. On entering the spiritual path, these other laws which we also have to come to learn and obey are not given to us, at least not until later on.

Some people, for example, consider these laws are to do with astrology, astronomy and so on. If, however, you would listen to the meaning of Tolstoy's story *The Three Questions,* you would see that the king did not accept, finally, any of the belief systems, such as astrology and so on, because they were not sufficiently satisfying. What he was looking for was a wise man who would set him free. I do not deny astrology and all these esoteric and sometimes mathematical laws, but what I am saying is that we are responsible for *time.*

We are not responsible, totally responsible shall we say, for the time that is governed by the natural cycles of the seasons because they are already given to us, they are given to us as a gift. If we study, we know when to plant, when to reap and when to harvest. We know it is best to plant at a certain time, and not so good to plant at another time. So we see this aspect of time as a gift; we are responsible for knowing about it. But if, on the other hand, we are stockbrokers in the bourse and don't have a garden, we are not necessarily invited to participate in knowing of the natural cycles. The farmers know this. The farmers, however, don't know what the fishermen know about the tides and the weather and the way the fish respond to the electromagnetic time, with which we are all involved. Farmers are involved with farming; fishermen are involved with fishing.

We are responsible for our own cycles. A woman knows her own cycle, which is very much dependent on the moon. And a man should be respectful to a woman's cycle because she, in many ways, cannot change the cycle that is the cycle of the feminine. The man needs to be responsible and loving and kind, to respect the cycle of the feminine. Equally well, men have cycles, but these are not so well understood. They are more dramatic in a way because they are more haphazard. Men have their own cycles because they have the woman

schenkt. Wenn wir lernen, wissen wir, wann wir pflanzen, wann wir mähen und wann wir ernten müssen. Wir wissen, dass eine bestimmte Zeit für das Säen am besten und eine andere hierfür weniger geeignet ist. Daher betrachten wir diesen Aspekt der Zeit als Geschenk; es ist unsere Verantwortung, darüber etwas zu wissen. Wenn wir hingegen Makler an der Börse sind und keinen Garten besitzen, werden wir nicht unbedingt eingeladen, am Wissen um die natürlichen Zyklen teilzuhaben. Die Bauern kennen sie. Jedoch wissen die Bauern wiederum nicht, was die Fischer über die Gezeiten und das Wetter wissen und über die Art und Weise, wie die Fische auf die elektromagnetische Zeit ansprechen, mit der wir es alle zu tun haben. Die Bauern haben mit der Landwirtschaft zu tun, die Fischer mit dem Fischen.

Wir sind für unsere eigenen Zyklen verantwortlich. Eine Frau kennt ihre eigene Periode, die sehr stark vom Mond abhängt. Und ein Mann sollte den Zyklus einer Frau respektieren, weil sie in vielerlei Hinsicht ihren Zyklus, die weibliche Periode, nicht ändern kann. Der Mann sollte daher verantwortungsvoll, liebevoll und gütig sein und den weiblichen Zyklus achten. Auch Männer haben in gleicher Weise Zyklen, diese werden jedoch nicht so gut verstanden. In gewisser Hinsicht sind sie dramatischer, weil sie zufälliger sind. Männer haben ihre eigenen Perioden, denn sie tragen die Frau in sich, und sie haben auch, auf genau die gleiche Weise wie Frauen, Zyklen, die von ihrer eigenen astrologischen Konfiguration der Konjunktionen, Quadrate und Trigone in ihrem Geburtsbild abhängig sind.

So müssen wir alle respektieren, dass wir einen persönlichen Zeitzustand haben, mit dem wir arbeiten können, statt zu versuchen, über diesen hinauszugehen, und dass jede Person, mit der wir in unseren Beziehungen, unseren Gruppen, auf unserer Suche, in unserer Sehnsucht zusammen sind, ebenfalls ihren eigenen Zeitzustand hat. Nun jedoch müssen wir uns etwas anderes anschauen.

Kann der Mensch, damit meine ich Mann und Frau, Zeit erschaffen, eine neue Zeit, eine Zeit, die mit bewusster Evolution statt nur mit der rein organischen Evolution zu tun hat? Kann die Entscheidung eines Menschen sogar das Muster des elektromagnetischen Felds der Erde verändern? Hat die Chaostheorie der modernen Physik etwas mit Zeit zu tun? Haben die Flügel eines Schmetterlings, die, ausgehend vom Ort, wo sie schlagen, das Wetter in einem anderen Teil der Welt verändern können, irgend-

within them, and men also have, just in precisely the same way as women, cycles dependent upon their own astrological configuration of conjunctions, squares and trigons within their astrological chart.

So we all have to respect that we have an individual state of time, which we can work with rather than try to go beyond, and that each person we are with in our relationships, in our groups, in our searching, in our yearning also has their own individual state of time. Now, however, we need to look at something else.

Can man, by this I mean man and woman, create time, a new time, a time to do with conscious evolution rather than merely organic evolution? Can the decision of a human being change even the pattern of the electromagnetic field of the earth? Is the chaos theory in modern physics something to do with time? Does the butterfly's wings, which might change the weather in another part of the world from where they are fluttering, have anything to do with a thought of a human being? We need to look at this.

We talk about "Sufism", and yet half of what we talk about in Sufism today is often old-fashioned and totally useless due to the nature of space and time, language and the geographical origin of what can be so often misinterpreted in western culture. And yet there are people like Mevlana Jalaluddin Rumi, Muhyiddin Ibn Arabi and many others, who actually state that "it", whatever it is, all starts with thought.

In my own way, I have tried to explain to you that we are one hundred percent responsible for our own feelings and our own emotions, without judging another, for example by considering that we know what their emotions and feelings are.

May I ask a question? How can we be responsible for thought, which in essence is pure? It is what we do with the energy and essence of thought that can change the world. If we add to the substance of thought our angst, anxiety, our anger, fear, resentment, pride or jealousies, wanting to possess or wanting to change, then the essence of the thought will pervade not only our own being but the being of others.

On the other hand, by loving and respecting, knowing and, dare I say, even understanding something of the purpose of life on earth, could we see that we can add time to our lives to make a new dimension out of which the response of the universe given by God can be seen in the purpose, the aim and the unfoldment of the endless search of mankind?

etwas mit einem Gedanken eines Menschen zu tun? Das müssen wir uns anschauen.

Wir sprechen von »Sufismus«, obwohl die Hälfte dessen, über das wir heute im Sufismus sprechen, altmodisch und völlig unnütz ist wegen der Natur von Zeit und Raum, der Sprache und der geographischen Herkunft dessen, was im westlichen Kulturkreis so gerne missdeutet wird. Und doch gibt es Menschen, wie Mevlana Jalaluddin Rumi, Muhyiddin Ibn Arabi und viele andere, die tatsächlich behaupten, dass all »dies« – was immer es auch sein mag – mit dem Denken beginnt.

Auf meine eigene Art habe ich euch zu erklären versucht, dass wir hundertprozentig für unsere eigenen Gefühle und Emotionen verantwortlich sind, ohne über einander zu urteilen, etwa in der Meinung, wir wüssten, was die Gefühle und Emotionen der anderen seien.

Darf ich eine Frage stellen? Wie können wir für das Denken verantwortlich sein, das doch in seiner Essenz rein ist? Das, was wir mit der Energie und der Essenz von Gedanken tun, kann die Welt verändern. Wenn wir der Gedankensubstanz unsere Angst, unsere Befürchtungen, unseren Zorn, Groll und Stolz oder unsere Eifersüchte hinzufügen, mit dem Verlangen nach Besitz oder dem Verlangen nach Veränderung, wird die Essenz dieses Gedankens nicht nur unser eigenes Wesen, sondern auch das Wesen anderer durchdringen.

Würden wir andererseits, in Liebe und Respekt, etwas vom Sinn des Lebens auf der Erde erkennen und, ich wage zu sagen, sogar verstehen, sähen wir dann nicht, dass wir unserem Leben Zeit hinzufügen können, um eine neue Dimension zu schaffen, aus der heraus die von Gott gegebene Antwort des Universums gesehen werden kann, nämlich Zweck, Ziel und Entfaltung der endlosen Suche der Menschheit?

Könnten wir verstehen, dass, wenn wir anderen zu helfen versuchen, indem wir sie auf den Anschein einer Antwort begrenzen, statt die Suche weiterzugeben, wir uns selbst und jene Meister, Heiligen und Propheten aller Zeiten im Stich gelassen haben, welche innerhalb der Zeit unserem Leben möglicherweise eine neue Dimension hinzugefügt haben, indem sie Raum und Zeit ihres eigenen Lebens definierten? Es ist so einfach.

Wenn wir in dieses Werk gelangen, schlafen wir. Wir können zwanzig, dreißig oder vierzig Jahre dabei sein, und meist schlafen

Could we understand that if we try to help others by limiting them to the appearance of an answer rather than passing on the search, we have failed ourselves and we have failed those masters, saints and prophets of all time who, within time, have maybe added a new dimension to our lives by defining the space and time of their own lives? It is so simple.

When we come into this work, we are asleep. We can be in it for twenty, thirty or forty years, and mostly we are still asleep. But sometimes, maybe, we have a flash of a heightened state of consciousness and we say, "Yes, I know. If I say I am going to get into that car at four o'clock, and then start the engine precisely at the time I state, I will know that the universe will respond." And it is as if all the angels and archangels come very fast because they only want, surely, a *responsible* human being. And a responsible human being is somebody who is responding not only to the need of the ongoing process of organic evolution, but to the possibility of creative and conscious evolution.

Therefore, may I say very humbly to you, that one of the esoteric laws that we need to learn and to respond to, is not only what is the nature of time, but how can we serve the knowledge that has lived throughout history within the hearts of those people who have served humanity in a state and level of consciousness that we ourselves are merely doing our best to understand.

Let us be humble enough not to be acquisitive. You cannot acquire time; it is already gone the moment you have experienced it or looked at it in this world of appearances. Let us not try to acquire knowledge; it is given, but not acquired by logical reasoning of the mind. Let us not even try to acquire the answer, but let us continue to search, for our children and our children's children, in at least one of the esoteric laws. And one of them is, that *we are responsible for our own time as well as being responsible for our own space.*

1994

484

wir noch immer. Manchmal jedoch erleben wir vielleicht ein Aufblitzen eines erhöhten Bewusstseinszustands und wir sagen: »Ja, ich weiß. Wenn ich sage, dass ich um vier Uhr in den Wagen steige, und den Motor dann genau zur vorgenommenen Zeit starte, weiß ich, dass das Universum antworten wird.« Und es ist, als ob alle Engel und Erzengel ganz schnell herbeieilten, weil sie mit Sicherheit nur ein *verantwortungsbewusstes* menschliches Wesen wollen. Und ein verantwortungsbewusstes menschliches Wesen ist jemand, der nicht nur auf das Bedürfnis des fortschreitenden Prozesses der organischen Evolution, sondern auch auf die Möglichkeit kreativer und bewusster Evolution eingeht.

Lasst mich euch deswegen in aller Bescheidenheit sagen, dass eines der esoterischen Gesetze, die wir erlernen und befolgen müssen, nicht nur darin besteht, was die Natur der Zeit ist, sondern auch wie wir dem Wissen dienen können, das im Laufe der Geschichte in den Herzen jener Menschen gelebt hat, welche der Menschheit in einem Zustand und auf einer Ebene der Bewusstheit gedient haben, die wir selbst lediglich nach Kräften zu verstehen versuchen.

Lasst uns demütig genug sein, nicht auf Gewinn aus zu sein. Man kann Zeit nicht gewinnen; in dem Moment, in dem man sie erfahren oder in dieser Welt der Erscheinungen betrachtet hat, ist sie schon vorbei. Lasst uns nicht versuchen, Wissen zu erwerben; es wird gegeben, und nicht durch logisches Folgern des Verstandes gewonnen. Lasst uns nicht einmal versuchen, die Antwort zu erwerben, sondern lasst uns fortfahren, für unsere Kinder und Kindeskinder mindestens eines der esoterischen Gesetze zu ergründen. Und eines davon ist: *Wir sind verantwortlich für unsere eigene Zeit, ebenso wie wir für unseren eigenen Raum verantwortlich sind.*

The Meaning of Authority
on the Spiritual Journey

ONLY WHEN I SAT DOWN TO WRITE THIS PAPER DID I REALISE how vast this subject is and how much it is misunderstood. In fact, having now completed these short notes, I wonder if perhaps I should write a whole book devoted to the inner meaning of authority on the path. As it is, I am writing this paper more as a challenge, than aspiring to lofty, intellectual explanations which would have to involve a whole cosmology concerning the purpose of life on earth. "I was a Hidden Treasure and I loved to be known, so I created the world that I might be known" (hadith of the prophet Muhammad, peace and blessings be upon him).

When the Pupil is Ready...

We have all heard the saying, "When the pupil is ready, the master will come." But I wonder how many of us actually looked deeply into the meaning of the words, and particularly the word "ready". What does this mean? What does it mean to be "ready"? Ready for what?

How many people ask themselves on their spiritual journey whether they might, for example, be ready to be of use to the teacher or master? Or do they just presume that these advanced spiritual beings are hanging around for just anyone who might knock on their doorstep? Are they ready enough, with awakened intelligence and with right motive and intention, to leave behind literally everything if they are asked to take that great step into the unknown – the most dangerous step of their whole lives? I wonder how many have considered this. Perhaps they do not yet know what first might have to be sacrificed in order to meet a *real* teacher, a "cosmic apparatus for the transformation of subtle energies", as G.I. Gurdjieff called these strange, often unrecognizable human beings who have been given, nearly always by their own teachers, the difficult task of acting in the function of a teacher, whose only real task is to live in the truth for the sake of truth, and thus be able to help unfold the "hidden treasure" within the heart of a true seeker.

Die Bedeutung von Autorität
auf der spirituellen Reise

ERST ALS ICH MICH HINSETZTE, UM DIESEN TEXT ZU SCHREI-
ben, bemerkte ich, wie weit dieses Thema ist und wie sehr es missverstanden wird. Tatsächlich frage ich mich, nachdem ich diese
kurzen Notizen abgeschlossen habe, ob ich vielleicht ein ganzes
Buch verfassen sollte, das der inneren Bedeutung von Autorität auf
dem Pfad gewidmet ist. Ich schreibe diesen Text mehr als eine
Herausforderung denn als hochfliegende intellektuelle Erklärung,
die eine ganze Kosmologie über den Sinn des Lebens auf der Erde
beinhalten müsste. »Ich war ein Verborgener Schatz und sehnte
Mich danach, erkannt zu werden; so erschuf Ich die Welt, damit
Ich erkannt werde« (Hadith des Propheten Mohammed, Friede
und Segen seien mit ihm!).

Wenn der Schüler bereit ist...

Wir alle haben die Redensart gehört: »Wenn der Schüler bereit ist,
wird der Meister kommen.« Aber ich frage mich, wie viele von uns
tatsächlich tief hinter die Bedeutung dieser Worte geschaut haben,
und besonders hinter das Wort »bereit«. Was bedeutet es? Was bedeutet es, bereit zu sein? Bereit wofür?
Wie viele Menschen fragen sich auf ihrer spirituellen Reise, ob
sie zum Beispiel bereit sind, dem Lehrer oder Meister von Nutzen
zu sein? Oder nehmen sie einfach an, dass diese fortgeschrittenen
spirituellen Wesen nur darauf warten, dass irgendjemand an ihre
Türe klopfen könnte? Sind sie genug vorbereitet, mit wacher
Intelligenz, richtigem Motiv und richtiger Absicht buchstäblich
alles hinter sich zu lassen, wenn sie darum gebeten werden, um den
großen Schritt ins Unbekannte zu wagen – den gefährlichsten
Schritt ihres ganzen Lebens? Ich frage mich, wie viele darüber
nachgedacht haben. Vielleicht wissen sie noch nicht, was zuerst geopfert werden müsste, um einem *wirklichen* Lehrer zu begegnen,
einem »kosmischen Apparat zur Transformation subtiler Energie«,
wie G.I. Gurdjieff diese seltsamen, oft nicht erkennbaren Menschen genannt hat, denen, beinahe immer von ihren eigenen
Lehrern, die schwierige Aufgabe übertragen wurde, in der Funktion eines Lehrers zu handeln, dessen einzige wirkliche Aufgabe es

... the Teacher Will Come

I can only speak from personal experience; and any of you who have read my first book, *The Last Barrier,* which was written about a time when I was with my teacher in the late sixties and early seventies, will know that I did indeed subject myself totally to the authority of the man I called "Hamid" in that book. In fact, what I wrote in that book was just a minute portion of the whole story. You will know that it was a tough journey, and I had a tough teacher. But that was what I needed! Rumi says, "Sentimentality is the greatest enemy of love"; and at least I had come to that understanding before I met Hamid, whose real name was Bulent Rauf. I already knew that if I was blessed enough to meet a real teacher, then I would have to get rid of most of my "baggage" first. Time is a beautiful gift, and certainly a teacher does not want to waste his or her time. To have someone coming to see a teacher whilst still carrying their emotional traumas, their sex problems or the results of all their judgments and opinions, whilst they were still "riding the blame train", even justifying their existence on the apparent fault of others, abuse of all sorts and so on, is a waste of a genuine teacher's valuable time. Go to therapists and all the many systems that are offered to help with these things, and *then* it might be possible to find a teacher because only then are we really *ready.* Of course that does not mean to say that we have to be completely cleaned out from all these many disasters we experience in life; but at least we need to have come to see that it is pointless to blame anyone (including God!) for the state in which we find ourselves in.

No 'Effect' Without Effort

Today, over fifty years since I joined my first school of inner work following the teachings of Gurdjieff and Ouspensky, I might sound old-fashioned. It appears that there is a current trend of thought which seems to state that a teacher is no longer necessary, that we are basically all "enlightened" (whatever that might mean to different individuals!) and that long periods of right effort, meditation and inner work on the mystical science of breath are no longer necessary. That is a very attractive proposition and favoured by many, I am sure. However, as people get older and if they are totally honest

ist, in der Wahrheit und um der Wahrheit willen zu leben und folglich fähig zu sein zu helfen, den »verborgenen Schatz« innerhalb des Herzens eines wahren Suchers zu entfalten.

... wird der Lehrer kommen

Ich kann nur aus persönlicher Erfahrung sprechen; und jeder von euch, der mein erstes Buch, *Ich ging den Weg des Derwisch,* gelesen hat, das über eine Zeit geschrieben wurde, die ich in den späten Sechziger- und frühen Siebzigerjahren bei meinem Lehrer verbrachte, wird wissen, dass ich mich tatsächlich vollständig der Autorität des Mannes unterwarf, den ich in jenem Buch »Hamid« nannte. Was ich tatsächlich in dem Buch geschrieben habe, war nur ein winziger Teil der ganzen Geschichte. Ihr wisst, dass es eine harte, anstrengende Reise war und dass ich einen strengen Lehrer hatte. Aber das war genau, was ich brauchte! Rumi sagt: »Sentimentalität ist der größte Feinde der Liebe«; und wenigstens war ich zu dieser Einsicht gelangt, bevor ich Hamid traf, dessen wirklicher Name Bulent Rauf war. Ich wusste bereits, dass, wenn es mir vergönnt wäre, einem wirklichen Lehrer zu begegnen, ich mich zuvor vom größten Teil meines »Gepäcks« würde befreit haben müssen. Zeit ist ein wunderbares Geschenk, und ganz bestimmt will ein Lehrer seine Zeit nicht verschwenden. Menschen, die zu einem Lehrer kommen, während sie noch immer ihre emotionalen Traumata, ihre Sexprobleme oder die Folgen all ihrer Urteile und Meinungen mit sich tragen, während sie noch immer im »Vorwurfszug« fahren und sogar ihre Existenz mit den scheinbaren Fehler anderer rechtfertigen, mit Missbrauch aller Art und so weiter, verschwenden die Zeit eines echten Lehrers. Geht zu Therapeuten und zu all den vielen Systemen, die ihre Hilfe in solchen Dingen anbieten, und *dann* kann es möglich sein, einen Lehrer zu finden, weil wir erst dann *bereit* sind. Natürlich bedeutet das nicht, dass wir all diese vielen Katastrophen, die wir in unserem Leben erfahren, vollkommen verarbeitet haben müssen; aber wenigstens sollten wir erkennen können, dass es sinnlos ist, irgendjemandem (Gott eingeschlossen) für den Zustand, in dem wir uns befinden, die Schuld zu geben.

with themselves, they may indeed find that something is still missing and that these flashes of insight, or 'enlightenment', do not necessarily last. I consider that people who do not devote their lives to being awake and *conscious* for their own growth in the possibility of conscious evolution, rather than mere "organic" evolution, are mostly kidding themselves, carried on waves of emotionalism and spiritual ambition; and those waves will, unfortunately, finally crash on the beach. Then the tide goes out, and they have to search for a new wave to carry them out to sea again. As I said, this paper is really just a challenge, nothing more.

The Truth for the Sake of Truth

So, where does authority fit into this picture? The answer is extremely simple, and the directions laid out by Abu Said Ibn Abul-Kahir, a great Sufi mystic and sage from earlier times (967–1049), states it all in a very concise way. I leave it to the readers to see if these instructions for a teacher, and also for an aspiring pupil, are applicable to them in their search for truth – truth for the sake of truth, and not for the illusion of our ego and thus our apparent existence as something separate from the unity.

Abu Said's advice on teachers and pupils

Abu Said was asked, "Who is the spiritual guide who has attained to truth, and who is the sincere disciple?"

The sheikh replied, "The spiritual guide who has attained to truth is he in whom at least ten characteristics are found, as proof of his or her authenticity:

1. He must have become a goal to be able to have a student.

2. He must have travelled the mystic path himself to be able to show the way.

3. He must have become refined and educated to be able to be an educator.

4. He must be generous and devoid of self-importance, so that he can sacrifice wealth on behalf of his student.

Keine ›Wirkung‹ ohne Anstrengung

Heute, mehr als fünfzig Jahre nachdem ich meiner ersten Schule innerer Arbeit beigetreten bin, als ich den Lehren von Gurdjieff und Ouspensky folgte, mag ich altmodisch klingen. Es macht den Anschein, als ob es eine gegenwärtige Tendenz des Denkens gibt, die offenbar erklärt, dass ein Lehrer nicht länger notwendig ist, dass wir im Grunde alle »erleuchtet« sind (Was immer das für verschiedene Individuen bedeuten mag!) und dass lange Perioden richtiger Anstrengung, Meditation und innerer Arbeit an der mystischen Wissenschaft des Atems nicht länger notwendig sind. Das ist eine sehr attraktive These, die vielen gefällt, da bin ich mir sicher. Wenn die Menschen jedoch älter werden und absolut ehrlich mit sich selbst sind, finden sie vielleicht tatsächlich, dass etwas noch immer fehlt und dass dieses Aufblitzen von Einsicht oder Erleuchtung nicht unbedingt andauert. Ich gebe zu bedenken, dass Menschen, die ihr Leben nicht dem Wachsein widmen und ihr eigenes Wachstum nicht *bewusst* in der Möglichkeit bewusster Evolution anstreben statt in der bloß »organischen« Evolution, sich etwas vormachen und hinweggetragen werden von Wellen der Rührseligkeit und spirituellem Ehrgeiz. Leider werden diese Wellen sich schließlich am Strand brechen. Dann kommt die Flut, und sie werden eine neue Welle suchen müssen, die sie erneut auf die See hinausträgt. Wie ich gesagt habe, ist dieser Artikel bloß eine Herausforderung, nicht mehr.

Die Wahrheit um der Wahrheit willen

Also, wo passt Autorität in dieses Bild? Die Antwort ist höchst einfach, und die Anweisungen, die von Abu Said Ibn Abul-Kahir, einem großen Sufi-Mystiker und Weisen früher Zeiten (967– 1049), gegeben wurden, legen alles auf präzise Art dar. Ich überlasse es den Lesern zu entscheiden, ob diese Instruktionen für einen Lehrer wie auch für einen angehenden Schüler auf sie anwendbar sind auf ihrer Suche nach Wahrheit – Wahrheit um der Wahrheit willen, und nicht für die Illusion unseres Egos und folglich unserer scheinbaren Existenz als etwas von der Einheit Getrenntem.

Abu Saids Ratschläge für Lehrer und Schüler

Abu Said wurde gefragt: »Wer ist der spirituelle Führer, der die Wahrheit erlangt hat, und wer ist der aufrichtige Schüler?«

Der Scheich antwortete: »Der spirituelle Führer, der die Wahrheit erlangt hat, ist derjenige, in welchem wenigstens zehn Eigenschaften als Beweis seiner Authentizität gefunden werden:

1. Er muss zu einem Ziel geworden sein, um fähig zu sein, einen Schüler zu haben.

2. Er muss selbst den mystischen Pfad gegangen sein, um fähig zu sein, den Weg zu weisen.

3. Er muss geläutert und gebildet sein, um fähig zu sein, ein Erzieher zu sein.

4. Er muss großzügig und ohne Eigendünkel sein, so dass er Reichtum im Interesse des Schülers opfern kann.

5. Er darf kein Interesse am Reichtum des Schülers haben, so dass er nicht versucht wird, diesen für sich selbst zu gebrauchen.

6. Wann immer er Rat durch ein Zeichen geben kann, wird er nicht die direkte Äußerung gebrauchen.

7. Wann immer er durch Freundlichkeit lehren kann, wird er nicht Gewalt und Schroffheit benutzen.

8. Was immer er anordnet, hat er zuvor selbst erfüllt.

9. Was immer er dem Schüler verbietet, dessen hat er sich selbst enthalten.

10. Nicht um der Welt willen wird er den Schüler verlassen, den er um Gottes willen akzeptiert hat.«

Abu Said sagte auch, dass »nicht weniger als zehn Eigenschaften im aufrichtigen Studenten gegenwärtig sein müssen, wenn er würdig sein will, ein Schüler zu werden:

1. Er muss intelligent genug sein, die Hinweise und Zeichen des spirituellen Führers zu verstehen.

5. He must have no hand in the disciple's wealth, so that he is not tempted to use it for himself.

6. Whenever he can give advice through a sign, he must not use direct expression.

7. Whenever he can educate through kindness, he will not use violence and harshness.

8. Whatever he orders, he has first accomplished himself.

9. Whatever he forbids a disciple, he has abstained from himself.

10. He will not abandon for the world's sake the disciple he accepts for the Sake of God."

Abu Said also said that "no less than ten characteristics must be present in the sincere student if he is worthy of becoming a pupil:

1. He must be intelligent enough to understand the spiritual guide's indications.

2. He must be obedient in order to carry out the spiritual guide's command.

3. He must be sharp of hearing to perceive what the spiritual guide says.

4. He must have an enlightened heart in order to see into the *essence* of the spiritual guide.

5. He must be truthful, so that whatever he reports, he reports truthfully.

6. He must be true to his word, so that whatever he says, he keeps his promise.

7. He must be generous, so that whatever he has, he is able to give it away.

8. He must be discrete, so that he can keep a secret.

9. He must be receptive to advice, so that he will accept the guide's admonition.

10. He must be chivalrous in order to sacrifice his own dear life on the mystic path."

2. Er muss gehorsam sein, um die Anordnung des spirituellen Führers auszuführen.

3. Er muss ein scharfes Ohr haben, um wahrzunehmen, was der spirituelle Führer sagt.

4. Er muss ein erleuchtetes Herz haben, um die *Essenz* des spirituellen Führers zu sehen.

5. Er muss ehrlich sein, so dass er, was immer er berichtet, ehrlich berichtet.

6. Er muss zu seinem Wort stehen, so dass er sein Versprechen hält, was immer er sagt.

7. Er muss großzügig sein, damit er fähig ist, was immer er besitzt, wegzugeben.

8. Er muss diskret sein, so dass er ein Geheimnis behalten kann.

9. Er muss empfänglich für Rat sein, damit er die Ermahnung des Führers akzeptieren kann.

10. Er muss ritterlich sein, um sein eigenes geliebtes Leben auf dem mystischen Pfad zu opfern.«

Seit ich von Bulent Rauf in meiner *Funktion* als Lehrer in die Welt gesandt wurde, habe ich eine lange und schwierige Lehrzeit absolviert und versagte elendiglich bei vielen Gelegenheiten. Aber ich hatte die Autorität von jemandem total akzeptiert, der die schlafende Wahrheit in mir geweckt und der dann auf mich aufgepasst und sein Bestes getan hat, damit ich nicht in ein weiteres selbst gegrabenes Loch in der Strasse fiel oder andere in die Irre führte als Folge meiner eigenen Naivität und mangels wirklichen Wissens. Wie sonst hätte ich überleben können?

Das Überfließen der Göttlichen Essenz

Warum fürchten sich die Menschen so vor Autorität? Eigentlich ist es eine sehr gesunde Furcht, weil wirkliche Autorität aus dem Überfließen der Göttlichen Essenz kommen muss, aus nichts weniger. Der wirkliche Lehrer braucht gute Schüler; aber gleichzeitig, wenn die Lehrerfigur auf irgendeine Art mit der Funktion des Lehrerseins

Since I was sent out into the world by Bulent Rauf in my *function* as a teacher, I had served a long and difficult apprenticeship and failed miserably on many occasions. But I had accepted totally the authority of someone who had awoken the dormant truth within me and who had then watched over me, doing his best to see that I did not drop into yet another self-made hole in the road or mislead others as the result of my own naivety and lack of real knowledge. How else could I have survived?

The Overflowing of the Divine Essence

Why are people so scared of authority? Actually it is a very healthy fear, because real authority must come from the overflowing of the Divine Essence, and nothing less. The real teacher needs good pupils; but at the same time, if the teacher figure is in any way attached to the function of being a teacher, then he or she may not be able to free the pupils into their own reality. As Hazrat Inayat Khan said,

> This is what happens in a cult when the cult leader enjoys the position of being a spiritual leader and thus severely limits the development of his disciples. A true teacher is free from any attachment and, the moment he feels that a disciple has become too dependent, cuts the pattern of attachment, often throwing the disciple out of the group for his own good.

Inayat Khan also said, "A teacher is merely a ferryman who takes the wayfarer from the realm of duality to the shore of union. Without a teacher, one would be left stranded within the ego."

"We Will Try Them until We Know"

"It is easier to drag along a mountain by a hair than emerge from the self by one-self" (Abu Said Ibn Abul-Kahir).

I need say no more except that in most cases (despite the sense of accelerated time in this cycle of history) I consider that it takes anything up to twelve and a half years for a student to really know the meaning of being a pupil. "We will try them until We *know*"

verhaftet ist, mag er oder sie nicht fähig sein, die Schüler in ihre eigene Wirklichkeit zu befreien. Wie Hazrat Inayat Khan sagte:

> Dies ist es, was in einer Sekte geschieht, wenn der Sektenführer die Position eines spirituellen Lehrers genießt und dadurch die Entwicklung seiner Schüler begrenzt. Ein wahrer Lehrer ist frei von jeder Verhaftung, und im Augenblick, da er fühlt, dass ein Schüler zu abhängig geworden ist, zerschneidet er das Muster des Verhaftetseins und wirft den Schüler oft zu dessen eigenem Nutzen aus der Gruppe.

Inayat Khan sagte auch: »Ein Lehrer ist bloß ein Fährmann, der den Reisenden vom Reich der Dualität zum Strand der Vereinigung bringt. Ohne einen Lehrer würde man innerhalb des Egos festsitzen.«

»Wir werden sie prüfen, bis Wir wissen«

„Es ist einfacher, einen Berg an einem Haar mitzuschleppen, als durch sich selbst aus sich selbst hervorzutreten« (Abu Said Ibn Abul-Kahir).

Ich brauche nichts weiter zu sagen, außer dass es in den meisten Fällen (trotz des Gefühls beschleunigter Zeit in diesem Zyklus der Geschichte) meines Erachtens bis zu zwölfeinhalb Jahre dauert, bis ein Student wirklich die Bedeutung des Schülerseins kennt. »Wir werden sie prüfen, bis Wir *wissen*« (Koran). Ein wirklicher Lehrer manifestiert tatsächlich Autorität, die aus den höheren Welten stammt, welche vom Fordernden Selbst, unserer niederen oder Tiernatur, niemals verstanden werden kann. Natürlich gibt es Ausnahmen von jeder Regel; und da sind jene seltenen Wesen, wie Ibn Arabi, die all ihre Lehren direkt aus der Quelle empfangen haben. Ich würde jedoch hinzufügen, dass wir, bloß weil wir von diesen großen und wunderbaren Meistern der Weisheit gehört haben, nicht einfach ihr Wissen aus Büchern oder durch Einverständnis in Gruppen erben können. Es ist möglich, aber dies wird sehr stark missverstanden.

Ich bete darum, dass wir alle sicher ins Licht reinen Wissens geleitet werden, nur von Liebe motiviert.

(Koran). A real teacher does indeed manifest authority, which is from the higher worlds that can never be understood by the demanding self, our lower or animal nature. Of course there are exceptions to every rule; and there are those rare beings, such as Ibn Arabi, who received all his teachings directly from the Source. However, I would add that just because we may have heard of these great and wonderful Masters of Wisdom, we cannot just inherit their knowledge through books or group agreement. It is possible, but it is greatly misunderstood.

I pray that we will all be guided safely into the light of pure knowledge, motivated only by love.

2004

How Can We Become Sensitive to the Substance of the Work?

by Pierre Elliot

EVERYTHING THAT EXISTS IS MATERIAL, IS A SUBSTANCE. WE always are rather inclined to think of work as being what we do, and we say "I work" or "I don't work", and we think of work as this or that kind of effort. But if it were only that, it would be the same as everything else. What work really is, is not what we do, but it is a substance that is always present. We can be more conscious of it or less conscious of it – a very, very fine substance, much too fine to be able to do anything with it. There are some fine substances that we can do something about, like the fine substance of attention or the fine substance of sensation. But work is much finer than that, and yet it is also a substance. It is in fact very much like blood.

Let us pause a minute and reflect on the role of blood in our body – and not only our physical body. There is indeed the blood of our organic existence, of our physical body; but there is also the blood of our second body, the blood of our spiritual existence, which is what is called Hanbledzoin in *Beelzebub*,* and there is also a third kind of blood, which in *Beelzebub* is called the Theomertma-

* G.I. Gurdjieff: *All and Everything, Beelzebub's Tales to His Grandson.*

Wie können wir sensibel werden für die Substanz der Arbeit?

von Pierre Elliot

ALLES, WAS EXISTIERT, IST MATERIELL, IST EINE SUBSTANZ. Wir haben jedoch die Neigung zu denken, die Arbeit sei das, was wir tun, und wir sagen: »ich arbeite« oder »ich arbeite nicht«, und wir denken an die Arbeit als diese oder jene Anstrengung. Wenn sie aber nur das wäre, wäre sie das Gleiche wie alles andere. Was die Arbeit wirklich ist, ist jedoch nicht das, was wir tun, sondern sie ist eine Substanz, die immer präsent ist. Wir können uns ihr mehr oder weniger bewusst sein – eine sehr, sehr feine Substanz, viel zu fein, um irgendetwas mit ihr tun zu können. Es gibt einige feine Substanzen, mit denen wir etwas tun können, wie die feine Substanz der Aufmerksamkeit oder die feine Substanz der Wahrnehmung. Die Arbeit jedoch ist viel feiner als diese, und doch ist sie auch eine Substanz. Tatsächlich ist sie dem Blut sehr ähnlich.

Halten wir einen Moment inne und denken wir über die Rolle des Blutes in unserem Körper nach – und nicht nur in unserem physischen Körper. Es gibt tatsächlich das Blut unserer organischen Existenz, unseres physischen Körpers. Es gibt aber auch das Blut unseres zweiten Körpers, das Blut unserer spirituellen Existenz, das im *Beelzebub** Ganbledsoin genannt wird, und es gibt auch eine dritte Art Blut, die im *Beelzebub* Theomertmalogos** oder das »Wort Gottes« genannt wird. Wenn wir also über das große Werk, »die Arbeit«, sprechen, dann sprechen wir hiervon. Dessen Präsenz in uns ist die Arbeit. Und unsere Arbeit ist es, uns zu öffnen, um uns der Präsenz hiervon in uns bewusst zu werden und in der Lage zu sein, auf sie zu antworten und ihr entsprechend zu handeln.

Es ist sehr wichtig, dass wir zur Vorstellung von Arbeit als dieser feinen Substanz gelangen, die »das Blut der Seele« genannt werden kann; und es ist von besonderer Wichtigkeit, dies zu verstehen, weil es die Grundlage für Gruppenarbeit werden kann, da das gleiche Blut in uns allen fließt.

---

* G.I. Gurdjieff: *All und Alles, Beelzebubs Erzählungen für seinen Enkel.* Diederichs, 2000, Seiten 605ff und 775.
** Siehe a.a.O., Seiten 814 und 923.

logos, or the "Word of God". So that when we speak about the great work, "the work", we speak about that. It is the presence of that in us that is work. And our work is to open ourselves to be conscious of and to be able to respond to and act to the presence in us of this.

It is very important that we should come to think about work as this fine substance which can be called "the blood of the soul"; and it is particularly important to understand this, as it can become the foundation of group work because the same blood flows through all of us.

When that awareness is present in us, then one's whole feeling about everyone else changes. But until one feels that, one feels: "*my* work, *my* project, *my* business; one person's work, I work, he *doesn't* work, he works *better*, I work *worse*..." We have all kind of stupidities and considering, and feel either righteous or indignant and take sides. When we see there is one substance in all of us and that this substance is the finest of all substances there are, then we see how we are connected in quite a different way.

There is a very important connection, of course, of a second kind: that is, through what we call our "spiritual life". And I mean that in the sense of the life in which we are striving to perfect ourselves, to form in ourselves what ought to be formed in man: that is the body of our own individuality. What we are speaking about now is much higher than that, as this second kind is higher than the ordinary bodily existence. And yet, because it is so high, it penetrates everyone. This sounds open to doubt, in view of our varying capacities; but on reflection one must see, not just think it, that the fine substance of work that is in you cannot possibly be different from the fine substance which is in me or in anyone else in the universe.

It is because we do not, from time to time, stop to think about this highest significance of work that we tend to become too much occupied with all the personal problems that our ordinary work makes for us. I am drawing your attention, before we speak of groups and group work, to the relativity of the word "work". For instance if, during the course of working together here today, we bring into it an effort to, as we say, remember ourselves, you will inevitably see that you find that something is shared between all of us that is really there, irrespective of what work we are engaged in.

Our problem is basically this: all the time our attention is taken, we are drawn; we care about various things that for that reason be-

Wenn diese Aufmerksamkeit in uns präsent ist, ändert sich unser ganzes Gefühl zu allen anderen. Aber bis man das fühlt, fühlt man: »*meine* Arbeit, *mein* Projekt, *meine* Sache, die Arbeit einer Person, ich arbeite, er arbeitet *nicht,* er arbeitet *besser,* ich arbeite *schlechter...*« Wir haben all diese Dummheiten und Überlegungen im Kopf und empfinden uns entweder als rechtschaffen oder entrüsten uns und ergreifen Partei. Wenn wir erkennen, dass in uns allen eine Substanz ist und diese Substanz die feinste von allen ist, die es gibt, sehen wir, wie wir auf eine ganz andere Art verbunden sind.

Es gibt natürlich eine ziemlich wichtige Verbindung einer zweiten Art: und zwar durch das, was wir unser »spirituelles Leben« nennen. Und ich meine das in dem Sinne des Lebens, in dem wir versuchen, uns selbst zu vervollkommnen, in uns selbst zu formen, was im Menschen geformt werden sollte: das ist der Körper unserer eigenen Individualität. Worüber wir jetzt sprechen, ist sehr viel höher als das, so wie diese zweite Art höher ist als unsere gewöhnliche körperliche Existenz. Und doch, da es so hoch ist, durchdringt es jeden. Dies klingt zweifelhaft im Hinblick auf unsere unterschiedlichen Fähigkeiten; aber wenn man darüber nachdenkt, muss man sehen und nicht nur denken, dass die feine Substanz der Arbeit, die in euch ist, unmöglich verschieden sein kann von der feinen Substanz, die in mir oder irgend jemand anderem im Universum ist.

Weil wir nicht von Zeit zu Zeit innehalten, um über diese höchste Bedeutsamkeit der Arbeit nachzudenken, haben wir die Neigung, zu sehr mit all den persönlichen Problemen beschäftigt zu sein, die unsere normale Arbeit uns bereitet. Ich richte eure Aufmerksamkeit auf die Relativität des Wortes »Arbeit«, bevor wir von Gruppen und Gruppenarbeit sprechen. Wenn wir zum Beispiel heute hier während unseres gemeinsamen Arbeitens eine Anstrengung hineinbringen – sagen wir, uns selbst zu erinnern –, werdet ihr unvermeidlich bemerken, wie etwas unter uns allen geteilt wird, das wirklich da ist, unabhängig davon, mit welcher Arbeit wir beschäftigt sind.

Unser Problem ist grundsätzlich das folgende: Immer wenn unsere Aufmerksamkeit eingefangen wird, werden wir angezogen; wir beschäftigen uns mit verschiedenen Dingen, die aus diesem Grund für uns Götter werden. Wir müssen wissen, dass wir alle diese Götter haben, die wir anbeten. Und wir täuschen uns nur, wenn

come gods for us. We must know that we have all these gods that we worship. And we only deceive ourselves if we think that we do not have this idolatry present in us. As soon as we engage in work, we glimpse the force of identification, of idolatry. We see the force with which we are drawn to every kind of false god. The power to see that we worship false gods is in us all. But this does not mean that their power over us ceases. Only for a short and all-important time can the power of these negative forces cease. This is the basic reason for group work. If we come together to work, we have some chance to feel more of the action of what is the real divinity in us, the substance of work, and feel less the power of all these other forces.

This is why it is important to sense, to be present in what one is doing. When we do this kind of work, inevitably our values and judgments become much more corresponding to what they logically should be; that we really should be valuing what is eternal and imperishable, and not continually getting lost in the temporal attractions that act on us.

Now we can see this logically, but we cannot feel it unless we are present. Groups must be designed to direct our efforts of work to being present in whatever we are doing.

There are really two questions. The first is the title of this note: if there is a fine substance of work, which is the most precious thing in all the world, and this substance already penetrates me, then how can I become sensitive to it? By putting the question, we are enabled to make the transition between simply thinking about it to what is our practical need now. We must pay attention to this, to let our sensitivity be held in us so as to find the presence of the work in us and to dispose ourselves to be open to it.

The second question concerns our reluctance to act on what we see. We must beware of the action of turning our backs to the work. But this question goes beyond the theme of this introduction to groups and group work.

1981

wir denken, dass diese Götzenanbetung in uns nicht anwesend sei. Sobald wir arbeiten, erhaschen wir einen Eindruck von der Kraft der Identifikation, der Götzenanbetung. Wir sehen die Kraft, mit der wir zu jeder Art eines falschen Gottes hingezogen werden. Die Fähigkeit zu sehen, dass wir falsche Götter anbeten, tragen wir alle in uns. Das bedeutet jedoch nicht, dass ihre Macht über uns abnimmt. Nur für eine kurze und entscheidende Zeit, kann die Macht dieser negativen Kräfte schwinden. Dies ist der hauptsächliche Grund für Gruppenarbeit. Wenn wir zusammenkommen, um zu arbeiten, haben wir eine Chance, mehr von dem zu spüren, was die wahre Göttlichkeit in uns ist, die Substanz der Arbeit, und wir empfinden die Macht all der anderen Kräfte als geringer.

Deshalb ist es wichtig, das zu spüren und bei dem anwesend zu sein, was man tut. Wenn wir diese Art von Arbeit verrichten, dann werden sich unsere Werte und Bewertungen unweigerlich viel stärker auf das beziehen, worauf sie sich logischerweise beziehen sollten: dass wir wirklich schätzen sollten, was ewig und unvergänglich ist, ohne uns ständig zu verlieren in den irdischen Attraktionen, die auf uns einwirken.

Jetzt können wir das logisch sehen, aber wir können es nicht spüren, wenn wir nicht anwesend sind. Gruppen müssen so angelegt sein, dass unsere Arbeitsanstrengungen sich darauf richten, bei allem, was wir tun, anwesend zu sein.

Es gibt eigentlich zwei Fragen. Die erste ist der Titel dieses Textes: Wenn es eine feine Substanz der Arbeit gibt, die das Wertvollste auf der ganzen Welt ist, und diese Substanz mich bereits durchdringt, wie kann ich sie dann spüren? Indem wir die Frage stellen, sind wir in der Lage, vom einfachen Darüber-Nachdenken überzugehen zu dem, was jetzt unser praktisches Bedürfnis ist. Wir müssen unsere Aufmerksamkeit darauf richten, unsere Empfindsamkeit in uns aufrechtzuerhalten, damit wir die Präsenz der Arbeit in uns finden und uns selbst dazu bringen, für sie offen zu sein.

Die zweite Frage hat mit unserem Zögern zu tun, entsprechend dem zu handeln, was wir sehen. Wir müssen uns davor hüten, der Arbeit den Rücken zuzuwenden. Aber diese Frage geht über das Thema dieser Einführung zu Gruppen und Gruppenarbeit hinaus.

The Death of the Dinosaurs

The Need for a New Education

INTELLECTUALLY IT IS VERY EASY TO LOOK AT CYCLES OF history and draw parallels to the present world situation. We are quite obviously at the end of a cycle, and verging on the imminent birth of another. Some people are already treading the path of the new cycle and even experiencing the dangers that go with such an adventure, as well as feeling a deep sense of awe at the beauty that is always seen and felt when a new path is being forged out of what is no more necessary from the past as we move into an unknown future. "The wisdom of insecurity", as Alan Watts once described it, is a necessary balance-point on a razor's edged path.

But it is not an easy situation. Not at all. I am sure that by the time this paper is published, we will have seen the rumblings of further wars in the Middle East and other parts of the world, and trembled at the results of the ecological disasters that have almost become part of our daily viewing on the television screens. The economic situation will continue to remain held together by capitalistic band-aids which will, one day, inevitably fall off when the sticky substance has lost its strength. Out-of-date dinosaurs, sometimes called "corporations" will be eating up the remnants of small businesses, and our western educational system will continue to produce human products which are mainly the replacement scales of the dinosaurs. True, there will be vast technological advances in many fields, including the field of medicine, but, at the same time, dinosaurs do not welcome too many advances. Insurance companies are the skin that the dinosaur's scales are attached to.

Perhaps you will say that I am taking a negative approach to the world situation as we see it today – even a nihilistic one – but this is only the appearance of a situation in our world which is already fading into the past. How long that process will take is, as always, dependent upon the amount of inner work that is continuing to be done by human beings who wish to become truly conscious. In any real and living esoteric tradition we see the positive side emerging from the ashes of the "burn-out" of what is no more necessary in the process of transformation, both in the individual and finally seen in society as a whole. Real esoteric schools emerge on the surface of our consciousness and can even, at certain times, be found on the physical plane when there is a very direct need for them.

Der Untergang der Dinosaurier

Die Notwendigkeit einer neuen Erziehung

INTELLEKTUELL IST ES SEHR LEICHT, SICH DIE ZYKLEN DER
Geschichte anzuschauen und Parallelen zur heutigen Weltsituation
zu ziehen. Ganz offensichtlich sind wir am Ende eines Zyklus' und
stehen dicht vor dem Übergang zur Geburt eines neuen. Manche
Menschen befinden sich bereits auf dem Pfad des neuen Zyklus',
erleben auch die Gefahren, die so ein Abenteuer mit sich bringt
und spüren die tiefe Ehrfurcht angesichts der Schönheit, die man
immer sieht und fühlt, wenn, sobald wir uns in eine unbekannte
Zukunft begeben, ein neuer Weg sich bahnt aus dem, was vom
Vergangenen nicht mehr benötigt wird. »Die Weisheit der Un-
gewissheit«, wie Alan Watts sie einmal beschrieb, ist die unabding-
bare Schwebe entlang eines Wegs auf Messers Schneide.

Aber die Lage ist nicht einfach. Überhaupt nicht. Ich bin sicher, dass wir, wenn dieser Text veröffentlicht sein wird, das
Poltern weiterer Kriege im Mittleren Osten und andern Teilen
der Welt erlebt und gezittert haben werden ob der Folgen der
Umweltkatastrophen, die schon fast täglich über unsere Fernseh-
schirme flimmern. Die wirtschaftliche Situation wird weiterhin
von kapitalistischen Heftpflastern zusammengehalten, die eines
Tages, wenn die Klebesubstanz an Kraft verloren hat, unweigerlich abfallen werden. Veraltete Dinosaurier, manchmal auch
»Großkonzerne« genannt, werden die Überbleibsel kleiner Unternehmen auffressen, und unser westliches Erziehungssystem wird
weiterhin menschliche Produkte hervorbringen, die hauptsächlich
als Ersatzschuppen für die Dinosaurier dienen. Versicherungs-
gesellschaften bilden die Haut, an der die Schuppen des Dinosauriers befestigt sind.

Vielleicht werdet ihr einwenden, dass ich an die Weltsituation,
wie wir sie heute erleben, negativ – gar nihilistisch – herangehe,
doch ist sie nur der äußere Anschein einer Weltlage, die bereits in
die Vergangenheit entschwindet. Wie lange dieser Prozess dauern
wird, ist wie immer von der inneren Arbeit abhängig, die von
menschlichen Wesen fortgesetzt wird, die wahrhaft bewusst werden wollen. In jeder wirklichen und lebendigen esoterischen
Tradition sehen wir, wie die positive Seite aus der Asche des
»Ausgebrannten« aufsteigt, aus dem was im Umwandlungsprozess
nicht mehr benötigt wird, und zwar sowohl im Individuum als

schließlich auch in der Gesellschaft als Ganzer gesehen. Wirkliche esoterische Schulen tauchen an der Oberfläche unseres Bewusstseins auf und sind zu bestimmten Zeiten sogar auf der physischen Ebene zu finden, wenn eine ganz unmittelbare Notwendigkeit dafür besteht. Gerade jetzt tauchen sie auch im Westen auf. Es ist fast so, als würden sie auf die Straßen unserer Städte geschleudert, um das schreiende Bedürfnis echter Wahrheitssucher zu erfüllen, oder sich in Hügelmulden einnisten wie kleine, zerbrechliche Kinder, die sich im Sturm an die Mutterbrust klammern und darauf warten, dass die Sonne hervorkommt, damit sie von all jenen erkannt werden können, die ihre Absicht hinreichend klar bewahren, um imstande zu sein, sie überhaupt zu sehen.

Esoterische Schulen arbeiten daran, das zum Ausdruck zu bringen, was noch nicht offenbart ist, den unmanifestierten Aspekt »Gottes«, die Wahrheit, das Selbst, welches Etikett ihr dem großen Ungeborenen auch immer geben wollt. Daher kommen esoterische Schulen, wann und wo sie gebraucht werden, zum Vorschein, um bewusste menschliche Wesen darauf vorzubereiten, die »Retter Gottes« zu werden, und schließlich in der Lage zu sein, den gefangenen Gott in sich selbst zu befreien wie auch in anderen, die mutig genug sind, der Wahrheit des Lebens selbst ins Gesicht zu blicken. Solche Schulen scheinen ihrer Zeit voraus zu sein und sind deshalb intellektueller Kritik und Überwachung der schlimmsten Art, mitunter sogar der Verfolgung ausgesetzt. Doch sind dies lebende Schulen der »wirklichen Welt«, wie sie genannt wird; und sie sind mutig. Sie müssen es sein. Ihre Schüler und Lehrer sind die spirituellen Krieger ihrer Zeit.

Alle wahre esoterische Arbeit setzt von oben nach unten an. Geradeso wird von der großen Pyramide gesagt, um sie zu verstehen, müsse man sie von ihrer Spitze aus im Überblick beobachten und dürfe nicht versuchen, ihre Funktionsweise oder ihre Konstruktion, vom Boden aus nach oben schauend, verstehen zu wollen. Allerdings muss ein Fundament da sein, in welches sie hineinwachsen kann. Es muss die Asche auf dem Boden zu sehen sein, damit wir wissen, dass das Feuer der wahren Absicht schon entzündet worden ist; der Phoenix steigt nicht aus grünem Gehölz auf. Erst muss das Holz reifen und bereit sein zum Verbrennen, und dann muss es zur richtigen Zeit am richtigen Ort sein, so dass die nötige Hitze entsteht, die uns ihrerseits eine Richtung in Form von Licht anzeigen wird.

They are emerging even now in the West. It is almost as though they are precipitated out onto the streets of our cities to answer the crying needs of true seekers after truth, and are nestling in the folds of the hills like fragile children clinging onto the breasts of their mothers in a storm, waiting for the sun to come out so that they can be recognised by all those that have their intention clear enough to be able to see them.

Esoteric schools work to manifest that which is as yet unmanifested, the unmanifested Aspect of "God", truth, the self, whatever label you wish to give to the great unborn. Thus, esoteric schools appear when and where they are needed to prepare conscious human beings to become "the Saviours of God", able at last to release the imprisoned god both in themselves and in others who are brave enough to face the truth of life itself. Such schools appear to be ahead of their time and are, as such, open to intellectual criticism and scrutiny of the worst order and even, at times, persecution. But these are living schools of the "real world", as it is termed; and they are brave. They have to be. Their students and teachers are the spiritual warriors of their time.

All true esoteric work starts from the top down. In the same way it is said that to understand the great pyramid you have to observe it from the vantage point of its apex, and not try to comprehend its working, or how it is constructed from the ground looking upwards. However, there has to be a foundation into which it can grow. There have to be ashes seen on the ground for us to know that the fire of true intention has already been lit; the Phoenix does not rise from green wood. First the wood must mature and be ready for burning, and then it must be in the right place and at the right time so that the necessary heat is created which, in its turn, will show us a direction in the form of light.

Just now, at this time of history, we see the beacon fires being lit all over the world as we come to the end of this cycle. The smoke tells us to be grateful for all that is past, but that it is time to let the past go into the flames and proceed on the Way of Love, Compassion and Service. Now is the time to start building what is called "the platform" for the second cycle of mankind, a new cycle that we have heard about for so long, an age in which the walls that divide us have broken down out of necessity to reveal the unity of all life.

But do we have enough material to build this platform? With what is it to be constructed? What can we expect when it is, finally,

Gerade jetzt, zu dieser geschichtlichen Zeit, sehen wir überall auf der Welt Leuchtfeuer aufflammen, während wir zum Ende dieses Zyklus' kommen. Der Rauch ermahnt uns, für alles Vergangene dankbar zu sein, aber auch, dass es an der Zeit ist, die Vergangenheit in Flammen aufgehen zu lassen und auf dem Weg der Liebe, des Mitgefühls und des Dienens voranzuschreiten. Jetzt ist die Zeit gekommen, mit dem Bau der »Plattform« für den zweiten Zyklus der Menschheit, wie sie genannt wird, zu beginnen, für einen neuen Zyklus, von dem wir schon so lange gehört haben, für ein Zeitalter, in dem die Mauern, die uns trennen, aus der Notwendigkeit, die Einheit allen Lebens zu enthüllen, eingestürzt sein werden.

Doch verfügen wir über genügend Material für den Bau dieser Plattform? Womit soll sie errichtet werden? Und was können wir erwarten, wenn sie schließlich vollendet ist? Diese Fragen sind so hypothetisch, dass es keine Möglichkeit für uns gibt, die Antwort zu finden, wenn wir außerhalb unserer selbst auf die Welt schauen, wie sie uns heute erscheint. Wir sind ungefähr so weit von der Wahrheit entfernt wie nur möglich; und deshalb ist es nötig, umzukehren und nach innen zu schauen, um die wirklichen Antworten zu finden. Wir können uns selbst betrachten und unser eigenes Leben als mehr oder weniger bewusst verbunden mit dem einen Leben, das nie stirbt, und dann können wir anfangen zu sehen, welche Veränderungen in uns selbst zu dieser Zeit notwendig sind. Schließlich sind wir sowohl einzigartig innerhalb der Einheit als doch auch fähig, in dieser Einzigartigkeit die Gesamtheit der ganzen Schöpfung auszudrücken. Wir sind im Bilde Gottes geschaffen, aber wir versuchen, Ihn nach unserem Bilde zu formen; und diese Illusion und all das damit verbundene Leiden sind der Brennstoff für das Feuer. Im Hadith des Propheten Mohammed (Friede und Segen seien mit ihm!) heißt es: »Ich war ein Verborgener Schatz und sehnte Mich danach, erkannt zu werden; so erschuf Ich die Welt, damit Ich erkannt werde.« Das Universum ist für uns geschaffen worden; der Planet ist für uns gemacht, damit wir dessen Hüter sind, so dass Er (Gott) erkannt werden kann. In all dem steckt nichts Neues, aber ich bin sicher, wenn der Wert echter esoterischer Schulen verstanden sein wird, wird auch der Inhalt der mahnenden Worte, die wir so lange gehört haben, verstanden werden, nicht in Angst, sondern in einem kreativen Verständnis. Aus der Frucht solchen Verstehens

complete? These questions are so hypothetical that there is no way we can find the answer by looking outside of ourselves at the world as it appears today. We are about as far away from the truth as we could be, and so it is necessary to turn around and look within to find the real answers. We can look at ourselves and our own lives as more or less consciously attached to the one life, which never dies, and then we can begin to see what changes are necessary in ourselves at this time. After all, we are both unique within the unity and yet also able to express in this uniqueness the totality of all creation. We are made in the Image of God, but we try to make Him in our image, and it is that illusion and all the suffering that goes with it, that is the fuel for the fire. In the hadith of the prophet Muhammad (peace and blessings be upon him) it is said, "I was a Hidden Treasure and I loved to be known, so I created the world that I might be known." The universe is made for us, the planet is made for us to be custodians of, so that He (God) can be made known. There is nothing new in all of this, but I am certain that if the value of real esoteric schools will have been understood, then the contents of the words of warning we have heard for so long will be understood, not in fear, but in creative understanding. Good use can be made of the results of such understanding for our children and our children's children.

It is said that there have to be two 'confrontations', and these are first of all made within ourselves and are then reflected into the outer world, although of course we would like to see it the other way round! The first confrontation is between those that know and those that do not know; the second is between those that know and those that will have to know. If we are totally honest with ourselves, we do not have to look very far to realise just how much inner work we have to do to be able to see clearly, to be able to hear clearly and thus to be able to be conscious and constructive helpers in the building of the platform I have already mentioned.

When we are humble enough to admit that these confrontations are necessary within us, that there are indeed parts of us which still refuse to accept real change, merely repeating old habit patterns in the appearance of change, when we realise that our senses are meant to be our willing helpers and friends, rather than we being controlled by them, then we will accept that we need help along the road into the future; and the living schools run by those who

kann für unsere Kinder und unsere Kindeskinder reichlich Nutzen gezogen werden.

Es wird gesagt, dass es zu zwei ›Konfrontationen‹ kommen muss, und diese entstehen zuerst in uns selbst und werden dann in die Außenwelt gespiegelt, auch wenn wir es natürlich lieber andersherum sehen würden. Die erste Konfrontation ist die zwischen denen, die wissen, und denen, die nicht wissen; die zweite ist die zwischen denen, die wissen, und denen, die wissen müssen. Wenn wir völlig ehrlich mit uns selbst sind, brauchen wir nicht sehr weit zu suchen, um zu erkennen, wie viel innere Arbeit wir noch tun müssen, um fähig zu sein, klar zu sehen, fähig zu sein, klar zu hören, und auf diese Weise fähig zu sein, bewusste und konstruktive Helfer zu werden für den Bau der Plattform, die ich bereits erwähnt habe.

Wenn wir demütig genug sind zuzugeben, dass diese Konfrontationen in uns nötig sind, dass es tatsächlich Teile in uns gibt, die sich immer noch weigern, wirkliche Veränderung anzunehmen, und lediglich alte Verhaltensmuster mit bloßem Anschein der Veränderung wiederholen, wenn wir erkennen, dass unsere Sinne uns willige Helfer und Freunde sein sollen, statt uns zu kontrollieren, dann werden wir akzeptieren, dass wir Hilfe brauchen auf dem Weg in die Zukunft; und die lebenden Schulen unter der Leitung derer, die selber schon durch die erforderliche Transformation gegangen sind, werden als unentbehrlich erkannt.

In vielen Kulturen ist die Rede vom »grünen Mann«, dem mystischen und schwer zu fassenden Führer der wahren spirituellen Sucher. Es gibt viele Meinungen darüber, weshalb diese Gestalt »grün« genannt wird; aber vielleicht ist es deswegen, weil Grün die mystische Farbe des Mitgefühls ist, des Mitgefühls, das aus wahrem Verstehen entspringt, und nicht aus den bloß sentimentalen Gefühlen, die die meisten von uns haben, wenn wir jemanden sehen, der vermeintlich Hilfe benötigt. Wirkliches Mitgefühl ist innerhalb unseres Bewusstseins auf einer so hohen Ebene angesiedelt, dass man darüber kaum sprechen kann. Wir müssen schon einen Geschmack von der Einheit erfahren haben, um seine Bedeutung zu verstehen.

Dieser spirituelle Führer taucht manchmal, wie uns eine Legende erzählt, in Menschengestalt auf, um die Menschheit im Gleichgewicht zu halten und bestimmte Individuen zur Ent-

have already been through the necessary transformation themselves will be seen to be essential.

In many cultures there is mention of "the green man", the mystical and elusive guide of true spiritual seekers. There are many opinions as to why this figure is called "green", but perhaps it is because green is the mystical colour of compassion, the compassion that comes from true understanding rather than the merely sentimental feelings that most of us feel when we see someone whom, we think, needs help. Real compassion is of such a high level within our consciousness that it can scarcely be spoken of. To comprehend its meaning, we have had to taste of the unity.

This spiritual guide sometimes appears, a legend tells us, in human form to keep mankind in balance and to lead certain individuals to discover the nature of their true identity. I believe that we need a lot of "green men" at this time to break us out of our dualistic thinking and life-styles, to show us how to look within to find the answers to our questions, to help us to break down the walls that divide us, the walls of resentment, envy and pride, and to show us how to transform our fears into another and more useful substance with which we can build the platform for the second cycle. These are the fears of death, the fear of being rejected and the fear of not being loved. We have the green movement; let us now have living schools run by the green man!

The Land of Truth

A certain man believed that the ordinary waking life, as people know it, could not possibly be complete. He sought the real teacher of the age. He read many books and joined many circles, and he heard the words and witnessed the deeds of one master after another. He carried out the commands and spiritual exercises which seemed to him to be most attractive.

He became elated with some of his experiences. At other times he was confused; and he had no idea at all of what his stage was, or where and when his search might end.

This man was reviewing his behaviour one day when he suddenly found himself near the house of a certain sage of high repute. In the garden of that house he encountered Khidr, the secret guide who shows the way to truth.

deckung der Natur ihrer wahren Identität zu führen. Ich denke, wir könnten jetzt eine Menge »grüner Männer« gebrauchen, die uns aus unserer dualistischen Denk- und Lebensweise herausbrechen, die uns zeigen, wie wir nach innen schauen müssen, damit wir die Antworten auf unsere Fragen finden, uns helfen, die Mauern, die uns trennen, einzureißen, die Mauern aus Groll, Neid und Stolz, und uns zeigen, wie wir unsere Ängste umwandeln in eine andere und nützlichere Substanz, aus der wir die Plattform für den zweiten Zyklus bauen können. Diese Ängste sind die Angst vor dem Tod, die Angst, zurückgewiesen zu werden, und die Angst, nicht geliebt zu sein. Die Bewegung der Grünen haben wir schon; nun wollen wir auch lebende Schulen unter der Leitung des grünen Mannes haben!

Das Land der Wahrheit

Ein Mann glaubte, das normale Leben, wie die Leute es kennen, könne unmöglich alles sein. Er suchte den wahren Lehrer des Zeitalters. Er las viele Bücher und schloss sich vielen Gemeinschaften an, und er hörte die Worte und sah die Taten eines Meisters nach dem anderen. Er befolgte die Gebote und führte die geistigen Übungen durch, die ihm am meisten zusagten.

Manche seiner Erfahrungen versetzten ihn in gehobene Stimmung, ein andermal wieder war er verwirrt; und er hatte keine Ahnung, in welchem Stadium er sich befand oder wo und wann seine Suche enden könnte.

Dieser Mann war eines Tages gerade ins Sinnen über sein Leben gekommen, als er sich auf einmal in der Nähe des Hauses eines gewissen Weisen von hohem Ansehen fand. Im Garten des Hauses begegnete er Khidr, dem geheimen Boten, der den Weg zur Wahrheit weist.

Khidr nahm ihn zu einem Ort mit, wo er Leute in Leid und Qual versunken sah. Er fragte, wer sie seien: »Wir sind jene, die nicht den wahren Lehren folgten, die bei ihren Verpflichtungen unaufrichtig waren, die selbsternannten Lehrern huldigten«, antworteten sie.

Dann wurde der Mann von Khidr zu einem Ort mitgenommen, wo alle wohl aussahen und voller Freude waren. Er

Khidr took him to a place where he saw people in great distress and woe, and he asked who they were. "We are those who did not follow real teachings, who were not true to our undertakings, who revered self-appointed teachers," they said.

Then the man was taken by Khidr to a place where everyone was attractive and full of joy. He asked who they were. "We are those who did not follow the real signs of the way," they said.

"But if you have ignored the signs, how can you be happy?" asked the traveller.

"Because we chose happiness instead of truth," said the people, "just as those who chose the self-appointed chose also misery."

"But is happiness not the ideal of man?" asked the man.

"The goal of man is truth. Truth is more than happiness. The man who has truth can have whatever mood he wishes, or none," they told him. "We have pretended that truth is happiness, and happiness truth, and people have believed us, therefore you, too, have until now imagined that happiness must be the same as truth. But happiness makes you its prisoner, as does woe."

Then the man found himself back in the garden, with Khidr beside him.

"I will grant you one desire," said Khidr.

"I wish to know why I have failed in my search and how I can succeed in it," said the man.

"You have all but wasted your life," said Khidr, "because you have been a liar. Your lie has been in seeking personal gratification when you could have been seeking truth."

"And yet I came to the point where I found you," said the man, "and that is something which happens to hardly anyone at all."

"And you met me," said Khidr, "because you had sufficient sincerity to desire truth for its own sake, just for an instant. It was that sincerity, in that single instant, which made me answer your call."

Now the man felt an overwhelming desire to find truth, even if he lost himself. Khidr, however, was starting to walk away, and the man began to run after him.

fragte, wer sie seien. »Wir sind jene, die nicht den Wahrzeichen des Wegs gefolgt sind«, sagten sie.

»Aber wenn ihr die Zeichen nicht beachtet habt, wie könnt ihr da glücklich sein?«, fragte der Wanderer. »Weil wir die Glückseligkeit statt der Wahrheit gewählt haben«, antworteten die Leute, »wie jene, deren Wahl auf die Selbsternannten fiel, damit auch das Elend wählten.«

»Aber ist Glückseligkeit nicht das Ideal des Menschen?«, fragte der Mann weiter.

»Das Ziel des Menschen ist die Wahrheit. Die Wahrheit ist mehr als Glückseligkeit. Ein Mensch der Wahrheit kann sich in jede gewünschte Stimmung versetzen, wie auch ganz ohne auskommen«, erwiderten sie. »Wir haben so getan, als sei Wahrheit Glückseligkeit und Glückseligkeit Wahrheit, und die Leute haben uns geglaubt; deshalb hast auch du dir bis jetzt eingebildet, Glückseligkeit sei dasselbe wie Wahrheit. Aber die Glückseligkeit macht dich ebenso zum Gefangenen wie das Leid.«

Mit einmal befand sich der Mann wieder in dem Garten, Khidr an seiner Seite.

»Ich will dir einen Wunsch erfüllen«, sagte Khidr.

»Dann möchte ich gerne wissen, warum ich bei meiner Suche gefehlt habe und wie ich darin erfolgreich sein kann«, sagte der Mann.

»Du hast einfach dein Leben verschwendet«, sagte Khidr, »weil du ein Lügner gewesen bist. Deine Lüge war das Streben nach persönlicher Befriedigung, obwohl du stattdessen nach Wahrheit hättest streben können.«

»Und trotzdem bin ich an den Punkt gekommen, wo ich dich gefunden habe«, sagte da der Mann, »und das ist etwas, das kaum jemandem widerfährt.«

»Mir bist du begegnet«, erklärte Khidr, »weil du einen Augenblick lang genügend Aufrichtigkeit besessen hast, um ihrer selbst willen nach der Wahrheit zu trachten. Diese Aufrichtigkeit in dem einen Augenblick hat mich veranlasst, auf deinen Ruf zu antworten.«

Da überkam den Mann das sehnliche Verlangen, die Wahrheit zu finden, auch wenn er sich selbst dabei verlöre. Khidr jedoch schickte sich eben an fortzugehen, und der Mann rannte hinter ihm her.

"You may not follow me," said Khidr, "because I am returning to the ordinary world, the world of lies, for that is where I have to be, if I am to do my work."

And when the man looked around him again, he realised that he was no longer in the garden of the sage, but standing in the land of truth.*

All teaching stories come from a world beyond time as we know it, and that is why they are eternally new each time we hear them. This Khidr story is told in many traditions and in many different forms, so it cannot be said to be "new". However, it is true to say that we seldom listen to truth unless we are forced to in some way. This is where the world stands at this present time. We are literally being forced to see that we exist in a world of lies, a world that is really so far away from the truth itself, that its only food is the food of comparison. The mind is stuffed full to bursting-point and the intellect running amok, not knowing which way to turn. The ideas that mainly run through the jumbled bazaar of the spiritual supermarket are merely sentimental and thus inconsequential.

People have even become addicted to the therapies that were meant to bring them out of a world controlled by the senses. We feel miserable if we are not happy, and guilty half the time if we touch on the simple joy in the true taste of unity. We have lost all sense of the sacredness of time, so that the consulting rooms of our therapists and psychologists are bursting at the seams with patients. Instead of the therapist creating a specific amount of time that he or she will give to the patient (so that both patient and therapist work harder), the therapist must produce an unlimited time span for the poor person to come back week after week to explain yet again the nature of their illusory illness.

Where has the understanding of time gone? When will we realise that it is we, ourselves, who create time? And time is energy, and how much do we waste of it! There is what may be called "natural time", the energy created by the ever-changing cycles of the months and the years and the days and nights of our lives. But there is also the time that is created out of our negative thinking and fear-riddled dualistic approach to life. When will the teachers and psychologists in our schools teach us that we have to be one

* Idries Shah: *Thinkers of the East*, Baltimore 1972.

»Du kannst mir nicht folgen«, sagte Khidr, »denn ich kehre in die normale Welt zurück, in die Welt der Lügen, in der ich weilen muss, wenn ich meine Arbeit tun will.«

Und als der Mann um sich schaute, merkte er, dass er nicht mehr im Garten des Wissens, sondern im Land der Wahrheit stand.*

Alle Lehrgeschichten kommen aus einer Welt jenseits der Zeit, wie wir sie kennen, und sind deshalb ewig neu, jedes Mal, wenn wir sie wieder hören. Diese Geschichte von Khidr wird in vielen Traditionen und vielen verschiedenen Formen berichtet, man kann also nicht sagen, sie sei »neu«. Aber es stimmt, dass wir selten auf die Wahrheit hören, wenn wir nicht auf irgendeine Art dazu gezwungen werden. Das ist der Stand der Welt zur heutigen Zeit. Wir werden buchstäblich gezwungen zu erkennen, dass wir in einer Welt der Lügen leben, einer Welt, die wirklich so weit von der Wahrheit entfernt ist, dass die Nahrung des Vergleichs ihre einzige Nahrung ist. Das Denken ist zum Bersten vollgestopft und der Intellekt läuft Amok, weil er nicht weiß, wohin er sich wenden soll. Die Ideen, die auf dem bunt gewürfelten Basar des spirituellen Supermarktes feilgeboten werden, sind rein sentimental und daher inkonsequent.

Die Menschen sind sogar abhängig geworden von den Therapien, die sie doch eigentlich aus einer von den Sinnen beherrschten Welt herauslösen sollten. Wir fühlen uns elend, wenn wir nicht glücklich sind, und die halbe Zeit fühlen wir uns schuldig, wenn wir auf die einfache Freude im wahren Geschmack der Einheit stoßen. Wir haben jeden Sinn für die Heiligkeit der Zeit verloren, so dass die Sprechzimmer unserer Therapeuten vor lauter Patienten aus den Nähten platzen. Statt dass der Therapeut eine bestimmte Zeitspanne vorgibt, die er oder sie dem Patienten widmen will (damit sowohl Patient als auch Therapeut härter arbeiten), muss der Therapeut für die arme Person eine unbegrenzte Zeitspanne aufbringen, damit sie Woche für Woche wiederkommt, um wieder einmal die Natur ihrer trügerischen Krankheit erklärt zu bekommen.

Wo ist das Verständnis der Zeit geblieben? Wann werden wir erkennen, dass wir es sind, wir selbst, die Zeit erschaffen? Und Zeit ist Energie, und wie viel davon vergeuden wir! Es gibt freilich das,

* Idries Shah: *Denker des Ostens.* Ort Rowohlt 1988.

hundred percent responsible for our own feelings and emotions? When will we be taught why *not* and how *not* to blame others for what we feel? In order to be free, and therefore able to free others, we do have to be responsible human beings, and we are all interconnected. The breath of the mystic may turn the world, but the breath that comes as the result of resentment, envy and pride, the breath of anger, fear and jealousy, polishes the scales of the dinosaur.

Where do we go from here? Surely the key to unravel the mystery of life is truth itself. Nothing less will do. But do we want the truth – more than anything else? It is the truth that will set us free, trapped as mankind is in the prison of fearful dualism. But are we ready to give up all the illusions that we have of ourselves, even our concepts of God, Who is apparently meant to save us and yet without us doing anything to save Him? We have to give our life for the truth. It is as simple as that.

As this cycle of history is drawing to a close so there are indeed people who are treading the road of truth and gratefully and willingly surrendering their own illusions in the truth and for the truth itself. The effect of their actions is, little by little, step by step along the path, de-scaling the dinosaur, so that one day in the foreseeable future we will be able to read about this extinct animal created by man in his flight from truth. We will see pictures of its wars and the diseases it created in our world, the wastage of the beauty of our planet. Our children and our children's children will go into the museums of the past, hardly being able to realise that the dinosaur did indeed live and eat our planet for so long. They will have been to *real* schools of knowledge, and thus become responsible first of all for themselves, and thus at last be able to be willing custodians of the home we have been given on planet earth.

1991

was man »natürliche Zeit« nennen könnte, die von den ewig wechselnden Zyklen der Monate und Jahre erzeugte Energie und die Tage und Nächte unseres Lebens. Aber dann gibt es auch die Zeit, die von unserem negativen Denken und unserer verängstigten dualistischen Haltung zum Leben geschaffen wird. Wann werden Lehrer und Psychologen an unseren Schulen uns beibringen, dass wir für unsere eigenen Gefühle und Emotionen zu einhundert Prozent selbst verantwortlich sein müssen? Wann wird uns gelehrt, warum wir *nicht* und wie wir *nicht* den anderen die Schuld geben sollten für das, was wir fühlen? Wenn wir frei sein wollen und daher fähig, andere zu befreien, müssen wir verantwortliche menschliche Wesen werden, und alle sind wir miteinander verbunden. Der Atem des Mystikers mag die Welt drehen, der Atem jedoch, der als Folge von Groll, Neid und Stolz entsteht, der Atem der Wut, Angst und Eifersucht, poliert die Schuppen des Dinosauriers.

Wohin gehen wir von hier? Sicher liegt der Schlüssel, das Geheimnis des Lebens zu entwirren, in der Wahrheit selbst. Weniger als dies wird nicht reichen. Aber wollen wir die Wahrheit – mehr als alles andere? Die Wahrheit ist es, die uns befreien kann, so gefangen die Menschheit in dem Gefängnis eines angstvollen Dualismus' auch ist. Doch sind wir bereit, alle Illusionen aufzugeben, die wir über uns selbst haben, selbst unsere Konzepte von Gott, Der uns anscheinend retten soll, aber ohne dass wir irgendetwas tun, Ihn zu retten? Wir müssen unser Leben für die Wahrheit hergeben. So einfach ist das.

Während dieser Zyklus der Geschichte sich seinem Ende zuneigt, gibt es in der Tat Leute, die den Weg der Wahrheit beschreiten und ihre eigenen Illusionen dabei dankbar und willig in der Wahrheit und für die Wahrheit selbst aufgeben. Die Wirkung ihres Tuns besteht darin, nach und nach, Schritt für Schritt des Weges, den Dinosaurier zu entschuppen, so dass wir eines Tages in absehbarer Zukunft über dieses ausgestorbene Tier lesen können, das vom Menschen geschaffen wurde auf seiner Flucht vor der Wahrheit. Wir werden Bilder seiner Kriege sehen und der Krankheiten, die es in unserer Welt erzeugte, der Verschwendung der Schönheit unseres Planeten. Unsere Kinder und Kindeskinder werden die Museen der Vergangenheit besuchen, kaum fähig zu begreifen, dass der Dinosaurier tatsächlich gelebt und derart lange an unserem Planeten gefressen hat. Sie werden *wirkliche* Schulen

Sounds of Love

Preparation Paper for the
1989 International Summer School

AS I WRITE THESE LINES I AM LISTENING TO THE AFFIRMATION
of the Unity of God as stated in the words *la illaha il'Allah,* "no, there is no God, except the One God of all."

What more beautiful statement could there be! God is love, and the sole purpose of love is beauty. Whenever we call upon Him, through His Most Beautiful Names, we can hear the sound of beauty. The words of truth, through the breath of the mystic, turn the world upon her axis, leading even her seasons into the ecstasy-producing dance of unity. Step by step, little by little, the world turns back to God until, one day, it will be known that there is only He, through Whose Masquerade the theatre of life unfolds its eternal play.

For the most part, we live in the illusion of separation, that is separation from the unity, and so we do not hear the call of truth directly. Mostly we hear the echoes of our dreams and aspirations from the past, and those of our parents and ancestors, often forming our lives into set patterns from which we try unsuccessfully to live out our lives in freedom. We hear the sounds of frustration moving through the corridors of time, and in our most bitter moments we hear the sounds of pain and fear, envy and greed, grief and resentment. In illusion we are trapped in a cave of sound reverberating upon our consciousness that is still weak in knowledge and groaning under the past mistakes we, and others, have projected onto the screen of life. We even hear the sounds of the thought-forms of others.

God is continuously calling us, "Come, come, whoever you are...", but His Voice is drowned out in a noisy world of discordant harmonies. The echoes of our wishes, hopes and aspirations are jumbled up with the grinding clash of opposites that make up the patchwork quilt which covers us in our sleep-walking state. These walls that surround us act like resonating boxes on the horizon of our lives. We are pulled aside from the present moment, in which we can hear the ever-present sound of truth. Allah is nowhere to be heard in the din of illusion. In those moments there is no sound of beauty and little harmony in our own lives and the lives of others we see around us. Mevlana Jalaluddin Rumi says,

des Wissens besucht haben und so zuallererst für sich selbst verantwortlich und letztlich in der Lage sein, bereitwillig das Haus zu hüten, das uns auf dem Planeten Erde geschenkt wurde.

Klänge der Liebe

Vorbereitungstext zur
Internationalen Sommerschule 1989

WÄHREND ICH DIESE ZEILEN SCHREIBE, LAUSCHE ICH DER
Bestätigung der Einheit Gottes, wie sie ausgedrückt wird in den Worten: »*La illaha il'Allah* – Nein, es gibt keinen Gott außer dem Einen Gott aller.«

Was für eine schönere Aussage könnte es geben! Gott ist Liebe, und der einzige Zweck der Liebe ist Schönheit. Wann immer wir Ihn mit einem Seiner Schönsten Namen anrufen, können wir den Klang der Schönheit hören. Durch den Atem des Mystikers drehen die Worte der Wahrheit die Welt um ihre Achse und führen auch ihre Jahreszeiten in den Ekstase schaffenden Tanz der Einheit. Schritt für Schritt, nach und nach, wendet die Welt sich Gott zu, bis eines Tages erkannt wird, dass es nur Ihn gibt, durch Dessen Maskerade das Theater des Lebens sein ewiges Spiel entfaltet.

Größtenteils leben wir in der Illusion der Trennung, das heißt in der Trennung von der Einheit; und deshalb hören wir den Ruf der Wahrheit nicht unmittelbar. Meistens hören wir nur den Widerhall unserer Träume und vergangenen Bestrebungen und derjenigen unserer Eltern und Vorfahren. Häufig passen wir unser Leben in vorgefertigte Muster ein, aus denen heraus wir vergeblich versuchen, unser Leben in Freiheit zu leben. Wir hören den Klang der Enttäuschung in den Fluren der Zeit, und in unseren bittersten Augenblicken hören wir die Klänge von Schmerz und Furcht, von Neid und Gier, von Kummer und Groll. In der Verblendung sind wir gefangen in einer von Klang widerhallenden Höhle, widerhallend in unserem Bewusstsein, das noch wenig weiß und das unter der Last der vergangenen Fehler stöhnt, die wir und andere auf die Leinwand des Lebens projiziert haben. Wir hören sogar den Klang der Gedankenformen anderer.

"We are the flute, but the music is Thine," but our hands, which should be the extension of our hearts, merely fumble for the right notes, while the flute, with its intricate tuning, has lost its melody. Even the cry of a child for its mother can be drowned in the sound of self-pity, and the Crying of God on the winds of time is swept away in our sleep and forgetfulness of Him, Whose Song is beauty itself!

We see that the greater the degree we have of our own self-importance, the further we are from unity and the more we are in separation. Perhaps the greatest tragedy of such a play is that our own sense of separation can be passed on to our children and our children's children. It can even 'jump' a generation or two and then, suddenly and unexpectedly, appear again in a child that is not yet even conceived in the minds and hearts of the parents. Even the parents of such a child may not yet be born.

We may well ask why there is so much suffering and why the journey towards our homeland sometimes contains so much pain. Why is there so much discord amongst us and in our own personal lives when we can just watch the movements of the leaves on a tree and listen to the sound of the *Hu* bringing new hope into our lives? Surely it is because, in our average level of consciousness, we cannot hear the *direct* sounds of love. Instead we hear the echoes of the past, or the results of our own projections and the projections of others, shooting back at us at break-neck speed, often before we even know we have been in judgement ourselves. Is it possible to find these direct sounds of love, to hear these sounds, to be transformed by them, to dance with them on this stage of life? Can we express them in our own lives – here, in this world?

Indeed it is possible! When there is no separation, there is no distortion to the sounds that emanate from the one sound of all creation. Not even time can separate us. We are alone with Him, and it is His Music that fills our hearts and pours out through us on the breath of His Mercy and Compassion. We are the eyes through which He sees. We are the ears through which He hears, and it is our voice that can testify His Unity in any of the thousands of languages of His own Creation.

It is said, "He likes to hear your voice." He calls to us continuously, and His Voice is beautiful. We want and we desire to hear this voice, and it is His Wish that it *is* heard. When our own desires are no more clouded and veiled by illusion, then His Wish

Gott ruft uns beständig zu: »Komm, komm, wer immer du bist...«, aber Seine Stimme geht unter in der lärmenden Welt von misstönenden Harmonien. Der Widerhall unserer Wünsche, Hoffnungen und Bestrebungen vermischt sich mit dem Knirschen aufeinanderprallender Gegensätze, die den Flickenmantel bilden, der uns in unserem schlafwandlerischen Zustand bedeckt. Diese Wände, die uns umgeben, wirken wie Resonanzboxen am Horizont unserer Leben. Wir werden weggezogen aus dem gegenwärtigen Augenblick, in dem wir den immer anwesenden Klang der Wahrheit vernehmen können. In dröhnender Verblendung kann Allah nirgends gehört werden. In diesen Augenblicken gibt es keinen Klang der Schönheit und nur wenig Harmonie in unseren eigenen Leben und in den Leben der anderen, die wir um uns herum sehen. Mevlana Jalaluddin Rumi sagt: »Wir sind die Flöte, die Musik aber ist Dein.« Doch unsere Hände, die doch die Ausdehnung unserer Herzen sein sollten, tappen nur nach den richtigen Noten, während die Flöte bei aller Feinheit der Stimmung die Melodie verloren hat. Sogar der Schrei eines Kindes nach seiner Mutter kann untergehen im Klang des Selbstmitleids, und der Schrei Gottes auf den Winden der Zeit wird hinweggefegt in unserem Schlaf und dem Vergessen Seiner, Dessen Lied die Schönheit selbst ist!

Wir erkennen: Je größer das Ausmaß unserer eigenen Selbstüberhebung, desto weiter entfernt sind wir von der Einheit, und umso mehr befinden wir uns in Trennung. Vielleicht ist die größte Tragödie eines solchen Schauspiels, dass unsere eigene Empfindung der Trennung an unsere Kinder und Kindeskinder weitergegeben werden kann. Sie kann sogar eine oder zwei Generationen ›überspringen‹, und dann erscheint sie plötzlich und unerwartet in einem Kind wieder, was noch nicht einmal in den Herzen und im Geist der Eltern empfangen wurde. Vielleicht sind sogar die Eltern eines solchen Kindes noch nicht geboren.

Wir mögen uns wohl fragen, warum es soviel Leiden gibt und warum die Reise nach unserer Heimat manchmal soviel Schmerz enthält. Warum gibt es so viele Unstimmigkeiten unter uns und in unserem eigenen Leben, wenn wir doch einfach das Wiegen der Blätter eines Baumes beobachten und dem Klang des *Hu* lauschen können, der neue Hoffnung in unser Leben trägt? Sicherlich liegt der Grund darin, dass wir, in unserem durchschnittlichen Zustand des Bewusstseins, den Klang der Liebe nicht *unmittelbar* hören

and our desire are one. Until that great day, we can pray with all the sound of yearning in our own hearts, "Oh God, Allah, let Thy Wish become my desire..." We beg for that which stands between us and our goal to be melted in the fire of truth; and what more beautiful way is there for this to be achieved than in praising God in music and dance and in *dhikr,* the continuous remembrance of our Creator? In the Bible we are told to "praise Him with drums and cymbals, and with our voices raised up towards heaven." "Louder! Louder!" He cries again to us. "I love your singing. I love your prayers and your remembrance of Me. I love you praising Me. For it is because of you, yourselves, that I am love." "Your existence is from Me, and My Appearance is from you. But if I had not appeared, you would not have been" (Muhyiddin Ibn Arabi).

Is this new to us? No, far from it! The food of the soul is music and song. The soul is a knowing substance and wants to express this knowingness through the heart of His faithful Servants. "The worlds are not big enough to contain Me, but the heart of My faithful Servant can contain Me" (Koran). The soul is an embryo waiting to be released back once again into the one universal soul, our light into His Light, our being into His Being, 'our' soul is no more "ours" but His!

We have this Divine Memory of unity always in our hearts. We have available to us the inner sounds of God's Attributes, His Most Holy Names; and as we call upon Him, it is through His Mercy and Compassion that we can hear the sound of His Attributes. *Bismillah ar-Rahman, ar-Rahim;* we begin "in the Name of God, the Most Merciful, the Most Compassionate..." But what is the inner sound of this pure, loving mercy and this pure, loving compassion? How can we hear this? The paradox is that "we" cannot hear directly until we have surrendered our own being to God's. Only then can we hear His Commands and therefore become able to express His Attributes correctly in a given moment of time in this world. That is why, in this school of life, a living school, we learn about His Names and their meaning, so that, one day, we can say, "Yes, I am Your Flute. Play Your Music in me, and I will remain ever grateful."

During the time we have together in this Summer School we are provided with a perfect opportunity to be able to come to hear these inner sounds of love. Here we have the beautiful mountains, lakes and streams, clean, sparkling air, wild flowers and beauty

können. Stattdessen hören wir den Widerhall der Vergangenheit oder die Ergebnisse unserer eigenen Projektionen und der Projektionen anderer, die mit halsbrecherischer Geschwindigkeit auf uns zurückschießen, häufig sogar noch bevor wir wissen, dass wir selbst am Urteilen waren. Ist es denn möglich, die Klänge der Liebe geradewegs zu finden, diese Klänge zu hören, von ihnen umgewandelt zu werden, mit ihnen zu tanzen auf dieser Bühne des Lebens? Können wir ihnen in unserem eigenen Leben zum Ausdruck verhelfen – hier in dieser Welt?

In der Tat, es ist möglich! Wenn es keine Trennung gibt, unterliegen die Klänge, die von dem einen Klang aller Schöpfung ausgehen, keiner Verzerrung. Nicht einmal Zeit kann uns trennen. Wir sind allein mit Ihm, und es ist Seine Musik, die unsere Herzen erfüllt, die ausströmt durch uns auf dem Atem Seines Erbarmens und Mitgefühls. Wir sind die Augen, durch die Er sieht. Wir sind die Ohren, durch die Er hört, und es ist unsere Stimme, die Seine Einheit bezeugen kann in jeder der Tausenden von Sprachen Seiner eigenen Schöpfung.

Es wird gesagt: »Er liebt es, deine Stimme zu hören.« Er ruft uns beständig an, und Seine Stimme ist schön. Wir wollen und wir begehren, Seine Stimme zu hören, und es ist Sein Wunsch, dass sie gehört *wird*. Wenn unser eigenes Begehren nicht mehr verschleiert und umwölkt ist von Illusion, sind Sein Wunsch und unser Begehren eins. Bis zu diesem großen Tag können wir beten mit dem ganzen Klang der Sehnsucht in unseren eigenen Herzen: »Oh, Gott, Allah, lass Deinen Wunsch zu meinem Begehren werden...« Wir bitten darum, dass das, was zwischen uns und unserem Ziel steht, weggeschmolzen wird im Feuer der Wahrheit. Was gibt es für einen schöneren Weg, dies zu erreichen, als Gott zu preisen in Musik und Tanz und im *Dhikr,* dem beständigen Eingedenken unseres Schöpfers? In der Bibel wird uns gesagt, »Ihn zu loben und zu preisen mit Trommeln und Zimbeln und mit unseren zum Himmel erhobenen Stimmen...« »Lauter! Lauter!«, ruft Er uns nochmals zu. »Ich liebe deinen Gesang. Ich liebe deine Gebete und dein Gedenken. Ich liebe es, wenn du Mich preist. Denn es ist deinetwegen, wegen dir selbst, dass Ich Liebe bin.« »Dein Sein kommt von Mir und Meine Erscheinung von dir. Wenn Ich aber nicht erschienen wäre, wärest du nicht gewesen« (Muhyiddin Ibn Arabi).

Ist dies neu für uns? Nein, keineswegs! Die Nahrung der Seele ist Musik und Gesang. Die Seele ist eine wissende Substanz, und

everywhere. We will have time to contemplate, to be still, to talk quietly with God beside us. It is a time to still the restless thoughts and allow the waters to become calm so that, as we polish away the rust from our hearts, the reflection of His Love in this world will become ever brighter and the sounds of love can ring out as pure as light reflected through crystal. Every day, we will be given one or more of His Names to carry in our hearts, to contemplate and listen to. The more we direct our passion to Him, the less separation there will be, and thus the more directly we can hear with the inner ear the sounds of beauty.

We will start with the word "forgiveness". It is one of His Names, *al-Ghafur,* the All-Forgiving, He Who forgives all. We will pray to hear the sound of His Forgiveness in our own individually unique way, for indeed He is both the One and the Unique, and each one of us is uniquely different within the one unity. Thus we hear and see in a subtly different way, one from the other. If He had wanted to make us all the same, then He would have made us all look alike. But no! He wants us to see His Beauty everywhere and in all of His Creatures, in their own perfectly unique way. In one aspect, His Forgiveness is all-embracing, and yet, in another, it is directed to those who ask for it, until finally it can be said, "Father forgive them; they know not what they do." In those great words said on the Cross there was no separation.

We will pray to hear the inner sound of His Forgiveness and so come to know that just as we forgive so we are forgiven for our mistakes and our weaknesses. A mistake surely comes from a lack of knowledge and so, in the understanding of His Forgiveness, we yearn more for the true wisdom. Perhaps we will then come upon another of His Names, *al-Alim,* the All-Knowing, the knower of life spread out from the beginning of time. Oh Life, oh Truth! *Ya Hayy, ya Haqq!* We want only the truth, directly, and not coloured by the clouds of illusion. We want clear skies on the road of truth – the Way of Love, Compassion and Service. We want to see the stars when the sun is still shining! We need to hear the truth directly, truth that is manifested eternally in the eternal now-moment, and continuously unfolding itself throughout time.

Can we hear the sound of gratefulness, *ash-Shakur,* the One to Whom all thanks are due, He Who responds immediately and at once to our gratefulness to Him for all of His Mercy and Compassion, His *Rahman* and His *Rahim?* Can we hear the sound

sie will dieses Wissend-Sein ausdrücken durch die Herzen Seiner treuen Diener. »Die Universen sind nicht groß genug, Mich zu enthalten, aber das Herz Meines treuen Dieners kann Mich enthalten« (Koran). Die Seele ist ein Embryo, der darauf wartet, noch einmal befreit zu werden, zurück in die eine umfassende Seele, unser Licht in Sein Licht, unser Sein in Sein Sein, ›unsere‹ Seele gehört nicht mehr »uns«, sondern Ihm!

Diese Göttliche Erinnerung an die Einheit tragen wir immer in unseren Herzen. Uns stehen die inneren Klänge der Göttlichen Eigenschaften zu Verfügung, Seine Heiligsten Namen, und wenn wir Ihn anrufen, können wir durch Sein Erbarmen und Mitgefühl den Klang Seiner Eigenschaften hören. *Bismillah ar-Rahman, ar-Rahim:* Wir fangen an »im Namen Gottes, des Allbarmherzigen, des Allergnädigsten…« Aber was ist der innere Klang dieser reinen, liebenden Gnade und dieses reinen, liebenden Mitgefühls? Wie können wir ihn hören? Das Paradox besteht darin, dass »wir« solange nicht unmittelbar hören können, bis wir unser eigenes Sein demjenigen Gottes unterworfen haben. Erst dann können wir Seine Befehle hören und daher fähig werden, Seine Eigenschaften zu einem gegebenen Zeitpunkt in dieser Welt richtig zum Ausdruck zu bringen. Deshalb lernen wir in dieser Schule des Lebens, einer lebenden Schule, Seine Namen und deren Bedeutungen, so dass wir eines Tages sagen können: »Ja, ich bin Deine Flöte. Spiele Deine Musik in mir, und ich werde immer dankbar sein.«

Während unserer gemeinsamen Zeit in dieser Sommerschule bietet sich uns eine perfekte Gelegenheit, die Fähigkeit des Hörens dieser inneren Klänge der Liebe auszubilden. Hier haben wir die schönen Berge, Seen und Ströme, reine, frische Luft, Wildblumen und Schönheit überall. Wir werden Zeit haben zu kontemplieren, still zu sein und ruhig mit Gott an unserer Seite zu sprechen. Es ist eine Zeit, die rastlosen Gedanken zum Schweigen zu bringen und den Wassern zu erlauben, ruhig zu werden, so dass, während wir den Rost von unseren Herzen wegpolieren, die Widerspiegelung Seiner Liebe in dieser Welt immer heller wird und die Klänge der Liebe in die Welt hinaus erschallen können, so rein wie Licht gespiegelt von einem Kristall. Jeden Tag werden wir einen oder mehrere Seiner Namen empfangen, sie in unseren Herzen tragen, sie betrachten und auf sie hören. Je mehr wir unsere Leidenschaft auf Ihn ausrichten, desto weniger Trennung wird es geben und umso unmittelbarer können wir mit dem inneren Ohr die Klänge der Schönheit hören.

of the one brotherhood of man in the Fatherhood of God and truly *feel* the sound of His Names running through the passages of our brains, irradiating our blood with the light of pure intelligence? Can we hear this *Hu,* this continuous out-pouring of God's Love into this world, the first manifested sound of the universe, carrying with it all of His Names? For then indeed we are the flute of His Dreams, for our own freedom, the freedom of the knowledge of His Love. Just as the observer and the observed can finally become one, so we are free at last. And then we know that it is we, ourselves, in our greed and ignorance, who have imprisoned the very God that we have struggled to find for so long. The walls that divide us have broken down. *Ishq Allah, mabud lillah* – „God is both Love, Lover and Beloved, Whom thou has adored."

1989

"I Was Raw, I Was Cooked and Now I Am Burnt"

Opening Talk of the
1989 International Summer School

IT IS OFTEN SAID THAT THE FIRST IDEA WE HAVE IS THE

most important. Yet so often we fail to take action on what we are given. There are a thousand and one reasons for this; we are lazy, we do not trust, we may not have enough faith or courage, we lack knowledge and ability, we feel that we have no wisdom. Suddenly an amazing number of apparently unrelated matters come up on the horizon and so we go hither and thither, perhaps ever feeling that we are not doing the right thing, and yet having forgotten what it was that we had been given in the first place.

Everything *is* interrelated! We read this in book after book, whether on the subject of physics or metaphysics, philosophy or mysticism, and yet even that fact often escapes us. Either we are so "asleep" we do not notice that the play of life is moving on and is always in a changing nature, and thus our lives are just clouded in mainly useless memories, or else perhaps we feel so inadequate that we simply cannot believe that "we" tiny and mainly hopeless individuals could have any part in the totality of the play. Or again per-

Wir werden mit dem Wort »Vergebung« beginnen. Es ist einer Seiner Namen, *al-Ghafur,* der All-Vergebende, Er, Der alles vergibt. Wir werden darum beten, den Klang Seiner Vergebung auf unsere eigene, individuell einzigartige Art und Weise zu hören; denn tatsächlich ist Er beides, der Eine und der Einzigartige, und jeder von uns ist einzigartig unterschieden innerhalb der Einen Einheit. Daher hören und sehen wir auf leicht unterschiedliche Art und Weise, ein jeder anders. Wenn Er uns alle hätte gleich machen wollen, hätte Er es so eingerichtet, dass wir alle gleich aussehen. Aber nein! Er will, dass wir Seine Schönheit überall sehen, in all Seinen Geschöpfen, in ihrer jeweils eigenen, vollkommen einzigartigen Wesensart. In einem Sinn ist Seine Vergebung allumfassend, in einem anderen richtet sie sich gerade an jene, die darum bitten, bis schließlich gesagt werden kann: »Vater, vergib ihnen; sie wissen nicht, was sie tun.« In diesen großen, am Kreuz ausgesprochenen Worten gab es keine Trennung.

Wir werden darum beten, den inneren Klang Seiner Vergebung zu hören und so verstehen zu lernen, dass uns, indem wir vergeben, unsere Fehler und Schwächen vergeben werden. Ein Fehler entsteht ganz sicher aus einem Mangel an Wissen, und daher sehnen wir uns, im Verständnis Seiner Vergebung, noch mehr nach wahrer Weisheit. Vielleicht stoßen wir dann auf einen weiteren Seiner Namen, *al-Alim,* der Allwissende, Der um das Leben weiß, das sich vom Anbeginn der Zeit entfaltet. Oh Leben, Oh Wahrheit! *Ya Hayy, ya Haqq!* Wir wollen nichts als die Wahrheit, unmittelbar und nicht verfärbt von den Wolken der Illusion. Wir wollen klaren Himmel auf dem Weg der Wahrheit – dem Weg der Liebe, des Mitgefühls und des Dienens. Wir wollen die Sterne sehen, auch wenn die Sonne scheint! Wir brauchen das unmittelbare Hören der Wahrheit, der Wahrheit, die sich ewig manifestiert im ewigen Jetzt-Augenblick und sich beständig in der Zeit entfaltet.

Können wir den Klang der Dankbarkeit hören, *ash-Shakur,* der Eine, Dem aller Dank geschuldet wird, Er, Der unmittelbar sofort auf unsere Dankbarkeit Ihm gegenüber eingeht, all Seines Erbarmens und Mitgefühls wegen, Seines *Rahman* und Seines *Rahim?* Können wir den Klang der einen Bruderschaft der Menschen in der Vaterschaft Gottes hören und den Klang Seiner Namen wahrhaft *fühlen,* wie er durch unsere Gehirnwindungen eilt, wie er unser Blut mit dem Licht reiner Intelligenz durchstrahlt? Können wir dieses *Hu* hören, dieses ständige Ausströmen

haps we have too much pride. "What? Me? O, no! It wasn't me that caused so much chaos! It must have been the other person. I mean, I was just in charge of the plans for the lighting on the stage, so when the lights went out it must have been the fault of the electrician. I just made the plans and gave them all to him..." Wonderful excuses, but perhaps the plans that we gave to the electrician were made in the States, where the voltage is not the same, or else in England, where the size of the plugs to fit into the wall are different. Even the light bulbs are different! Here in Switzerland they screw into the socket. In England there are no screws. There is a different sort of fitting for the light bulb.

Using this little analogy, I want each of us to look deeply within as to the *real* reason that we came to Valbella this year. What was it, or who was it, that guided us? Perhaps you have read some of my books and felt that by meeting the author you would immediately become enlightened! You might even have suspected that whoever wrote the books was enlightened himself, and therefore it would only be necessary to spend some time together and then all would be well – but the photograph on the jacket of the book seldom shows the essence that is hidden in the heart of man and woman. The essence is very hidden, just as the appearance is very obvious.

Now I know that some of you came because you have been before and simply *wanted* to come again, and there could be a variety of reasons for making this decision. For some, the decision could have been made because there is always something to learn, and any opportunity that is offered to us to learn more and that we may serve more, should always be taken. Others, perhaps, came again because they feel they did not learn what they could have on a previous occasion. Others have come to serve, knowing very well that there is an enormous amount to be done in making the arrangements for a summer school such as this one. And hidden deeply within, there are surely other reasons that *all* of you came and which still remain a secret, even to yourselves!

So, whatever the reason for us all being together, there is at least an equal number of other reasons which have not yet been revealed to us. God's Play of life on earth is very mysterious and, like all great mystery plays, the key to unravelling the mystery is seldom revealed until the last minute; all we see are the clues on the way – "footprints in the sand", if you like it!

der Liebe Gottes in die Welt, den ersten manifestierten Klang des Universums, der all Seine Namen mit sich trägt? Dann nämlich sind wir wirklich die Flöte Seiner Träume, für unsere eigene Freiheit, die Freiheit des Wissens um Seine Liebe. Genauso wie der Beobachter und das Beobachtete endlich eins werden können, so sind wir schließlich frei. Und dann wissen wir, dass wir es waren, wir selbst, die wir mit unserer Gier und unserer Unwissenheit eben jenen Gott eingesperrt haben, nach Dem zu suchen wir uns solange abmühten. Die Wände, die uns trennten, sind niedergerissen. *Ishq Allah, mahbud lillah* – »Gott ist zugleich Liebe, Liebender und Geliebter, Den du angebetet hast.«

***

»Ich war roh, ich wurde gekocht und nun bin ich verbrannt«

Eröffnungsrede zur Internationalen Sommerschule 1989

HÄUFIG WIRD GESAGT, UNSERE ERSTE IDEE SEI DIE BESTE.
Doch so oft handeln wir nicht aufgrund dessen, was uns gegeben wird. Dafür gibt es tausend und einen Grund: Wir sind zu faul, wir haben kein Vertrauen oder zuwenig Glauben und Mut, uns mangelt es an Wissen und Können, wir denken uns fehle es an Gelehrsamkeit. Schnell taucht eine erstaunliche Zahl von scheinbar unzusammenhängenden Gründen am Horizont auf, und so schwanken wir hin und her im stetigen Gefühl, nicht das Richtige zu tun, und haben dennoch vergessen, was uns ursprünglich gegeben wurde.

Alles *ist* miteinander verknüpft! Wir lesen dies in vielen Büchern, sei es zum Thema Physik oder Metaphysik, Philosopie oder Mystik, und doch entgeht uns oft auch dieser Aspekt. Entweder »schlafen« wir derart, dass wir nicht bemerken, wie das Theaterstück des Lebens voranschreitet und sich stets verändert, so dass unser Leben von zumeist nutzlosen Erinnerungen vernebelt wird, oder wir erachten uns vielleicht für so unzureichend, dass wir es schlichtweg nicht für möglich halten, dass »wir« kleinen und

At the beginning of every seminar I remind people of the value of time. I explain to them that whatever time the seminar is scheduled for is the *only* time that we have together. It will never be the same again. The exact number of people and where the seminar is to be held would also be different. It would be a different time of the year, and so we would have to wear different clothes. There are again a thousand and one reasons why one seminar can never be the same as another. It is impossible since God cannot manifest Himself twice in one moment in the same way.

So each seminar is different, and each play is different, and yet every opportunity that is given to us is for the reason of guiding us back home to our true heritage, the heritage of the soul, which is pure freedom. That is the miracle, and that is what I want you all to remember each and every moment during our time together in Valbella.

Of course, as in all plays, there are times when it is not as easy as we would like. There are lines which have to be remembered so that we can repeat them at the right times without turning to the reference books. There are movements and actions to be learnt. Food (of all sorts!) has to be prepared and the ingredients must be perfectly ripe. The fire has to be the correct temperature and the food must be eaten on time, lest it be spoiled. The kitchen, always the symbol of the centre of transformation in any real esoteric school, has to be spotlessly clean, and so everything is prepared for the guest in mind. There are many ingredients necessary to make the favourite dish for the guest. Each is unique in itself and even retains its own uniqueness in the cooking process. And yet the blending together of the different ingredients can make something greater still than the sum total of its parts, and the final offering to the guest is the fruit of pure knowledge. It is conceived out of our passionate yearning to know the truth. The flames of the fire are warmed with our most earnest wishes, our hopes, our beliefs and our surrender to the Divine Will. The fuel for the fire is our negative emotions that we no longer need, our fears, our lack of trust, our envy and our guilts, and the match that starts the fire is the match of pride. So it is *we,* and what we think we are, who make up the ingredients for the dish for the guest. As we say in our tradition, "Make yourselves good food for God, for He is the Only Provider; He is the All-Knower and to Him all thanks are due."

meistens hoffnungslosen Individuen überhaupt eine Rolle in der Gesamtheit des Stücks spielen könnten. Oder aber wir sind womöglich zu stolz. »Was? Ich? Oh, nein! Nicht ich habe all das Durcheinander angerichtet! Es muss jene andere Person gewesen sein. Schließlich war nicht ich zuständig für die Bühnenbeleuchtung. Wenn also die Lichter ausgegangen sind, liegt der Fehler beim Elektriker. Ich habe lediglich die Ablaufpläne verfasst und sie ihm alle übergeben…« Wunderbare Ausflüchte, doch vielleicht wurden die Pläne, die wir dem Elektriker gaben, in den USA gemacht, wo eine andere Stromspannung gilt, oder in England, wo die Wandstecker eine andere Größe haben. Sogar die Glühbirnen sind dort anders! Hier in der Schweiz werden sie in die Fassung geschraubt. In England gibt es keine Gewinde; man verwendet dort eine andere Befestigungsart für Glühbirnen.

Ich möchte, dass jeder von euch im Licht dieses kleinen Gleichnisses tief in sich selbst nach dem *wirklichen* Grund sucht, weshalb wir dieses Jahr nach Valbella gekommen sind. Was oder wer hat uns hierher geführt? Vielleicht habt ihr einige meiner Bücher gelesen und gedacht, dass ein Treffen mit dem Autor euch unmittelbare Erleuchtung brächte! Vielleicht habt ihr gar vermutet, dass, wer immer die Bücher geschrieben hat, selbst erleuchtet sei und es deshalb nur nötig sei, einige Zeit gemeinsam zu verbringen, und alles würde gut – doch das Bild auf dem Bucheinband zeigt selten die Essenz, die im Herzen von Männern und Frauen verborgen liegt. Die Essenz ist genauso sehr verborgen, wie die Erscheinung offensichtlich.

Nun weiß ich, dass einige unter euch deshalb gekommen sind, weil sie bereits einmal teilgenommen haben und einfach wieder kommen *wollten,* und für diesen Entschluss mag es eine Vielzahl von Gründen geben. Für einige lag der Grund möglicherweise darin, dass es immer etwas zu lernen gibt, und es sollte jede sich uns anbietende Gelegenheit genutzt werden, mehr zu lernen und zu dienen. Andere wiederum sind vielleicht wieder gekommen, weil sie glauben, bei früheren Gelegenheiten nicht gelernt zu haben, was sie hätten lernen können. Andere sind gekommen, um zu dienen in der sicheren Gewissheit, dass es in der Vorbereitung einer Sommerschule wie dieser enorm viel zu tun gibt. Und tief in uns verborgen liegen sicherlich noch weitere Gründe, weshalb wir *alle* gekommen sind, Gründe die auch für uns selbst ein Geheimnis bleiben!

Was also auch immer der Anlass für unser Zusammensein sein mag, so gibt es mindestens eine gleiche Zahl von Gründen, die uns noch nicht offenbart wurden. Gottes Theaterstück des Lebens auf der Erde ist sehr rätselhaft, und der Schlüssel zur Lösung wird wie bei allen großen Mysterienspielen selten vor den letzten Minuten aufgedeckt; alles, was wir sehen, sind Anhaltspunkte entlang des Wegs – »Fussspuren im Sand«, wenn man so will!

Zu Beginn von jedem Seminar erinnere ich die Menschen an die Bedeutung der Zeit. Ich erkläre ihnen, dass welche Zeit wir für das Seminar auch vorgesehen haben, sie die *einzige* Zeit ist, die wir gemeinsam haben. Sie wird nie wieder dieselbe sein. Die genaue Anzahl der Teilnehmenden und der Veranstaltungsort werden sich ebenfalls ändern. Vielleicht wird es in einer anderen Jahreszeit stattfinden, so dass wir andere Kleidung tragen. Wiederum gibt es tausendundeinen Grund, weshalb ein Seminar nie gleich wie ein anderes sein kann. Es ist unmöglich, weil Gott Sich in einem Moment nicht zweimal auf dieselbe Weise manifestieren kann.

So ist also jedes Seminar anders und jedes Theaterstück ist anders, und dennoch ist jede uns gegebene Möglichkeit dazu da, uns nach Hause zurückzuführen, zu unserem wahren Erbe, dem Erbe der Seele, der reinen Freiheit. Dies ist das Wunder, und ich möchte, dass ihr euch alle, in jedem einzelnen Augenblick unserer gemeinsamen Zeit in Valbella, daran erinnert.

Natürlich gibt es wie in jedem Stück Zeiten, die nicht so einfach sind, wie wir das gerne hätten. Es gilt, sich an Textzeilen zu erinnern, so dass wir sie im richtigen Moment wiedergeben können, ohne im Buch nachschlagen zu müssen. Es gilt Bewegungen und Handlungen zu erlernen. Essen (von aller Art!) muss zubereitet werden mit Zutaten von perfektem Reifegrad. Der Ofen braucht die richtige Temperatur, und die Mahlzeit muss rechtzeitig gegessen werden, wenn sie nicht verderben soll. Die Küche, schon immer ein Symbol für das Transformationszentrum in jeder echten esoterischen Schule, muss blitzblank sein, und so muss alles in Gedanken an den Gast vorbereitet werden. Die Lieblingsspeise des Gastes braucht viele Zutaten. Jede ist besonders und behält ihre Einzigartigkeit im Verlauf des Kochens. Und doch kann die Mischung der verschiedenen Zutaten etwas Größeres als die Summe der Teile entstehen lassen, und das dem Gast Angebotene ist die Frucht reinen Wissens. Es ist der Ausdruck unserer leidenschaftlichen Sehnsucht, die Wahrheit kennenzulernen. Die Flam-

And what is the name of the dish that we present to the guest, the best friend we could ever have in this world and in the next? It is *love!* God is beautiful and loves the beautiful, and God is love. As the play was conceived in love, so it is completed in love.

This year, the third year for the Summer School in Switzerland, we are going to concentrate on the sounds of love, the sounds of the attributes and the qualities of beauty. In the ceremony of the Mevlevi dervishes we have four "turns" or *salaams,* as they are called. The first one represents the hearing of the good news, the news that there is a different way of living than the one we normally experience. Perhaps we meet someone in the street who tells us about such things, or perhaps we read a book, or we have a beautiful dream that is not merely the result of projections of our lower self but is, in fact, a true vision of possibility. Perhaps we feel that we have nearly suffered enough. *La!* "No!", this just isn't good enough. And we hear a little voice deep within us which tells us of another world in the given world. We hear the sound of freedom. We hear the sound of forgiveness. We hear joyful singing and a call "out there" somewhere beckoning us to come. We hear. It is the music of the soul which has almost been forgotten. It is a call from home itself.

This is the first turn on the *tassawuf,* the "path of return", which is one of the definitions of the Sufi path. We have been far away from our home, travelling in distant lands, and sometimes struggling in the darkness of human ignorance. We have fallen many times, but somehow or other we have managed to stand up again and struggle on, called on again and again by some hidden force we do not yet understand. Then, from the darkness, we *see* the beginning of the next turn.

It is the beginning of a new day for us. We thought we were alone on the path, but now we see that we are travelling with the brothers and sisters on the journey. All around us there are the seekers. "Travel with us," they say. "Come and join us. We have been where you have been. You thought it was so bad, but it is better now. Look, we can see a little better where we are going. The mountains are high in front of us. There may be storms, but we can hold hands and help each other along the road. Come on my friend," they say. And we can see a light in their eyes, and a kindness. There is respect, always respect. And there is strength and gentleness. This is the beginning of the second turn; it is the seeing

men des Feuers werden genährt von unseren tiefsten Wünschen, unseren Hoffnungen, unseren Überzeugungen und unserer Ergebenheit gegenüber dem Willen Gottes. Brennstoff der Glut sind unsere negativen Emotionen, die wir nicht länger benötigen, unsere Ängste, unser Mangel an Vertrauen, unser Neid und unsere Schuldgefühle, und entfacht wird das Feuer vom Streichholz des Stolzes. Also sind *wir* es, und was wir zu sein glauben, aus dem die Zutaten für das Gastmahl bestehen. So wie wir in unserer Tradition sagen: »Macht euch selbst zu guter Nahrung für Gott, denn Er ist der Einzige Versorger; Er ist der Allwissende und Ihm gebührt aller Dank.«

Und wie heißt das Gericht, das wir dem Gast vorsetzen, dem besten Freund, den wir jemals haben könnten in dieser und der nächsten Welt? Es heißt *Liebe!* Gott ist schön und liebt das Schöne, und Gott ist die Liebe. So wie das Stück in Liebe geschrieben wurde, so wird es auch in Liebe vollendet.

In diesem Jahr, dem dritten einer Sommerschule in der Schweiz, widmen wir uns den Klängen der Liebe, dem Ton der Eigenschaften und den Qualitäten der Schöhnheit. Die Zeremonie der Mevlevi-Derwische besteht aus vier Drehungen oder *salaams,* wie sie genannt werden. Die erste entspricht dem Vernehmen der guten Neuigkeit, der Nachricht davon, dass es eine andere Art von Lebensweise gibt, als der, der wir für gewöhnlich folgen. Vielleicht treffen wir jemanden auf der Straße, der uns von diesen Dingen erzählt, oder wir lesen ein Buch oder haben einen wunderbaren Traum, einen der nicht einfach die Folge von Projektionen unseres niedrigen Selbsts ist, sondern eine wirkliche, echte Vision des Möglichen. Vielleicht spüren wir, dass wir bald genug gelitten haben. *La!* »Nein!«, das reicht einfach nicht. Und wir hören tief in unserem Inneren eine leise Stimme, die uns erzählt von einer anderen Welt in der gegebenen Welt. Wir hören den Klang der Freiheit. Wir hören den Klang des Verzeihens. Wir hören freudigen Gesang und ein Rufen von »dort draußen«, das uns auffordert zu kommen. Wir hören. Es ist die Musik der Seele, die schon fast vergessen war. Es ist der Ruf von unserem Zuhause.

Dies ist die erste Drehung auf dem *tassawuf,* dem »Pfad der Rückkehr«, wie eine der Beschreibungen des Sufi-Pfads lautet. Wir sind auf der Reise durch ferne Länder weit von unserem Zuhause weggekommen, haben uns oft durch die Dunkelheit der menschlichen Ignoranz geschlagen. Viele Male sind wir hingefallen, aber

haben uns irgendwie wieder aufgerappelt und uns weiter vorangekämpft, stetig gerufen von einer verborgenen Macht, die wir noch nicht verstehen. Und dann *sehen* wir aus der Dunkelheit den Beginn der nächsten Biegung.

Es ist dies für uns der Anfang eines neuen Tages. Wir hatten gedacht, auf dem Pfad allein zu sein, doch nun erkennen wir die Brüder und Schwestern, die uns auf der Reise begleiten. Überall um uns sind Suchende. »Reise mit uns«, sagen sie. »Komm, schließ dich uns an. Wir waren dort, wo auch du warst. Was dir als so schwierig erschien, wird jetzt besser. Schau, bereits können wir unseren Weg etwas leichter ausmachen. Die Berge steigen vor uns empor. Es mögen Stürme aufkommen, doch wir können uns bei den Händen nehmen und uns entlang des Wegs helfen. Komm, mein Freund.« Und wir können in ihren Augen ein Licht erkennen und eine Freundlichkeit. Da ist Respekt, stetiger Respekt. Und da ist Stärke und Sanftheit. Dies ist der Beginn der zweiten Drehung; es ist das Erkennen der Wahrheit, wie sie hier unten auf der Erde, auf unserem geliebten Planeten, manifestiert ist. »An ihren Früchten werdet ihr sie erkennen«, sagte Jesus, und wir sehen die Früchte einer vielleicht jahrelangen Suche. Wir teilen gemeinsam. Wir fragen einander, wie es kam, dass wir nun zusammen sind, wer oder was für jeden, den wir treffen, am Anfang seiner Reise stand, wer ihre Lehrer und Führer auf dem Pfad gewesen sind. Wir sind unterwegs als eine Bruderschaft der Menschen in der Vaterschaft Gottes.

In der dritten Drehung liegt der Beginn des Verstehens. Die ursprüngliche Absicht, der wir gefolgt sind, oder die direkte Führung, die uns, vielleicht vor so langer Zeit, zuteil wurde, hat sich in Wissen verwandelt. Es ist die unmittelbare Erkenntnis der Wahrheit. Zwischen Wissen und Wissendem besteht keine Trennung mehr. Das, was beobachtet, ist das, was beobachtet wird. Es kommt zur Erkenntnis der Worte: »Ich bin die Ohren, durch die Er hört; ich bin die Augen, durch die Er sieht.« Die Illusion unseres Getrenntseins von der einen Wirklichkeit hat sich während des Kochens verflüchtigt. Unser Schutzpatron, Mevlana Jalaluddin Rumi, sagte: »Ich war roh, ich wurde gekocht und nun bin ich verbrannt.« Doch verbrannt wurde das, was nicht länger benötigt wird und freiwillig und dankbar dem Feuer übergeben wurde. Wir *wissen* um das Miteinander-Verbundenseins allen Lebens, und endlich können wir Seine Schönheit im Tanz des Wissens und

of the truth as manifested down here on this earth, this beloved planet of ours. "By their fruits ye know them," said Jesus, and we see the fruits of maybe years of searching. We share together. We ask each other how we came to be together, who or what started the journey for everyone we meet, who have been their teachers and guides on the path. We walk as one brotherhood of man in the Fatherhood of God.

In the third turn there is the beginning of knowing. The original intuition that we followed, or the direct guidance that we had been given, perhaps so long ago, has been turned into knowledge. It is the direct knowledge of truth. There is no separation from the knowing and the knower. That which observes is that which is observed. There is the knowledge of the words, "I am the ears through which He hears; I am the eyes through which He sees." The illusion of our separation from the one reality has gone in the process of the cooking. Our patron, Mevlana Jalaluddin Rumi, said, "I was raw, I was cooked and now I am burnt." But what has been burnt is that which is no more useful for us but rather has been given willingly and gratefully to the fire. We *know* of the interconnectedness of all life, and we can, at last, express His Beauty in the dance of knowledge and the sound of His Attributes. Our voices are no longer 'ours' alone, but belong to the Voice of the Beloved.

On and on we turn. "O Thou!" we cry out as we turn to Him. "O!" He replies with each turn we make, and then He finally turns to us and He says, "O thou!" And we say, "No! O Thou!" And He says again, "O thou!" to His Servants. And we ask, "O I?" And He says, "O I!" And we say all together, "He is He – *Hu*. He is the Only Friend – *Hu Dost.*"

The fourth and last turn commences. At last we turn on our own axis. All sense of separation has finally been burnt in the fire of truth. We turn in Him as He turns in us. "I am that I am."

May our time be blessed in His Mercy and loving Kindness as we turn back towards Him from the world of appearances to the world of reality, until we know, finally, that the two worlds are *one*.

1989

zum Klang Seiner Eigenschaften zum Ausdruck bringen. Unsere Stimmen sind nicht länger nur noch ›unsere‹, sie gehören zur Stimme des Geliebten.

Weiter und weiter drehen wir uns. »Oh Du!«, rufen wir mit unserer Zuwendung zu Ihm. »Oh!«, antwortet Er bei jeder unserer Drehungen, und schließlich dreht Er Sich uns zu und Er sagt: »Oh du!« Und wir sagen: »Nein! Oh Du!« Und Er wiederum entgegnet Seinen Dienern: »Oh du!« Und wir fragen: »Oh ich?« Und Er sagt: »Oh Ich!« Und wir alle sagen gemeinsam: »Er ist Er – *Hu*. Er ist der Einzige Freund – *Hu Dost*.«

Die vierte und letzte Drehung setzt ein. Endlich drehen wir uns um unsere eigene Achse. Auch das letzte Gefühl von Trennung wurde im Feuer der Wahrheit verbrannt. Wir drehen uns in Ihm, so wie Er Sich in uns dreht. »Ich bin, der Ich bin.«

Möge unsere Zeit in Seiner Gnade geheiligt sein, wenn wir uns zu Ihm zurückwenden, aus der Welt der Erscheinungen zur Welt der Wirklichkeit, bis wir schließlich wissen, dass die beiden Welten *eins* sind.

Via Konya to Assisi

I met Dau'd, then called David, on a mountain above Chamonix many, many years ago. He was a young American and trying to become a professional photographer. I was in that area as an assistant to Pir Vilayat Khan, helping to arrange the summer camp he held there every year. When I went up to David asking him why he was there, he merely replied that he had seen all these interesting young people walking up the mountain, and so he followed them. He wasn't interested in the Sufis, indeed he had never heard of them! I remember that I found myself saying, "How much money have you got with you?" Well, he told me it was not a lot – but enough for him to travel to Konya. Thus I suggested that he would have some really new photos for the States, and I told him of the wise, old man Suleyman Dede.

So David came down the mountain and I didn't hear from him for a long time. Later it turned out that he had indeed gone to Konya, met Dede, and then went to live with him and his wife. He stayed there (perhaps not all the time) for about two years, doing the prayers and the practices. However, he had no "experiences", no "aha's!", really nothing.

David had been brought up a Catholic, and he felt that he needed to return to God via his own roots. So he asked Dede for permission to go on a vacation and said that he would be going to Assisi. When David arrived in Assisi, he almost immediately felt a living presence, and then, one day in a church there, he was overwhelmed by love and light.

He returned to Konya, feeling rather embarrassed since Deed had been so kind to him and he had been so regular in his *dhikr* and prayers and attending the mosque. So he took a deep breath and told Dede about the experience he had had with Saint Francis. Dede smiled, put his hand on David's shoulder, looked him in the eyes and said, "Perhaps Saint Francis and Mevlana were the same person."

Well, of course Saint Francis lived around the same time, and so perhaps the explanation is that it was God's Love manifesting, *in the way it was needed and at the place it was needed, at the same time but through different spiritual backgrounds and religions.*

I know this story is true because, first of all, Dau'd told me and then, later, I asked Dede about it when I was alone with him. We had a translator, and when I told him the story, Dede smiled and smiled...

2009

Via Konya nach Assisi

Ich traf Dau'd, damals hieß er noch David, vor vielen, vielen Jahren auf einem Berg oberhalb von Chamonix. Er war ein junger Amerikaner, der professioneller Fotograf werden wollte. Ich war in dieser Gegend als Assistent von Pir Vilayat Khan und half bei der Organisation des Sommercamps mit, das er jedes Jahr dort durchführte. Als ich zu David trat und ihn fragte, warum er hier sei, antwortete er nur, er habe all diese interessanten jungen Leute den Berg hinaufgehen sehen und sei ihnen einfach gefolgt. Er war nicht an Sufis interessiert, tatsächlich hatte er noch nie von ihnen gehört! Ich erinnere mich, wie ich mich selber fragen hörte: »Wie viel Geld hast du bei dir?« Nun, wie er mir sagte, war es nicht viel – aber genug, um nach Konya zu reisen. So schlug ich ihm vor, dort einige für die Vereinigten Staaten wirklich neue Bilder zu schießen, und erzählte ihm von dem weisen, alten Mann Suleyman Dede.

So stieg David den Berg hinunter und ich hörte eine lange Zeit nichts mehr von ihm. Es stellte sich heraus, dass er nach Konya gegangen war, Dede getroffen und begonnen hatte, bei ihm und seiner Frau zu leben. Er blieb (vielleicht nicht die ganze Zeit über) etwa zwei Jahre dort, machte die Gebete und die Übungen. Wie auch immer, er machte keine »Erfahrungen«, hatte keine »Aha«-Erlebnisse, wirklich nichts.

David war als Katholik aufgewachsen, und er merkte, dass er über seine eigenen Wurzeln zu Gott zurückfinden müsse. So bat er Dede um Erlaubnis, Urlaub nehmen zu dürfen, und sagte, er gehe nach Assisi. Als David in Assisi eintrat, fühlte er fast unmittelbar eine lebendige Präsenz, und dann wurde er dort eines Tages in einer Kirche von Liebe und Licht überwältigt.

Er kehrte nach Konya zurück und fühlte sich ziemlich verlegen, da Dede so lieb zu ihm gewesen war und er doch so regelmäßig seinen *Dhikr*, seine Gebete und seine Moscheebesuche gemacht hatte. So atmete er tief durch und erzählte Dede von der Erfahrung, die er mit dem heiligen Franziskus gemacht hatte. Dede lächelte, legte seine Hand auf Davids Schulter, schaute ihm in die Augen und sagte: »Vielleicht waren der heilige Franziskus und Mevlana dieselbe Person.«

Nun, natürlich lebte der heilige Franziskus ungefähr zur gleichen Zeit, und so liegt die Erklärung vielleicht darin, dass es Gottes Liebe war, die sich manifestierte *auf die Art, wie es notwendig war, und am Ort, wo es nötig war, zur gleichen Zeit, aber durch verschiedene spirituelle Hintergründe und Religionen.*

Ich weiß, dass diese Geschichte wahr ist, weil Dau'd sie mir zuerst erzählte hatte und ich später Dede darüber befragte, als ich mit ihm allein war. Wir hatten einen Übersetzer, und als ich ihm die Geschichte erzählte, lächelte Dede und lächelte...

Sheikh Suleyman Dede (1904–1985)

Der Weg Mevlanas

und im Verstand der Leute auftauchen, wenn die Sprache auf den Sufismus kommt. Endlos werden mir Fragen gestellt wie: »Muss man Muslim sein, um den Sufismus zu verstehen?« oder: »Hast du selbst den Islam angenommen?« Christen fragen mich, ob ich an Christus glaube; Muslime wollen wissen, ob ich den Propheten Mohammed (Friede und Segen seien mit ihm!) als »Siegel« oder Vollendung der Linie aller Propheten seit Anbeginn der Zeit akzeptiere. Und wieder andere fragen, ob ich überhaupt an irgendeine Form glaube. Ich habe, wie so viele andere, mit der einen Post Briefe voll von Drohungen erhalten und solche voller Dank mit der anderen. Es scheint, dass es immer noch Leute gibt auf der Welt, die meinen, sie könnten Gott ›in Besitz nehmen‹ oder anderen ihre Meinungen über Gott aufzwingen. Und doch: Es gibt andere, die die innere Bedeutung der von den Brüdern in der Sufi-Tradition benutzten Worte »Hu dost« verstanden haben – Er, das ist Gott jenseits allen konzeptuellen Denkens, ist der Einzige Freund. Diese Leute sind es, die ihre Dankbarkeit dafür ausdrücken, lebendig, erkannt und geliebt zu sein.

Mevlana Jalaluddin Rumi wurde am 30. September 1207 geboren und starb am 17. Dezember 1273. Der heilige Franziskus von Assisi predigte bereits, als Rumi noch ein Kind war; und es war die Zeit, in der es in Europa weitverbreiteten Widerstand gegen den strengen Formalismus der Kirche gab. In dieser Zeit war es lebensnotwendig, dass es einen wahren Geschmack von der in der Erkenntnis der Universellen Wahrheit zu findenden Freiheit gab. Der Wahrheit, die im innersten Kern der großen Religionen steckt, deren äußere Form damals unter dem Gewicht der Korruption der Geistlichkeit an so vielen Orten beinahe zusammenbrach.

Mevlanas Sitz befand sich in Kleinasien, einem Gebiet, das praktisch als das Zentrum der zu dieser Zeit bekannten Welt bezeichnet werden kann. Es war der beste Ort, wo Rumi leben und von wo aus er seinen Einfluss in die Welt ausdehnen konnte. Bereits zu seinen Lebzeiten war er – wie auch heute noch – als einer der größten Sufi-Poeten und Mystiker aller Zeiten akzeptiert. Das Wichtigste ist, dass er ein menschliches Wesen war, dessen Grad an Gnosis gleichzeitig alle Formen der Religion umfasste und sich darüber hinaus erhob. »Ich bin weder Christ, noch Jude, noch

549

The Way of Mevlana

I REALISE THAT A THOUSAND AND ONE QUESTIONS ARISE IN
people's hearts and minds when the subject of Sufism comes up.
Endlessly I am asked such questions as, "Do you have to be a
Muslim in order to understand Sufism?" or, "Have you yourself
embraced Islam?" Christians ask me whether I believe in Christ;
Muslims ask me if I accept the prophet Muhammad (peace and
blessings be upon him) as the "seal" or completion of the line of
all the prophets from the beginning of time. And still others ask
me whether I believe in any form whatever. I, like so many
others, have received letters filled with threats in one post and filled with thanks in another. It seems that there are still people in
the world who feel that they can 'own' God or impose their personal opinions about God. And yet there are others who have
come to know the inner meaning of the famous words used by
the brothers in the Sufi tradition, *"Hu dost"* – He, that is, the
God beyond all conceptual thinking, is the Only Friend. It is
those people who truly express their gratitude in being alive, recognized and loved.

Mevlana Jalaluddin Rumi was born on 30 September 1207 and
died on 17 December 1273. Saint Francis of Assisi was already
preaching when Rumi was a child, and it was a time when there
was widespread reaction in Europe against the rigid formalism of
the Church. It was a time when it was vitally necessary for there to
be a true taste of the freedom that is found in the recognition of
the universal truth that lies within the essence of the great religions
of the world, as the outer form was collapsing under the weight of
the corruption of the clergy in so many places.

Mevlana's seat was in Asia Minor, an area that could almost be
seen to be the middle of the realised world at that time. It was the
perfect place for Rumi to live and extend his influence throughout
the world. Even during his lifetime he was accepted, as he is today,
as one of the greatest Sufi poets and mystics of all time. Most important of all, he was a human being whose degree of gnosis both
embraced all forms of religion and, at the same time, rose above
them. "I am neither Christian nor Jew nor Gabr nor Muslim; my
place is the placeless, my trace is the traceless. I know only *ya-Hu*
and *ya-man-Hu…*" In many ways he defied logical reasoning. His
critics were many, and yet it was surely the power of his almost

Gabr, noch Muslim; mein Ort ist das Ortlose, meine Spur das Spurlose. Ich kenne nur *ya-Hu* und *ya-man-Hu*...« In mancher Hinsicht trotzte er dem logischen Denken. Viele kritisierten ihn, und doch war es sicher vor allem die Kraft seiner fast überwältigenden Liebe und Achtung, die ihm einen Platz weit über den Köpfen der Theologen zuwies.

Rumi wurde geachtet, weil er die anderen achtete. Er war sogar seinen Feinden gegenüber rücksichtsvoll. Er war kein Fanatiker. Geringfügige Differenzen im Glaubensbekenntnis regten ihn nicht auf. Er stand immer ein für Toleranz und Nachsicht. Es war nahezu unmöglich, ihn zu provozieren. Nichts konnte ihn ärgern. Eines Tages war er in tiefer Kontemplationsstimmung, als ein Betrunkener grölend hereinstolperte. Als er auf Rumi zu torkelte, fiel er auf ihn. Sein Eindringen war schon ernst genug, aber physisch auf einen Heiligen in Kontemplation zu fallen, war ein Verbrechen, für das keine Strafe streng genug sein konnte. Rumis Schüler erhoben sich sofort und wollten den Eindringling überwältigen, als der Meister mit seiner Hand Einhalt gebot und sie sanft zurechtwies. »Ich habe gedacht«, sagte er, »der ›Eindringling‹ sei betrunken, nun sehe ich aber, dass nicht er sondern meine Schüler die Betrunkenen sind.« Waren es nicht diese Liebe und Hochachtung sogar für die unwürdigsten Mitglieder der Gesellschaft, die es ihm erlaubten, ihre unerschütterliche Bewunderung und Achtung zu gewinnen? War nicht seine Rücksicht gegenüber den geringsten der Menschen, die es ihm erlaubte, ihr unbestrittener Führer zu werden? Die Hingabe von Rumis Bewunderern ist leicht zu verstehen, die, während er auf der Liege lag und von den Händen eines liebenden und geliebten Schülers gewaschen wurde, keinem Tropfen gestatteten, zu Boden zu fallen, sondern diesen wie heiliges Wasser tranken. Auch ist es nicht schwierig, die warmen Gefühle der Menschen aller Glaubensbekenntnisse und Hautfarben nachzuempfinden – Muslime, Christen, Juden, Araber und Perser, Türken und Byzantiner –, die zu seiner Beerdigungsprozession zusammenströmten, sich an die Brust schlugen und ihre Kleider zerrissen.[*]

---

[*] Afzal Iqbal: *The Life and Work of Rumi*, Lahore 1955.

overwhelming love and respect that made him stand above the heads of the theologians.

> Rumi was respected because he respected others. He was considerate even towards his enemies. He was no bigot. Petty differences of creed did not upset him. He always stood for tolerance and toleration. It was well-nigh impossible to provoke him. Nothing could irritate him to anger. One day as he was in a deep mood of contemplation a drunkard walked in shouting and stumbling. As he advanced towards Rumi, he fell on him. His intrusion was serious enough, but to have physically fallen on a saint in his contemplative moments was a crime for which no punishment was severe enough. Rumi's disciples rose as one man and were about to rush at the intruder when the master waved his hand and rebuked them gently. "I had thought," said he, "that the 'intruder' was drunk, but now I see that it is not he but my own disciples who are drunk." Wasn't it for this love and consideration even for the most unworthy members of society that he won their unflinching admiration and respect? Wasn't it because of this regard of the meanest of men that he became their unquestioned leader? It is quite easy to understand the devotion of Rumi's admirers who, while he lay on his bier and was washed by the hands of a loving and beloved disciple, did not allow a drop to fall on the ground and drank it as holy water. Nor is it difficult to understand the warmth of feeling with which men of every creed and colour – Muslims, Christians, Jews, Arabs and Persians, Turks and Romans – flocked to his funeral procession and smote their breasts and rent their garments.*

God, in His infinite Mercy and Compassion, is our daily reminder of *Hu dost*. And at certain times of history, when the moral values on the one hand have almost disappeared and on the other hand infinite possibilities seem to lie within our grasp, He brings us special messengers to, once again, remind us of His Love. Mevlana was indeed one of these men, and today that message is surely as pertinent as it was over seven hundred years ago.

---

* Afzal Iqbal: *The Life and Work of Rumi,* Lahore 1955.

Gott erinnert uns in Seiner unendlichen Gnade und Barmherzig-
keit täglich an *Hu dost*. Und zu gewissen Zeiten der Geschichte,
wenn einerseits die moralischen Werte schwinden und andererseits
unendliche Möglichkeiten in Reichweite zu liegen scheinen, bringt
Er uns besondere Botschafter, die uns, wieder einmal, an Seine
Liebe erinnern. Mevlana war wirklich einer dieser Menschen, und
ganz sicher ist diese Botschaft heute noch so angemessen, wie sie es
vor über siebenhundert Jahren war.

Was ist unsere direkte Verantwortung zu diesem historischen
Zeitpunkt? Wir stehen an der Schwelle (das Wort »Derwisch« bedeutet »Schwelle«) eines der größten Durchbrüche menschlichen
Verstehens aller Zeiten. Uns wird die freie Wahl angeboten zwischen diesem Sturz in das noch Unbekannte und, so zu bleiben wie
wir sind, fast vollständig gefangen in den Klauen des Materialis-
mus und des um uns herum ständig gegenwärtigen Verlusts der
moralischen Werte. Das Beispiel der großen Mystiker kann uns
dahin führen, die Pyramide der Evolution nicht nur von ihrer
Spitze, sondern von *jenseits* ihrer Spitze aus zu sehen. Von dort aus
können wir die Entfaltung der einen Universellen Wahrheit im
Verlaufe der Zeit verstehen, die Notwendigkeit der sechs Haupt-
religionen in der Welt als Gefäße und Verteiler sowohl der
Gesetze, die unser Leben auf der Erde beherrschen, als auch der
Gesetze, denen wir gehorchen müssen, um die Eine Ursache hinter
all den in der phänomenalen Welt erscheinenden Ursachen zu erkennen. Der Atem des Mitgefühls Gottes schenkt uns Leben, und
der Atem des wahren Mystikers dreht die Welt dem zweiten
Zyklus der Menschheit zu, wenn sein oder ihr Atem eins wird mit
dem Atem des Geliebten, des Einzigen Freundes.

Mevlana ist bekannt als der Pol der Liebe, und »Liebe wird von
Wissen verankert.« Deshalb studieren wir in dieser Schule auch
Muhyiddin Ibn Arabi, einen anderen sehr großen Sufi, bekannt als
der Pol des Wissens. Ibn Arabi hat eine ungeheure Anzahl von
Büchern geschrieben, und oft wird auf ihn Bezug genommen als
Doktor Maximus des mittelalterlichen Europas oder als Größten
Scheich. Das Wissen, das er uns gibt, ist heute noch genau so
anwendbar wie vor siebenhundert Jahren. Er lebte ungefähr zur
gleichen Zeit wie Rumi und begegnete diesem, als Rumi noch ein
junger Mann war. Nach diesem Zusammentreffen mit Rumi und
dessen Vater, der ebenfalls ein einflussreicher Scheich seiner Zeit

What is our direct responsibility at this time of history? We stand on the threshold (the word "dervish" means "threshold") of one of the greatest breakthroughs in human understanding of all time. We are offered the free choice of taking that plunge into the as-yet unknown, or remaining as we are, almost totally immersed in the grips of materialism and the loss of moral values that is ever-present around us. It is the example of the great mystics that can lead us to view the pyramid of evolution, not merely from its apex, but from *beyond* its apex. It is from there that we can understand the unfoldment of the one universal truth throughout time and the necessity of the six major religions in the world as containers and distributors of both the laws that govern our lives on earth and the law that we need to obey in order to know the One Cause behind all the apparent causes in the phenomenal world. It is the breath of God's Compassion that gives us life, and it is the breath of the true mystic that turns the world towards the second cycle of mankind as his or her breath becomes one with the breath of the Beloved – the Only Friend.

Mevlana is known as the Pole of Love, and "love is anchored by knowledge". That is why, in this school, we also make a study of Muhyiddin Ibn Arabi, another of the very great Sufis, who is known as the Pole of Knowledge. Ibn Arabi wrote an enormous number of books and is often referred to as the Doctor Maximus of medieval Europe, or the Greatest Sheikh. The knowledge he gives us is as applicable today as it was seven hundred years ago. He lived around the same time as Rumi and met him when Rumi was a young man. It was after this meeting with Rumi and his father, who was also an influential sheikh of the time, that Ibn Arabi was said to have remarked, "There goes a sea followed by an ocean." The study of the works of Ibn Arabi, perhaps the greatest meta-physician the world has ever known, is a tremendously exciting ad-venture, and we find that what he was saying then in his mystical language is just beginning to be explained by the astrophysicists of today. Indeed it is knowledge that anchors love.

Love and knowledge also need a third aspect of the one unity to bring forth into the manifested world what is truly necessary for the transition into the next cycle. This aspect we call the Pole of Power and it is represented by Abd al-Qadir Gilani. Real power comes through complete submission and obedience to the Laws of God. God is our friend and wants to protect us from going astray

war, soll Ibn Arabi, so wird berichtet, bemerkt haben: »Dort geht ein Meer, gefolgt von einem Ozean.« Das Studium der Werke Ibn Arabis, des wahrscheinlich größten Metaphysikers aller Zeiten, ist ein äußerst aufregendes Abenteuer, und wir sehen, dass die heutigen Astrophysiker eben erst damit beginnen, seine damals in mystischer Sprache gemachten Aussagen zu bestätigen. In der Tat ist es Wissen, das die Liebe verankert.

Liebe und Wissen brauchen noch einen dritten Aspekt der Einen Einheit, um in der manifestierten Welt das, was wirklich für den Übergang in den nächsten Zyklus notwendig ist, zum Erscheinen zu bringen. Diesen Aspekt nennen wir den Pol der Macht, und er wird repräsentiert von Abd al-Qadir Gilani. Wirkliche Macht entsteht aus vollständiger Unterordnung und dem absoluten Gehorsam gegenüber den Gesetzen Gottes. Gott ist unser Freund und will uns davor schützen, in die Irre zu gehen und von des Messers Schneide des Wegs der Wahrheit zu fallen. Er gibt uns freie Wahl; doch die wahre Macht totaler Überzeugung entsteht aus dem Gehorsam und dem Akzeptieren der Autorität des Höchsten. Abd al-Qadir Gilani liefert uns keine Kompromisse.

Nun haben wir also Liebe, Wissen, und Macht auf intelligente Art betrachtet für all jene, die verstehen wollen. In der Liebe liegt Freude, im Wissen Freiheit, und im Annehmen der Gesetze Gottes, die uns in Seinen Geboten gegeben wurden, liegt Wahrheit.

Auf dem Weg Mevlanas versuchen wir, dem uns von anderen im Verlaufe der Zeit vorgelebten Beispiel nachzuleben und uns trotzdem an die sich verändernden Umstände anzupassen. Wir verstehen, dass es universelle Gesetze gibt, die sich niemals ändern werden, und Lebensweisen, die immer befolgt werden müssen. Formen werden kommen und gehen, das Leben in dieser Welt verändert sich ständig; Liebe, Wissen und Macht aber werden immer von Gott, dem Grossen Weber, Der jenseits des Jenseits steht, verwoben werden. Wird doch gesagt: »Halte dich fest am Seil Gottes!«

and falling off the razor's edged road of truth. He gives us free choice; but the real power that lies within total conviction comes from obedience and the acceptance of authority from the highest. Abd al-Qadir Gilani provides us with no compromise.

So, now we have love, knowledge and power viewed in an intelligent way for all those who wish to understand. In love there is joy, in knowledge there is freedom, and in the acceptance of God's Laws given to us in His Commandments there is truth.

In the way of Mevlana, we try to live by the example set for us by others throughout time, and yet adapting ourselves to the changing circumstances. We understand that there are universal laws which will never change and standards of living which need to always be followed. Forms will come and go, and life in this world is ever-changing, but love and knowledge and power will always be woven together by God, the Great Weaver, Who is beyond the beyond itself. As it is said, "Hold fast to the Rope of God!"

1989

The Purpose of Remembering

TO BE ABLE TO REMEMBER BEYOND THE WORLD OF DUALITY and suffering, the grinding clash of opposites that make up the appearance of this world – that is the challenge we are faced with if we wish to walk the road of truth and therefore return to our origin. Yet without a question burning as to the nature of life on earth and the real purpose of our lives, we remain merely "sleepwalkers", parading on the stage of the theatre of life, existing rather than *being,* and dreaming rather than being able to take real action, which is necessary to affect change rather than just being subjected to the appearance of change.

This paper is offered to the true seeker as an encouragement to wake up and remember. The journey of a thousand miles begins with one step, so let us take that step and thus come to remember, and then to *know* of the truth of our existence and the purpose of life on earth.

Der Sinn des Erinnerns

DES ERINNERNS FÄHIG ZU SEIN, ÜBER DIE WELT DER DUALI-
tät und des Leidens, über das harte Aufeinanderprallen der Gegensätze hinaus, die dieser Welt ihr Gesicht geben – vor diese
Herausforderung sehen wir uns gestellt, wenn wir den Weg der
Wahrheit gehen und so zu unserem Ursprung zurückkehren wollen. Doch ohne die brennende Frage nach der Natur des Lebens
auf der Erde und nach dem wirklichen Zweck unseres Lebens bleiben wir bloß »Schlafwandler«, die auf der Bühne des Lebens-
theaters herumstolzieren. Wir existieren dann mehr, als dass wir
sind, und träumen eher, als dass wir imstande wären, wirklich zu
handeln. Dies aber ist nötig, wenn wir wirkliche Veränderung bewirken und nicht bloß dem Anschein von Veränderung ausgelie-
fert sein wollen.

Dieser Text ist ein Angebot an den wahrhaft Suchenden, ein
Ansporn, aufzuwachen und sich zu erinnern. Eine Reise von tau-
send Meilen beginnt mit einem Schritt. Also lasst uns diesen
Schritt tun, um zur Erinnerung und dann zum Wissen um die
Wahrheit unserer Existenz und den Zweck des Lebens auf der Erde
zu gelangen.

Höre und erinnere dich
As-Sami – der All-Hörende*

Immer wieder werden wir von all unseren Lehrern daran erinnert,
dass in dieser Welt alles sein entsprechendes Gegenteil hat. Wo du
Licht siehst, ist auch Dunkelheit. Wo es Großzügigkeit gibt, da ist
auch Gier. Wo es Stärke gibt, ist auch Schwäche. Alles in dieser
Welt hat sein Gegenteil. Es ist notwendig, dass das so ist. Und es
ist ebenso notwendig, dass wir uns an diese Tatsache erinnern. Es
nützt nichts, irgendein wunderbares Konzept von einem New Age
zu haben, in dem alles mit Rosenduft parfümiert ist, ohne den
Geruch des Kompostes einzubeziehen, der notwendig ist, um die
Rosen zum Blühen zu bringen. Es nützt beispielsweise nichts, zu
denken, dass eines Tages der Messias kommen und all unseren inneren Schmerz und Jammer von uns nehmen wird, so dass unsere

* Die arabischen Namen und ihre Bedeutung stammen aus dem Buch *The
Most Beautiful Names* von Tosun Bayrak, Threshold Books, Putney, Vermont
1985.

Listen and Remember
As-Sami – The All-Hearing One*

We are reminded, again and again by all our teachers, that everything in this world has its relative opposite. Where you see light, there is also darkness. Where there is generosity, there is greed. Where there is strength, there is weakness. Everything in this world has its opposite. It is necessary that this is so, and it is also necessary that we remember this fact. It is no good merely having some sort of wonderful concept of a new age in which everything will be perfumed with the smell of roses, without the smell of the compost that is necessary to make the roses bloom. It is no good thinking, for example, that one day the Messiah will come and remove from us all our inner pains and miserable feelings, leaving only a song of Hallelujah in our hearts. It just doesn't work that way in our world.

If a spiritual teacher comes along and, through his or her influence and greater inner freedom, we are lifted up from the denseness of human ignorance to experience the finer, more refined energy that is available to us, it does *not* mean to say that, after a little while, we will not drop back down to the state we were in before. We see this all the time. We go searching hither and thither, and perhaps indeed do experience something of greater beauty in our search, and then, for example, the end of the year comes and we see, taking stock of all the events of the past year, that we still have a mass of unredeemed feelings to take with us into the new year. So we make special efforts. If we are wise, we *remember* what it is that we should have done in the year that is now leaving us, and we resolve to try to complete these things in the year that is just coming into our horizon. We cannot stop it coming in. Nothing can. It is relentlessly coming into our everyday consciousness, and the moment that the bells have rung out the old year and we all shout and clap hands and hug each other, then the new year has already been pounding on our doorstep and we are swept into it, still holding hands, and perhaps already going to sleep and forgetting our so carefully made promises. Did we remember at just the right moment? Or did we make our New Year's resolutions only to wait

---

* The Arabic names and their meaning are taken from the book *The Most Beautiful Names* by Tosun Bayrak, Threshold Books, Putney, Vermont 1985.

Herzen nur noch Hallelujah singen werden. So geht es einfach nicht zu in unserer Welt.

Wenn ein spiritueller Lehrer in unser Leben tritt und wir dank seinem oder ihrem Einfluss und seiner oder ihrer größeren inneren Freiheit aus der Dumpfheit menschlicher Ignoranz emporgehoben werden, um die feinere, verfeinerte Energie zu erfahren, die uns zur Verfügung steht, heißt das *nicht,* dass wir nach einer gewissen Zeit nicht wieder zurückfallen in den Zustand, in dem wir uns vorher befanden. Das erleben wir ständig. Wir suchen hier und da und erfahren bei unserer Suche vielleicht tatsächlich ein Stück größerer Schönheit, und dann kommt zum Beispiel das Jahresende, und wenn wir Rechenschaft ablegen über alle Ereignisse des vergangenen Jahres, sehen wir, dass wir noch immer eine Menge unerlöster Gefühle haben, die wir ins neue Jahr mitnehmen. Also strengen wir uns besonders an. Wenn wir klug sind, *erinnern* wir uns daran, was wir hätten tun sollen in dem Jahr, das uns nun verlässt, und wir beschließen, diese Dinge abzuschließen in dem Jahr, das gerade an unserem Horizont auftaucht. Wir können es nicht am Kommen hindern. Nichts wäre dazu imstande. Unbarmherzig kommt es in unser Alltagsbewusstsein, und sobald die Glocken das alte Jahr ausgeläutet haben und wir alle schreien, in die Hände klatschen und einander umarmen, steht das neue Jahr schon auf unserer Schwelle und wir werden in es hineingerissen, immer noch Hand in Hand, schlafen vielleicht bereits wieder ein und vergessen unsere so sorgfältig gefassten Vorsätze. Haben wir uns genau zur richtigen Zeit erinnert? Oder haben wir unsere Neujahrsvorsätze nur gemacht, um zu warten, bis wir uns schließlich daran erinnern, dass wir sie schon vergessen haben? Ist das nicht meistens die Geschichte unseres Lebens?

Das Erinnern *hat* also einen Sinn und Zweck, und es gibt natürlich viele Ebenen, die anzuschauen und zu beobachten sich als nützlich erweisen kann. Lasst uns zum Beispiel die Natur unseres täglichen Denkens betrachten. Descartes sagte: »Ich denke, also bin ich«, und in einem gewissen Sinne hatte er nicht unrecht. Worin bestünde denn unsere Lebensrealität, wenn sie nicht auf dem »Denken« gründete, das sich seinerseits aus der Substanz von Gedächtnismustern entwickelt? »Die Welt ist voll von unseren Gebeten, nun brauchen wir nur noch Liebe.« Vielleicht meinen diese »Gebete« unsere ausgesprochenen und unausgesprochenen Gedankengänge, übersetzt in Gebete für unsere Erlösung von

until we finally remember that we have already forgotten them? Is this not the story of our lives, most of the time?

So there *is* a purpose in remembering, and naturally there are many levels in this that can be looked at and observed to be useful. For example, let us look at the nature of our everyday thinking. Descartes said, "I think; therefore I am," and in a sense he was not incorrect. After all, what would our reality be in life if it was not based on "thinking", which was, in turn, moving out of the substance of memory patterns? "The world is full of your prayers; now all we need is love." Perhaps these "prayers" refer to the spoken and unspoken combination of thoughts we have, translated into prayers for our salvation from suffering and ignorance. Have not these been the majority of prayers from the beginning of time? Are the prayers any different today whether they are spoken in Arabic or German or English, or whether they are from one religious tradition or another? They are mainly the same old prayers we remember day after day, month after month, year after year. The world *is* full of them! Now we need love and, most important of all, "the remembrance of love as being both the cause and the effect." We are asked not to forget our Creator from our Christian heritage, and in the Gnostic tradition we are asked to even go one step further and to remember the *cause* of the very existence of the Creator and the Provider, the Seer and the Knower, the *one* Absolute Being.

Now, in true remembrance we begin to see that the cause is indeed the effect of its own effect, and we can therefore begin to understand the nature of time because we can come to a greater sense of conviction in what we see in the fleeting mirror of life as it passes by us. In remembrance there is a *recognition* of what actually is, rather than what just appears to us, first in light and then in darkness, sometimes in joy and sometimes in sorrow. The quality and nature of our prayers begin to change as we see purpose working behind the scenes of the play that we call "life". We begin to pray for understanding rather than an end to our own suffering, for we understand that the majority of our so-called "suffering" is caused by a lack of understanding and acceptance of the real cause behind the cause that previously we had thought was real. Perhaps we even discover that if we had remembered that love is the cause of creation instead of continuously trying to avoid suffering, we would no more be drawn down into the miserable realms of self-pity.

Leiden und Unwissenheit. Waren solche nicht die Mehrheit der Gebete seit Anbeginn der Zeit? Unterscheiden sich die heutigen Gebete davon in irgendeiner Weise, ob sie nun arabisch, deutsch oder englisch gesprochen werden, oder aus welcher religiösen Tradition sie auch kommen mögen? Es sind meistens dieselben alten Gebete, an die wir uns Tag für Tag, Monat für Monat, Jahr für Jahr erinnern. Die Welt *ist* voll von ihnen! Nun brauchen wir Liebe und vor allem anderen »das Erinnern daran, dass die Göttliche Liebe Ursache und Wirkung zugleich ist.« In unserem christlichen Erbe werden wir aufgefordert, unseren Schöpfer nicht zu vergessen, und in der gnostischen Tradition sind wir gebeten, noch einen Schritt weiterzugehen und uns zu erinnern an den *Grund* für das eigentliche Dasein des Schöpfers und des Versorgers, des Sehenden und des Wissenden, des *einen* Absoluten Seins.

Nun, beim wahren Erinnern beginnen wir zu erkennen, dass die Ursache tatsächlich die Auswirkung ihrer eigenen Wirkung ist, und wir können deshalb die Natur der Zeit zu verstehen beginnen; denn wir können zu einem tieferen Gefühl der Gewissheit gelangen angesichts dessen, was wir im flüchtigen Spiegel des Lebens sehen, während es an uns vorbeizieht. Beim Erinnern kommt es zu einem *Erkennen* dessen, was wirklich ist, statt dessen, was uns bloß erscheint, zuerst im Licht, dann in der Dunkelheit, manchmal in Freude und manchmal in Sorge. Qualität und Wesen unserer Gebete beginnen sich zu ändern, da wir den Zweck erkennen, der hinter der Bühne des Spiels wirkt, das wir »Leben« nennen. Wir beginnen, um Verstehen zu beten statt um das Ende unseres eigenen Leidens, weil wir erkennen, dass der Großteil dessen, was wir »Leiden« nennen, verursacht wird von einem Mangel an Verstehen und Annehmen des wirklichen Grundes hinter dem Grund, den wir vorher für den wahren hielten. Vielleicht entdecken wir sogar, dass – wenn wir uns daran erinnert hätten, dass Liebe die Ursache der Schöpfung ist, statt beständig zu versuchen, Leiden zu vermeiden – wir nicht mehr hinuntergezogen würden in die jämmerlichen Bereiche des Selbstmitleids. Dann könnten wir die Worte von Jesus verstehen: «Sie sagen, ich hätte gelitten, aber ich habe nicht gelitten.«

Then we could understand the words of Jesus when he said, "They say I suffered, but I suffered not."

See and Remember
Al-Basir – The All-Seeing One

In the first part of this paper on the subject of remembrance, I tried to explain to you that in true remembrance there is the beginning of the end of what is termed "suffering" through the recognition of the One Cause of all life, and the necessity of the apparent clash of opposites in our relative world. "There is no creation in the relative world, there is only the becoming of being." There is no "creation" as such, and yet it is through the relative state in which we normally live that we can see the manifestation of the First Cause in the created world. We need the opposites in order to be able to appreciate the unity. It is no good just pretending that we can understand unity, testify to unity, and even declaring that we *know* of the unity, without accepting this world of ours. Again this is something that we are always being told – that the soul needs the body, and that God made man in His Image. There is no escaping the truth!

At this point I want to explain something about the food of impressions, how we can observe what is good food and what is not useful for our well-being, and how we can learn to digest this food by 'seeing and remembering'.

The first lesson is obviously to remember that without impressions in this world we would die. We can live without food for quite a long time, we can even live without water; but we cannot live without impressions. Very soon, if our sensing ability was taken from us, we would revert to a state that was really neither animal nor human. We would not have the instinctive capacity of the animals, and therefore we would not be able to go out and forage for our food or protect our homes. We would have no urge or reason to reproduce ourselves in one form or another. We would have no urge to reach towards the light, and indeed the Source of all light, since the light within us would have been extinguished. We would have virtually no consciousness at all.

Now, most of us take in just enough impressions to *exist*. That is all. There may also be an imbalance in the blend of food-energies

Sieh und erinnere dich
Al-Basir – der All-Sehende

Im ersten Teil dieses Textes über das Erinnern habe ich zu erklären versucht, dass im wahren Erinnern der Anfang vom Ende dessen steckt, was »Leiden« genannt wird. Das geschieht durch die Erkenntnis der Einen Ursache allen Lebens und der Notwendigkeit des scheinbaren Widerstreits der Gegensätze in unserer relativen Welt. »Es gibt keine Schöpfung in der relativen Welt, es gibt nur das Werden des Seins.« Es gibt keine »Schöpfung« als solche, und doch können wir gerade durch den beschränkten Zustand, in dem wir normalerweise leben, die Manifestation der Ersten Ursache in der erschaffenen Welt sehen. Wir brauchen die Gegensätze, um in der Lage zu sein, die Einheit zu schätzen. Es reicht nicht, bloß so zu tun, als könnten wir die Einheit verstehen, die Einheit bezeugen, und sogar zu behaupten, wir *wüssten* um die Einheit, ohne diese unsere Welt zu akzeptieren. Auch dies wird uns immer wieder gesagt – dass die Seele den Körper braucht und dass Gott den Menschen nach Seinem Bilde geschaffen hat. Man kann der Wahrheit nicht entfliehen!

An dieser Stelle möchte ich etwas über die Ernährung durch Eindrücke erklären: wie wir beobachten können, was gute Nahrung ist und was unserem Wohlergehen nicht nützt, und wie wir lernen können, diese Nahrung durch ›Sehen und Erinnern‹ zu verdauen.

Die erste Lektion besteht sicherlich darin, uns zu erinnern, dass wir in dieser Welt ohne Eindrücke sterben würden. Wir können recht lange ohne Nahrung leben, wir können sogar ohne Wasser leben; aber wir können nicht ohne Eindrücke leben. Wenn uns unser Empfindungsvermögen genommen würde, fielen wir sehr schnell in einen Zustand zurück, der weder menschlich noch tierisch wäre. Wir würden nicht über die instinktiven Fähigkeiten der Tiere verfügen und wären deshalb unfähig, auf die Jagd zu gehen und Nahrung zu beschaffen oder unser Heim zu schützen. Wir würden keinen Drang oder Beweggrund haben, uns in dieser oder jener Form fortzupflanzen. Wir würden keinen Drang verspüren, nach dem Licht zu streben oder gar nach der Quelle allen Lichts, da das Licht in uns erloschen wäre. Wir hätten faktisch überhaupt kein Bewusstsein.

we eat. The water we drink may be polluted. Even the impressions themselves may not be sufficiently or correctly 'filtered' to be entirely useful for us. We are therefore only partly conscious and have probably nowhere near reached the potential we have of being truly "God conscious", that is, conscious of God in His Creation and creation in God *at the same time.* If we remember this, then we are very liable to take a positive step in the right direction in order to benefit ourselves and, ultimately, the whole community. And that is when we are often offered the opportunity to join an esoteric school, the first lessons of which are very much involved with the process of remembering. Personally, I do not like the expression of "self-remembering" that is often used since it implies that we already know who we are, and therefore have something real to remember. I would rather encourage people to be humble and honest enough to accept the fact that there is a long way to go before the meaning of true remembrance is realised.

Now let us look at what true remembrance could be and what is its purpose. We have said that there is no creation in the relative world, and yet all of us, on a soul level, wish to return to our one true source. Therefore, perhaps we can see that our life's journey here is given to us for the very purpose of remembering our source, and therefore the One Source of all. It is a strange paradox. Here we are, living in this beautiful world, knowing it to be a world of suffering in so many ways, yearning to escape from this suffering and find the eternal truth and yet knowing, deep within ourselves, that it is *through* this suffering that we can return as we tread the road of truth.

True remembrance means hearing, seeing and even knowing what is in anyone moment of time, and yet not identifying with it in any way whatsoever. Every time we judge, we become identified, and then we can neither hear nor see the purpose of what we are given as signposts on this path of return. We need to build-in what is called "the observer", which can hear and see, and digest the impressions without identifying. It is the observer that can sift out what is useful and what is not useful at anyone moment. It can see and notice and be grateful. The observer does not judge, because in judgement it ceases to exist. And it wants to exist. Sub-consciously, at least, it knows its true purpose and that it is necessary in the overall picture of life. It is the observer which shows us the twists and turns in the road. It is the developed observer that has that

Nun, die meisten von uns nehmen gerade genug Eindrücke auf, um zu *existieren*. Und damit hat es sich. Vielleicht besteht auch ein Ungleichgewicht in der Mischung der Nahrungsenergien, die wir aufnehmen. Das Wasser, das wir trinken, mag verunreinigt sein, und sogar die Eindrücke mögen oft nicht genügend oder richtig ›gefiltert‹ sein, um für uns vollkommen nützlich zu sein. Wir sind deshalb nur zum Teil bewusst und haben wohl auch nicht annähernd unser Potenzial erreicht, uns Gottes bewusst zu sein, das heißt Gott in Seiner Schöpfung und *gleichzeitig* die Schöpfung in Gott. Wenn wir uns daran erinnern, werden wir höchstwahrscheinlich einen positiven Schritt in die richtige Richtung tun, damit wir selbst Nutzen daraus ziehen und es schließlich der ganzen Gemeinschaft zugute kommt. Und hier wird uns dann oft die Möglichkeit geboten, uns einer esoterischen Schule anzuschließen, deren erste Lektionen sehr viel mit dem Prozess des Erinnerns zu tun haben. Ich persönlich mag den oft gebrauchten Ausdruck »Selbsterinnerung« nicht, da er impliziert, dass wir bereits wüssten, wer wir sind, und daher etwas Wirkliches hätten, woran wir uns erinnern können. Ich würde die Leute eher dazu ermutigen, bescheiden und aufrichtig genug zu sein, die Tatsache zu akzeptieren, dass es ein langer Weg ist, bis der Sinn des wahren Erinnerns erkannt ist.

Wir wollen uns jetzt anschauen, was wahres Erinnern sein könnte und welchen Zweck es hat. Wir haben gesagt, dass es in der relativen Welt keine Schöpfung gibt, und doch wollen wir alle auf der Seelenebene zu dem einen wahren Ursprung zurückkehren. Deshalb können wir vielleicht sehen, dass unsere Lebensreise uns allein aus dem Grund gegeben wurde, dass wir uns unseres Ursprungs erinnern und damit des einen Ursprungs von Allem. Es ist ein seltsames Paradox. Hier sind wir; wir leben in dieser schönen Welt, wir wissen, dass es in so vieler Hinsicht eine Welt des Leidens ist, wir sehnen uns danach, diesem Leiden zu entfliehen und die ewige Wahrheit zu finden, und doch wissen wir, tief in unserem Innern, dass wir eben *durch* dieses Leiden zurückkehren können, wenn wir den Weg der Wahrheit beschreiten.

Wahres Erinnern bedeutet zu hören, zu sehen und sogar zu wissen, was in jedem Moment der Zeit enthalten ist, und sich doch nicht auf irgendeine damit Art zu identifizieren. Jedes Mal, wenn wir urteilen, identifizieren wir uns, und dann können wir den Zweck dessen, was uns als Wegweiser auf diesem Weg der Rück-

most valuable quality of discrimination. Everyone has the observer, but it is mainly hidden in one of the sources of negative emotion and self-pity. It waits to be found and released to serve its purpose behind the walls of resentment, envy and pride. We are asked, first of all, to remember that it *is* there waiting to be discovered, and then to develop it.

If the first step towards the development of this quality of the observer within us is non-identification, then the second step is the development of the six senses that we are given in this world, i.e. the senses of taste, touch, smell, hearing, seeing and the sixth sense, which we call "the intellect". Again, these senses will normally support us well enough in our growing stages towards everyday life, but without them being developed, told what to do and trained in their task, they will not and indeed cannot help us on our journey home. This is where *dhikr* is so important to us and why it is said, "Travel with the seekers, and sit in the circle of *dhikr*." *Dhikr* literally means "remembrance", and how beautiful it is to be with, and travel with, those who know the purpose of remembrance.

La means "no". This word, and the meaning behind and within this word, are directed to the lower part of our nature, which, until we wake up, controls the majority of our life's journey. We say categorically "No!" to feeding the senses with the food of comparison and "Yes!" to giving them the food of unity. No more will we offer them alternatives, like serving a child an expensive menu when all it wants is scrambled eggs. We will discover what the senses need in order to be developed enough to serve us, and not the other way around. We will discover this because there is something in us which actually *knows* what is needed. We remember this, and this is the food with which we train the senses.

For a time, those untrained senses will react. They do not like being starved of this food of comparison. They actually *like* the results of judgement, for then we have become "veiled". We are asleep and so cannot remember what the food is they need – only what they want. It is by continuously living in *dhikr*, the Remembrance of God, the Unity of God, the *one* Absolute Being, that those senses become trained.

Then, after a suitable length of time (and this amount of time varies with each individual), a totally new way of life is opened up to us. The senses no more react. We do not 'tighten' on situations any longer, because we are beginning to remember the Cause be-

kehr gegeben wurde, weder hören noch sehen. Wir müssen den so genannten »Beobachter« einbauen, der hören und sehen kann, und die Eindrücke verdauen, ohne uns zu identifizieren. Der Beobachter kann aussortieren, was in jedem gegebenen Moment nützlich ist und was nicht. Er kann sehen und bemerken und dankbar sein. Der Beobachter urteilt nicht, da er im Urteilen zu existieren aufhört. Und er will existieren. Zumindest unbewusst kennt er seinen wahren Zweck und weiß, dass er im Gesamtbild des Lebens notwendig ist. Der Beobachter zeigt uns die Biegungen und Kurven der Straße. Der entwickelte Beobachter verfügt über die äußerst wertvolle Qualität der Unterscheidung. Jeder hat einen Beobachter, aber dieser verbirgt sich meistens an einem der Entstehungsorte von negativen Gefühlen und Selbstmitleid. Er wartet darauf, gefunden und erlöst zu werden, damit er seinen Dienst hinter den Mauern von Groll, Neid und Stolz erfüllen kann. Wir sind zunächst aufgefordert, uns daran zu erinnern, dass er dort *ist* und darauf wartet, entdeckt zu werden, und ihn dann zu entwickeln.

Wenn der erste Schritt zur Entwicklung dieser Qualität des Beobachters in uns Nicht-Identifikation ist, dann ist der zweite Schritt die Entwicklung der sechs Sinne, die uns in dieser Welt gegeben wurden, das heißt Geschmack, Berührung, Geruch, Hören, Sehen und der sechste Sinn, den wir »Intellekt« nennen. Nochmals, diese Sinne werden uns in unseren Wachstumsstadien gegenüber dem Alltagsleben normalerweise genug unterstützen, aber ohne dass sie entwickelt werden, ohne dass ihnen gesagt wird, was sie zu tun haben, und ohne dass sie für ihre Aufgabe trainiert werden, können und werden sie uns tatsächlich keine Hilfe sein auf unserer Reise nach Hause. Hier wird *Dhikr* so wichtig für uns, und deshalb wird gesagt: »Reise mit den Suchenden und sitze im Kreis des *Dhikr*.« *Dhikr* bedeutet wörtlich »erinnern«, und wie schön ist es, mit jenen, die den Zweck des Erinnerns kennen, zusammenzusein und mit ihnen zu reisen.

La bedeutet »nein«. Dieses Wort, und die Bedeutung hinter und in diesem Wort, sind an den niederen Teil unserer Natur gerichtet, der den Großteil unserer Lebensreise lenkt, bis wir aufwachen. Wir sagen kategorisch »Nein!« dazu, die Sinne mit der Nahrung des Vergleichs zu nähren, und »Ja!« dazu, ihnen die Nahrung der Einheit zu geben. Wir wollen ihnen nicht weiterhin Alternativen anbieten, wie wenn man einem kleinen Kind ein teures Menü vorsetzt, wo es doch nichts anderes als Rührei will. Wir werden ent-

hind the cause that we see in this relative world. Instead of being stretched out on the rack of time, we have embraced time as we have embraced life. We hold life in our arms instead of being swept hither and thither from one state to another, from joy to sorrow, from one degree of suffering to yet another degree of suffering. With the observer watching and waiting, we begin to have the correct food of impressions for our journey. We can even store this food in the electromagnetic field of memory, to be brought forth when the need arises. When we observe and remember at the same time, we are awake to the present moment.

Be Awake and Remember
Al-Latif – The Subtle One

At this stage it is obviously necessary to look further at the development and training of the senses, and this requires a very special sort of work. This can be given to us, but I am always saying that ultimately, when it comes down to the *real* work, it is we ourselves who have to do it. "You can take a horse to water, but you cannot make it drink."

An esoteric school arises when and where the need exists for the reciprocal maintenance of the planet. There is no point whatsoever in setting up a school of this sort in a place or country where there is no interest in the subjects that are taught in the school, or where the climate, either physically, emotionally or even politically, cannot support it. I have continuously stressed the fact that real love has no boundaries, nationalistic or otherwise, and in the same way the breath of compassion has no limits whatsoever, either in time or space. Thus, a real esoteric school, functioning correctly, can exist anywhere on the planet and its effect will be felt either at the time of the workings of the school or at a later date, somewhere in the world. The only thing that matters is that an esoteric school *does* exist, in the correct place, so that true seekers after truth are able to have the opportunity to find it.

It is obvious that any school needs both pupils and teachers, and yet there is one subtle difference in a school such as this; the interdependence is understood with its real meaning, rather than its emotional overtones. This can be illustrated in a typical Sufi story. God never wanted us to starve, and so He created wheat to make

decken, was die Sinne brauchen, damit sie genug entwickelt werden, um uns zu dienen, und nicht umgekehrt. Wir werden dies entdecken, weil es in uns schon etwas gibt, das wirklich *weiß,* was notwendig ist. Wir erinnern uns daran, und das ist die Nahrung, mit der wir die Sinne trainieren.

Eine Zeitlang werden diese untrainierten Sinne reagieren. Sie mögen es nicht, wenn ihnen diese Nahrung des Vergleichs entzogen wird. Im Grunde genommen *lieben* sie die Ergebnisse des Urteilens, weil wir damit »verschleiert« werden. Wir schlafen und können uns deshalb nicht daran erinnern, welche Nahrung sie brauchen – nur daran, was sie wollen. Die Sinne werden dadurch trainiert, dass wir ständig im *Dhikr* leben, in der Erinnerung Gottes, in der Einheit Gottes, des *einen* Absoluten Seins.

Dann, nach einer angemessenen Zeit (und die Länge dieser Zeit ist für jeden Menschen unterschiedlich), wird uns eine völlig neue Lebensweise eröffnet. Die Sinne reagieren nicht mehr. Wir ›verschließen‹ uns Situationen nicht länger, denn wir beginnen, uns zu erinnern an die Ursache hinter der Ursache, die wir in der relativen Welt sehen. Statt auf das Streckbett der Zeit gespannt zu sein, haben wir die Zeit umarmt, weil wir das Leben umarmt haben. Wir halten das Leben in unseren Armen, anstatt hierhin und dorthin geworfen zu werden, von einem Zustand in den anderen, von Freude in Sorge, von einem Grad des Leidens in den nächsten. Während der Beobachter beobachtet und wartet, beginnen wir, die richtige Nahrung von Eindrücken für unsere Reise aufzunehmen. Wir können diese Nahrung sogar im elektromagnetischen Feld des Gedächtnisses lagern, damit sie hervorgeholt werden kann, sollte das notwendig werden. Wenn wir beobachten und uns gleichzeitig erinnern, sind wir wach für den gegenwärtigen Moment.

Sei wach und erinnere dich
Al-Latif – der Feine

In diesem Stadium ist es offensichtlich nötig, einen weiteren Blick auf die Entwicklung und Schulung der Sinne zu werfen, und dies erfordert eine sehr besondere Art der Arbeit. Diese kann uns gegeben werden, aber ich sage immer wieder, dass wir die *wirkliche* Arbeit letzten Endes selber tun müssen. »Man kann ein Pferd zum Wasser bringen, aber man kann es nicht zum Trinken zwingen.«

bread and a baker to bake it. But if we were not hungry, there would be no need for the baker... "The soul is a knowing substance" (Ibn Arabi) and it wants to know that it knows; and therefore it is happy to be with other seeking souls in the Remembrance of God.

In any school, in order to attend it for the required number of years to achieve a suitable degree or diploma, many sacrifices have to be made. The parents of the child have to work hard for many years to provide the money to send the boy or girl to school. The child, probably much preferring to stay at home and play, has to be made to sacrifice a portion of his time so that that time can be used wisely in order to learn. There is very little difference in the workings of an esoteric school, except for the fact that there is no degree or diploma at the end, and the amount of time it takes is our own lifetime. The sacrifice we make is all the concepts we have had as to the nature of our true identity, up to the date that we enter the school. Yes – it is a big sacrifice, and being offered no reward means that only certain types of people will find such a school. Our daily payment is gratefulness and remembrance. Our food is what is sometimes called "the light of pure intelligence".

If any animal is to be trained, it needs the knowledge of the person who is to train it, the aim and purpose firmly established, and the correct discipline. Too much discipline, and you can break the spirit of the animal so that it no more has a sense of wanting to work; too little discipline and the animal will play games with, and around the trainer. Each animal is different, and therefore different techniques may be necessary. For example, if you wish to train a falcon for the hunt, then you do not give it food the day before, so that it is hungry on the day it is working. If you send certain animals after bigger ones, then on occasions it is necessary to muzzle them, i.e. to bind up their jaws, so that they will not bite what they have been asked to chase. The food for the animal must be the correct sort, and gentleness must be balanced with firmness. At the end of a day's work it is always a good thing to say "thank you" for the work it has done for you.

We can use this description of training either animals or hunting birds in order to see that our senses are, in so many ways, like the animals and the hawks. They have their own world, their own functions, and so when they are trained to a higher degree than what is normally understood by them in the early stages, they are

Eine esoterische Schule entsteht, wann und wo es für die gegenseitige Erhaltung des Planeten notwendig ist. Es hat keinen Sinn, eine Schule dieser Art an einem Ort oder in einem Land aufzubauen, wo kein Interesse an den Dingen besteht, die in der Schule gelehrt werden, oder wo ihr das Klima, sei es physisch, emotional oder gar politisch, nicht förderlich ist. Ich habe ständig betont, dass wahre Liebe keine Grenzen kennt, weder nationale noch andere; ebenso wenig kennt der Atem des Erbarmens Einschränkungen durch Raum und Zeit. Daher kann eine esoterische Schule, die richtig funktioniert, irgendwo auf dem Planeten existieren, und die Auswirkungen werden sich an irgendeinem anderen Ort in der Welt bemerkbar machen, während des Bestehens der Schule oder zu einem späteren Zeitpunkt. Das Einzige, was zählt, ist, *dass* eine esoterische Schule am richtigen Ort existiert, so dass die nach der Wahrheit Suchenden sie finden können.

Es liegt auf der Hand, dass jede Schule sowohl Schüler als auch Lehrer braucht, und doch gibt es bei einer solchen Schule einen feinen Unterschied: Die gegenseitige Abhängigkeit wird in ihrer wahren Bedeutung verstanden statt in ihren emotionalen Obertönen. Dies lässt sich an Hand einer typischen Sufi-Geschichte zeigen. Gott wollte nicht, dass wir hungern, und so erschuf Er den Weizen, damit Brot daraus gemacht werde, und einen Bäcker, um es zu backen. Aber wenn wir nicht hungrig wären, bräuchte es den Bäcker nicht... »Die Seele ist eine wissende Substanz (Ibn Arabi), und sie will wissen, dass sie weiß; deshalb ist sie gern mit anderen suchenden Seelen zusammen in der Erinnerung Gottes.

In jeder Schule müssen viele Opfer gebracht werden, damit sie all die Jahre besucht werden kann, bis ein Abschluss oder ein Diplom erreicht wird. Die Eltern des Kindes müssen viele Jahre lang hart arbeiten, um das Schulgeld für den Sohn oder die Tochter aufzubringen. Das Kind, das wahrscheinlich lieber zu Hause bleiben und spielen würde, muss dazu gebracht werden, einen Teil seiner Zeit zu opfern, so dass diese Zeit zum Lernen benutzt werden kann. Die Arbeitsweise einer esoterischen Schule unterscheidet sich darin nur sehr wenig, bis auf die Tatsache, dass es am Ende weder einen Titel noch ein Diplom gibt und dass die Zeit, die sie in Anspruch nimmt, unsere eigene Lebenszeit ist. Unser Opfer besteht in all den Vorstellungen, die wir bis zum Zeitpunkt unseres Eintritts in die Schule über die Natur unserer wahren Identität hatten. Ja – es ist ein großes Opfer, und dass

keine Belohnung angeboten wird, bedeutet, dass nur ein bestimmter Typ Mensch zu einer solchen Schule finden wird. Unsere tägliche Bezahlung besteht in Dankbarkeit und Erinnerung. Unsere Nahrung ist das, was manchmal »das Licht der reinen Intelligenz« genannt wird.

Um ein Tier zu dressieren, braucht es das Wissen der Person, die die Dressur durchführen wird, eine klare Festlegung von Ziel und Zweck und die angemessene Disziplin. Mit zu viel Disziplin kann man die Lust des Tieres brechen, so dass es keinen Antrieb zum Arbeiten mehr hat; bei zu wenig Disziplin wird das Tier mit dem Trainer spielen und um ihn herumtollen. Jedes Tier ist anders, und deshalb können unterschiedliche Techniken erforderlich sein. Wenn man zum Beispiel einen Falken für die Jagd abrichten will, so gibt man ihm am Tag zuvor keine Nahrung, damit er am Arbeitstag hungrig ist. Wenn man bestimmte Tiere auf größere ansetzt, muss man manchen einen Maulkorb anlegen, das heißt ihre Kiefer zusammenbinden, damit sie nicht beißen, was sie jagen sollen. Die Nahrung für das Tier muss von der richtigen Art sein, und zwischen Freundlichkeit und Bestimmtheit sollte ein Gleichgewicht herrschen. Am Ende des Tages ist es immer gut, ihm für die Arbeit zu danken, die es für dich geleistet hat.

Wir können diese Beschreibung des Dressierens von Tieren oder Jagdvögeln dazu benutzen, zu erkennen, dass unsere Sinne in mancher Hinsicht wie die Tiere und Falken sind. Sie haben ihre eigene Welt, ihre eigenen Funktionen, und wenn sie nun auf eine höhere Stufe gebracht werden sollen, die ihr normales Verständnis übersteigt, können wir uns darauf verlassen, dass sie reagieren werden. Das ist ein neues Spiel für sie. Sie sind nicht sicher, ob sie es mögen, und ganz sicher wissen sie nicht, ob sie das Training fortsetzen wollen, wenn es einmal begonnen hat! Hier ist das notwendige Wissen so wichtig.

Natürlich ist die Nahrung für die Sinne höchst subtil. Es ist nicht gut, ihnen sehr schweres oder grobes Futter zu geben. Die Sinne müssen wissen, dass sie verfeinert werden können, und so müssen wir eine bestimmte Art verfeinerter und subtiler Energie als Nahrung in Betracht ziehen; deshalb sagen wir, dass wir die Sinne mit Licht ernähren. Schließlich haben sie so lange in der Finsternis gelebt. Sie haben ihren wahren Zweck noch nicht entdeckt, der schließlich darin gesehen wird, dem Menschen auf seinem Weg zur Vollendung zu dienen.

liable to react. This is a new game for them. They are not certain that they like it, and most certainly they do not know whether they want to continue with the training once it has been started! This is where the necessary knowledge is so important.

Obviously the food that we give the senses is extremely subtle. It is no good feeding them with very heavy and gross types of nourishment. The senses need to know that they can be refined, and so it is the food of a certain type of refined and subtle energy that we need to look at, and that is why we say that we feed the senses with light. After all, they have lived in darkness for so long. They have not yet discovered their true purpose, which is finally seen to be to serve the human being moving on his, or her, way to completion.

Symbolically, and even literally, the practice of fasting is connected with the training of the senses. We need to have them at our control, and not the other way around. They need to be ready and awake to serve whenever the need arises, and in a way that is not merely instinctive. They need to know that through conscious breathing they can be sent out on certain missions across large distances and without the limitations of time as we normally experience them. The senses need to be able to appear, and even manifest themselves, instantaneously, anywhere in the world and yet still be attached and under the supervision of the person in control.

The steps that are needed to be taken in the training process are simple, although a great deal of practice and training is obviously necessary. Firstly, we need to recognise the senses individually as they are, their purpose and the necessity of their work, consciously and gratefully. The senses respond to good manners; thus a subtle form of communication needs to be established with each of the senses in turn and also working together, and including the intellect. The intellect has to be trained by what we call "independent study", the subject of which will be mentioned in more detail during the next section of this paper.

With the first steps being concerned with recognition (and therefore finally mutual agreement), we come to the next step, which is "regularity of practice". The senses need to be continuously reminded of their purpose. They are not allowed to go to sleep (except to rest consciously), and so *regularity in practice, in every way, is vitally important,* whether the practices are concerned with prayer, breathing, conscious exercise and so on. The list is

Die Übung des Fastens ist symbolisch und sogar buchstäblich mit der Erziehung der Sinne verbunden. Wir müssen die Sinne unter unserer Kontrolle haben, und nicht umgekehrt. Sie müssen bereit und wach sein, um zu dienen, wann immer es nötig ist, und dies in einer Art, die nicht bloß instinktiv ist. Sie müssen wissen, dass sie durch das bewusste Atmen auf bestimmte Missionen gesandt werden können, über weite Entfernungen und ohne die Beschränkungen der Zeit, die wir normalerweise erleben. Die Sinne müssen in der Lage sein, überall in der Welt unverzüglich in Erscheinung zu treten und sogar Gestalt anzunehmen, und müssen doch immer noch mit der kontrollierenden Person verbunden sein und unter ihrer Aufsicht bleiben.

Die Schritte, die während des Ausbildungsprozesses gemacht werden müssen, sind einfach, obwohl natürlich sehr viel Übung und Training dazugehören. Zuerst einmal müssen wir die einzelnen Sinne bewusst und dankbar anerkennen, so wie sie sind, ihren Zweck und die Notwendigkeit ihrer Arbeit. Die Sinne reagieren auf gute Manieren; deshalb ist es nötig, mit jedem Sinn einzeln ebenso wie in ihrem Zusammenspiel eine subtile Kommunikationsform aufzubauen; dazu gehört auch der Intellekt. Der Intellekt muss mit Hilfe des sogenannten »selbstständigen Studiums« ausgebildet werden. Mit diesem Thema wird sich der nächste Teil dieses Textes eingehender beschäftigen.

Während also die ersten Schritte mit Anerkennung (und deshalb letztlich mit gegenseitigem Einverständnis) zu tun haben, kommen wir zum nächsten Schritt, der in der Regelmäßigkeit des Übens besteht. Die Sinne müssen ständig an ihren Zweck erinnert werden. Es ist ihnen nicht erlaubt, einzuschlafen (ausgenommen bewusstes Ruhen), und so *ist regelmäßiges Üben in jeder Hinsicht lebensnotwendig,* ob es bei den Übungen nun um Gebete, Atmen, bewusste Körperübungen und so weiter geht. Die Liste ist sehr lang! Doch bald werden wir sehen, dass die Sinne antworten; nach dem Enthusiasmus der ersten Zeit, nach ständiger Arbeit und Erinnerung an ihren Zweck beginnen sie sogar, die Schulung und die Arbeit auf vielen Ebenen zu genießen. Die Anerkennung hat also eine Änderung der Haltung zur Folge; die Nicht-Identifikation wird leichter und interessanter zugleich, und wir fangen an, das Leben ganz anders zu sehen. Stück für Stück bringen wir alle unterschiedlichen Aspekte unseres Wesens dazu, zum Wohle des Ganzen zusammenzuarbeiten.

very long! However, it will soon be found that the senses do respond, and after the initial enthusiasm that is felt, and after continuous work and being reminded of their purpose, they will even begin to enjoy the training and the work on many levels. Thus the recognition brings about a change in attitude; non-identification becomes both easier and more interesting, and we begin to start to see life in a very different way, i.e. we have shed light into the darkness, and so, little by little, we are bringing all the different aspects of our being to work together for the good of the whole.

Make the task of training the senses a welcome challenge at this stage of your work. Get to know the senses, and make them your friends. They will serve you more and more and bring extra joy into your lives on the road. Invent special tasks for them to do. Perhaps you will choose to work with a different sense each day. But then do not forget the other ones. They need to be noticed too. For example, give yourself the task of really being conscious every time you touch something on one day, and then do the same with tasting on another day, and so on. Remember the breath! In this way you will both be able to train the senses and practise the art of non-identification at the same time.

Know and Remember
Al-Alim – The All-Knowing

I hope that by the time you come to read this section you will at least have found suitable challenges that came out of the first three parts. In one way, nothing I have said is particularly 'new' to you. Those who have attended my lectures and seminars, read my books, particularly *Steps to Freedom,* will have heard me express these ideas in many different ways. On the other hand, if it was not necessary, then we would not be reminded over and over again of the absolute necessity to work on oneself for the good of the whole since everything returns finally to its One True Source. As I said recently, "Even the devil goes back eventually, but probably goes back last!"

In a living school we have the opportunity to both be given the knowledge necessary for the journey 'home' and have the people to travel with who will help us and with whom we are chosen to travel. We may not actually *like* all our fellow travellers, but surely we

Begrüßt die Aufgabe, die Sinne zu erziehen, in diesem Stadium der Arbeit als eine willkommene Herausforderung. Lernt die Sinne kennen, und macht sie zu euren Freunden. Sie werden euch mehr und mehr dienen und zusätzliche Freude in euer Leben auf dem Weg bringen. Erfindet besondere Aufgaben, die sie ausführen sollen. Vielleicht entscheidet ihr euch, jeden Tag mit einem anderen Sinn zu arbeiten. Aber vergesst dabei die anderen Sinne nicht. Auch sie müssen bemerkt werden. Stellt euch zum Beispiel die Aufgabe, an einem Tag jedes Mal wirklich wachsam zu sein, wenn ihr etwas berührt, und dann macht das Gleiche mit dem Riechen an einem anderen Tag und so weiter. Erinnert euch an den Atem! Auf diese Art und Weise werdet ihr fähig sein, gleichzeitig die Sinne zu erziehen und die Kunst der Nicht-Identifikation zu üben.

Wisse und erinnere dich
Al-Alim – der All-Wissende

Ich hoffe, dass ihr bis zum Lesen dieses Kapitels, wenigstens einige angemessene Anregungen gefunden habt, die sich aus den ersten drei Teilen ergeben haben. In gewisser Hinsicht ist nichts von dem, was ich gesagt habe, besonders neu für euch. Wer an meinen Seminaren und Vorträgen teilgenommen und meine Bücher, besonders *Schritte in die Freiheit,* gelesen hat, wird diese Ideen schon in den verschiedensten Versionen von mir gehört haben. Wenn es nicht nötig wäre, würden wir nicht ständig und immer wieder an die absolute Notwendigkeit erinnert werden, zum Wohle des Ganzen an sich selbst zu arbeiten, da alles schließlich zu seinem Einen Wahren Ursprung zurückkehrt. Wie ich kürzlich gesagt habe: »Sogar der Teufel kehrt schließlich zurück, aber er kommt wahrscheinlich als Letzter!«

In einer lebenden Schule bietet sich uns die Gelegenheit, das für die ›Heimkehr‹ erforderliche Wissen zu empfangen und die Reisegefährten zu finden, die uns helfen werden und mit denen zu reisen uns bestimmt ist. Vielleicht *mögen* wir nicht alle unsere Mitreisenden, aber ganz sicher *lieben* wir sie, und die Kombination verschiedener Menschen und Situationen wird uns nicht zufällig gegeben. Ganz im Gegenteil! Dank der Umstände, die uns geboten wurden, haben wir eine wunderbare Gelegenheit, durch die Verblendung hindurch in die wirkliche Welt zu sehen. Wir sind

do *love* them, and the combination of different people and situations is not given to us by chance. Far from it! We have a wonderful opportunity to see through the illusion into the real world with the circumstances that we have been given. We are asked not to forget, to remain ever grateful and to work together, knowing that a real brotherhood is one of the most valuable gifts that can be given to us in this world. In the Sufi tradition we say that this world is the "Shadow of God", and Saint John of the Cross said that he escaped into light under the "cover of darkness". Often people pray, "Lead us from darkness into light, from fear into courage, from ignorance into true knowledge."

In order to train the senses to the level that they need to be trained, we have to be entirely honest with ourselves and with each other. This is not as easy as it sounds. We know this because, as I have said previously, there is something in us which does *know*. Why? Because "the All-Knowing" is one of His Names, and all His Names lie in the heart of His faithful Servant. And He likes to hear us call Him by His Names! After all, doesn't each of us like hearing our own name called out in a crowd?

If we are honest, it is not difficult to realise that we are all lazy in one way or another. It is extremely useful, at this stage, to look deeply and honestly within ourselves and discover our own degrees of laziness, and recognise them for what they are. Some of us are physically lazy, and obviously that is not good for the body. The body *needs* to take regular exercise each and every day. On the road of truth it is also necessary that the exercise be *conscious* – that is, taken as consciously as possible in the remembrance that it is necessary. It is of little use just exercising the body whilst remaining asleep. Thus it is a good decision for everyone to make to take some conscious exercise *every day*. Remember this! Go out and stretch the muscles and breathe the air. If you only have the energy to walk up and down the street, then do so with every conscious effort that you can make. Absolutely refuse to be ruled by any physical laziness.

Obviously, physical laziness is just one of a long list of different types of laziness. Make out your own list and pin it on the wall where you can see it every day. You can be lazy in prayer, and yet God likes to hear your voice. You can be lazy in remembering to breathe consciously, and yet breath is life. You can be lazy with any of the senses, and yet we are told that it is *vital* that the senses are

aufgefordert, nicht zu vergessen, immer dankbar zu bleiben und zusammenzuarbeiten im Wissen, dass eine wahre Bruderschaft eine der wertvollsten Gaben ist, die uns in dieser Welt geschenkt werden können. In der Sufi-Tradition heißt es, dass diese Welt der »Schatten Gottes« sei, und der heilige Johannes vom Kreuz sagte, dass er im »Schutz der Finsternis« ins Licht flüchte. Oft beten die Menschen: »Führe uns aus der Finsternis ins Licht, aus der Angst zum Mut, von der Unwissenheit zum wahren Wissen.«

Um die Sinne auf der richtigen Ebene schulen zu können, müssen wir uns selbst gegenüber und untereinander ganz aufrichtig sein. Das ist nicht so einfach, wie es sich anhört. Wir wissen das, weil es, wie ich schon früher gesagt habe, etwas in uns gibt, das *weiß*. Warum? Weil »der Allwissende« einer Seiner Namen ist und alle Seine Namen im Herzen Seines treuen Dieners liegen. Und Er hört es gern, wenn wir Seine Namen nennen! Mag es denn nicht jeder von uns, wenn sein Name in einer Menge laut gerufen wird?

Wenn wir ehrlich sind, ist es nicht schwierig festzustellen, dass wir alle auf die eine oder andere Art faul sind. In diesem Stadium ist es überaus nützlich, ehrlich tief in uns selbst hineinzuschauen und unsere eigenen Formen von Trägheit zu entdecken und sie so zu sehen, wie sie sind. Einige von uns sind körperlich träge, und dies ist für den Körper natürlich nicht gut. Der Körper *braucht* jeden Tag regelmäßig Bewegung. Auf dem Weg der Wahrheit soll die Übung auch *bewusst* sein – das heißt, so bewusst wie möglich durchgeführt werden, in der Erinnerung daran, dass sie notwendig ist. Es nützt wenig, den Körper zu üben, und dabei weiterzuschlafen! Daher wäre es für jedermann eine gute Entscheidung, *jeden Tag* einige bewusste Übungen zu machen. Erinnere dich daran! Geh hinaus, dehne deine Muskeln und hole tief Luft. Wenn deine Energie nur dafür reicht, die Straße auf und ab zu gehen, dann mache das mit so viel bewusster Anstrengung, wie du kannst. Weigere dich entschieden, dich von physischer Trägheit beherrschen zu lassen.

Natürlich ist die physische Trägheit nur eine aus einer langen Liste von vielen verschiedenen Typen der Faulheit. Mache dir deine eigene Liste und hefte sie an die Wand, wo du sie jeden Tag sehen kannst. Du kannst faul sein im Beten, dabei hört Gott doch deine Stimme gern. Du kannst faul sein in der Erinnerung an das bewusste Atmen, dabei ist doch Atem Leben. Du kannst faul sein in Bezug auf einen deiner Sinne. Dabei wird uns doch gesagt, dass

trained and that we say, *"La!"* – "No!" – to feeding them with the food of comparison, which will make the ego, or the lower part of the *nafs,* fat and even more lazy. Thus, when you are working with the senses, remember your own laziness. What a different world we experience when we taste consciously, touch consciously, smell consciously, breathe consciously! Actually the list is endless. In one esoteric school they talk about the various "glamours", each one of which makes us asleep and therefore lazy. In that school I believe they list *forty-nine* glamours – and that is a lot! They even list anger as a glamour, since any negative emotion, or the result of a negative emotion, is a subtle way of trying to gain attention for the lower nature, and thus providing it with the food that it *thinks* it needs. We have to tell it that it cannot have this food anymore. We can see how important this work on ourselves is, both for us, as individuals, and for our family and friends and for society as a whole. It is a big challenge and an act of responsibility that we need to make consciously and honestly, and not be frightened if our friends help us to wake up, or circumstances arise whereby we are forced to get out of our sleepwalking state and return to the path to become real human beings.

In the last section I mentioned one of the senses as being the intellect and how "independent study" is so important. The intellect is as untrained as are the other senses. It has just about enough energy from the One Source of all energy to keep it going and to provide us with enough impetus to get us through our day. But we are dull people, and life is dull if the intellect is not working properly. Thus this faculty needs to be trained as well. It has to be trained in balance, just like the other ones. We cannot walk around all the time being 'spiritual' and not know what is going on in the world. In the centres I have been involved with I have insisted that the most intelligent of the daily newspapers are supplied in the reading room every day, and that the pupils actually do read them! Of course it is necessary to sift or sort through what is useful and what is not useful, but we cannot expect to be well-informed if we do not look at the shadow world as well as turning to the light. Yet we must not be identified with this world. We look at it, we see and observe it, we remember it. But we will not be identified with it. That is the art of non-identification. Live *in* this world but be not *of* this world. "There is no creation in the relative world; there is only the becoming of being."

es *lebensnotwendig* ist, die Sinne zu erziehen und »La!« – »Nein!« – dazu zu sagen, sie mit der Nahrung des Vergleichs zu füttern. Denn dadurch würde das Ego, oder der niedere Teil der *nafs*, fett und noch fauler werden. Deshalb erinnert euch, wenn ihr mit den Sinnen arbeitet, an eure Trägheit. Was für eine andere Welt erleben wir, wenn wir bewusst schmecken, bewusst berühren, bewusst riechen, bewusst atmen und so weiter! Tatsächlich ist es eine Liste ohne Ende. In einer gewissen esoterischen Schule sprechen sie von verschiedene Formen von »falschem Glanz« (*glamour*), die uns einschlafen und daher faul werden lassen. In jener Schule, meine ich, listen sie *neunundvierzig* Arten solcher »Äußerlichkeiten« auf – und das ist eine ganze Menge! Man führt dort sogar Groll als Äußerlichkeit auf, da jedes negative Gefühl oder dessen Ergebnis für die niedere Natur eine subtile Art ist, Aufmerksamkeit zu erregen und sich solcherart mit der Nahrung zu versorgen, die sie zu brauchen *glaubt*. Wir müssen ihr sagen, dass sie diese Nahrung nicht mehr bekommt. Wir können nun sehen, wie wichtig diese Arbeit an uns selbst ist, sowohl für uns als Individuen und unsere Familien und Freunde als auch für die Gesellschaft als Ganzes. Es ist eine große Herausforderung und ein Akt der Verantwortlichkeit, den wir bewusst und aufrichtig vornehmen müssen, und wir dürfen keine Angst haben, wenn uns unsere Freunde beim Aufwachen helfen oder Umstände eintreten, durch die wir gezwungen werden, unseren schlafwandlerischen Zustand zu verlassen und auf den Weg zurückzukehren, auf dem wir zu wahren menschlichen Wesen werden.

Im letzten Kapitel habe ich erwähnt, dass der Intellekt einer der Sinne ist und wie wichtig das »unabhängige Studium« ist. Der Intellekt ist so wenig ausgebildet wie die anderen Sinne. Er besitzt gerade genug Energie vom Einen Ursprung aller Energie, um zu funktionieren und uns mit genügend Antrieb zu versehen, damit wir den Tag überstehen. Aber wir sind langweilige Leute, und das Leben ist langweilig, wenn der Intellekt nicht richtig funktioniert. Daher bedarf auch diese Fähigkeit der Ausbildung. Der Intellekt muss wie die anderen Sinne im Gleichgewicht geschult werden. Wir können nicht die ganze Zeit herumspazieren und ›spirituell‹ sein, ohne zu wissen, was in der Welt geschieht. In den Zentren, mit denen ich zu tun hatte, habe ich darauf bestanden, dass im Leseraum jeden Tag die intelligentesten Tageszeitungen aufgelegt wurden und dass die Schüler sie wirklich lasen! Selbstverständlich

So, this sixth sense, the sense that we call "the intellect", needs to be exercised, just as the body needs to have its own type of exercise. That is why we study. Not only do we keep ourselves as well-informed as possible as to what is going on in the outer world, but we need to study in order to both wake up the inner world and to unfold the latent possibilities within us that come from the as yet unformed world. These are the worlds that exist in a state of "becoming from being".

In our living school it is simply not enough to just appear on Thursday evenings, receive the food that you are given, make *dhikr* together, and then go home and go to sleep until the next week! And yet this so often does happen. Attending Thursday nights is both an obligation in the reciprocal maintenance of the planet and a source of food, but it is also a time to provide us with the energy and thus the impetus to go on further and to work with independent study. Therefore it is asked of each one of you to devote a little time each day to reading from books which can really be of use. Read from the sacred scriptures; for example, we read from the *Mathnawi* and other holy books every morning. As students, we read the material and study what we have been given – a little each day. If we attend an Ibn Arabi class once a week, then it is essential that we also read, again and again, what we have been studying, until we really can remember it in order to help manifest what is not yet manifested. Do you understand what I mean? Through independent study, when the time is right, the result of our work, both inner and outer, will be a harvest which can be gathered. How many parables are there in the Bible, for example, to illustrate this point? "As you sew, so shall you reap." As we study, so we are sewing the seeds of possibility. As we work on our laziness, so we are helping to train the senses which we *need* to help us on our journey. As we learn to love the Lord, our God, Whose Names are pure beauty, so we begin to see His Beauty all around us. "Indeed He is beautiful, and loves the beautiful."

So let us make every effort to wake up and *remember* that there is a purpose in remembering and that, ultimately, that purpose is the very essence and fuel for the journey. He remembers us – all the time; we remember Him – some of the time. When we remember Him all of the time, then surely there can be no separation, and then there is only unity, which is the purpose of this school coming into existence in the first place.

ist es notwendig, zu sieben und auszusortieren, was nützlich ist und was nicht; aber wir können nicht erwarten, gut informiert zu sein, wenn wir nicht auch die Schattenwelt betrachten, während wir uns mit dem Licht identifizieren. Trotzdem dürfen wir uns mit dieser Welt nicht identifizieren. Wir betrachten sie, wir sehen und beobachten sie, wir erinnern uns an sie. Aber wir werden uns nicht mit ihr identifizieren. Das ist die Kunst der Nicht-Identifikation. Lebt *in* dieser Welt, aber seid nicht *von* dieser Welt. »Es gibt keine Schöpfung in der relativen Welt; es gibt nur das Werden des Seins.«

Dieser sechste Sinn, den wir »Intellekt« nennen, braucht also seine spezifisches Training genauso wie der Körper. Deshalb studieren wir. Wir versuchen nicht nur, uns so gut wie möglich über die Vorgänge in der äußeren Welt zu informieren, sondern wir müssen auch studieren, um für die innere Welt wach zu werden und gleichzeitig die latenten Möglichkeiten in uns zu entfalten, die aus einer noch ungeformten Welt kommen. Dies sind die Welten, die in einem Zustand des »Werdens aus dem Sein« existieren.

Zur Teilnahme in unserer lebenden Schule reicht es einfach nicht, am Donnerstagabend zu erscheinen, die Nahrung aufzunehmen, die euch angeboten wird, gemeinsam *Dhikr* zu machen und dann nach Hause zu gehen und bis zur nächsten Woche einzuschlafen! Und doch geschieht das so oft. Die Teilnahme am Donnerstagabend ist eine Verpflichtung in der gegenseitigen Erhaltung des Planeten ebenso wie eine Nahrungsquelle, aber es ist auch eine Zeit, die uns mit Energie versorgt und daher den Anstoß gibt, weiterzugehen und uns dem unabhängigen Studium zu widmen. Deshalb seid ihr alle aufgefordert, jeden Tag ein kleines bisschen Zeit mit dem Lesen von Büchern zu verbringen, die wirklich nützen können. Lest diese heiligen Schriften; wir lesen zum Beispiel jeden Morgen im *Mathnawi* oder in anderen heiligen Büchern. Als Studenten lesen wir das Material und studieren, was uns gegeben wurde, jeden Tag ein bisschen. Wenn wir einmal die Woche eine Ibn-Arabi-Klasse besuchen, ist es auch wesentlich, dass wir immer wieder lesen, was wir studiert haben, bis wir uns wirklich daran erinnern können, um bei der Manifestation dessen zu helfen, was noch nicht manifestiert ist. Versteht ihr, was ich meine? Durch unabhängiges Studium wird das Ergebnis unserer inneren und äußeren Arbeit zum richtigen Zeitpunkt wie eine Ernte sein, die eingebracht wird. Wie viele Gleichnisse in der Bibel illustrieren diesen

To complete this paper, I will quote from the notes of Abdullah Yusuf Ali's translation of the Koran, regarding the sura 12:108 and 109;

> Islam holds fast to the one central fact in the spiritual world – the Unity of God, and all reality springings from Him and Him alone. There can be no one and nothing in competition with that one and only reality. It is the essence of truth. All other ideas or existences, including our perception of self, are relative – mere projections from the wonderful faculties which He has given to us. This is not, to us, mere hypothesis. It is in our inmost experience. In the physical world they say that seeing is believing. In our inner world this sense of God is as clear as sight in the physical world. Therefore we are called to see and remember this truth, feel this experience, follow this way. We will never be distracted by metaphysical speculations, whose validity will always be doubtful, nor be deluded with phantoms which lead men astray.

1990

A Few Guidelines for Gatherings

JUST AS THERE ARE "STEPS TO PRAYER", SO THERE CAN BE said, in a sense (but of course nothing is totally sequential), that there are steps towards knowledge, remembering that *knowledge is given and not acquired.* When I ask you, like so many others over the years, "And what have your learnt?", this is obviously a challenge of the teacher to the student, not like a formal examination that is necessary in colleges! It is a wake-up call to bring people to realise certain things, and of course *dhikr* (as remembrance) is the most important thing of all. How many times have I been told, not just by Bulent and Suleyman Dede, but by all the sheikhs I have met over forty years, "First *dhikr,* then *dhikr,* and then *dhikr...*" – or words to that effect.

1. The first thing that needs to be learnt, accepted and understood at any gathering is that we go to the meetings to learn. We

Punkt? »Wie ihr sät, so werdet ihr ernten.« Wenn wir studieren, säen wir die Samen der Möglichkeit. Wenn wir an unserer Trägheit arbeiten, helfen wir dabei, die Sinne zu schulen, deren Hilfe wir auf unserer Reise *brauchen*. Wenn wir lernen, den Herrn, unseren Gott, zu lieben, Dessen Namen reine Schönheit sind, beginnen wir, Seine Schönheit überall um uns zu sehen. »Er ist wahrhaft schön und liebt das Schöne.«

Lasst uns also alle Anstrengungen unternehmen, um aufzuwachen und uns zu *erinnern,* dass das Erinnern einen Zweck hat und dass dieser Zweck schließlich die eigentliche Essenz und der eigentliche Treibstoff für die Reise ist. Er erinnert Sich an uns – die ganze Zeit; wir erinnern uns an Ihn – von Zeit zu Zeit. Wenn wir uns immer an Ihn erinnern, kann es sicher keine Trennung geben. Dann gibt es nur Einheit, und das ist der Sinn und der Zweck, weshalb diese Schule überhaupt zu existieren begann.

Um diese vier Kapitel abzuschließen, werde ich aus den Anmerkungen zur Sure 12:108 und 109 aus meiner englischen Übersetzung des Korans zitieren:

> Der Islam hält an einer zentralen Tatsache in der spirituellen Welt fest – an der Einheit Gottes und daran, dass alle Realität Ihm und Ihm allein entspringt. Niemand und nichts kann mit dieser einen und einzigen Realität in Konkurrenz treten. Sie ist die Essenz der Wahrheit. Alle anderen Ideen oder Existenzen, unsere Wahrnehmung des Selbsts eingeschlossen, sind relativ – bloße Projektionen der wunderbaren Fähigkeiten, die Er uns gegeben hat. Das ist für uns keine bloße Hypothese. Es ist unsere innerste Erfahrung. In der physischen Welt sagt man, dass Sehen Glauben sei. In unserer inneren Welt ist dieses Empfinden von Gott so klar wie das Sehen in der physischen Welt. Deshalb sind wir aufgerufen, diese Wahrheit zu sehen und uns ihrer zu erinnern, diese Erfahrung zu fühlen und diesem Weg zu folgen. Wir werden nie von metaphysischen Spekulationen abgelenkt werden, deren Gültigkeit immer zweifelhaft ist, noch werden wir getäuscht von den Erscheinungen, die Menschen in die Irre führen.

don't go to "have experiences", or just to be together. Thus, hopefully, we feel happier than we were before, in the sense that we have the chance of knowing of His Love for us and of our acceptance, beyond personality, of the love we have for each other. If people do not remember that they are going to learn and, hopefully, to understand a little more, then whatever experiences they have, however happy and "beautiful", will fade away like roses in the garden, either if they are not watered and weeded, or else when the season for roses is over. If we all go to learn, then, little by little, we may be granted little tastes of real knowledge, and that is, of course, direct perception of the truth.

2. So the first thing we need to remember and learn – or the other way around! – is that indeed we are mostly totally *asleep*, full of ego-consciousness and fear, from which we manage so often to avoid asking the right question at the right time, which could, if He so wills, produce what is needed at any one moment, for both the individual and the group as a whole.

3. In being honest with ourselves and watching our own actions, without judging others, ever so carefully, we can learn that what we need to do is to *wake up!* It is easy to say these things, but much harder to actually remain awake and conscious in the ever-present moment. This is obviously one of the ideas that Mr. Gurdjieff, P.D. Ouspensky and so many others have brought us to the West. In our normal sleep-walking state, we can only *think* we know, just for a little while; but that is not *knowing* that we know, for "the soul is a knowing substance." That means, as Plato taught us (and Ibn Arabi is sometimes called the "son of Plato"), we have to 'gain' our immortal soul. I have taught you that this *substance* is made out of our own conscious sacrifices, and of those of people who have gone before us. Thus, as Bulent would say so often, "Never forget Pir Vilayat [who had brought me into the Sufi path] or this person or that one from the line of the Sufi masters." And I have done my best, all my life, to do what I was told and never to forget for one single day.

4. Now, having learnt (we hope!) that we are mostly asleep and that our actions, even our breath, effects all others who are with us, both seen and unseen, we wake up to our responsibility as potentially real *human* beings, the word coming from *Hu* and *manas,* which could be translated as "God-conscious". Now this is already a wonderful break-through which will link us all to the creative en-

Einige Leitlinien für Zusammenkünfte

GENAUSO, WIE ES »SCHRITTE ZUM GEBET« GIBT, KANN IN GE-
wissem Sinn gesagt werden (aber selbstverständlich ist nichts vollständig aufeinander folgend), dass es Schritte in Richtung Wissen gibt; und wir erinnern uns daran, dass *Wissen gegeben und nicht erworben wird*. Wenn ich euch, wie so viele andere während all der Jahre, frage: »Und was habt ihr gelernt?«, ist das offensichtlich eine Herausforderung des Lehrers für den Studenten, nicht wie eine formelle Prüfung, die an Universitäten verlangt wird! Es ist ein Weckruf, damit die Menschen auf bestimmte Dinge aufmerksam werden und erkennen, dass *Dhikr* (als Erinnerung) natürlich die wichtigste Sache von allen ist. Wie oft wurde mir gesagt, nicht nur von Bulent und Suleyman Dede, sondern von all den Scheichs, die ich in vierzig Jahren getroffen habe: »Zuerst *Dhikr,* dann *Dhikr,* und dann *Dhikr...*« – oder etwas Sinngemäßes.

1. Was als Erstes an allen Zusammenkünften gelernt, akzeptiert und verstanden werden muss, ist, dass wir zu den Treffen gehen, um zu lernen. Wir gehen nicht, um »Erfahrungen zu haben« oder um einfach zusammen zu sein. So sind wir, hoffentlich, glücklicher als zuvor, in dem Sinne, dass wir die Möglichkeit haben, Seine Liebe für uns und unsere Akzeptanz der Liebe, die wir füreinander, jenseits der Persönlichkeit, hegen, zu erkennen. Wenn sich die Leute nicht erinnern, dass sie zum Lernen hingehen und, hoffentlich, um ein bisschen mehr zu verstehen, werden die Erfahrungen, die sie gemacht haben, wie glücklich und »wunderschön« diese auch waren, verblühen wie Rosen im Garten, entweder weil sie nicht gegossen und gejätet wurden oder weil die Jahreszeit für Rosen vorbei ist. Wenn wir alle hingehen, um zu lernen, dann wird uns nach und nach ein kleiner Geschmack wirklichen Wissens gewährt, und das ist selbstverständlich direkte Wahrnehmung der Wahrheit.

2. So ist das Erste, woran wir uns erinnern und was wir lernen müssen – oder umgekehrt! –, dass wir tatsächlich meistens total *am Schlafen* sind, voll von Ego-Bewusstsein und von Furcht. Daher gelingt es uns so oft zu verpassen, die richtige Frage zur richtigen Zeit zu stellen, was, wenn Er es so will, das in jedem gegebenen Augenblick Notwendige hervorbringen könnte, sowohl für das Individuum als auch für die Gruppe als Ganzes.

3. Wenn wir ehrlich mit uns selbst sind und unsere Handlungen, ohne über andere zu urteilen, ganz gewissenhaft und sorg-

ergy; and the room can be filled with the real joy of *Recognition,* the first of the three Rs. This gives us a sense of joy. It may also bring tears to our eyes, but they are tears of real feeling and even of the flow in letting go, or however you wish to explain the phenomenon.

5. In our circle, the study of the Names of God is vitally important in our desire to learn. I surely do not need to explain just why yet again! If we accept the truth (*al-Haqq*), then the Names are what they are. It is no good us trying to bring them down to our half-asleep level, and try to justify our own idiocy by having inner, or outer, discussions as to how each one of us (each of us being potentially unique witnesses of the truth of unity – but only when we have, as it were, 'built-in' the observer as a living part of our being) *interprets* the meaning of the Names. Of course we can *share* our feelings with each other on this subject, but there cannot be an argument concerning the truth, can there? The Names are His Names, and you cannot go further than that.

6. In working with the Names we can start to see them everywhere and in all things, bringing forth His Love into a waiting world. Then, wonder of wonders, we may just be given the knowledge that we are the ears through which He hears and the eyes through which He sees, and we are thus the "link" or the "bridge" between this world of appearances and the real worlds of pure creativity. *Wow!* Then there is the second R – the *Redemption* of at least part of our own gross ignorance and particularly our own selfishness and arrogance based on the fears we all have, and for so many reasons. There is an opening in the clouds of unknowing into that light in which there is no "darkness" based on comparison.

7. Another *Yippee!* We suddenly realise that we came to be together to learn; and what we have learnt is that "we" know nothing! For He is the All-Knower, the All-Compassionate and Merciful. He is the All-Forgiver, the All-Powerful, and it is to Him that belong the Names. "And wheresoever ye look, there is the Face of God" et cetera.

It is at this point that we realise the meaning of true humility, and thus know, without any shadow of a doubt, that indeed gratefulness is the key to will, the One Will. And we willingly sacrifice our own little wills to the One Will. Remember here the words of *The Prayer of Abandonment.* This is a continuous process, devel-

fältig beobachten, können wir lernen, dass es nötig ist, *aufzuwachen!* Es ist so einfach, diese Dinge zu sagen, aber viel schwieriger, im immer gegenwärtigen Augenblick wach und bewusst zu bleiben. Dies ist offensichtlich eine der Ideen, die Herr Gurdjieff, P.D. Ouspensky und so viele andere zu uns in den Westen gebracht haben. In unserem normalen schlafwandlerischen Zustand können wir nur *denken,* dass wir wissen, und dies nur für eine kleine Weile; aber das ist nicht *wissen,* dass wir wissen, denn »die Seele ist eine wissende Substanz«. Das bedeutet, wie Plato uns gelehrt hat (und Ibn Arabi wird manchmal der »Sohn Platos« genannt), dass wir unsere unsterbliche Seele ›erlangen‹ müssen. Ich habe euch gelehrt, dass diese *Substanz* aus unseren eigenen bewussten Opfern gebildet wird und aus den Opfern jener Menschen, die uns vorangegangen sind. Folglich, wie Bulent so oft gesagt hat: »Vergiss nie Pir Vilayat [der mich auf den Sufi-Pfad gebracht hatte] oder diese oder jene Person aus der Linie der Sufi-Meister.« Und ich habe mein Bestes getan, mein ganzes Leben lang, das zu tun, was mir gesagt wurde, und an keinem einzigen Tag zu vergessen.

4. Jetzt, nachdem wir (hoffentlich!) gelernt haben, dass wir meistens schlafen und dass unsere Handlungen, sogar unser Atem, auf alle anderen, die mit uns sind, sowohl sichtbare als auch unsicht bare Auswirkungen haben, werden wir unserer Verantwortung als potenziell wirklich *menschliche* Wesen gewahr. Das Wort »human« kommt von *Hu* und *manas,* was mit »Gott-bewusst« übersetzt werden kann. Dies ist nun bereits ein wunderbarer Durchbruch, der uns alle mit der schöpferischen Energie verbinden wird; und der Raum kann mit wirklicher Freude und wirklichem Erkennen erfüllt werden. Erkennen heißt auf Englisch *Recognition,* und ist das erste der drei R. Das erfüllt uns mit einem Gefühl von Freude. Es mag auch Tränen in unsere Augen bringen, aber es sind Tränen mit wirklichem Gefühl und sogar Tränen des Loslassens oder wie immer ihr das Phänomen erklären möchtet.

5. In unserem Kreis ist das Studium der Namen Gottes von entscheidender Bedeutung bei unserem Wunsch zu lernen. Ich muss sicher nicht schon wieder erklären, warum dem so ist! Wenn wir die Wahrheit (*al-Haqq*) akzeptieren, sind die Namen das, was sie sind. Es nutzt nichts zu versuchen, sie auf unsere Ebene des Halbschlafs herunterzubringen und unsere eigene Dummheit zu rechtfertigen, indem wir innere oder äußere Diskussionen darüber führen, wie jede und jeder von uns (und wir alle sind potenziell

einzigartige Zeugen der Wahrheit der Einheit – aber nur wenn wir den Beobachter als lebendigen Teil unseres Seins ›eingebaut‹ haben) die Bedeutung der Namen interpretiert. Natürlich können wir unsere Gefühle zu diesem Thema miteinander *teilen,* aber es kann keine Diskussion bezüglich der Wahrheit geben, nicht wahr? Die Namen sind Seine Namen, und darüber hinaus kann man nicht gehen.

6. Beim Arbeiten mit den Namen können wir damit beginnen, sie überall und in allen Dingen zu sehen, wie sie Seine Liebe in einer wartenden Welt hervorbringen. Dann, Wunder über Wunder, wird uns vielleicht gerade das Wissen gegeben, dass wir die Ohren sind, durch die Er hört, und die Augen, durch die Er sieht, und so sind wir die »Verbindung« oder die »Brücke« zwischen dieser Welt der Erscheinungen und den wirklichen Welten reiner Kreativität. *Toll!* Dann gibt es das zweite R – die Erlösung [Englisch: *Redemption*] mindestens eines Teils unserer groben Unwissenheit und besonders unserer eigenen Selbstsucht und Arroganz, die auf den Ängsten basieren, die wir alle aus so vielen Gründen haben. Es entsteht eine Öffnung in den Wolken des Unwissens zu jenem Licht, in dem es keine »Dunkelheit« gibt, die auf Vergleich basiert.

7. Ein weiteres *Hurra!* Plötzlich erkennen wir, dass wir zusammenkamen, um zu lernen; und, was wir gelernt haben, ist, dass »wir« nichts wissen! Denn Er ist der All-Wissende, der All-Erbarmende und Gnädige. Er ist der All-Vergebende, der All-Mächtige, und Ihm gehören die Namen. »Und wo immer du hinschaust, da ist das Antlitz Gottes« und so weiter.

An diesem Punkt erkennen wir die Bedeutung wahrer Demut und wissen folglich, ohne irgendeinen Schatten eines Zweifels, dass Dankbarkeit tatsächlich der Schlüssel zum Willen ist, dem Einen Willen. Und wir opfern bereitwillig unsere eigenen kleinen Willen dem Einen Willen. Erinnert euch hier an die Worte des *Gebets der Hingabe.* Das ist ein kontinuierlicher Prozess, der sich auf den Zyklen des Atems und dem Wissen des alchimistischen Prozesses entwickelt, der damit einhergeht.

8. In dieser Phase mag es sein, dass uns flüchtige Einblicke gegeben werden in die Bedeutung des Ausspruchs: »Der Mensch ist ein *kosmischer* Apparat zur Transformation feinstofflicher Energien.« Hier nehmen wir wieder Notiz davon, dass wir tatsächlich die »Brücke« oder die notwendige Erscheinung der einen Absoluten

oped on the cycles of the breath and the knowledge of the alchemical process that comes with this.

8. It may be, around this stage, that we are given glimpses of what it means when it is said that "man is a *cosmic* apparatus for the transformation of subtle energies." Here again we note that we are indeed the "bridge" or the necessary appearance of the one Absolute Reality. Are we *other then He?* We have just about reached the third R of the "Triple-R Ranch" standing for recognition, redemption and *Resurrection.* We can now see that the third R cannot come about without the 'death' of the illusion of our own separation, and with it all the terrible and unnecessary suffering. This, in turn, can lead us to *conscious* suffering, as seen on the Cross when Jesus said to some, "They say I suffered, but I suffered not."

9. Little by little, at such a gathering, with total respect given to each individual present and with one hundred percent compassion extended to all newcomers, whose journey has perhaps only just begun, we start to be able to take the responsibility for actually *knowing* that – although we can do little in our sleepwalking and unenlightened state – there is much that can be done, not in this world of appearances alone (for when you look at it, it is already "too late", for what you see has already moved on!) but in the many worlds that make up His creative Principle. And this knowledge is given and cannot be acquired. It is given when we are in the actively receptive state, as portrayed in the symbol of the chalice, not just the shape of the chalice, but even the metal that it is made of, and all the necessary polishing the priest (for example) has to do so that it is clean enough to receive the wine of the Holy Spirit.

2007

Wirklichkeit sind. Sind wir *anders als Er?* Wir haben soeben das dritte R der »Drei-R-Farm« erreicht, die für *Recognition, Redemption* und *Resurrection* [Erkenntnis, Erlösung und Auferstehung] steht. Wir können jetzt sehen, dass das dritte R nicht eintreten kann ohne den ›Tod‹ der Illusion unserer eigenen Trennung und damit all des schrecklichen und unnötigen Leidens. Das kann uns anderseits zu *bewusstem* Leiden führen, so wie es am Kreuz gesehen wurde, als Jesus zu einigen sagte: «Sie sagen, ich hätte gelitten, aber ich habe nicht gelitten.»

9. Nach und nach beginnen wir an solchen Treffen, im absoluten Respekt gegenüber jedem anwesenden Individuum und mit einhundert Prozent Mitgefühl allen Neuen gegenüber, deren Reise vielleicht eben erst begonnen hat, fähig zu sein, Verantwortung dafür zu übernehmen, dass wir tatsächlich *wissen,* dass – obwohl wir in unserem schlafwandlerischen und unerleuchteten Zustand wenig ausrichten können – es viel gibt, das getan werden kann, nicht nur in dieser Welt der Erscheinungen (denn wenn man sie betrachtest, ist es bereits »zu spät«, weil das, was man sieht, sich bereits weiter bewegt hat!), sondern in den vielen Welten, die Sein Schöpferisches Prinzip ausmachen. Und dieses Wissen wird gegeben und kann nicht erworben werden. Es wird gegeben, wenn wir in dem aktiv empfänglichen Zustand sind, wie er im Symbol des Kelchs [Englisch: *chalice*] dargestellt ist, und nicht nur in der Form des Kelchs, sondern sogar im Metall, aus dem er gemacht wurde, und all dem notwendigen Polieren durch den Priester (zum Beispiel), so dass er sauber genug ist, den Wein des Heiligen Geistes zu empfangen.

⁂

.

Living the Breath

what my teacher, Bulent Rauf, so often said, that in the essence of Sufi teachings we start our work "from the top down". By this it is meant that we accept, without any shadow of a doubt, the Unity of God, before we work with our *dhikr,* prayers or studies. This does not make us any more important than anyone else! However, it does re-establish in us the fact that "all is contained in the Divine Breath like the day in the morning's dawn" (Ibn Arabi). We are reminded again and again that God created us in order that He should be known. "I was a Hidden Treasure and I loved to be known, so I created the world that I might be known" (hadith of the Prophet, peace and blessings be upon him).

It may take us a lifetime to fully realise that there is *nothing* outside the heart of the fully conscious human being. But if, on the other hand, we try to *achieve* something in our sometimes pathetic search for truth, we soon discover that we are going in the wrong direction altogether. The truth is within us and thus, how can we benefit by trying to achieve something that is already within each of our own hearts, in its embryonic form, waiting to be loved and recognized? Here, again, the word "love" comes in so strongly. Unless our practices, our studies, and indeed our lives are governed and motivated by love, we remain very far away from the beautiful possibilities that lie within our own hearts.

The consideration of what I have said above is very important. Within all of us is what is called "the demanding self". This is that part of us which demands recognition. It is almost like a small puppy dog, not yet knowing its master. Do, please, remember my own words in this context, "Make the senses your friends, and time will be on your side at last."

The demanding self is the part of us that lives on the "blame train", refusing to get off for many different reasons. This is the part which is often activated by what I call "the poor me syndrome". Having given so many talks on this subject I won't go further into it at this time, because you can surely listen to the recordings of what I have said in previous years. On the other hand, it is always worth remembering, in humility, that everything we need will be given to us when we are open to the higher energies, which, however, can only really permeate our whole being when we have

Den Atem leben

IMMER HABE ICH DIE NOTWENDIGKEIT BETONT, UNS DARAN
zu erinnern, was mein Lehrer, Bulent Rauf, so oft gesagt hat: dass
wir in der Essenz der Sufi-Lehren unsere Arbeit »von oben nach
unten« beginnen. Damit ist gemeint, dass wir ohne jeglichen
Schatten eines Zweifels die Einheit Gottes akzeptieren, bevor wir
mit unserem *Dhikr,* mit unseren Gebeten oder an unserem
Studium arbeiten. Dadurch sind wir nicht wichtiger als irgendein
anderer! Es bringt uns jedoch erneut in Verbindung mit der
Tatsache, dass »alles im Göttlichen Atem enthalten ist, wie der Tag
in der Morgendämmerung« (Ibn Arabi). Wir werden wieder und
wieder daran erinnert, dass Gott uns erschaffen hat, um erkannt zu
werden. »Ich war ein Verborgener Schatz und sehnte Mich danach,
erkannt zu werden; so erschuf Ich die Welt, damit Ich erkannt
werde« (Hadith des Propheten, Friede und Segen seien mit ihm!).

Es mag ein ganzes Leben dauern, um zu realisieren, dass es *nichts*
außerhalb des Herzens des vollkommen bewussten Menschen gibt.
Aber wenn wir uns andererseits bemühen, in unserer manchmal
kläglichen Suche nach Wahrheit etwas zu *erreichen,* entdecken wir
bald, dass wir in eine ganz falsche Richtung gehen. Die Wahrheit
ist in uns, und wie könnten wir folglich Nutzen aus dem Versuch
ziehen, etwas zu erreichen, das bereits in embryonaler Form in unseren Herzen besteht und darauf wartet, geliebt und erkannt zu
werden? Wieder taucht hier so deutlich das Wort »Liebe« auf.
Wenn unsere Übungen, unser Studium und in der Tat unser
Leben nicht von Liebe beherrscht und motiviert sind, bleiben wir
sehr hinter den wunderschönen Möglichkeiten, die in unseren eigenen Herzen liegen, zurück.

Das Erwägen dessen, was ich oben gesagt habe, ist sehr wichtig.
In uns allen liegt das so genannte »Fordernde Selbst«. Dies ist der
Teil in uns, der Anerkennung verlangt. Er ist beinahe wie ein kleines Hündchen, das seinen Meister noch nicht kennt! Erinnert
euch bitte an meine eigenen Worte in diesem Zusammenhang:
»Macht die Sinne zu euren Freunden, und die Zeit wird schließlich
auf eurer Seite sein.«

Das Fordernde Selbst ist derjenige Teil von uns, der auf dem
»Vorwurfszug« lebt und sich aus verschiedenen Gründen weigert
auszusteigen. Dies ist der Teil, der oft vom »Armes Ich«-Syndrom
aktiviert wird. Ich habe so viele Vorträge zu diesem Thema gehal-

done the necessary preparatory work. All practices are in preparation for something that cannot be put into words. That *something* is the complete transformation of all that we thought we were into what we really are. It is that state when the little "I am" is blended with the greater "I am" so that there is only He, that is *Hu,* remaining. "The sole purpose of love is beauty."

Some Thoughts on Breath

1. We all share the same air.

2. "All life is one, and everything that lives is holy: plants, animals and men. All must eat to live and to nourish one another. We bless the lives that have died to give us food [life]. Let us eat [breathe] consciously, resolving by our work to pay the debt of our own existence" (John G. Bennett).

    Let us not merely eat food for our physical bodies, but also, in gratefulness, eat the foods that can come on the breath, which can then start to be what is termed "the substance of the soul".

3. "Man is a cosmic apparatus for the transformation of subtle energies" (G.I. Gurdjieff).

4. Breath contains moisture. H_2O (water), combined with salt, is a conductor of electricity.

5. A thought-form is an electrical impulse.

6. Breath, containing patterns set up by *sound* and even feelings, can create what we call "atmosphere".

7. Sound can both 'fix' and disintegrate pattern. Imagine the "sound of love" and what this can do for all of us from the creative realms; or a rock concert, in which it is impossible to think!

8. The Mother's Breath, based on the law of octaves and the natural flow of the rhythm of 7-1-7-1-7, can cleanse the matrix of our being so that we can become purified, actively conscious in

ten, so dass ich zu diesem Zeitpunkt nicht weiter darauf eingehen werde, weil ihr euch die Aufnahmen davon anhören könnt, was ich in den letzten Jahren gesagt habe. Andererseits ist es immer wertvoll, sich in Demut daran zu erinnern, dass uns alles, was wir brauchen, gegeben wird, wenn wir den höheren Energien gegenüber offen sind, die unser ganzes Sein durchdringen können, jedoch nur wenn wir die notwendige Vorbereitungsarbeit geleistet haben. Alle Übungen geschehen in Vorbereitung auf etwas, das nicht in Worte gefasst werden kann. Jenes *Etwas* ist die vollständige Transformation von all dem, was wir zu sein dachten, in das, was wir wirklich sind. Es ist jener Zustand, wenn das kleine »Ich bin« sich mit dem größeren »Ich bin« vermischt, so dass nur Er, das heißt *Hu,* verbleibt. »Der einzige Zweck der Liebe ist Schönheit.«

Einige Gedanken über den Atem

1. Wir teilen alle dieselbe Luft.

2. »Alles Leben ist eins, und alles, was lebt, ist heilig: Pflanzen, Tiere und Menschen. Alle müssen essen, um zu leben und um einander zu ernähren. Wir segnen die Leben, die starben, um uns Nahrung [Leben] zu geben. Lasst uns bewusst essen [atmen] und so in unserer Arbeit aufgehen, dass wir die Schuld unserer eigenen Existenz begleichen« (John G. Bennett).

   Lasst uns nicht nur Nahrung für unsere physischen Körper zu uns nehmen, sondern auch, in Dankbarkeit, die Nahrung, die auf dem Atem kommen und dann zu dem werden kann, was als »die Substanz der Seele« bezeichnet wird.

3. »Der Mensch ist ein kosmischer Apparat zur Transformation feinstofflicher Energien« (G.I. Gurdjieff).

4. Atem enthält Feuchtigkeit. H_2O (Wasser), kombiniert mit Salz, ist ein elektrischer Leiter.

5. Eine Gedankenform ist ein elektrischer Impuls.

6. Atem enthält Muster, die von *Klang* und sogar Gefühlen geschaffen werden, und kann das erzeugen, was wir »Atmosphäre« nennen.

the receptive mode. Remember the story of the Virgin Mary and Gabriel at the moment of Annunciation.

9. Breath is life. Breath is, in all its potential, the Spirit of God, *ruh Allah,* manifesting from the First Cause – which is love. This is the breath of compassion, *nafs ar-Rahman.*

10. "We are the flute, but the music is Thine" (Jalaluddin Rumi).

11. What is sometimes called "spiritual alchemy" is all to do with the breath and breathing techniques. However, it is a dangerous pastime if there is neither teacher nor good instructions. Both, actually, are necessary.

12. In traditional alchemy there are the first three steps, called "the minor opus", and then the second three steps, which are called "the major opus". The former is concerned with the purification of our lower nature, as so well-explained in Sufism and other inner traditions; and the second three steps are concerned with what is called "the descent of the purified forces". Thus the symbol of the chalice is used in this school.

13. In the understanding of the meaning of the breath there is no time or distance in our normal, linear-thinking world. We have to be 'above' our personal considerations, self-pity and blame, to really be able to comprehend the vastness of this subject, and thus be useful as alchemical vehicles for the whole. "Make yourselves good food for God" et cetera.

14. Is not the conditioned mind at least partly carried on the patterns in our breath and the breath of others, and thus the limitations inherent in mere linear thinking?

15. The purpose of life on earth – is that not the truly conscious human being, totally transformed into *insan al-kamil?* How could this be possible if we are asleep, unconscious, dreamers, only sleep-walkers?

    Thus, is it not our responsibility to learn, through being entirely awake on and in the breath of life, the Spirit of God, how to be truly good Servants of God?

7. Klang kann Muster sowohl »fixieren« als auch auflösen. Denkt an den »Klang der Liebe« und was das für uns alle aus den schöpferischen Bereichen bewirken kann; oder an ein Rockkonzert, wo es unmöglich ist zu denken!

8. Der Mutteratem, basierend auf dem Gesetz der Oktave und dem natürlichen Fluss des 7-1-7-1-7-Rhythmus', kann die Matrix unseres Seins reinigen, so dass wir geklärt und geläutert und in empfänglicher Weise aktiv bewusst werden können. Erinnert euch an die Geschichte der Jungfrau Maria und Gabriels im Augenblick der Verkündigung.

9. Atem ist Leben. Atem ist in seinem vollsten Potenzial der Geist Gottes, *ruh Allah,* der sich aus der Ersten Ursache manifestiert – welches die Liebe ist. Das ist der Atem des Mitgefühls, *nafs ar-Rahman.*

10. »Wir sind die Flöte, aber die Musik ist Dein« (Jalaluddin Rumi).

11. Was manchmal als »spirituelle Alchimie« bezeichnet wird, hat vor allem mit dem Atem und mit Atemtechniken tun. Ohne einen Lehrer oder eine gute Anleitung ist dies jedoch ein gefährlicher Zeitvertreib. Tatsächlich ist beides notwendig.

12. In der traditionellen Alchimie gibt es die ersten drei Schritte, die »das kleine Opus« genannt werden, und dann die zweiten drei Schritte, die als »das große Opus« bezeichnet werden. Ersteres betrifft die Reinigung unserer niederen Natur, wie es im Sufismus und anderen inneren Traditionen so gut erklärt wird, und die zweiten drei Schritte beziehen sich auf das, was »das Herabsteigen der gereinigten Kräfte« genannt wird. Daher wird in dieser Schule das Symbol des Kelches benutzt.

13. Im Verständnis der Bedeutung des Atems gibt es keine Zeit oder Distanz in unserer normalen, linear denkenden Welt. Wir müssen ›über‹ unseren persönlichen Sorgen, Selbstmitleid und Tadel stehen, um die Weite dieses Themas wirklich zu verstehen und so als alchimistisches Gefährt für das Ganze nützlich zu sein. »Macht euch selbst zu guter Nahrung für Gott« und so weiter.

16. Through the *distillation* of so-called "negative" and so-called "positive" thoughts, we can come to the nature of pure spirit on the breath. We are then given the knowledge that time does not proceed just from the past into the so-called *future* but, also, in many dimensions at once – even 'backwards'! With this understanding we can be granted the knowledge of the meaning of one of our responsibilities as human beings: to "redeem the past and prepare for the future."

17. Life is always *new* from the breath of a conscious human being. We should not be afraid of this.

Of course you've heard me talk hundreds of times about the fact that we all share the same air, and yet this subject is so easily forgotten. But in this remembrance alone we can begin to fulfil one of the great purposes of life on earth, i.e. that man is a cosmic apparatus for the transformation of subtle energies.

If, for example, we are breathing with the correct rhythm, we are paying as much attention as we can to the in- and out-movement of the breath, but then at the same time we may still forget that we are sharing the same air. Then, relatively little can be done to the *atmosphere* in the room. Most of the things that we remember are matters which have upset us in the past, or else they are memories of sadness and other negative emotions, which in themselves are so powerful that they can take away the fact that we are all sharing the same air. Please try to understand this, and practice as much as you can. Sooner or later it will come to you that there is indeed a great point in learning how to remember the good things in life consciously, and in so doing we may discover that so many of the negative emotions will start to fade away as we work together in our own private rooms on the breath.

If, for example, we are meeting together, it is important to spend a little time outside doing a clearing breath practice and generally preparing ourselves to come into the room where we are going to share the evening. So often people just come straight off the streets from their businesses, perhaps from their families where there have been difficult times, or after a traffic jam! The result is that they bring all these memories with them and with the memories come *patterns*. The patterns are the memory patterns held in the moisture on the breath.

14. Wird nicht der konditionierte Verstand, wenigstens teilweise, von den Mustern in unserem Atem und dem Atem anderer getragen, und stammt nicht daraus die Begrenztheit, die rein linearem Denken innewohnt?

15. Der Sinn des Lebens auf der Erde – ist dies nicht der wahre bewusste Mensch, vollständig transformiert in den *insan-i kamil?* Wie könnte dies möglich sein, wenn wir schlafen, unbewusst, Träumer, nur Schlafwandler sind?

    Ist es folglich nicht unsere Verantwortung zu lernen, indem wir ganz wach auf und im Atem des Lebens, dem Geistes Gottes, sind, wie wir wahrlich gute Diener Gottes sein können?

16. Durch die *Destillation* so genannter »negativer« und so genannter »positiver« Gedanken können wir zur Natur, zur Beschaffenheit des reinen Geistes auf dem Atem kommen. Dann wird uns das Wissen gegeben, dass Zeit nicht nur von der Vergangenheit in die so genannte *Zukunft* fortschreitet, sondern auch in vielen Dimensionen gleichzeitig – ja sogar ›rückwärts‹! Mit diesem Verständnis kann uns das Wissen der Bedeutung von einer unserer Verantwortlichkeiten als Menschen gewährt werden: »die Vergangenheit zu erlösen und uns auf die Zukunft vorzubereiten.«

17. Das Leben ist immer *neu* aus dem Atem eines bewussten Menschen. Davor sollten wir uns nicht fürchten.

Natürlich habt ihr mich bereits Hunderte Male über die Tatsache sprechen gehört, dass wir alle dieselbe Luft atmen, und doch wird dieses Thema so leicht vergessen. Aber nur in dieser Erinnerung können wir beginnen, einen der tieferen Zwecke des Lebens auf der Erde zu erfüllen, nämlich dass der Mensch ein kosmischer Apparat für die Transformation feinstofflicher Energien ist.

Wenn wir beispielsweise im richtigen Rhythmus atmen, zollen wir der Bewegung des Ein- und Ausatmens soviel Aufmerksamkeit wie möglich, aber gleichzeitig vergessen wir, dass wir dieselbe Luft atmen. Dann kann relativ wenig Einfluss auf die *Atmosphäre* im Raum genommen werden. Die meisten Dinge, an die wir uns erinnern, sind Angelegenheiten, die uns in der Vergangenheit aufgebracht haben, oder es sind Erinnerungen von Trauer und andern

Will and Gratefulness

I believe in an aristocracy of the sensitive,
the considerate and the plucky.

Its members are to be found in all nations and classes,
and all through the ages,
and there is a secret understanding when they meet.

They represent the true human tradition,
the one permanent victory over cruelty and chaos.

EDWARD MORGAN FORSTER

Surely this one word, *gratefulness,* however simple it sounds, is so important to us all that it should never be forgotten. There is a saying in the Christian tradition, "All prayer starts with praise." This is actually the same in all the religions. We do get so tied up in our own personal knots that this overwhelming sense of beauty that comes about when we are in the state of gratefulness can and does affect everyone in the room. You have also heard me say that love carried on the breath is not limited by concrete walls. Again, this is something to remember. Jalaluddin Rumi says "Gratefulness is the key to will," and that, of course, is the One Will, which is the Will of God. We can pray and pray, read sacred texts, sing and chant, and yet without living in this remembrance of gratefulness, very little real transformation can occur.

I fully realise that this is not easy when we are feeling upset about something, when life is apparently not treating us as we would like it to. Then it is extremely difficult to be grateful. And yet that is exactly what we are asked to do! We are asked to be grateful, even if the outer situation *appears* negative. We also remember that one of His Most Beautiful Names is *ash-Shakur* (to Him all thanks are due), and since there is only He, can we now not see what our own forgetfulness can prevent happening in this world?

In group work, and in the understanding of what I have mentioned, very real changes can come about as long as we are not compassionate and kind to each other. We know very well that no-

negativen Emotionen, die an sich so mächtig sind, dass sie die Tatsache, dass wir dieselbe Luft atmen, hinwegblasen. Bitte versucht, dies zu verstehen, und übt soviel ihr könnt. Früher oder später werdet ihr sehen, dass es tatsächlich Sinn macht zu lernen, sich der guten Dinge im Leben bewusst zu erinnern, und indem wir dies tun, können wir entdecken, dass so viele der negativen Emotionen zu verblassen beginnen, wenn wir in unseren privaten Räumen auf dem Atem zusammenarbeiten.

Zum Beispiel ist es wichtig, wenn wir zusammenkommen, ein wenig Zeit draußen zu verbringen, um eine klärende Atemübung zu machen und uns ganz grundsätzlich darauf vorzubereiten, den Raum zu betreten, in dem wir den Abend gemeinsam verbringen werden. So oft kommen die Menschen direkt von ihrer Arbeit oder von ihren Familien, wo es schwierige Situationen gab, oder sie haben vielleicht in einem Verkehrsstau gesteckt! Als Folge davon bringen sie all diese Erinnerungen mit, und mit den Erinnerungen kommen *Muster*. Die Muster sind die Erinnerungsmuster, die in der Feuchtigkeit des Atems enthalten sind.

Wille und Dankbarkeit

Ich glaube an eine Aristokratie der Verständnisvollen,
der Rücksichtsvollen und der Tapferen.

Ihre Mitglieder können in allen Nationen und Klassen
und auf allen Altersstufen gefunden werden,
und es herrscht ein stilles Einverständnis, wenn sie sich
    begegnen.

Sie repräsentieren die wahre menschliche Tradition,
den einen dauerhaften Sieg über Grausamkeit und Chaos.

EDWARD MORGAN FORSTER

Sicher ist dieses eine Wort, *Dankbarkeit,* wie einfach es auch immer klingen mag, so wichtig für uns alle, dass es niemals vergessen werden sollte. Es gibt einen Spruch in der christlichen Tradition: »Jedes Gebet beginnt mit Lobpreis«. Dies gilt eigentlich in allen Religionen. Wir sind derart in unseren persönlichen

body is perfect, and there is often a very great deal of suffering in the room. Through conscious remembrance on the breath and that sound of gratefulness in our heart, very much of this pain and suffering we may notice in our friends can, little by little, be dissolved. I am not saying that these states of unhappiness will dissolve forever, but what I am saying is that it is as though a light suddenly illuminates the heart and we can then attend more easily to what we are doing, be it conscious breathing, study, *dhikr* or prayer.

Now we come to the subject of *will*. As we are told, "gratefulness is the key to will." With a little inner explanation it is not difficult to understand this. May I give you a little example in that sentence which I often quote and which has helped me so much: "I was a Hidden Treasure and I loved to be known, so I created the world that I might be known." If we contemplate this, remembering there is only He, can we then not realise the extreme joy and gratefulness that He must feel when He sees one of His beloved Servants come to the realisation of the unity and, possibly at the same time, of each individual's unique existence within the whole? Surely God is grateful when we turn to the God within us! Surely God is filled with light when He finds that human beings have finally woken up to the joy of unity! If He is grateful then we are grateful, if we are grateful then He is grateful, since there is no separation in reality.

You can find many examples and quotations which may help you in understanding this. I remember when I was very young being told by my instructor at that time, "Don't you now see that every time you're grateful for what you are given, given to eat, given to breathe and all the other wonders in the world, it is as though a ladder is sent straight down from heaven, and on that ladder are all the angels in the world!" In other words, what I was being told in a childish sort of way is that whenever I was grateful, without complaint and negative thoughts, then I would be open to the One Will of heaven, which, in that case, was represented by this ladder coming straight down to us and containing all the help I could need in the forms of the angelic spheres. Yes, I know it's only a children's story, but you'll be amazed how this can work.

I would like to remind all of you, once again, that "all prayer starts with praise," and that includes *dhikr,* the Remembrance of God, and other spiritual practices. If we cannot praise our Creator, then how can He be able to pour out all the manifestations of His

Knoten verfangen, dass dieses überwältigende Gefühl von Schönheit, das entsteht, wenn wir in einem Zustand der Dankbarkeit sind, jedermann im Raum beeinflussen kann und dies auch tut. Ihr habt mich auch sagen hören, dass Liebe, die auf dem Atem getragen wird, nicht durch Betonwände begrenzt ist. Auch dies ist etwas, an das man sich erinnern sollte. Jalaluddin Rumi sagt: »Dankbarkeit ist der Schlüssel zum Willen,« und das ist natürlich der Eine Wille, der der Wille Gottes ist. Wir können beten und beten, heilige Texte lesen, singen und Sprechgesänge anstimmen, doch wenn wir nicht in dieser Erinnerung der Dankbarkeit leben, kann wenig wirkliche Transformation geschehen.

Mir ist vollkommen klar, dass dies nicht einfach ist, wenn wir über etwas aufgebracht sind, wenn das Leben uns anscheinend nicht so behandelt, wie wir das möchten. Dann ist es extrem schwierig, dankbar zu sein. Und doch ist es genau das, wozu wir aufgefordert sind! Wir werden gebeten, dankbar zu sein, sogar wenn die äußere Situation negativ *erscheint.* Wir erinnern uns auch daran, dass einer Seiner Schönsten Namen *ash-Shakur* lautet (Ihm gebührt aller Dank), und da es nur Ihn gibt, können wir jetzt nicht sehen, was unsere eigene Vergesslichkeit in dieser Welt verhindert?

In der Gruppenarbeit und im Verständnis dessen, was ich gesagt habe, können wirkliche Veränderungen geschehen, solange wir mitfühlend und freundlich miteinander sind. Wir wissen sehr genau, dass niemand perfekt ist und dass oft viel Leid im Raum ist. Durch bewusstes Erinnern auf dem Atem und diesen Klang der Dankbarkeit in unseren Herzen kann sich viel von diesem Schmerz und diesem Leid, das wir an unseren Freunden bemerken, Schritt für Schritt auflösen. Ich sage nicht, dass diese Zustände des Unglücklichseins für immer verschwinden, aber ich sage, dass es so ist, als ob plötzlich ein Licht das Herz erleuchtet, und wir uns dann einfacher dem zuwenden können, was wir tun, sei es bewusstes Atmen, Studieren, *Dhikr* oder Gebet.

Jetzt kommen wir zum Thema *Willen.* Wie uns gesagt wird, ist Dankbarkeit der Schlüssel zum Willen, und mit ein wenig innerem Erklären ist es nicht schwierig, dies zu verstehen. Darf ich euch ein kleines Beispiel geben? Jenen Satz, den ich oft zitiere, und der mir so geholfen hat: »Ich war ein Verborgener Schatz und sehnte Mich danach, erkannt zu werden; so erschuf Ich die Welt, damit Ich erkannt werde.« Wenn wir darüber kontemplieren und uns daran erinnern, dass es nur Ihn gibt, können wir dann nicht

Names into our waiting hearts? If we are not grateful, we are not in a state of praise. If we are not in a state of praise, then how can we be grateful? Therefore, do your best to bring this attitude into your rooms, your meeting places and indeed wherever you go.

Little by little, with patience and perseverance, a new atmosphere can be felt all around you, even in the shops where you go to buy your daily groceries. Nobody quite knows where it comes from, but you'll find people do start smiling, even on a very rainy day!

What a Day Today!

This paper is perhaps not so much specifically instructional, but rather intended to feed "the world of creative imagination", which exists within the inner heart of us all.

> A great wind blew through a forest, where there were some beautiful and ancient trees, revered by all those that came walking through the forest, particularly the monks in their daily meditations. A great gust of wind knocked down one of the precious trees, bringing it crashing to the ground.
>
> Was there any sound when the tree blew down – if there was no-one in the forest at that time?

This is an old Zen story. However, there have been many versions of it. Such teaching stories are given to the seekers of truth to awaken them to dig deeper into their own hearts in order to discover some of the secrets of life on earth.

In some ways many of these teaching stories can be frightening to the seeker. On the other hand if we do not confront our own fears, how can we possibly rise beyond our lower natures, and learn "to walk on air"? Rumi said these very challenging and extraordinary words in the thirteenth century of our time, "If Jesus had had even more faith, he would not just have walked on water, he would have walked on air."

What on earth does this sentence mean, in the context of our daily lives at this present time? Look around you, the planet is suffering as the result of our own greed and stupidity. When we hear a sentence from Rumi like this, can we just stop for a moment and ask why such a statement is being made in our time? Can we not

die äußerste Freude und Dankbarkeit erkennen, die Er fühlen muss, wenn Er sieht, wie einer Seiner geliebten Diener die Einheit erfährt und möglicherweise gleichzeitig das einzigartige Dasein jedes Individuums innerhalb des Ganzen? Sicher ist Gott dankbar, wenn wir uns dem Gott in uns zuwenden! Sicher ist Gott von Licht erfüllt, wenn Er sieht, dass Menschen endlich wach geworden sind und die Freude der Einheit erleben. Wenn Er dankbar ist, dann sind wir dankbar, wenn wir dankbar sind, ist Er dankbar, da es in Wirklichkeit keine Trennung gibt.

Ihr könnt viele Beispiele und Zitate finden, die euch helfen mögen, dies zu verstehen. Ich erinnere mich, wie, als ich sehr jung war, mein damaliger Lehrer zu mir sagte: »Siehst du jetzt, dass jedes Mal, wenn du dafür dankbar bist, was dir gegeben wird, zu essen, zu atmen und all die anderen Wunder in der Welt, es so ist, als ob eine Leiter direkt vom Himmel heruntergelassen würde, auf welcher sich alle Engel der Welt befinden?« Mit andern Worten bedeutete das, was mir hier auf kindliche Art und Weise gesagt wurde, dass, wenn immer ich ohne Vorwurf und negative Gedanken dankbar sei, ich mich dem Einen Willen des Himmels öffne, der in jenem Fall durch diese Leiter repräsentiert wurde, die direkt zu uns heruntergelassen wird und all die Hilfe, die ich brauchte, in Form der Engelssphären mit sich brachte. Ja, ich weiß, dass es nur eine kindliche Geschichte ist, aber ihr werdet erstaunt sein, wie dies funktionieren kann.

Ich möchte euch alle nochmals daran erinnern, dass »jedes Gebet mit Lobpreis beginnt«, und das schließt den *Dhikr,* die Erinnerung Gottes, und andere spirituelle Übungen ein. Wenn wir unseren Schöpfer nicht preisen können, wie kann Er dann fähig sein, all die Manifestationen Seiner Namen in unsere wartenden Herzen auszugießen? Wenn wir nicht dankbar sind, sind wir nicht in einem Zustand des Lobpreises. Wenn wir nicht in einem Zustand des Lobpreises sind, wie können wir dann dankbar sein? Tut folglich euer Bestes, diese Einstellung in eure Räume zu bringen, an eure Zusammenkünfte und wo immer ihr hingeht.

Nach und nach kann mit Geduld und Ausdauer eine neue Atmosphäre um euch herum gespürt werden, sogar in den Geschäften, in denen ihr eure täglichen Einkäufe macht. Niemand weiß wirklich, woher es kommt, aber ihr werdet Leute sehen, die zu lächeln beginnen, sogar an einem regnerischen Tag!

Was für ein Tag!

Dieser Text ist nicht so sehr als detaillierte Anleitung gedacht, sondern beabsichtigt eher, die »Welt der kreativen Imagination« zu nähren, die im innern Herzen von uns allen existiert.

Ein starker Wind wehte durch den Wald, wo einige wunderschöne und uralte Bäume standen, die von allen, die durch den Wald spazierten, verehrt wurden, besonders von den Mönchen in ihren täglichen Meditationen. Eine starke Windböe fällte einen der wertvollen Bäume und warf ihn zu Boden.

War da ein Geräusch, als der Baum umgeweht wurde – wenn zu jenem Zeitpunkt niemand im Wald war?

Das ist eine alte Zen-Geschichte. Es gibt jedoch viele Versionen davon. Solche Lehrgeschichten werden den Wahrheitssuchern gegeben, um sie aufzuwecken und anzuregen, tiefer in ihren eigenen Herzen zu graben, um einige der Geheimnisse des Lebens auf der Erde zu entdecken.

Viele dieser Lehrgeschichten können den Suchenden auf bestimmte Art verängstigen. Wenn wir uns andererseits nicht mit unseren eigenen Ängsten auseinandersetzen, wie können wir dann über unsere niedere Natur hinauswachsen und lernen, »über Luft zu gehen«? Rumi äußerte diese sehr herausfordernden und außergewöhnlichen Worte im dreizehnten Jahrhundert unserer Zeitrechnung: »Hätte Jesus noch mehr Glauben gehabt, wäre er nicht nur über Wasser gegangen, er wäre über Luft gegangen.«

Was um Himmels Willen bedeutet dieser Satz im Zusammenhang mit unserem täglichen Leben zur gegenwärtigen Zeit? Schaut euch um. Der Planet leidet als Folge unserer eigenen Gier und Dummheit. Wenn wir einen Satz von Rumi wie diesen hören, können wir dann für einen Augenblick innehalten und uns fragen, warum ein solcher Ausspruch in unserer Zeit gemacht wird? Können wir nicht sehen, dass es die exakt richtige Zeit ist, darüber nachzudenken und über viele andere tiefe Fragen, die auf gewisse Art zumindest teilweise verborgen blieben während mehr als siebenhundert Jahren und jetzt in unserer Zeit auftauchen?

Ich gebe euch einen Hinweis, um diese wunderbaren Worte Rumis zu verstehen. Trotzdem liegt es immer noch an euch, an

see that it is precisely the right time for us to consider these and many other deep questions which have, in a sense, remained at least partly hidden for over seven-hundred years and yet are now appearing?

I offer you one clue in order to understand these wonderful words of Rumi. Even so, it is still up to you, each of you individually, to find out the meaning for yourselves. Do you remember how I have explained, for so many years, that we are composed of eighty percent water? Do you remember how often I have explained to you that the moisture on the breath carries the *patterns* of thought forms into the atmosphere? Thus, it can be understood, in a sense, that it is *we* who create the atmosphere around us.

So when Jesus 'walked on water', he was showing us that he had reached the point from which, and through which, the atmosphere from his breath had become Divine. Here I repeat the words from Ibn Arabi, "All is contained in the Divine Breath as the day in the mornings' dawn." Where Rumi said, "If Jesus had had more faith ...", he is suggesting a possibility of his times perhaps not available in Jesus's days. However, if we consider the words "the Jesus for *our* time," it teaches us that not only do we have to conquer and assimilate our lower natures into the breath of Divine Compassion, but even now, in a world that appears so chaotic and where sometimes we find so little hope, we still have the opportunity to 'walk on air'. In other words, no more are we subjected to the tyranny of time created out of our own greed, ignorance and fear, but we can, at last, (as Jesus told us) learn how "to be *in* the world but not *of* it".

Two days ago I received an e-mail from the States, from a pupil of the school for well over thirty years. A close friend, she reminded me that I have been an instrument in teaching many subjects: the *Essence* of the Sufi tradition, Geomancy, Sacred Architecture and Design and indeed many other wonders in His Creation. The accent and the direction of all the teachings has revolved around the one word *breath*.

Breath is life. Life is not merely "organic life", which we can observe, share in and help. Life is more than what we can see; that which appears in what the Sufis call "this world of apparency". Life, and the life force, is actually an everlasting moment expressed as a unique glow from the fire of Divine Love in our hearts. This fire, however, lives only as a potentiality in each of our individual lives; it is what we *do* with it that counts.

This is the only day you have! Remember when you wake up, when you have your breakfast, when you go for a walk or when you greet each other. Try to remember that every act of awareness you have, and are aware of *at the same time,* is giving a living agreement to the whole process of this beautiful life we have been lent. One life, one lifespan! This is what we have, and it is in this lifespan that we can learn to serve the ever-living Presence of God.

How do we do this? How can we really be of service? The answer lies on the breath, since, if we are not awake to this life we have been given, we are merely sleepwalkers on the theatre of time. Since this is the only life we have, be awake to the breath in gratefulness. The only way we can serve life itself is in the true remembrance that, as it has been stated in the tradition, we are His most favourite Creation and, "and as they draw nigh to Me in love, then I become the eyes through which they see and the ears through which they hear."

What a day today.
There are two suns rising!
What a day,
Not like any other day.
Look!
The light is shining in your heart,
The wheel of life has stopped.
O you who can see into your own heart,
What a day.
This is your day.

JALALUDDIN RUMI

How Does It All Start?

I am often asked why I do not teach more complicated breathing practices, when so many are available, and indeed why I keep to this particular rhythm of 7-1-7-1-7 and the placing of the breath into the solar plexus and out through the heart centre. My answer is very simple; I have nothing against people working with various breath practices, so long as they consult with me or one of the people I have worked with for a long time. For example, we have all done the practice of Kundalini Yoga, advocated by the late Yogi

jedem Einzelnen von euch, die Bedeutung herauszufinden. Erinnert ihr euch daran, wie ich vor so vielen Jahren erklärt habe, dass wir zu achtzig Prozent aus Wasser bestehen? Erinnert ihr euch, wie oft ich euch gesagt habe, dass die Feuchtigkeit auf dem Atem die *Muster* von Gedankenformen in die Atmosphäre trägt? So kann auf gewisse Weise verstanden werden, dass *wir* die Atmosphäre um uns herum erschaffen.

Als Jesus also ›über Wasser ging‹, zeigte er uns, dass er den Punkt erreicht hatte, von dem und durch den die Atmosphäre aus seinem Atem Göttlich geworden war. Hier wiederhole ich die Worte Ibn Arabis: »Alles ist im Göttlichen Atem enthalten, so wie der Tag in der Morgendämmerung.« Wenn Rumi sagte: »Hätte Jesus noch mehr Glauben gehabt...«, spricht er über eine Möglichkeit aus seiner Zeit, die zu Jesu Tagen vielleicht nicht offenstand. Wenn wir hingegen über die Worte »der Jesus für *unsere* Zeit« nachdenken, lehrt es uns, dass wir nicht nur unsere niedere Naturen überwinden und in den Atem des Göttlichen Mitgefühls integrieren müssen, sondern dass genau jetzt, in einer Welt, die so chaotisch erscheint und in der wir manchmal so wenig Hoffnung finden, wir noch immer die Gelegenheit haben, ›auf Luft zu gehen‹. Mit andern Worten: Wir sind nicht länger der Tyrannei der Zeit, die wir aus unserer eigenen Gier, Unwissenheit und Furcht geschaffen haben, unterworfen, sondern wir können schließlich (wie Jesus uns gesagt hat) lernen, wie wir »*in* der Welt, aber nicht *von* ihr« sein können.

Vor zwei Tagen erhielt ich eine E-Mail aus den Staaten von einer Schülerin, die seit über dreißig Jahren in der Schule ist. Als gute Freundin erinnerte sie mich daran, dass ich ein Instrument für das Lehren vieler Themen gewesen bin: der *Essenz* der Sufi-Tradition, Geomantie, heilige Architektur und Design und in der Tat vieler anderer Wunder in Seiner Schöpfung. Der Akzent und die Ausrichtung aller Lehren drehten sich um das eine Wort *Atem*.

Atem ist Leben. Leben ist nicht bloß das »organische Leben«, das wir beobachten, an dem wir teilhaben und dem wir helfen können. Leben ist mehr als das, was wir sehen können, mehr als das, was in dem erscheint, das die Sufis »diese Welt der Erscheinungen« nennen. Leben, und Lebenskraft, ist tatsächlich ein immerwährender Augenblick, ausgedrückt als einzigartiges Glühen aus dem Feuer der Göttlichen Liebe in unseren Herzen. Dieses Feuer brennt jedoch nur als Potenzial in jedem unserer individuellen Leben; was zählt, ist, was wir damit *tun*.

Bhajan, who was a close friend of mine. It is an entirely different sort of breathing technique, but it fits in very well with what we are asked to do every day. At this time, I will not go into the many different techniques on the spiritual path that exist concerning breath and breathing. I am sure you are all experts at computers and can therefore google for the answers! However, I can say that the method I advocate is deeply concerned with all aspects of transformation, and transformation is vitally necessary if we are to reach towards our true potential *in this lifetime.*

I stress "in this lifetime" for the simple reason that we, in our tradition, do not follow the path of reincarnation (which implies there is something in you which is separate from the whole), but rather we come to the understanding of the meaning of eternal recurrence. There is a saying, "God never manifests Himself twice in one moment in the same way." He is continuously coming and going *at the same time.* Through the knowledge of the breath, we have the immense possibility of coming to know, without any shadow of a doubt, what this sentence means.

I would like to share with you a personal story concerning how I first heard about this breath technique, and then how I met up with various people in my life, all of whom had found this particular path in one way or another.

With me it all started when I was a small boy. It was during World War II, and we children had to walk to the house where the kindergarten school was being held every morning. Rain, snow, sunshine, it didn't matter; we trotted off down the lane to the big house, where we lined up in our very short trousers, our hands behind our backs and desperately trying to keep our eyes facing forwards, because at the same time there were frequent battles above us in the sky between the German and English fighter planes. We were not allowed to look up or observe anything. We had to stand there, our eyes facing forwards, and wait for necessary instructions.

The teacher for these exercises was called a "remedial mistress"! Today I believe you would call her a "P.E. (physical exercise) teacher". I remember so well staring from my very small size at her perfectly white gym shoes, and then following my gaze up her legs, which were covered in thick brown stockings that reached only to her knees. She was immensely tall, and with her chin stuck forwards, as it always was, it was very hard to see her eyes. Anyway, to cut a long story short, first we had to do various physical exercises,

Dies ist der einzige Tag, den wir haben! Erinnert euch daran, wenn ihr aufwacht, wenn ihr euer Frühstück zu euch nehmt, wenn ihr spazieren geht oder wenn ihr jemanden begrüßt. Versucht, euch daran zu erinnern, dass jeder Akt der Wachheit, wenn ihr euch dessen *gleichzeitig* bewusst seid, dem ganzen Prozess dieses wunderschönen Lebens, das uns geliehen wurde, ein lebendiges Einverständnis gibt. Ein Leben, eine Lebensspanne! Das ist es, was wir haben, und in dieser Lebensspanne können wir lernen, der ewig lebendigen Präsenz Gottes zu dienen.

Wie machen wir das? Wie können wir wirklich dienen? Die Antwort liegt auf dem Atem, weil, wenn wir für dieses Leben, das uns gegeben wurde, nicht wach sind, wir nur Schlafwandler im Theater der Zeit sind. Seid in Dankbarkeit für den Atem wach, da dies das einzige Leben ist, das wir haben. Der einzige Weg, wie wir dem Leben selbst dienen können, ist in wahrer Erinnerung daran, dass, wie in den Traditionen gesagt wird, wir Seine meistgeliebten Geschöpfe sind, »und wenn sie sich Mir in Liebe nähern, dann werde Ich zu den Augen, durch die sie sehen, und zu den Ohren, durch die sie hören.«

Was für ein Tag.
Zwei Sonnen gehen auf!
Was für ein Tag,
Anders als alle anderen.
Schau!
Das Licht scheint in deinem Herzen,
das Rad des Lebens steht still.
Oh du, der du in dein eigenes Herz siehst,
Was für ein Tag.
Es ist dein Tag.

JALALUDDIN RUMI

Wie beginnt alles?

Oft werde ich gefragt, warum ich nicht kompliziertere Atemübungen lehre, wo doch so viele verfügbar sind, und warum ich an diesem bestimmten Rhythmus von 7-1-7-1-7 und am Einatmen in den Solarplexus und am Ausatmen durch das Herzzentrum festhalte. Meine Antwort ist sehr einfach: Ich habe nichts dagegen, dass

and then, standing very still, we were told to breathe into the solar plexus area for the count of seven, pause for one second, and breathe out from the centre of the chest, pause, and repeat the practice for up to fifteen minutes. Meanwhile the fighter pilots were roaring overhead, and I was doing my best to stop giggling every time I looked at her white shoes.

I was at that kindergarten for five years, and I still remain eternally grateful for those lessons, even at such a young age. The next step for me was when I studied with Chogyam Trungpa, the famous Tibetan Rinpoche who started the first really large Tibetan centre in the West. It exists to this day and is called Samyé Ling. When I went for my first interview with him, I was expecting all sorts of magical steps to enlightenment. Instead, all he said to me was, "You breathe in, only to breathe out." I was then sent away to the meditation room to practice this exercise for many hours a day. The strange thing was that, somehow or other, the memory of those very early days with the remedial mistress came back to me.

Of course, on a far deeper lever, I am sure that all of you from reading these stories will start looking deeper into the positive sides of the memory.

After many more years of travelling, I met with a pupil of Professor Ilse Middendorf. She was a very old lady at that time and I was – in the words of Jesus, "By their fruits ye know them" – very touched by meeting this woman. After much discussion, I discovered that Professor Middendorf had started her own training in the breath when she was eleven years old, and that she had been in contact with a group of people known by the name of "Mazdaznan".

I suppose there is no such thing as chance, because a little later on, when I was living in Los Angeles in 1973, I, too, met with the Mazdaznan. This happened through an Italian homeopathic doctor, who promptly sent me off to the south of France, to what was then a very famous centre, run by Mikhael Aivanhov. At that time, he was the official master of the Great White Brotherhood, which was based in the nearby town of Frejus (although there were other centres in South America). Anyway, I was an invited guest and I lived in a cottage next to *Le Maitre.* At the first meal, to my total surprise, with several hundred people present and with Le Maitre sitting on a stage at the other end of the dining room, we were all asked to sit up, backs straight, in what I would call an actively

Menschen mit verschiedenen Atemübungen arbeiten, solange sie
es mit mir oder mit einer der Personen, mit denen ich seit langer
Zeit gearbeitet habe, besprechen. Wir haben zum Beispiel alle
Kundalini-Yoga geübt, das vom verstorbenen Yogi Bhajan, der ein
enger Freund von mir war, eingeführt wurde. Es ist eine völlig andere Art von Atemtechnik, passt aber sehr gut zu dem, was wir
jeden Tag zu tun gebeten sind. Zu diesem Zeitpunkt will ich nicht
auf die vielen verschiedenen Techniken eingehen, die auf dem spirituellen Pfad existieren und den Atem und das Atmen betreffen.
Sicher seid ihr alle Computerexperten und könnt folglich die
Antworten googeln! Ich kann jedoch sagen, dass die von mir
empfohlene Methode sich mit allen Aspekten der Transformation
befasst, und Transformation ist äußerst notwendig, wenn wir
unser wahres Potenzial *in dieser Lebenszeit* ausschöpfen wollen.

Ich betone »in dieser Lebenszeit« aus dem einfachen Grund, da
wir in unserer Tradition nicht dem Pfad der Reinkarnation folgen
(welche voraussetzt, dass es etwas in euch gibt, das vom Ganzen getrennt ist), sondern wir beginnen vielmehr die Bedeutung der ewigen Wiederkehr zu verstehen. Es gibt den Spruch: »Gott manifestiert Sich niemals zweimal in einem Augenblick auf dieselbe
Weise.« Er kommt und geht dauernd *gleichzeitig*. Durch die
Kenntnis des Atems haben wir die enorme Möglichkeit, ohne den
Schatten eines Zweifels zu wissen, was dieser Satz bedeutet.

Ich möchte die persönliche Geschichte mit euch teilen, wie ich
das erste Mal von dieser Atemtechnik hörte und wie ich dann
tatsächlich verschiedene Menschen in meinem Leben traf, die alle
diesen bestimmten Pfad auf die eine oder andere Art gefunden
haben.

In meinem Fall begann alles, als ich ein kleiner Junge war. Es
war im Zweiten Weltkrieg, und wir Kinder mussten jeden Morgen
zu Fuß in den Kindergarten. Bei Regen, Schnee oder Sonnen-
schein, es spielte keine Rolle, marschierten wir zum großen Haus,
wo wir uns in unseren kurzen Hosen in einer Reihe aufstellten, unsere Hände hinter dem Rücken, und verzweifelt versuchten, nach
vorne zu schauen, weil gleichzeitig über uns die häufigen Luft-
schlachten zwischen den deutschen und englischen Kampf-
flugzeugen tobten. Uns war es nicht erlaubt, nach oben zu schauen
oder irgendetwas zu beobachten. Wir mussten dort stehen, die
Augen nach vorne gerichtet und auf die nötigen Anweisungen warten.

receptive state, and for fifteen minutes – what did we do? Breathe to the rhythm of 7-1-7-1-7! You see, if our motive and intention are good, we are given all we need to fulfil the tasks of being conscious human beings in this lifetime, the only life we have.

A few days ago I came upon a paper by Professor Middendorf called *The Meaning of Breathing*, and I quote here a few lines from her much longer article:

> Through the function of breathing, we have in our power the means to extend ourselves in all areas of life; in the physical spheres of movement, health and bodily aptitudes, as well as in the mental and spiritual spheres of thought, feeling, sensitivity and intuition. *The more deeply we experience the phenomenon of breathing, the wider our horizons open up. Breathing means living.* The deeper we penetrate into the laws of breathing, we become aware that body, soul and spirit are intertwined. Breathing is a total experience taking place not only on the physically visible level, but on the spiritual and mental levels as well. By breathing correctly we can bring about changes in ourselves, leading us closer to maturity and health, strength and balance. Through our breathing we can reach deeper into our origins, and thus experience our very being. Breathing not only moves our bodies, it connects us to the world outside us. Breathing, which reaches into our inner world, binds us to the outer world. It brings us closer to each other and breaks down our sense of isolation, by the effective means of tonal sounds and words as well as by other means.

The next time you are working with breathing practices, start to work with your body as well as merely completing the rhythm on the in- and out-breath. I often tell people that the 'pause' between the in- and the out-breath should be as beautiful as every other part of the practice. "The sole purpose of love is beauty" (Rumi). I even show people – pretending I'm a ballet dancer! – that the pause is like that extraordinarily beautiful moment when a ballet dancer, in perhaps a *pas de deux,* is on one foot ready for the other foot to descend into the full ballet movement. Nothing has stopped! It is almost like the split second in a waiting world. Try breathing through your hands, for example, first one and then the other, lifting them up gently from where they were resting on the thighs,

Die Lehrerin, die diese Übungen anleitete, wurde als »Heilgymnastin« bezeichnet! Heute würde man sie wohl eine »Sportlehrerin« nennen. Ich erinnere mich gut, wie ich auf ihre vollkommen weißen Turnschuhe starrte und dann meinen Blick ihre Beine hochwandern ließ, die in dicken, braunen, nur bis zu ihren Knien reichenden Strümpfen steckten. Sie war riesengroß, und weil sie stets ihr Kinn vorstreckte, war es schwierig, ihre Augen zu sehen. Kurz und gut, wir mussten verschiedene Körperübungen ausführen und dann wurden wir aufgefordert, ganz ruhig dazustehen und auf sieben Schläge in den Solarplexus einzuatmen, eine Sekunde zu pausieren, aus der Mitte der Brust auszuatmen, Pause, und diese Übung bis zu fünfzehn Minuten zu wiederholen. In der Zwischenzeit donnerten die Kampfpiloten über unsere Köpfe hinweg, und ich tat mein Bestes, nicht jedes Mal zu kichern, wenn ich ihre weißen Schuhe betrachtete.

Ich besuchte den Kindergarten fünf Jahre lang, und noch immer bin ich für jene Lehren in diesen jungen Jahren dankbar. Der nächste Schritt folgte für mich, als ich bei Chogyam Trungpa studierte, dem berühmten tibetanischen Rinpoche, der das erste wirklich große tibetanische Zentrum im Westen gegründet hatte. Es existiert noch heute und heißt Samyé Ling. Als ich für mein erstes Interview zu ihm ging, erwartete ich alle Arten von magischen Schritten zur Erleuchtung. Stattdessen war alles, was er zu mir sagte: »Du atmest nur ein, um auszuatmen.« Dann wurde ich aufgefordert, in den Meditationsraum zu gehen, um diese Übung täglich während Stunden zu praktizieren. Das Merkwürdige war, dass die Erinnerung an jene frühen Tage mit der Heilgymnastin irgendwie wieder in mir auftauchte.

Ich bin sicher, dass ihr, nachdem ihr diese Geschichten gelesen habt, beginnt, die positiven Seiten der Erinnerung tiefer zu betrachten.

Nach weiteren Jahren des Reisens traf ich eine Schülerin von Professor Ilse Middendorf. Sie war zu jener Zeit eine sehr alte Dame und ich war – mit den Worten Jesu: »An ihren Früchten sollt ihr sie erkennen« – sehr berührt von dieser Frau. Nach langen Gesprächen erfuhr ich, dass Professor Middendorf ihr Atemtraining im Alter von elf Jahren begonnen hatte und dass sie mit einer Gruppe von Leuten mit dem Namen »Mazdaznan« in Kontakt stand.

Ich nehme an, dass es nichts derartiges wie Zufall gibt, denn ein bisschen später, als ich 1973 in Los Angeles lebte, kam auch ich mit

and start turning the breath practice into an inner and outer dance. Try breathing through the legs! Can you find anywhere where the breath is *not?*

There is no separation between body, soul and spirit. It is our greed and ignorance that make these divisions and separations. *There is only one Absolute Being.* Breath and spirit are one, once you know – and know it with full conviction and with every pore of your body resonating to the beauty of this knowledge.

In your breathing classes, you can put on some quiet music from a ballet suite, or other music that seems appropriate, and after fifteen minutes breathing silently in the sitting position *allow* the breath to move you, so that you can experience deeply what lies within the breath itself.

Are you looking for me?
I am in the next seat. My shoulder is against yours.
You will not find me in stupas, nor in Indian shrine rooms,
     nor in synagogues, nor in cathedrals;
Not in masses, nor kirtans, not in legs winding around
     your own neck, not in eating nothing but vegetables.
When you really look for me, you will see me instantly.
You will find me in the tiniest house of time.
Kabir says, "Student, tell me, what is God?
He is the Breath inside the breath."

Listening with the Breath

Breathing is an unceasing, rhythmic movement – like the eternal dip and swirl of the waves of the sea.

This rhythmic process, taking place so naturally in every living being, is the primal life-giving motion itself. If we breathe naturally, this rhythm moves this whole being, which is a collection of forces interpenetrating each other and forming an invisible oneness. The unconscious mode of breathing is part of the autonomic nervous system and accompanies every act of the body, be it physical, spiritual or mental. Whereas anxiety restricts our breathing, joy permits it to flow freely. Every bodily activity changes our breathing-pattern. If we have worries, fears, struggles, whether of an inward or

den Mazdaznan in Kontakt, und zwar durch einen italienischen Homöopathen, der mich unverzüglich nach Südfrankreich sandte, ins Zentrum von Mikhael Aivanhov, das damals sehr berühmt war. Zu jener Zeit war er der offizielle Meister der Großen Weißen Bruderschaft, die ihre Basis in der nahegelegenen Stadt Frejus hatte (obwohl es andere Zentren in Südamerika gab). Jedenfalls war ich ein eingeladener Gast und lebte in einem kleinen Häuschen direkt neben »Le Maitre«. Zu meiner großen Überraschung wurden wir alle während der ersten Mahlzeit mit mehreren hundert Menschen und mit Le Maitre, der auf einer Bühne am andern Ende des Speisesaals saß, gebeten, aufrecht zu sitzen in einem, wie ich es nennen würde, aktiv empfänglichen Zustand und während fünfzehn Minuten – was zu tun? Im Rhythmus von 7-1-7-1-7 zu atmen! Ihr seht, wenn unser Motiv und unsere Absicht gut sind, wird uns alles gegeben, was wir brauchen, um die Aufgabe zu erfüllen, in dieser Lebenszeit, dem einzigen Leben, das wir haben, bewusste Menschen zu sein.

Vor einigen Tagen stieß ich auf einen Text von Professor Middendorf mit dem Titel *Die Bedeutung des Atmens,* und ich zitiere hier ein paar Zeilen aus ihrem viel längeren Artikel:

Durch die Funktion des Atmens haben wir die Mittel in unserer Macht, uns in allen Lebensbereichen auszudehnen: in den physischen Bereichen der Bewegung, Gesundheit und körperlichen Begabungen wie in den mentalen und spirituellen Bereichen von Gedanke, Gefühl, Sensibilität und Intuition. *Je tiefer wir das Phänomen des Atmens erfahren, umso weiter öffnen sich unsere Horizonte. Atmen bedeutet leben.* Je tiefer wir ins Gesetz des Atmens eindringen, desto bewusster sehen wir, dass Körper, Seele und Geist miteinander verflochten sind. Atmen ist eine absolute Erfahrung, die nicht nur auf der physisch sichtbaren Ebene stattfindet, sondern auch auf den spirituellen und mentalen Ebenen. Mit korrektem Atmen können wir Veränderungen in uns selbst bewirken, die uns der Reife, der Gesundheit, der Kraft und dem Gleichgewicht näher bringen. Durch unser Atmen können wir tiefer in unseren Ursprung eintauchen und so unser wahres Sein erfahren. Atmen bewegt nicht nur unsere Körper, es verbindet uns mit der Welt außerhalb von uns. Atmen, das in unsere innere Welt reicht, bindet uns an die äußere Welt. Es bringt uns ein-

external nature, our muscles become tight and inflexible and disturb the normal function of our organs, causing illness. There is a sense of narrowness and cramp or a feeling of lassitude. These states are harmful to the natural bodily equilibrium and 'openness' required for healthy breathing (Ilse Middendorf).

I have always deeply regretted never having had the opportunity to meet Professor Middendorf personally, although I have met many of her pupils. I have always been amazed at how simple and yet how deep her teachings on the breath have been, as expressed in her various books and articles. Personally, I am more of a storyteller than someone who can use scholarly language to express the basic truths in the same way Professor Middendorf has done so beautifully. I have used stories from my own life to teach the same truths all over the world, whether speaking to a gathering of people interested in the practices involved with Sufism or with people who have had little or no experience of the inner path.

This inner path is often described as having three aspects to it; the exoteric, the mesoteric and the esoteric, all of which make up one triad of truth. The exoteric path, to which most seekers belong, can be seen as rather like rungs on a ladder, people going from one seminar to another, from one religious belief system to another, sometimes getting into quite a confused state. The mesoteric path has a great deal to do with group work and endeavour, during which we give up a great deal of our own selfish desires for the good and harmony of those with whom we work. The esoteric circle is much more rare and difficult to find, since most of those involved remain invisible. They could be bakers or businessmen, fisherman or bus drivers. They are trained to be anonymous, and yet all the time they are "living on the breath" and whatever they do can be seen to be living examples of what the spiritual journey is all about. Most certainly all three circles have one thing in common, and that is our own personal realisation that if we are not 'totally alive', we are brought only to the outer sounds of life and not to "the essence". When we are totally conscious and awake on the breath, we are brought to this sentence, "Make the senses your friends, and time will be on your side at last".

How do we *know* we are alive? This may sound like a stupid question. On the other hand, we can also realise that there are so

ander näher und löst unser Gefühl der Isolation auf, sowohl mit Hilfe tonaler Klänge und Worte als auch mit anderen Mitteln.

Das nächste Mal, wenn ihr mit Atemübungen arbeitet, beginnt, auch mit eurem Körper zu arbeiten, statt nur den Rhythmus des Ein- und Ausatmens einzuhalten. Ich sage den Leuten oft, dass die ›Pause‹ zwischen dem Ein- und Ausatmen so schön sein sollte wie jeder andere Teil der Übung. »Der einzige Zweck der Liebe ist Schönheit« (Rumi). Ich zeige den Leuten sogar – indem ich vorgebe, ein Balletttänzer zu sein! –, dass die Pause wie jener außergewöhnlich schöne Augenblick ist, wenn ein Balletttänzer, vielleicht in einem *Pas de deux,* auf einem Fuß steht, bereit, mit dem anderen Fuß in die volle Balletbewegung hinüberzuwechseln. Da ist kein Stopp! Es ist beinahe wie der Sekundenbruchteil in einer wartenden Welt. Versucht, durch eure Hände zu atmen, zum Beispiel zuerst durch die eine und dann durch die andere, und sie sanft hochzuführen von den Oberschenkeln, und beginnt, die Atemübung in einen inneren und äußeren Tanz zu verwandeln. Versucht, durch die Beine zu atmen! Könnt ihr einen Ort finden, an dem der Atem *nicht* ist?

Es gibt keine Trennung zwischen Körper, Seele und Geist. Nur unsere Gier und unsere Unwissenheit machen diese dummen Aufteilungen und Trennungen. *Es gibt nur ein Absolutes Sein.* Atem und Geist sind eins, wenn ihr wisst – und dies aus voller Überzeugung wisst und mit jeder Pore eures Körpers, der in der Schönheit dieses Wissens mitschwingt.

Warum spielt ihr in euren Atemklassen nicht ruhige Musik aus einer Ballettsuite oder andere Musik, die angebracht erscheint? Und nach fünfzehn Minuten stillen Atmens in sitzender Haltung *erlaubt* ihr dem Atem, euch zu bewegen, so dass ihr das, was innerhalb des Atems selbst liegt, tief erfahren könnt.

Suchst du mich?
Ich sitze neben dir. Meine Schulter lehnt an deiner.
Du wirst mich weder in Stupas noch in indischen Schreinen
    finden, weder in Synagogen noch in Kathedralen;
Nicht in Messen, nicht in Kirtans, nicht in Beinen,
    die sich um deinen Nacken winden, noch im Essen von
    nichts anderem als Gemüse.

many levels of learning how to live life consciously. It requires special efforts every day of our lives to come to know, once and for all, that there *is* a purpose of life on earth, and it is for us to learn how to participate consciously in this. It is in and through this purpose that the human being is seen as the prime function and motivator of human life.

I have tried to talk about breathing; however, the *essence* of the matter will always escape words. The ever present experience within the depths of our being, when our inner emptiness is penetrated by the life-giving breath flowing into the body, is inexpressible. "Breathing is a reality which must be experienced" (Ilse Middendorf).

In the last part of this paper I asked you to bring movement into the 7-1-7-1-7 rhythm of the breath. I invited you to turn the practice into a living dance. Now I want you to include another one of the senses into your practices, in order to develop what we call "the art of listening".

Spend a little time every day in the world of nature, if possible. Breath consciously, remembering that breath is life and, at the same time, reach out with the sense of hearing. Listen to what the sounds are telling you. If it is the wind in the trees, what sound is there before the wind arrived at the forest where you were standing? What is the sound carried by the wind that started from beyond the mountains? What is the sound of the wind when there is nothing to stand in its way? As you listen very carefully, even in the inner silence within your heart, you will hear the sound of the *Hu*. If you are very still and listen to your own breath, and even the pause between the in-breath and the out-breath, you will still hear the sacred sound of the *Hu*.

So many people consider this word *Hu* should be limited to some special esoteric group. Rubbish! I have sounded the same word with my friends in the Sioux and Apache North American Indians. I have listened to the sound all over the world, and it is in greatest respect that I, myself, also sound the *Hu*. I remember it is the first manifested sound of the universe, and therefore carries all His Most Beautiful Names and thus all the qualities that are possible for us to manifest in this world, to help make it a better place for us in which to live.

Wenn du mich wirklich suchst, wirst du mich
      unverzüglich sehen.
Du wirst mich im winzigkleinsten Haus der Zeit finden.
Kabir sagt: »Student, sag mir, was ist Gott?
Er ist der Atem innerhalb des Atems.«

Mit dem Atem zuhören

Atmen ist eine unaufhörliche, rhythmische Bewegung – wie
das ewige Tauchen und Wirbeln der Wellen der See.

Dieser rhythmische Prozess, der so natürlich in jedem
Lebewesen stattfindet, ist die ursprüngliche, lebensspendende
Bewegung selbst. Wenn wir natürlich atmen, bewegt dieser
Rhythmus dieses ganze Sein, das eine Ansammlung von
Kräften ist, die sich gegenseitig durchdringen und ein un-
sichtbares Einssein bilden. Der unbewusste Modus des
Atmens ist Teil des autonomen Nervensystems und begleitet
jede Handlung des Körpers, sei sie physisch, spirituell oder
mental. Während Angst unser Atmen einschränkt, erlaubt
Freude den freien Fluss. Jede Körperaktivität verändert unser
Atemmuster. Wenn wir Sorgen, Ängste, Kämpfe haben, seien
sie innerlich oder äußerlich, verspannen sich unsere Muskeln,
werden unbeweglich und stören die normale Funktion unserer Organe, was Krankheit verursacht. Es entsteht ein Gefühl
der Enge und des Krampfes oder ein Gefühl der Energie-
losigkeit. Diese Zustände sind schädlich für das natürliche
körperliche Gleichgewicht und die ›Offenheit‹, die für gesundes Atmen erforderlich ist (Ilse Middendorf).

Ich habe immer tief bedauert, dass ich nie die Gelegenheit hatte,
Professor Middendorf persönlich zu begegnen, obwohl ich viele
ihrer Schüler getroffen habe. Ich war immer erstaunt, wie einfach
und doch tief ihre Lehren des Atems in ihren verschiedenen
Büchern und Artikeln ausgedrückt wurden. Ich persönlich bin
mehr ein Geschichtenerzähler denn jemand, der die Sprache der
Gelehrten dazu benutzen kann, die grundlegende Wahrheit so auszudrücken, wie Professor Middendorf dies so wunderschön getan
hat. Ich habe Geschichten aus meinem eigenen Leben verwendet,
um dieselbe Wahrheit überall auf der Welt zu lehren, ob ich nun

On the Breath

Walk with me
out
into the wilderness,
where you can see the stars
when
the sun is still
shining.

Walk on the breath
of
your own conviction
in the Unity of God.

Walk on the air
that
all living beings share.
Dance on the breath,
and bring forgiveness
to the dark corners
of
your own mind.

The Light will dance with you
showing the way home,
on the journey of
truth.

Prana and the Breath

As many of you know, I have suffered from ill health during a
twenty-year period, especially in the past year. However, thanks to
the generosity of you all, I attended a clinic in Frankfurt, where it
was discovered, to my joy and the joy of my family, that the original diagnosis I had received in England is almost entirely incorrect!
Even the heart pacemaker I had inserted some months ago seems
to have little or no real effect on the condition that my body has to
face every day.

zu Menschen sprach, die an Übungen im Zusammenhang mit dem Sufismus interessiert waren, oder zu Menschen, die wenig oder keine Erfahrung mit dem inneren Pfad hatten.

Der innere Pfad wird oft mit drei Aspekten umschrieben, dem exoterischen, dem mesoterischen und dem esoterischen, die alle eine Triade der Wahrheit bilden. Der exoterische Pfad, dem die meisten Suchenden angehören, kann wie die Sprossen einer Leiter beschrieben werden. Die Menschen gehen von einem Seminar zum nächsten, von einem religiösen Glaubenssystem zum anderen, und geraten manchmal in einen ganz verwirrten Zustand. Der mesoterische Pfad hat viel mit Gruppenarbeit und Anstrengungen zu tun, während denen wir viel unserer eigenen Selbstsucht zum Wohl und zur Harmonie derjenigen aufgeben, mit denen wir arbeiten. Der esoterische Kreis ist viel seltener und schwieriger zu finden, da die meisten Beteiligten unsichtbar bleiben. Sie könnten Bäcker oder Geschäftsleute, Fischer oder Busfahrer sein. Sie sind geschult, unerkannt zu bleiben, und doch »leben sie« die ganze Zeit »auf dem Atem« und, was immer sie tun, kann als lebendes Beispiel dessen gesehen werden, worum es auf der spirituellen Reise geht. Ganz sicher haben alle drei Kreise eine Sache gemeinsam, und das ist unsere eigene persönliche Erkenntnis, dass wenn wir nicht ›absolut lebendig‹ sind, wir nur zum äußeren Klang des Lebens gebracht werden, und nicht zur »Essenz«. Wenn wir absolut bewusst und wach auf dem Atem sind, werden wir zu diesem Satz gebracht: »Macht die Sinne zu euren Freunden, und Zeit wird schließlich auf eurer Seite sein.«

Wie *wissen* wir, dass wir lebendig sind? Dies mag wie eine dumme Frage klingen. Anderseits können wir auch erkennen, dass es auf so vielen Ebenen zu lernen gilt, wie man das Leben bewusst leben kann. Es erfordert jeden Tag spezielle Anstrengungen, dahin zu kommen, endgültig zu wissen, dass es einen Sinn des Lebens auf der Erde *gibt* und dass es an uns liegt, zu lernen, wie wir bewusst daran teilnehmen. In und durch diesen Sinn wird der Mensch als wesentliche Funktion und Motivator menschlichen Lebens erkannt.

Ich habe versucht, über das Atmen zu sprechen, die *Essenz* der Sache wird sich jedoch den Worten immer entziehen. Die ewig gegenwärtige Erfahrung innerhalb der Tiefe unseres Seins, wenn unsere innere Leere vom lebensspendenden Atem, der durch den Körper fließt, durchdrungen wird, ist unbeschreiblich. »Atmen ist eine Realität, die erfahren werden muss« (Ilse Middendorf).

The reason I mention this is mainly because of my English sense of humour. So many times I have been to doctors (and in so many countries), and they said that I appear like "a walking miracle". They said that to me recently in Germany, where some of the best doctors I have ever met gave my body every possible test to discover why I am still alive. My reply was very simple, "Breath – and a sense of humour!"

Now, if the doctors had asked me the same question in a more serious tone of voice, I might have quoted the following words from a book published in 1904 by Yogi Ramacharaka. I will quote some of his sentences in the deepest respect to the author and the knowledge which spills out in and through his words.*

> The Science of Breath, like many other teachings, has its esoteric and inner face as well as its exoteric or external. The physiological phase may be termed the outer or exoteric side of the subject, and the phase that we will now consider may be termed its esoteric or inner side.

Here, I would like to remind you all that "there is only one Absolute Being", and everything I try to attempt to convey to you is coming from within the unity, and most certainly is not some sort of explanation of the endless miracles that exist within the unity itself.

> Mystics in all ages and lands have always taught, usually secretly to a few followers, that there was to be found in the air a substance or principle from which all activity, vitality, and life was derived. They differed in their terms and names for this force, as well as the details in the theory.
>
> In order to avoid misconceptions arising from the various theories regarding this great principle, we, in this work, will speak of the principle as "Prana", this word being the Sanskrit term meaning "Absolute Energy". [...] We may consider it as the active principle of life – vital force – it is to be found in all forms of life, from the amoeba to man, from the most elementary form of plant life to the highest form of animal life. *Prana is all-pervading,* it is found in all things having life. [...]

* Yogi Ramacharaka [William Walker Atkinson]: *Advanced Course in Yoga Philosophy and Oriental Occultism,* Chicago 1904.

Im vorangegangenen Teil dieses Artikels habe ich euch gebeten, Bewegung in den 7-1-7-1-7-Rhythmus des Atmens zu bringen. Ich habe euch eingeladen, die Übung in einen lebendigen Tanz zu verwandeln. Jetzt will ich, dass ihr einen weiteren der Sinne in eure Übungen einschließt, um das zu entwickeln, was wir »die Kunst des Zuhörens« nennen.

Verbringt jeden Tag ein wenig Zeit in der Natur, wenn das möglich ist. Atmet bewusst, erinnert euch daran, dass Atem Leben ist, und öffnet euch gleichzeitig mit dem Sinn des Hörens nach außen. Hört darauf, was der Klang euch erzählt. Wenn es der Wind in den Bäumen ist, welcher Klang ist da, bevor der Wind im Wald, wo ihr steht, ankommt? Welches ist der Klang des Windes, wenn es nichts gibt, das in seinem Weg steht? Während ihr sorgfältig zuhört, sogar in der inneren Stille innerhalb eures Herzens, werdet ihr den Klang *Hu* hören. Wenn ihr sehr still seid und auf euren eigenen Atem und sogar auf die Pause zwischen dem Ein- und dem Ausatmen hört, werdet ihr immer noch den heiligen Klang des *Hu* hören.

So viele Menschen denken, dieses Wort *Hu* sollte auf eine spezielle esoterische Gruppe begrenzt bleiben. Blödsinn! Ich habe dasselbe Wort mit meinen Freunden unter den Sioux- und Apache-Indianern Nordamerikas erklingen lassen. Ich habe dem Klang überall auf der Welt zugehört, und in größtem Respekt lasse ich selbst den Klang des *Hu* ertönen. Ich erinnere mich daran, dass es der erste manifestierte Klang im Universum ist und dass er folglich alle Seine Wunderschönsten Namen in sich trägt und damit all die Qualitäten, die uns in dieser Welt zu manifestieren möglich sind, um mitzuhelfen, sie für uns zu einem besseren Ort zum Leben zu machen.

Auf dem Atem

Geh mit mir
Hinaus
In die Wildnis,
Wo du die Sterne sehen kannst,
Wenn
Die Sonne noch immer
Scheint.

Prana is the name by which we designate a Universal Principle, this principle is the essence of all motion, force or energy, whether manifested in gravitation, electricity, the revolution of the planets and all forms of life from the highest to the lowest. [...] This principle which, operating in a certain way, causes that form of activity that accompanies life, is in all forms of matter and yet it is not matter. It is in the air, but it is not the air, nor one of its chemical constituents. Animal and plant life breathe it in with the air and yet if the air contained it not they would die, even though they might be filled with air. It is taken up by the system along with the oxygen and yet it is not the oxygen.

The Hebrew writer of the book of Genesis knew the difference between the "atmospheric air" and the mysterious and potent principle contained within it. He speaks of *neshemet ruach chayim,* which, translated, means "the Breath of the Spirit of Life". In the Hebrew, *neshemet* means the ordinary breath of atmospheric air, and *chayim* means life or lives, while the word *ruach* means the "Spirit of Life", which true Gnostics claim is the same principle in which we speak of as Prana.

Prana is in the atmospheric air, but it is also elsewhere, and it penetrates where the air cannot reach. The oxygen in the air plays an important part in sustaining animal life, and the carbon plays a similar part with plant life, but Prana has its own distinct part to play in the manifestation of life, aside from the physiological functions.

We are constantly inhaling the air charged with Prana, and are as constantly extracting the latter from the air and appropriating it to our uses. Prana is found in its freest state in the atmospheric air which, when fresh, is fairly charged with it and we draw it to us more easily from the air than from any other source. In ordinary breathing we absorb and extract a normal supply of Prana, but by controlled and regulated breathing we are enabled to extract a greater supply, which is stored away in the brain and nerve centres to be used when necessary. We may store away Prana just as a storage battery stores away electricity.

Geh auf dem Atem
Deiner eigenen Überzeugung
In die Einheit Gottes.

Geh auf der Luft,
Die
Alle Lebewesen teilen.
Tanze auf dem Atem
Und bring Vergebung
In die dunklen Ecken
Deines eigenen Verstandes.

Das Licht wird mit dir tanzen
Und dir den Weg nach Hause zeigen
Auf der Reise der
Wahrheit.

Prana und der Atem

Wie viele von euch wissen, habe ich während einer Zeitspanne von zwanzig Jahren unter einer schlechten Gesundheit gelitten, besonders im vergangenen Jahr. Dank eurer Großzügigkeit, besuchte ich eine Klinik in Frankfurt, wo zu meiner und meiner Familie Freude entdeckt wurde, dass die ursprüngliche Diagnose, die in England gestellt worden war, nahezu völlig falsch war! Sogar der Herzschrittmacher, der mir vor Monaten eingesetzt wurde, scheint wenig Wirkung auf den Zustand zu haben, den mein Körper täglich ertragen muss.

Der Grund, warum ich dies erwähne, liegt hauptsächlich in meinem englischen Sinn für Humor. So oft (und in so vielen Ländern) suchte ich Ärzte auf, und sie sagten, dass ich »ein wandelndes Wunder« sei. Dasselbe wurde mir neulich auch in Deutschland gesagt, wo einige der besten Ärzte, die ich je getroffen habe, meinen Körper mit allen erdenklichen Methoden testeten, um herauszufinden, warum ich noch immer am Leben bin. Meine Antwort lautete einfach: »Atem – und ein Sinn für Humor!«

Nun, wenn die Ärzte mir dieselbe Frage in einem ernsthafteren Ton gestellt hätten, hätte ich vielleicht die folgenden Worte aus einem Buch zitiert, das Yogi Ramacharaka 1904 veröffentlichte. Ich werde einige seiner Sätze zitieren in tiefstem Respekt dem

These very intelligent words spoken by a Yogi at the turn of the century certainly do sound very powerful and even mysterious. However, that is not the main object of this fifth part of this paper. In a way I am tempting you – to realise this immense potential within each one of you who read it. I am not tempting you to try and find power, or some special ways of dealing with life. I am asking you to *wake up* and, in the loving respect for all of God's Creation, to discover this inherent beauty and power which, together with the other two Poles about which I have spoken so long, can bring forth the real triad or trinity of creation for a waiting world.

Please look over the Reservoir Breathing Practice [see page 766], and I will explain more further down. I also would like to remind you of the last few words spoken by John Cooke when he said, "Breathe with me, it is time," as quoted in my book *Breathing Alive.**

Now is the time for us to learn how to breathe and to share the beautiful knowledge of Prana, the life force. Although inherent in each one of us, it is really only made possible to be released for the total good of mankind with the active intention and will of a truly human being. "Gratefulness is the key to will" (Jalaluddin Rumi). "Put your face in the burning sand, for only those who have been wounded in love can know the meaning of life" (Prophet Muhammad, peace and blessings be upon him).

How long?

How long does it take
to die?
To prepare for
that transition
into
nowhere
that anyone can ever
really know?

How long?

* AuthorHouse, Bloomington, Indiana 2008, *Preface to the Twentieth Anniversary Edition,* page xix.

Autor und dem Wissen gegenüber, das in und durch seine Worte hervortritt.*

Die Wissenschaft des Atems hat, wie viele andere Lehren auch, ihr esoterisches oder inneres wie auch ihr exoterisches oder äußeres Gesicht. Das physiologische Stadium kann als die äußere oder exoterische Seite des Themas bezeichnet werden, und das Stadium, das wir jetzt betrachten, kann als seine esoterische oder innere Seite gesehen werden.

Hier möchte ich euch alle daran erinnern, dass »es nur ein Absolutes Sein gibt« und dass alles, was ich zu vermitteln versuche, von innerhalb der Einheit kommt und ganz bestimmt in keiner Art und Weise eine Erklärung der endlosen Wunder ist, die innerhalb der Einheit selbst existieren.

Mystiker haben zu allen Zeiten und in allen Ländern immer – gewöhnlich einigen wenigen Anhängern im Geheimen – gelehrt, dass in der Luft eine Substanz oder ein Prinzip gefunden werden kann, aus dem alle Aktivitäten, alle Lebenskraft und alles Leben abgeleitet seien. Sie unterschieden sich in ihrer Terminologie und ihren Namen für diese Kraft, wie auch in den Details der Theorie.

Um falsche Vorstellungen zu vermeiden, die sich aus den verschiedenen Theorien dieses große Prinzip betreffend ergeben könnten, werden wir in dieser Arbeit dieses Prinzip »Prana« nennen. Dieses Wort bedeutet auf Sanskrit »absolute Energie«. […] Wir können es als das aktive Lebensprinzip betrachten – die Lebenskraft – und es wird in allen Lebensformen gefunden, von der Amöbe bis zum Menschen, von der elementarsten Form des pflanzlichen Lebens bis zur höchsten Form des tierischen Lebens. *Prana durchdringt alles,* es findet sich in allen Dingen, die Leben haben. […] Prana ist der Name, mit dem wir ein universelles Prinzip erklären. Dieses Prinzip ist die Essenz aller Bewegung, Kraft oder Energie, ob in der Schwerkraft, in der Elektrizität, der Umlaufbahn der Planeten und ist in allen Lebensformen von

* Yogi Ramacharaka [William Walker Atkinson]: *Advanced Course in Yoga Philosophy and Oriental Occultism,* Chicago 1904.

A spark of flame,
a car crash,
a plane,
disease?

How long?

How long does it take to make peace
with our Lord
when our Lord and "I"
are *one?*

Breath and Conservation

Many years ago I remember reading a book translated from the French. It was called *Gold of a Thousand Mornings,* a true story involving a chemist and alchemist named Armand Barbault, who lived in France. He devoted his entire life to his alchemical studies. We remember from the previous part how breath is the most easily and accessible carrying force of Prana, but it is not Prana itself.

In this story the man had the idea that if he got up very early in the morning before the first rays of the sun had touched the grass, he could collect the dew of the early morning. "Surely," he thought to himself, "this dew must contain all the elements necessary for a very pure type of water." The water would not have been contaminated by the atmosphere and thus would not have collected into itself patterns or thought forms in the atmosphere itself. If he could collect this water, he could then proceed to work with it in various ways and possibly extract the Prana that existed within it. It could then be put to good use, particularly in making remedies for healing.

As we were informed before, by Yogi Ramacharaka, Prana is found in its freest state in the atmospheric air, which, when fresh, is fairly charged with it, and we draw it to us more easily from the air than from any other source. Later he goes on to say:

> One who has mastered the science of storing away Prana, either consciously or unconsciously, often radiates vitality and strength to those coming in contact with him, and such a person may impart this strength to others, and give them increased vitality and health.

der höchsten bis zur niedrigsten erkennbar. [...] Dieses Prinzip, das auf eine bestimmte Funktionsweise jene Form von Aktivität bewirkt, die das Leben begleitet, ist in allen Formen der Materie enthalten und ist doch selbst keine Materie. Es ist in der Luft, aber es ist nicht die Luft und auch keine ihrer chemischen Bestandteile. Tier- und Pflanzenleben atmen es mit der Luft ein, und doch, wenn es nicht in der Luft enthalten wäre, würden sie sterben, obwohl sie voller Luft wären. Es wird vom System mit dem Sauerstoff aufgenommen, und doch ist es nicht Sauerstoff.

Der hebräische Autor des Buches Genesis kannte den Unterschied zwischen der »atmosphärischen Luft« und dem mysteriösen und mächtigen Prinzip, das darin enthalten ist. Er spricht vom *neshemet ruach chayim,* was übersetzt »der Atem des Lebensgeistes« bedeutet. Im Hebräischen bedeutet *neshemet* der gewöhnliche Atem von atmosphärischer Luft, und *chayim* bedeutet Leben, während das Wort *ruach* den »Lebensgeist« beschreibt, von dem wahre Gnostiker sagen, dass er dasselbe Prinzip wie Prana sei.

Prana ist in der atmosphärischen Luft, aber es ist auch überall sonst, und es durchdringt alles, was die Luft nicht erreichen kann. Der Sauerstoff in der Luft spielt eine wichtige Rolle im Nähren von tierischem Leben, und Kohlenstoff spielt für das pflanzliche Leben eine ähnliche Rolle, aber Prana spielt seine eigene bestimmte Rolle in der Manifestation des Lebens, abgesehen von den physiologischen Funktionen.

Wir atmen beständig die Luft ein, die mit Prana aufgeladen ist, und genauso beständig extrahieren wir Letzteres aus der Luft und machen es uns zunutze. Prana wird in seinem freiesten Zustand in der atmosphärischen Luft gefunden, die, wenn sie frisch ist, damit geladen ist, und wir beziehen es einfacher aus der Luft als aus jeder anderen Quelle. Beim gewöhnlichen Atmen absorbieren und extrahieren wir einen normalen Anteil Prana, aber durch kontrolliertes und reguliertes Atmen werden wir befähigt, einen größeren Anteil zu extrahieren, der im Gehirn und im Nervensystem eingelagert wird und zu gegebener Zeit benutzt werden kann. Wir können Prana anlegen, genauso wie eine Batterie Elektrizität speichern kann.

With the Reservoir Breathing Practice I gave you an exercise which is for the purpose of storing this Pranic energy. You may wonder why I include this practice in these papers, when we are so deeply involved in study of the sacred writings of Ibn Arabi, Rumi and others and I continuously stress the need of the balance that is necessary of the three Poles of Love, Knowledge and Power.

The answer is simple. It is very easy to study some of these works and even *think* we have absorbed the inner meaning. Unfortunately this is often not so. We certainly manage to store up a great deal of energy in the brain, but in order to truly comprehend the deepest meanings from these great masters, we need a certain 'substance', and this substance can be directly related to Prana itself. Prana is in the atmosphere we breathe, but, as we all know, that atmosphere is often highly contaminated by the emotions of resentment, envy, and pride and all their derivatives. Thus the patterns emanating from these negative emotions can block the flow of Prana or disperse it from fulfilling the beauty that is inherent when we manage to extract the purest essence from the teachings.

The alchemist in France had no special esoteric training but did manage to find a way of collecting this early morning dew lying on the grass, and very soon discovered that this water was truly charged with Pranic energy. He took sheets of fine canvas which he pulled along the grass. The dew attached itself to the canvas, and he was then able to collect it in bottles that he had already carefully purified, so that they would be clean enough to receive this Pranic energy absorbed into the water. He was thus able to continue with the next step of the alchemical process.

I am sure you all realise why I am telling this story! It is just to illustrate that if we wish to have sufficient Pranic energy available to us at any one time, the vehicles, which are our bodies, both gross and subtle, need to be prepared as much as possible.

The Reservoir Breathing Practice used by itself on a regular basis can indeed have remarkable results. It is almost like recharging the battery of a car. We all know that if we have a car that is not used regularly, in time the battery will run out and the car cannot function. This practice needs to be used frequently and under the best possible conditions, if we wish to fill the reservoirs with Pranic energy. Yogi Ramacharaka writes:

Diese höchst intelligenten Worte eines Yogis zur Jahrhundertwende, klingen bestimmt sehr kraftvoll und sogar geheimnisvoll. Dies ist jedoch nicht der Hauptzweck dieses fünften Teils dieses Textes. Auf gewisse Art verführe ich euch – dazu, das enorme Potenzial in jedem von euch, der meinen Artikel liest, zu erkennen. Ich führe euch nicht in Versuchung, Macht zu gewinnen oder einen speziellen Weg zu finden, das Leben zu meistern. Ich fordere euch auf, *aufzuwachen* und in liebendem Respekt für alle Geschöpfe Gottes diese innewohnende Schönheit und Kraft zu entdecken, die zusammen mit den anderen beiden Polen, über die ich so lange gesprochen habe, die wirkliche Triade oder Trinität der Schöpfung für eine wartende Welt hervorbringen können.

Bitte schaut euch wieder einmal die Reservoir-Atemübung an [siehe Seite 767], über die ich weiter unten mehr sagen werde. Schließlich möchte ich euch an die letzten wenigen Worte erinnern, die John Cooke sprach, als er sagte: »Atmet mit mir, es ist Zeit«, wie ich sie in meinem Buch *Das atmende Leben* zitiert habe.*

Jetzt ist für uns die Zeit zu lernen, wie man atmet, und das wunderschöne Wissen um Prana, die Lebenskraft, zu teilen. Obwohl sie jedem von uns innewohnt, kann sie nur mit der aktiven Absicht und dem Willen eines wahrhaft menschlichen Wesens zum absoluten Wohl der Menschheit freigesetzt werden. »Dankbarkeit ist der Schlüssel zum Willen« (Jalaluddin Rumi). »Tauche dein Gesicht in den brennenden Sand, denn nur der, den die Liebe verwundete, kann die Bedeutung des Lebens erkennen« (Prophet Mohammed, Friede und Segen seien mit ihm!)

Wie lange?

Wie lange dauert es
zu sterben?
Sich vorzubereiten
auf diesen Übergang
ins Nirgendwo, das niemand jemals
wirklich kennen kann?

Wie lange?

* Chalice Verlag, Zürich 2008, *Vorwort zur Neuauflage*, Seite 15.

Ein Flammenfunke,
ein Autounfall,
ein Flugzeug,
Krankheit?

Wie lange?

Wie lange dauert es, mit unserem Herrn
Frieden zu schließen,
wenn unser Herr und »ich«
eins sind?

Atem und Reserven

Ich erinnere mich daran, vor vielen Jahren ein Buch gelesen zu haben, das aus dem Französischen übersetzt worden war. Es hieß *Das Gold von tausend Morgen* und erzählte die wahre Geschichte eines Chemikers und Alchimisten namens Armand Barbault, der in Frankreich lebte. Er widmete sein ganzes Leben seinen alchimistischen Studien. Wir erinnern uns aus dem vorangegangenen Teil, wie der Atem die einfachste und zugänglichste Übertragungskraft von Prana, jedoch nicht Prana selbst ist.

In dieser Geschichte hatte der Mann die Idee, dass, wenn er sehr früh morgens aufstünde, vor den ersten Sonnenstrahlen, und das Gras berührte, er den Tau des frühen Morgens einsammeln könnte. »Gewiss,« dachte er sich, »muss dieser Tau all die notwendigen Elemente für eine sehr reine Sorte Wasser enthalten.« Das Wasser wäre nicht verunreinigt durch die Atmosphäre und hätte demzufolge keine Muster oder Gedankenformen aus der Atmosphäre in sich aufgenommen. Wenn er dieses Wasser zu sammeln vermöchte, könnte er auf unterschiedliche Art und Weise damit weiterarbeiten und möglicherweise das Prana extrahieren, das darin enthalten war. So könnte es dann nutzbar gemacht werden, besonders bei der Herstellung von Heilmitteln.

Wie wir weiter oben von Yogi Ramacharaka erfahren haben, findet sich Prana in seinem freiesten Zustand in der atmosphärischen Luft, die, wenn sie frisch ist, damit ziemlich aufgeladen ist, und wir können es leichter aus der Luft in uns aufnehmen als aus jeder anderen Quelle. Er fährt fort:

The oxygen in the air is appropriated by the blood and is made use of by the circulatory system. The Prana is appropriated by the nervous system and is used in its work. [...]

If we think of Prana as being the active principle of what we call "vitality", we will be able to form a much clearer idea of what an important part it plays in our lives. Just as the oxygen in the blood is used up by the needs of the system, so the supply of Prana taken up by the nervous system is exhausted by our thinking, willing, acting etc. and in consequence constant replenishment is necessary. [...]

When it is remembered that the greater portion of Prana acquired by man comes from the air inhaled, the importance of proper breathing is readily understood.

"Wastage is the only sin," is often referred to in the Sufi tradition. "Sin" comes from a Greek word meaning "to miss the mark", implying a lack of knowledge.

For many of you this information is not new, and you will have studied it in various ways and with many different breathing practices, as taught in many schools. What I have done, is to *distil* what I have learnt over the past fifty years, watching the cycles of time come and go, and observing how our atmosphere is indeed wasting so much of this precious Pranic energy. I have done my best to both distil and adapt the many practices I advocate in order to fulfil the needs of the present moment.

The method used in this practice concerning the two major reservoirs in our internal system can indeed replenish the vitality we need for our daily lives, but also there is always some energy stored in the reservoirs which we can call upon at times of emergency or emotional distress.

To finish with, I would like to remind you that real study is an act of service, since, with the use of correct motive and intention activated by love, little by little the knowledge of all time discovered by the great masters can be revealed. I cannot see how this is possible without us remembering the correct use of breathing and the necessity of replenishing our own "Pranic batteries".

Accept and remember that the essence and the knowledge of all the masters and saints and prophets of all time are in the essence of our own hearts, to be revealed in your own way, when it is necessary and when the time is right.

Jemand, der die Kunst, Prana zu speichern, bewusst oder unbewusst gemeistert hat, strahlt häufig Vitalität und Kraft auf diejenigen aus, die mit ihm oder ihr in Berührung kommen, und eine solche Person kann ihre Kraft anderen vermitteln und ihnen erhöhte Vitalität und Gesundheit schenken.

Mit der Reservoir-Atemübung gab ich euch eine Übung, die dem Zweck dient, einen Vorrat dieser Prana-Energie anzulegen. Ihr wundert euch vielleicht, warum ich diese Übung in diese Texte aufnehme, wo wir uns doch so eingehend dem Studium der heiligen Schriften von Ibn Arabi, Rumi und anderen widmen und ich beständig die Notwendigkeit des Gleichgewichts zwischen den drei Polen der Liebe, des Wissens und der Macht betone.

Die Antwort ist simpel. Es ist sehr einfach, diese Werke zu studieren und sogar zu *denken,* wir hätten ihre innere Bedeutung absorbiert. Unglücklicherweise ist dies oft nicht so. Bestimmt gelingt es uns, einen Vorrat an Energie im Gehirn anzulegen, aber um wahrlich die tiefste Bedeutung dieser großen Meister zu verstehen, brauchen wir eine gewisse ›Substanz‹, und diese Substanz kann direkt mit Prana selbst in Verbindung gebracht werden. Prana ist die Atmosphäre, die wir atmen, aber wie wir alle wissen, ist diese Atmosphäre oft höchst verunreinigt von Emotionen wie Groll, Neid und Stolz und all ihrer Derivate. So können die Muster, die von diesen negativen Emotionen ausgestrahlt werden, den Fluss von Prana blockieren oder zerstreuen und davon ablenken, die Schönheit zu erfüllen, die darin liegt, die reinste Essenz der Lehren zu extrahieren.

Der Alchimist in Frankreich hatte kein besonderes esoterisches Training genossen, aber es gelang ihm, einen Weg zu finden, diesen frühen Morgentau vom Gras aufzusammeln, und er entdeckte sehr bald, dass dieses Wasser wahrhaftig mit Prana-Energie geladen war. Er verwendete feine Leinentücher, die er übers Gras zog. Der Tau blieb an den Tüchern haften, und so war es ihm möglich, ihn in Flaschen zu sammeln, die er zuvor sorgfältig gereinigt hatte, so dass sie sauber genug waren, diese im Wasser enthaltene Prana-Energie aufzunehmen. So konnte er mit dem nächsten Schritt des alchimistischen Prozesses fortfahren.

Sicher erkennt ihr, warum ich diese Geschichte erzähle! Sie soll nur illustrieren, dass, wenn wir jederzeit über genügend Prana-Energie verfügen wollen, die Trägerflüssigkeiten, nämlich unsere

In many traditions it is said that we die with what we have come to know and know that we know. However, the paradox always remains. And that is, "Knowledge is given and not achieved." We cannot *achieve* knowledge, but we can do our best to be in that actively receptive state in which knowledge can be given – and often occurs at the most surprising moments! This knowledge, which is "the knowledge of the self," comes from patience and perseverance and living in a state of preparation, so that the process of spiritual alchemy will live on forever after our own deaths.

All the practices are to do with the balancing within ourselves. In any real esoteric school there is a necessity to continue with practices. It is essential, as we go on the spiritual path, to keep the balance very carefully. When we get into balance within, then it is possible we can be open to the higher worlds without being swept away in a gale of wind [Reshad Feild: *Breathing Alive*].

Sound and Breath

*Night Sky**

There came such clear opening of the night sky,
The deep glass of wonders, the dark mind
In unclouded gaze of the abyss
Opened like the expression of a face.
I looked into that clarity where all things are
End and beginning, and saw
My destiny there: "So," I said, "no other
Was possible ever. This
Is I. The pattern stands for ever."

What am I? Bound and bounded,
A pattern among the stars, a point in motion
Tracing my way. I am my way: it is I
I travel among the wonders.
Held in that gaze and known
In the eye of the abyss.

* Kathleen Raine: *The Hollow Hill and other Poems,* London 1965.

groben wie unsere feinstofflichen Körper, so gründlich wie möglich vorbereitet werden müssen.

Die Reservoir-Atemübung kann tatsächlich bemerkenswerte Ergebnisse erzielen, wenn sie regelmäßig gemacht wird. Es ist beinahe wie das Wiederaufladen einer Autobatterie. Wir wissen alle, dass, wenn wir ein Auto haben, das nicht regelmäßig gefahren wird, sich die Batterie mit der Zeit entleert und das Auto nicht funktionieren kann. Diese Übung muss häufig und unter den bestmöglichen Umständen praktiziert werden, wenn wir die Reservoirs mit Prana-Energie füllen wollen. Yogi Ramacharaka schreibt:

> Der Sauerstoff in der Luft wird über das Blut aufgenommen und im Blutkreislauf verwendet. Prana wird über das Nervensystem aufgenommen und für dessen Funktion verwendet. [...]
>
> Wenn wir uns Prana als das aktive Prinzip dessen denken, was wir »Vitalität« nennen, können wir uns eine bessere Vorstellung davon machen, welch' wichtigen Teil es in unseren Leben spielt. Genauso wie der Sauerstoff im Blut vom System verbraucht wird, wird das vom Nervensystem aufgenommene Prana von unserem Denken, Wollen, Handeln und so weiter aufgezehrt und muss als Konsequenz beständig nachgefüllt werden. [...]
>
> Wenn wir uns daran erinnern, dass der Großteil des vom Menschen erworbenen Pranas aus der eingeatmeten Luft stammt, versteht sich die Bedeutung richtigen Atmens von selbst.

»Verschwendung ist die einzige Sünde«, wird in der Sufi-Tradition oft gesagt. »Sünde« kommt von einem griechischen Wort, das soviel bedeutet wie »die Markierung / das Ziel verfehlen« oder »das Zeichen übersehen / nicht begreifen« und einen Mangel an Wissen impliziert.

Für viele von uns ist diese Information nicht neu, und ihr werdet auf verschiedene Arten studiert und viele verschiedene Atemübungen gemacht haben, wie sie in vielen Schulen gelehrt werden. Was ich getan habe, ist das zu *destillieren,* was ich in den vergangenen fünfzig Jahre gelernt habe beim Zuschauen, wie die Zyklen der Zeit kommen und gehen, und beim Beobachten, wie unsere Atmosphäre tatsächlich derart viel wertvolle Prana-Energie ver-

"Let it be so," I said,
And my heart laughed with joy
To know the death I must die.

Now I am old, but I want you to picture me as a young seeker,
ex-pop singer and recording artist, with a red beard, who had discovered there was only one purpose in life: and that was to discover its (life's) own purpose; the purpose of life fulfilling itself
through human beings.

I was on the very edge of the search, there was no way back. I
looked over the cliff, across the sea, in a place in Dorset, England.
Either I was going to jump, or else I was going to go back to my
one-room basement flat in the middle of London and see if I could
find a way in which I could find the purpose of life on earth, and a
way in which I could serve this beautiful idea. I did return to
London and went back to the miserable little flat I rented. It was
painted the most dreadful shade of pink, there were two rooms of
the same size, and one little bathroom. Although I had written no
books at that time, I had become very well known through the
public talks I was giving on the essence of Sufism. Probably this is
a word we do not need to use any longer. Anyway, forty to sixty
people would come every Thursday to that little flat, in expectation of some miracle or some deep realisation that might occur
during these meetings, which took place over the course of many
months.

On this particular occasion, when driving back from the
cliffs that day, I had forgotten that so many people would be arriving at my flat. In fact, I recollect walking into the flat at the same
time as others were crowding on the steps in order to come
through the door of that strange basement where so many things
happened.

We spent the evening in meditation and the Sufi practice of *dhikr*
(remembrance). And then, when everyone had left, I went to bed
knowing that the next morning I had to open up the antique shop I
was working in at that time. The story of the complete change in my
life that happened about one year later was written about in my first
book, *The Last Barrier*. That night, however, I knew that I was half
way between a complete state of collapse from which there could be
little recovery and a state of submission (the word "Islam" means
"submission") from which I could never return.

schwendet. Ich habe mein Bestes getan, die verschiedenen Übungen, die ich empfehle, zu destillieren und anzupassen, so dass sie die Bedürfnisse des gegenwärtigen Augenblicks erfüllen.

Die in dieser Übung angewandte Methode bezüglich der zwei Hauptreservoirs in unserem inneren System vermag tatsächlich, die Vitalität, die wir für unser tägliches Leben brauchen, wieder aufzutanken. Aber es bleibt auch immer Energie in den Reservoirs gelagert, aus denen wir in Zeiten einer Notlage oder emotionaler Erschöpfung zehren können.

Zum Abschluss möchte ich euch daran erinnern, dass wirkliches Studieren ein Akt des Dienens ist, weil das von den großen Meistern entdeckte Wissen aller Zeiten mit dem richtigen Motiv und der richtigen Absicht und angeregt durch die Liebe nach und nach offenbar zu werden vermag. Ich kann nicht sehen, wie das möglich ist, ohne uns an den richtigen Gebrauch des Atmens zu erinnern und die Notwendigkeit, unsere eigenen »Prana-Batterien« wieder aufzufüllen.

Akzeptiert und erinnert euch daran, dass die Essenz und das Wissen sämtlicher Meister, Heiligen und Propheten aller Zeiten in der Essenz eurer eigenen Herzen sind, und auf eure eigene Art offenbart werden können, wenn es nötig ist und wenn der Zeitpunkt stimmt.

In vielen Traditionen wird gesagt, dass wir mit dem sterben, was wir wissen und wissen, dass wir wissen. Das Paradox, dass »Wissen gegeben und nicht erworben wird«, bleibt jedoch immer bestehen. Wir können Wissen nicht *erwerben,* aber wir können unser Bestes tun, in diesem aktiv empfänglichen Zustand zu sein, in dem Wissen gegeben werden kann – und oft geschieht dies dann in den überraschendsten Augenblicken! Dieses Wissen, welches das »Wissen des Selbsts« ist, kommt aus Geduld und Ausdauer und daraus, in einem Zustand der Vorbereitung zu leben, so dass der Prozess der spirituellen Alchimie nach unserem Tod ewig weiterleben wird.

Alle diese Übungen haben mit innerer Balance zu tun. In jeder echten esoterischen Schule kommt es auf kontinuierliches Üben an. Wenn wir den spirituellen Pfad beschreiten, hängt alles davon ab, dass wir das innere Gleichgewicht wahren. Nur wenn wir diese feine Balance halten können, ist es möglich, uns den höheren Welten zu öffnen, ohne von einem Sturm davongeweht zu werden [Reshad Feild: *Das Atmende Leben*].

Klang und Atem

*Nachthimmel**

Da entstand eine so klare Öffnung des Nachthimmels,
Das tiefe Glas von Wundern, der dunkle Verstand
Im ungetrübten Blick auf den Abgrund
Öffneten sich wie der Ausdruck eines Gesichts.
Ich schaute in jene Klarheit, wo alle Dinge
Ende und Anfang sind, und sah dort
Meine Bestimmung: »So«, sagte ich, »nichts anderes
War je möglich. Das
Bin ich. Das Muster besteht ewig.«

Was bin ich? Gebunden und begrenzt,
Ein Muster unter den Sternen, ein Punkt in Bewegung,
Meinem Weg folgend. Ich bin mein Weg: Er ist ich.
Ich reise inmitten der Wunder.
Gehalten in jenem Blick und erkannt
Im Auge des Abgrunds.
»Lass es so sein«, sagte ich,
Und mein Herz lachte vor Freude,
Den Tod zu kennen, den ich sterben muss.

Jetzt bin ich alt, aber ich möchte, dass ihr euch mich als jungen
Suchenden vorstellt, als ehemaligen Popsänger und Künstler mit
einem langen, roten Bart, der entdeckt hatte, dass es nur einen
Sinn im Leben gibt: Und der lag darin, seinen (des Lebens) eige-
nen Sinn zu entdecken; den Sinn des Lebens, der sich durch
Menschen erfüllt.

Ich stand an der Schwelle der Suche, es gab kein Zurück. Ich
schaute über die Klippe, aufs Meer hinaus, an einem Ort in
Dorset, England. Entweder würde ich springen oder ich würde in
meine Einzimmerwohnung mitten in London zurückkehren und
zusehen, ob ich einen Weg finden könnte, den Sinn des Lebens auf
der Erde zu entdecken, und einen Weg, dieser wunderschönen
Idee zu dienen. Ich kehrte nach London in meine schrecklich klei-

* Kathleen Raine: *The Hollow Hill and other Poems,* London 1965.

In the morning, shortly after arriving at work, I got a telephone call from a woman I had recently met. However strange it may sound, she was the last Princess of the White Rajahs of Sarawak – a large island in South East Asia – and I knew her mother and father. I was not particularly interested when she said to me on the telephone in the little antique shop: "There is a Sufi master in town, you have to come and see him."

Now really – I had already been around the world twice, singing my way when I was twenty-one, having just been disowned by my family. I had met gurus and sheiks and heaven knows who else during those years travelling the world. So when she offered me yet another teacher, my only desire was to leave London and be by myself way out there in the countryside. It didn't matter where. I could, at that time, have travelled to France, Egypt or South America. I was still stuck between what felt like two twigs of one branch, the sort that are used by water diviners. I had no purpose, and so the twigs did not move. Now I was being offered yet another guru or teacher who might bring me to some real purpose in life.

"But come on," she said, "he's only in London for one night! I have met him and he is not like anyone I have known." I was told he was originally a pilot in the British Air force during the last war and was a son of Hazrat Vilayat Khan, one of the greatest Sufi mystics in this last cycle of time.

Something moved in me. It was impossible to resist the surge of love that awakened my heart at that time, and I agreed I would meet her at the Caxton Hall in London, where people were planning to gather. I remember so clearly choosing a chair where I just might be invisible! Pir Vilayat Khan, the man we had come to see, walked quietly into the room. He was discreetly dressed, and before he spoke I remember him looking at each of the forty or so people in the room, one person at a time, row upon row, in that shameless, cold room.

I knew he would catch my eye, and when he did it was as though the bent twigs of the dowsing rods dipped in a direction I could never avoid again. And I never did.

I remember there was a brief interval, but I remained sitting in my chair. When Pir Vilayat came back, he stopped near my chair, looked directly into my eyes and walked up to the stage, where he completed his lecture.

ne Mietwohnung zurück. Sie war in einem furchtbaren Rosa ge-
strichen und bestand aus zwei gleich großen Zimmern und einem
kleinen Bad. Obwohl ich zu jener Zeit noch keine Bücher geschrieben hatte, war ich sehr bekannt geworden durch meine öf-
fentlichen Vorträge über die Essenz des Sufismus. Möglicherweise
ist dies ein Wort, das wir nicht länger benutzen müssen. Vierzig bis
sechzig Leute kamen jeweils am Donnerstag in diese kleine
Wohnung in Erwartung eines Wunders oder tiefer Erkenntnis, die
an diesen Treffen, die während vieler Monaten stattfanden, vielleicht geschehen würden.

Auf der Rückfahrt von den Klippen an jenem besagten Tag
hatte ich vergessen, dass so viele Menschen in meine Wohnung
kommen würden. Tatsächlich erinnere ich mich, dass, als ich die
Wohnung betrat, sich viele auf der Treppe drängten, um durch die
Tür dieses seltsamen Souterrains zu gelangen, wo so viele Dinge
geschahen.

Wir verbrachten den Abend in Meditation und mit der Sufi-
Übung des *Dhikr* (Erinnerung). Und dann, nachdem alle wieder
fort waren, ging ich zu Bett im Wissen, dass ich am nächsten
Morgen den Antiquitätenladen würde öffnen müssen, in dem ich
zu jener Zeit arbeitete. Die Geschichte der vollständigen Veränderung meines Lebens, die etwa ein Jahr später geschah, ist in meinem ersten Buch, *Ich ging den Weg des Derwisch,* beschrieben. In
jener Nacht jedoch wusste ich: Ich war auf halbem Weg zwischen
einem vollständigen Zusammenbruch, von dem ich mich kaum er-
holen, und einem Zustand der Hingabe (das Wort »Islam« bedeutet »Hingabe«), von dem ich nie zurückkehren konnte.

Am Morgen, kurz nach Arbeitsbeginn, erhielt ich einen
Telefonanruf von einer Frau, die ich kurz zuvor getroffen hatte. So
seltsam es auch klingen mag: Sie war die letzte Prinzessin der
Weißen Radschas von Sarawak – einer großen Insel in Südostasien
– und ich kannte ihre Mutter und ihren Vater. Ich war nicht besonders interessiert, als sie zu mir in unserem kleinen Antiquitätenladen am Telefon sagte: »Ein Sufi-Meister ist in der Stadt, du
musst kommen und ihn hören und sehen.«

Wirklich – ich war mit meinen einundzwanzig Jahren bereits
zweimal singend um die Welt gereist, nachdem ich von meiner
Familie enterbt worden war. Ich hatte Gurus und Scheichs und der
Himmel weiß wen sonst noch getroffen während jener Jahre, in
denen ich die Erde bereiste. Als sie mir nun einen weiteren Lehrer

I have not the slightest idea what he talked about, but at the end of the evening I went straight up to talk to him. It was as though I was walking from one world into a totally new world that I had never known, except in the deepest recesses of my heart.

"Can I come and see you?" I asked him. Smiling, he said, "Of course! I live in Paris."

The next day, I told my partner in the antiques business that this cycle of my life was completely over. I cancelled all future classes in my flat, and the following morning I took a train to Paris.

There is little more to be said here except for one thing. And that is the subject of this part: *breath and sound*. I recollect very clearly that there were forty-seven of us sitting in a small room in Paris. It was the room where his father, Hazrat Vilayat Khan, had given his lectures when he was still alive.

I was so young, I was so naive! I had no idea I was walking straight through a gateway in time that didn't take me away from the present moment into another time experience, but rather brought me from all time into the present moment.

I remember how quiet and how present Pir Vilayat was in that room; again he looked at us, making this extraordinary contact from one world into another. I was sitting cross-legged on a cushion with the others. If I recollect correctly, there were only a few older people, some in their seventies, who sat on chairs.

It would take a whole book to describe the majesty and presence of what I experienced at that time. Pir Vilayat told us to sound what is actually the first audible sound of the universe, which can be explained by the word *Hu*.

The forty-seven of us were quietly taught how to pronounce this sound. Little by little it appeared that the room in which I was sitting filled up with light. Then I felt as though I myself was the light; I was both looking from light, in light and through light. The sound of the *Hu* disintegrated any expectations, thought forms or negativity that I had ever known. I do not know for how long this experience continued; I only know that my life changed completely from that moment on.

What *did* happen? It is impossible to explain. To tell you that the fontanelle of my head opened and for a while I was in a state that is inexplicable, is scarcely necessary.

Listen to the wind in the trees, listen to the sound within the heartbeat of your lover – Is He or She not your Beloved? – bend

vorschlug, war mein einziger Wunsch, London zu verlassen und auf dem Land allein zu sein. Es spielte keine Rolle wo. Ich hätte zu jener Zeit nach Frankreich, Ägypten oder Südamerika reisen können. Ich war noch immer gefangen zwischen etwas, das sich anfühlte wie zwei Zweige eines Astes von der Art, wie ihn Wünschelrutengänger benutzen. Ich hatte kein Ziel, so dass sich die Zweige nicht bewegten. Und jetzt wurde mir ein weiterer Guru oder Lehrer angeboten, der mich zu einem wirklichen Lebenssinn bringen könnte.

»Nun komm schon«, sagte sie, »er ist nur einen Abend in London. Ich habe ihn getroffen, und er ist anders als alle, die ich kennengelernt habe.« Mir wurde gesagt, er sei ursprünglich Pilot der Britischen Airforce im letzten Krieg gewesen und ein Sohn von Hazrat Vilayat Khan, einem der größten Sufi-Mystiker in diesem letzten Zeitzyklus.

Etwas bewegte sich in mir. Es war unmöglich, der Woge der Liebe zu widerstehen, die mein Herz zu jener Zeit erweckte, und so erklärte ich mich einverstanden, ihn in der Caxton Hall in London, wo die Veranstaltung stattfinden sollte, zu treffen. Ich erinnere mich sehr genau, wie ich einen Stuhl wählte, auf dem ich unsichtbar wäre! Pir Vilayat Khan, der Mann, den zu treffen wir gekommen waren, schritt ruhig in den Raum. Er war dezent gekleidet, und ich entsinne mich, dass er jeden der vierzig Anwesenden in diesem schrecklich kalten Raum anschaute, einen nach dem andern, Reihe um Reihe, bevor er zu sprechen begann.

Ich wusste, dass er meinen Blick auffangen würde, und als er es tat, war es, als ob die zwei gekrümmten Zweige der Wünschelrute in eine Richtung zeigten, der ich nie mehr würde ausweichen können. Und so geschah es.

Ich erinnere mich an eine kurze Pause, aber ich blieb auf meinem Stuhl sitzen. Als Pir Vilayat zurückkehrte, hielt er neben meinem Stuhl inne, schaute mir direkt in die Augen und kehrte auf die Bühne zurück, wo er seinen Vortrag zu Ende führte.

Ich habe nicht mehr die geringste Ahnung, worüber er redete, aber am Ende des Abends ging ich direkt auf ihn zu und sprach ihn an. Es war, als ob ich von einer Welt in eine total neue Welt eintrat, die ich zuvor nicht gekannt hatte, außer in den tiefsten Winkeln meines Herzens.

»Kann ich dich besuchen kommen?«, fragte ich ihn. Lächelnd sagte er: »Natürlich! Ich lebe in Paris.«

Am nächsten Tag erklärte ich meinem Partner im Antiquitäten-geschäft, dass dieser Zyklus meines Lebens vollständig vorüber sei. Ich sagte alle weiteren Klassen in meiner Wohnung ab, und am Morgen darauf bestieg ich einen Zug nach Paris.

Es gibt hier wenig mehr zu sagen außer einer Sache, und das ist das Thema dieses Teils: *Atem und Klang*. Ich erinnere mich sehr genau, wie siebenundvierzig von uns in einem kleinen Zimmer in Paris saßen. Es war der Raum, in dem sein Vater, Hazrat Inayat Khan, seine Vorträge gehalten hatte, als er noch lebte.

Ich war noch so jung, ich war so naiv! Ich hatte keine Ahnung, dass ich geradewegs durch ein Tor in der Zeit schritt, das mich nicht aus dem gegenwärtigen Augenblick fortführte in eine andere Zeiterfahrung, sondern mich aus jeglicher Zeit zurück in den ge-genwärtigen Augenblick brachte.

Ich erinnere mich, wie still und präsent Pir Vilayat in diesem Raum war. Wieder schaute er uns an und stellte diesen außerge-wöhnlichen Kontakt zwischen den Welten her. Ich saß mit den an-dern auf Kissen im Schneidersitz. Wenn ich mich richtig entsinne, waren da nur wenige Menschen über siebzig, die auf Stühlen saßen.

Es würde ein ganzes Buch füllen, die Würde und Präsenz zu be-schreiben, die ich zu jener Zeit erlebte. Pir Vilayat forderte uns auf, den Ton erklingen zu lassen, welcher der erste hörbare Klang im Universum ist und der mit dem Wort *Hu* beschrieben werden kann.

Uns siebenundvierzig wurde still gelehrt, wie man diesen Klang intoniert. Nach und nach schien es, als ob sich der Raum, in dem ich saß, mit Licht füllte. Dann fühlte ich mich, als wäre ich selbst das Licht. Ich schaute aus dem Licht, ins Licht und durch das Licht. Der Klang des *Hu* löste alle Erwartungen, Gedankenformen oder Negativität, die ich je gekannt hatte, auf. Ich weiß nicht, wie lange diese Erfahrung andauerte; ich weiß nur, dass mein Leben sich von jenem Augenblick an vollkommen veränderte.

Was *war* geschehen? Es ist unmöglich zu erklären. Euch zu sagen, dass die Fontanelle meines Kopfes sich öffnete und ich für eine Weile in einem unerklärlichen Zustand war, ist wohl kaum nötig.

Hört dem Wind in den Bäumen zu, hört auf den Klang inner-halb des Herzschlags eures Geliebten – Ist Er oder Sie nicht euer Geliebter? –, bückt euch und hört den Klang der Erde, rudert ein

down and listen to the sound of the earth, go out in a boat, sail on the ocean, walk in a museum or touch the early morning dew in the grass as Armand did in his early work on alchemy. Give yourselves to listening, and you will find the *Hu*. In Arabic, *Hu* means "he", "she", "it" or *nothing*. However, I can tell you without any shadow of a doubt that it carries all the Divine Energy – whatever we call it – and it carries all the Names of God (and these are limitless), and yet there is a deep mystery I am going to leave you with.

In the Sufi tradition it is said there are ninety-nine Most Beautiful Names of God, and there is one which is a secret name. That name is your own.

Of Gentleness

Verily, God is mild and is fond of mildness, and He giveth
   to the mild what He doth not to the harsh.
Whoever has been given gentleness, hath been given a good
   portion in this world and the next.
God is gentle and loveth gentleness.
Verily you have two qualities which God and His Messenger
   love – fortitude and gentleness.

Of God

Whoever loveth to meet God, God loveth to meet him.
God saith, "I fulfil the faith of whosoever putteth his faith in
   Me; and I am with him, and near him, when he remembereth Me.

PROPHET MUHAMMAD
(peace and blessings be upon him)

2009

Boot, segelt auf dem Ozean, geht in ein Museum oder berührt den frühen Morgentau auf dem Gras, wie es Armand in seinem frühen Werk über die Alchimie getan hat. Gebt euch dem Zuhören hin, und ihr werdet das *Hu* finden. Im Arabischen bedeutet *Hu* »er«, »sie«, »es« oder *nichts.* Ich kann euch jedoch ohne jeden Zweifel sagen, dass der Klang die Göttliche Energie mit sich trägt – wie immer wir es benennen –, und er trägt all die Namen Gottes mit sich (und diese sind unbegrenzt), und doch gibt es ein tiefes Geheimnis, das ich euch überlasse.

In der Sufi-Tradition wird gesagt, dass es neunundneunzig wunderschöne Namen Gottes gibt und dass es einen geheimen Namen gibt. Dieser Name ist euer eigener.

Über die Sanftheit

Wahrlich, Gott ist sanft und mag Sanftheit, und Er gibt
　　den Sanften, was Er den Harten nicht gibt.
Wem immer Sanftheit gegeben wurde, dem wurde ein guter
　　Anteil gegeben, in dieser Welt und in der nächsten.
Gott ist sanft und liebt die Sanftheit.
Wahrlich, ihr habt zwei Qualitäten, die Gott und Sein
　　Botschafter lieben – innere Kraft und Sanftheit.

Über Gott

Wer immer Gott begegnen möchte, dem möchte Gott
　　begegnen.
Gott sagte: »Ich erfülle den Glauben dessen, der seinen
　　Glauben in Mich setzt; und ich bin mit ihm und
　　nahe bei ihm, wenn er sich Meiner erinnert.

PROPHET MOHAMMED
(Friede und Segen seien mit ihm!)

❦

The Reality of the Prophet

ces concerning *tassawuf,* the path of return, known to us as *Sufism.* Obviously, this is only a little of the story, but it just could be very applicable at this time, in this new cycle.

I have already told you some stories about my journey with Bulent Rauf, my spiritual guide and teacher on the way, stories about him personally and about him and me together. I have also testified to the fact that hardly a day goes by even now in which and through which I do not learn something from having been privileged to be granted such a teacher to know and work with. Although what I am learning could, in a way, be seen to be *learning from the past,* what I mean by this is that I have continued to learn from my time I was granted to be with Bulent and from what he was attempting to give to me during those years together, right up to, and including, the present moment. We need also to remember that we parted company in 1973, and then I did not see him for fourteen long years. Luckily, I was able to go to see him again before he left this physical plane.

Now, why have I been learning more *now,* rather than during the time that I was with him? Although I have probably known the answer to that question for a long time, it is only during the past years that I have been able to truly comprehend the immensity of what Bulent was teaching and perhaps even a little of *who* he was – but surely "God has blessed his secret!" When I was with him, I was much younger; and although I had surely had many, many years of experience on the spiritual journey, I had not lost much of my stubbornness. In fact, I now see that a large portion of that stubborn nature (O, the subtlety of the *nafs!*) was actually extremely bad manners and a total lack of respect to the teacher, the path and the way. But, no blame! There is no point in looking back just to blame ourselves. If I had known better at that time, obviously, I would have seen things in a different light. But again we also need to remember the word "destiny", and I suppose that we never really do know much about destiny, except in retrospect. The truth could be too painful to bear.

It is true that I was given much, and I have written a lot about that journey with my teacher, and spoken about it even more. But what was it that turned me around to look in the right direction at

Die Wirklichkeit des Propheten

ICH MÖCHTE« EUCH ETWAS VON MEINEN PERSÖNLICHEN ER-
fahrungen mit *tassawuf* erzählen, dem Pfad der Rückkehr, der uns
als *Sufismus* bekannt ist. Natürlich ist dies nur ein Teil der Geschichte, aber vielleicht ist es gerade jetzt sehr gut anwendbar, in
diesem neuen Zyklus.

Ich habe euch bereits einige Geschichten erzählt über meine Reise
mit Bulent Rauf, meinem spirituellen Führer und Lehrer auf dem
Weg, Geschichten über ihn persönlich und solche über ihn und
mich zusammen. Ich habe auch die Tatsache bezeugt, dass es noch
heute kaum einen Tag gibt, an dem und durch den ich nicht etwas
darüber lerne, was es bedeutet, einen solchen Lehrer gehabt haben zu
dürfen, ihn zu kennen und mit ihm zu arbeiten. Man könnte zwar
sagen, dass ich *von der Vergangenheit lerne,* aber, was ich meine, ist,
dass ich kontinuierlich von der Zeit, die mir mit Bulent geschenkt
wurde, und von dem, was er versuchte, mir während all der Jahre zu
geben, bis jetzt, den gegenwärtigen Moment eingeschlossen, gelernt
habe und lerne. Man muss sich auch daran erinnern, dass wir uns
1973 getrennt haben und dass ich ihn dann vierzehn lange Jahre
nicht gesehen habe. Glücklicherweise war es mir möglich, ihn zu besuchen, bevor er diese physische Ebene verließ.

Nun, wieso habe ich *jetzt* mehr gelernt als in der Zeit, in der ich
mit ihm zusammen war? Obwohl ich die Antwort wohl schon lange
kannte, habe ich erst in den letzten Jahren wirklich das Ausmaß
dessen verstanden, was Bulent lehrte, und vielleicht sogar ein wenig,
wer er war – doch sicherlich »hat Gott sein Geheimnis gesegnet!«
Als ich mit ihm zusammen war, war ich noch viel jünger; und obwohl ich viele Jahre an Erfahrung auf dem spirituellen Weg hatte,
hatte ich nicht sehr viel von meiner Dickköpfigkeit verloren. Jetzt
sehe ich, dass ein großer Teil meines Dickkopfes (Oh, die Subtilität
der *nafs!*) eigentlich extrem schlechte Manieren waren und fehlen-
der Respekt gegenüber dem Lehrer, dem Pfad und dem Weg. Aber,
kein Vorwurf! Es hat keinen Sinn, in die Vergangenheit zu schauen,
nur um uns selbst zu beschuldigen. Wenn ich es damals besser gewusst hätte, hätte ich offensichtlich die Dinge in einem anderen
Licht gesehen. Aber wir sollten uns wieder einmal an das Wort
»Bestimmung« erinnern, und ich denke, wir wissen nie wirklich viel
über die Bestimmung, höchstens im Rückblick. Die Wahrheit
könnte zu schmerzhaft zu ertragen sein.

long last? And that really only happened a few years before Bulent left us. What was it that forced me to turn? Surely it was love, and through Divine Compulsion my own stubbornness was at least partly eradicated in the longing. It is the longing for union that is the journey! There is no end, since there was no beginning. Did He not say, "O David, My Yearning for them is far greater than theirs can ever be for Me"?

Many, many times Bulent used to talk to me about the prophet (peace and blessings be upon him) and the "seal" and the meaning of that word. We were all asked to study that Ibn Arabi paper* again and again. We were not given endless explanations or told precisely why, but we studied it just the same. Why? Because of the love we had for our teacher, that's why. We did not necessarily *like* studying, let alone that particular paper! *We accepted Bulent's authority because of our yearning, and because of love.*

There is a great key here for everyone. In loving respect, we did accept things without really understanding them – at the time. We were told that we would understand them, through patience and perseverance, when the time was right. We did study when we did not want to, and we did follow along (maybe with a lot of complaining!) because there was this yearning which drove us on. We accepted authority to one hundred percent. How else can we learn if we do not accept authority? After all, the word implies that the person who has authority is speaking from total conviction and knowledge – and that is *real* knowledge, which does not produce comparison and theological argument and discussion. "He who knows himself, knows his Lord." This is the knowledge of the soul, and "the soul is a knowing substance."

To put it very simply (and even bluntly); it was Divine Attraction, manifesting in the "form" of the teacher that brought us to see love as the First Cause. And thus we were able to accept things unconditionally which perhaps only many years later (as in my own case) we could come to understand in the reality of our own being, within the heart.

I have mentioned the prophet Muhammad already, and here I would also like to add that Bulent *never* forced his knowledge or understanding on us any more than I do on any of you. That

---

* *The Twenty-Nine Pages. An Introduction to Ibn Arabi's Metaphysics of Unity.* Beshara Publications, Roxburgh, Scotland 1998.

Es ist wahr: Mir wurde viel gegeben, und ich habe einiges über die Reise mit meinem Lehrer geschrieben und noch mehr darüber gesprochen. Aber was war es, das mich umdrehte, so dass ich schließlich in die richtige Richtung schaute? Und das passierte tatsächlich erst ein paar Jahre bevor Bulent uns verließ. Was war es, das mich zwang, mich zu drehen? Sicherlich war es Liebe, und durch den Göttlichen Zwang wurde wenigstens ein Teil meiner Dickköpfigkeit in der Sehnsucht ausgelöscht. Es ist die Sehnsucht nach Vereinigung, die die Reise ist. Es gibt kein Ende, da es keinen Anfang gab. Hat Er nicht gesagt: »Oh David, Meine Sehnsucht nach ihnen ist weit größer, als ihre für Mich je sein könnte«?

Viele, viele Male hat Bulent zu mir über den Propheten (Friede und Segen seien mit ihm!) und über das »Siegel« gesprochen und über die Bedeutung dieses Wortes. Wir wurden alle gebeten, jenen Ibn-Arabi-Text* immer wieder zu studieren. Es wurden uns keine endlosen Erklärungen oder Begründungen gegeben, wir studierten ihn dennoch. Wieso? Aus Liebe zu unserem Lehrer, das ist der Grund. Wir *mochten* nicht unbedingt studieren, vor allen Dingen nicht jenes bestimmte Papier! *Wir akzeptierten Bulents Autorität wegen unserer Sehnsucht und aus Liebe.*

Hier liegt ein großartiger Schlüssel für alle. In liebendem Respekt haben wir Dinge akzeptiert, ohne sie – zu jener Zeit – wirklich zu verstehen. Es wurde uns gesagt, dass wir sie mit Geduld und Durchhaltevermögen verstehen würden, wenn die Zeit richtig sei. Wir studierten, auch wenn wir nicht wollten, und wir machten weiter (Vielleicht beschwerten wir uns häufig!), weil da diese Sehnsucht war, die uns weitertrieb. Wir akzeptierten Autorität zu einhundert Prozent. Wie sonst können wir lernen, wenn wir Autorität nicht akzeptieren? Schließlich impliziert das Wort selbst, dass die Person, die Autorität besitzt, aus vollständiger Verpflichtung und Wissen heraus spricht – und das ist *wirkliches* Wissen, das kein Vergleichen erzeugt, keinen theologischen Streit und keine Diskussionen. »Wer sich selbst kennt, kennt seinen Herrn.« Das ist das Wissen der Seele, und »die Seele ist eine wissende Substanz.«

Um es sehr einfach (oder geradeheraus) zu sagen: Es war die Göttliche Anziehung, manifestiert in der Form des Lehrers, die uns dann dazu brachte, die Liebe als Erste Ursache zu sehen. Und so

---

* *Die Neunundzwanzig Seiten,* in Muhyiddin Ibn Arabi: *Der verborgene Schatz.* Chalice Verlag, Zürich 2006.

would be gross misuse of energy and, as such, almost unforgivable in our world. It is true that there were times when I did doubt his reasons for doing this thing or that thing, or telling me what to do in the way that he did. But then we are all human, and as such we are often doubters. It would have been totally impossible to understand, at that time, what was going on in the formative worlds. We are protected from too much pain. Think of the story of Moses and Khidr in the Koran, and the extended versions told by so many Sufi masters throughout history. Would Moses *ever* have gone on that journey if he had known *in advance* what was going to happen?

What Bulent did do was to sow seeds at just the right moment. Now I call them "love bubbles". They were seeds sown in one of those rare and beautiful moments that lie just in-between the timeless state (and therefore the unmanifested worlds) and this world, where we really do have to listen if we are ever going to understand, if we are ever going to make knowledge real both for us and for the future generations. I call them "love bubbles" because they live in love's memory in-between two thoughts, and then, when the time is right, they go *"Pop!"* releasing and revealing what is inside them. It is as though they remain trapped in especially magical moments of time, which is a type of time that does not follow the rules of sequential thinking and linear time measurements. It is a beautiful sort of time which has no smell of comparison in it. It is "time as energy", bringing forth from the unmanifested Aspect of God what we need to hear if only we will listen.

It would really take the rest of my life (which it probably will) to bring forth what is in my heart to help bring you all firstly to "conviction" and then to "certainty" – *insh' Allah!* However, for the sake of this time, and in answer to your questions, let me talk about my own experience concerning what I have so often called "the wedding cake of union" and the reality of the prophet.

* * *

I was brought up as a Christian, as most of you have been. I did not particularly like the form of Christianity, and I did not like the Church at all. I did not like the sanctimonious sermons on Sundays or the people that preached them. I did not like the politics or the religious fear that were so often instilled into us as children. I did not like the taste of religious guilt either. I went to Mass

waren wir in der Lage, Dinge bedingungslos zu akzeptieren, die wir vielleicht (wie in meinem Fall) erst viele Jahre später in der Wirklichkeit unseres eigenen Seins im Herz verstehen konnten.

Ich habe den Propheten Mohammed bereits erwähnt. Hier möchte ich noch hinzufügen, dass Bulent uns nie Wissen oder Verständnis aufgezwungen hat, genauso wenig wie ich das euch gegenüber mache. Das wäre ein grober Missbrauch von Energie und als solcher fast unverzeihlich in unserer Welt. Es ist wahr, dass es Zeiten gab, da ich an seinen Beweggründen, dieses oder jenes zu tun, oder der Art, mir zu sagen, was ich zu tun habe, zweifelte. Aber wir sind alle menschlich, und in diesem Sinne sind wir oft Zweifler. Es wäre – zu jener Zeit – vollkommen unmöglich gewesen zu verstehen, was in den formativen Welten vorging. Wir werden vor zu viel Schmerz geschützt. Denkt an die Geschichte von Moses und Khidr im Koran und an die ausführlicheren Versionen, die von so vielen Sufi-Meistern zu allen Zeiten erzählt wurden. Wäre Moses *jemals* auf diese Reise gegangen, wenn er *vorher* gewusst hätte, was alles passieren würde?

Was Bulent tat, war Samen im genau richtigen Moment zu säen. Ich nenne sie jetzt »Liebesblasen«. Es waren Samen, die in einem jener höchst seltenen und schönen Augenblicke gesät wurden, die gerade zwischen diesem zeitlosen Zustand (und daher in den unmanifestierten Welten) und dieser Welt liegen, in der wir wirklich hinhören müssen, wenn wir jemals etwas verstehen wollen, wenn wir Wissen jemals wirklich machen wollen für uns und für die kommenden Generationen. Ich nenne sie »Liebesblasen«, weil sie in der Erinnerung der Liebe zwischen zwei Gedanken leben, und dann, wenn die Zeit reif ist, machen sie einfach »Plopp!« und erlösen und enthüllen das, was darin ist. Es ist, als wenn sie gefangen blieben in besonderen magischen Momenten der Zeit. Es handelt sich um eine Art Zeit, die nicht den Regeln des sequenziellen Denkens und der linearen Zeitmessung folgt. Es ist eine schöne Art von Zeit, die keinen Geruch von Vergleich in sich trägt. Es ist »Zeit als Energie«, die aus dem unmanifestierten Aspekt Gottes das hervorbringt, was wir hören müssen, wenn wir nur hinhören.

Es würde wirklich den Rest meines Lebens brauchen (und das wird es wahrscheinlich auch), um das hervorzubringen, was in meinem Herzen ist, um euch allen zu helfen, euch zuerst zur »Überzeugung« und dann zur »Gewissheit« zu bringen – *insh' Allah!* Allerdings, um dieser bestimmten Zeit willen und in

because I was frightened – but it made me want to be free, free of all the fear and the guilt. I wanted to be free. More than anything else I wanted to be free in the beauty that I could see and feel and taste all around me in the beautiful countryside. I did love and accept Jesus in a rather deep way, but I did not understand what I was feeling. I tried to avoid turning Jesus into a "father figure", just because my own father had died soon after I was born. I wrote a whole prayer book of my own when I was only eight years old because I did not like the authentic prayer book of the Church of England. I did not like it at all! There were some special prayers, however, which have remained with me throughout my life, and from a very early age indeed I would pray silently and quietly. I can still feel the rustle of autumn leaves around me as I would kneel in the woods when no-one was watching, and I can still smell the damp earth that I loved to touch and upon which I would lie down, first on my tummy, and then on my back, looking up into the sky when I had finished my prayers.

Much of my later life I have written about; this personal story I am telling you just to help unfold this paper and what I am trying to tell you *for this time.* You have all heard about the different esoteric schools with which I have been involved since I was twenty years old, and of course there was much valuable knowledge and information that could be, and was, gleaned from those years and years of schoolwork and travelling around the world. But there was always something missing, and when I finally met Bulent (presumably because I was finally 'ready'), I am almost afraid to say that I still kept one foot in the past – just in case I felt I needed to step back into what might have appeared to be 'safe'! Have we not all done this, I wonder.

The foot I kept in what I felt to be safe waters was actually sinking deeper and deeper into the 'British mud'. I knew perfectly well what was asked of me, but I was simply *not* going to get involved. I felt that I could understand Sufism, and in a way I could. But what gross arrogance! I wanted to understand Sufism without accepting the reality of the prophet Muhammad. I have to admit feeling that, since I was not born into the Middle Eastern culture, I therefore was not asked to accept the prophet and his teachings and the holy Koran. Bulent was not an "orthodox" Muslim after all. He did not appear to say the five obligatory prayers each day, and I don't believe he ever went to Mecca on the Hajj (the pilgrimage that is

Antwort auf eure Fragen, lasst mich über meine eigenen Erfahrungen sprechen mit dem, wie ich ihn oft nenne, »Hochzeitskuchen der Einheit« und der Wirklichkeit des Propheten.

* * *

Ich bin als Christ aufgewachsen, wie die meisten von euch. Mir gefiel die Form des Christentums nicht besonders und die Kirche schon gar nicht. Ich mochte weder die frömmelnden Predigten an den Sonntagen noch die Menschen, die sie predigten. Ich mochte die Politik und die religiöse Angst nicht, die uns schon als Kinder eingeprägt wurden. Auch mochte ich den Geschmack religiöser Schuldgefühle nicht. Ich ging zur Messe, weil ich Angst hatte – aber es brachte mich dazu, frei sein zu wollen, frei von aller Angst und Schuld. Ich wollte frei sein. Mehr als alles in der Welt wollte ich frei sein in der Schönheit, die ich sehen und fühlen und überall um mich herum schmecken konnte in dieser wunderbaren Landschaft. Ich liebte und akzeptierte Jesus auf eine ziemlich tiefe Weise, konnte aber nicht verstehen, was ich fühlte. Ich versuchte zu vermeiden, Jesus in eine »Vaterfigur« zu verwandeln, nur weil mein eigener Vater kurz nach meiner Geburt gestorben war. Ich schrieb selbst ein ganzes Gebetsbuch, als ich acht Jahre alt war, weil ich das offizielle Gebetsbuch der Kirche von England nicht mochte. Ich mochte es überhaupt nicht! Es gab allerdings einige besondere Gebete, die mich durch mein Leben begleitet haben, und tatsächlich betete ich, seit ich sehr jung war, leise und schweigend. Ich kann immer noch das Rascheln der Herbstblätter um mich herum hören, wenn ich im Wald kniete und niemand mir zuschaute, und noch immer vermag ich die feuchte Erde zu riechen, die ich so gerne berührte und auf die ich mich zuerst bäuchlings, dann mit meinem Rücken legte, um nach meinen Gebeten in den Himmel zu schauen.

Über mein späteres Leben habe ich viel geschrieben; diese persönliche Geschichte erzähle ich euch, um diesen Text zu entfalten und das, was ich versuche, *zu dieser Zeit* zu sagen. Ihr habt alle über die verschiedenen esoterischen Schulen gehört, mit denen ich zu tun hatte, seit ich zwanzig Jahre alt war. Und natürlich wurde in all den Jahren mit der Schularbeit und auf Weltreisen viel nützliches Wissen und Information in Erfahrung gebracht. Aber es fehlte immer etwas, und als ich dann schließlich Bulent traf (wahrscheinlich, weil ich endlich ›bereit‹ war), so muss ich leider sagen, dass ich immer noch einen Fuß in der Vergangenheit hatte – nur für den

required of all practicing Muslims); but he *did* always carry a copy of the Koran with him wherever he went, and he *did* pray a lot, although mostly in private in his room. I therefore did not know in which way he prayed. I only saw him pray in public when we went to the mosque or visited some sheikh or other. But then I also sometimes went with him to a church, and he would sit there quietly with, it seemed, prayer bursting forth all around him. "How beautiful He is!", Bulent would so often say on such occasions. Prayer was very much part of our daily life, every day – but I could not count how *many* times a day we prayed.

So on and on the journey went, and when it was necessary that I parted company (in the physical sense) with my teacher in 1973 and was sent over to Canada, the States and Mexico, I went with a very open heart, full of enthusiasm (and fear!), armed with the Ibn Arabi paper and the intense inner yearning that we all need to keep straight on the path. During those years, things did turn out well in many ways. Books were written, and many thousands of people passed by my door. Now I am convinced that if it had been the right time, I would have been able to say *then* what I am saying to all of you *now*. But time is strange and miraculous, and so it is in the light of the present moment unfolding that it is *today* that I write what I am writing – and not before.

As I said, throughout all those years of travelling and teaching, I knew that one day I would be brought face to face with what I most surely had to look at directly, without any fear, and with complete honesty and humility if I was ever to understand the inner core of Sufism, which I yearned for with all of my heart. I could not offer "the wedding cake of union" back to my Creator *with one piece missing*. That piece was a gap in the cake. It was a sore that actually hurt and pained my heart. There was an incessant nagging fear that if I did not turn totally and ask God who and what was (*is*) the reality of Muhammad, I would die incomplete myself, and most-certainly could only bring those whom God had sent to me up to a certain level of knowledge and awareness of Sufism, and no further. It was *not* a good feeling at all!

But how, how could I discover what was there to be discovered? Would it not be fraudulent to turn to the One God of us all and ask for help in that direction without also embracing Islam in the most formal sense, and in every way? I am sure that these questions have touched many of you in the past, at least since you first met with me.

Fall, dass ich hätte zurückgreifen müssen auf das, was zumindest ›sicher‹ schien! Haben wir das nicht alle getan, frage ich mich.

Den Fuß, den ich, wie ich meinte, in sicheren Gewässern behielt, sank tatsächlich tiefer und tiefer in den ›britischen Schlamm‹. Ich wusste genau, was von mir verlangt wurde, aber ich wollte einfach *nichts* damit zu tun haben. Ich dachte, ich könne den Sufismus verstehen, und irgendwie konnte ich es auch. Aber was für eine krasse Arroganz! Ich wollte den Sufismus verstehen, ohne die Wirklichkeit des Propheten Mohammeds zu akzeptieren. Ich muss zugeben, dass ich dachte, den Propheten und seine Lehren und den heiligen Koran nicht akzeptieren zu müssen, da ich nicht in einer Kultur des Mittleren Ostens geboren war. Bulent war ja schließlich auch kein »orthodoxer« Muslim. Es schien nicht so, als ob er jeden Tag die fünf Pflichtgebete spräche, und ich glaube nicht, dass er zur Hadsch nach Mekka ging (auf die Pilgerreise, die von jedem praktizierenden Muslim verlangt wird); aber er *hat* immer eine Kopie des Korans bei sich getragen, wohin er auch ging, und er *hat* viel gebetet, allerdings meistens privat in seinem Zimmer. Daher wusste ich nicht, in welcher Weise er betete. In der Öffentlichkeit beten sah ich ihn nur, wenn wir in die Moschee gingen oder den einen oder anderen Scheich besuchten. Manchmal ging ich auch in die Kirche mit ihm, und es machte den Anschein, wenn er da so ruhig saß, als wenn die Gebete überall nur so aus ihm herausplatzten. »Wie schön Er doch ist!«, sagte Bulent oft bei solchen Gelegenheiten. Gebet war sehr stark Teil unseres alltäglichen Lebens, jeden Tag – aber ich konnte nicht zählen, *wie viele* Male wir am Tag beteten.

So ging die Reise weiter, und als es notwendig wurde, mich 1973 von meinem Lehrer (im physischen Sinne) zu trennen, und ich nach Kanada, in die Staaten und nach Mexiko geschickt wurde, ging ich mit einem offenen Herzen, voller Enthusiasmus (und Angst!), bewaffnet mit dem Ibn-Arabi-Text und jener intensiven inneren Sehnsucht, die wir alle brauchen, um auf dem geraden Weg zu bleiben. In jenen Jahren wendeten sich die Dinge in vielerlei Hinsicht zum Guten. Bücher wurden geschrieben, und viele tausend Menschen kamen an meine Tür. Nun bin ich überzeugt, dass ich, wenn es die richtige Zeit gewesen wäre, *damals* in der Lage gewesen wäre, das zu sagen, was ich *jetzt* zu euch allen sage. Aber Zeit ist seltsam und wunderbar, und so geschieht es im Lichte des gegenwärtigen Augenblicks, wie er sich entfaltet, dass ich *heute* das schreibe, was ich hier schreibe – und nicht vorher.

The answer came in the way that I could understand. That is the way in which God's Grace always shows itself. He manifests Himself in this world in the way that we can understand what is needed, and in the form that is needed at the time so that we *can* understand.

Precisely what happened to me, personally, does not matter as far as this paper is concerned. As I said, we all receive the understanding in the way that we can, *when* the time is right and *after* we have prayed with all of our strength and with all of our being, to know the truth. Let me just say that I begged God to help me understand the meaning of the prophet in the here and now, and how this knowledge and understanding could be of benefit to both myself and others, and way beyond the limitations of any religious form or dogma. Yes, to ask such a question does require honest courage.

"Many things will happen; ask God to inform you" (Mevlana Jalaluddin Rumi). I prayed with both hands, with no defence, and leaving no foot – nothing – behind me as I prayed. And one day it was as though the missing piece of the "wedding cake of union" slid back into place, and the candles (that were already on the cake) lit themselves, and a song was sung all over the world. *Al hamdu lillah!*

* * *

Question: Why is it said that there is no further need for prophets, as the prophet Muhammad is the Seal of Prophethood and closes the "ring of prophets" and therefore this aspect of God's Creation is fulfilled? And how does anyone know that God's Creation in this aspect is fulfilled? Can anything be fulfilled in creation, completed, finished? Is creation not an ever-confirming "unfolding" process?

Reshad Feild: It is obviously necessary, once again, to say that anything I write for you comes in the *form* of words, and so to reveal the *essence* of what I am trying to convey, the inner meaning has to be discovered. And this can only really be done by remembering that "words are like boats"; we need to look at their purpose, the direction in which they are sailing and, perhaps most important of all, the cargo they are carrying in their holds. So often people just "skip read", as we say in English, that is, they skim over the surface of the water like low-flying aeroplanes. We need to dive deep into the water to see the colour from within!

Wie ich schon sagte, wusste ich in all den Jahren des Reisens und Lehrens, dass ich eines Tages von Angesicht zu Angesicht dem gegenüber gebracht würde, was ich ganz sicher direkt und ohne Angst anschauen musste, in vollständiger Ehrlichkeit und Demut, wenn ich den inneren Kern des Sufismus, nach dem ich mich mit meinem ganzen Herzen sehnte, jemals würde verstehen wollen. Ich konnte den »Hochzeitskuchen der Einheit« nicht meinem Schöpfer wieder anbieten, wenn *ein Stück fehlte*. Dieses Stück war eine Lücke im Kuchen. Es war eine Wunde, die tatsächlich schmerzte und meinem Herz weh tat. Da war eine ununterbrochene, nagende Angst, dass ich selbst, wenn ich mich nicht vollständig umdrehte und Gott fragen würde, wer und was die Wirklichkeit Mohammeds war (*ist*), unvollständig sterben würde und dass ich mit größter Sicherheit diejenigen, die Gott zu mir sandte, nur bis zu einer bestimmten Ebene des Wissens und der Erkenntnis des Sufismus bringen könnte und nicht weiter. Es war ganz und gar *kein* gutes Gefühl!

Aber wie, wie konnte ich das entdecken, was dort zu entdecken war? Wäre es nicht betrügerisch, mich dem Einen Gott von uns allen zuzuwenden und in jene Richtung um Hilfe zu bitten, ohne den Islam in seinem formalsten Sinn und in jeder Beziehung anzunehmen? Ich bin sicher, dass viele von euch diese Fragen in der Vergangenheit berührt haben, zumindest seit ihr mich das erste Mal getroffen habt.

Die Antwort kam auf eine Art, die ich verstehen konnte. Das ist die Art und Weise, wie sich Gottes Gnade immer zeigt. Er manifestiert Sich in dieser Welt in der Weise, dass wir verstehen, was nötig ist, und in der Form, die zu der Zeit nötig ist, damit wir verstehen *können*.

Was diesen Text betrifft, ist es unwichtig, was mir persönlich nun genau geschah. Wie ich schon sagte, empfangen wir alle das Verstehen in der Art, wie wir dazu in der Lage sind, *wenn* die Zeit stimmt und *nachdem* wir mit all unserer Kraft und mit unserem ganzen Wesen darum gebetet haben, die Wahrheit zu kennen. Lasst mich nur sagen, dass ich Gott gebeten hatte, mir zu helfen, die Bedeutung des Propheten im Hier und Jetzt zu verstehen, und wie dieses Wissen und Verstehen von Nutzen sein könnte für mich und andere und weit jenseits der Beschränkungen durch religiöse Formen und Dogmen. Ja, um diese Frage zu stellen, bedarf es ehrlichen Mutes.

I am going to take these questions together. I imagine that it could be relatively easy to answer them in an intellectual way, probably by quoting many erudite scholars and Sufi teachers; but although this can help, a very *direct* answer from my heart might be more useful. On the other hand, we should not ignore the great scholars of all time, nor the wonders that lie waiting to be discovered through the correct use of the brain. Let us remember that the more *refined* energy that reaches the brain through our own inner work, the less need we have to think, and thus the more we can use thought as a creative process to help bring forth the unmanifested Aspect of God into a waiting world.

Bulent would talk, again and again, about "the second cycle of mankind" and how it is our responsibility to help build what he called "the platform" for this new cycle – but always in the understanding that we build *now* for the world to come; yet we also understand that this will come in God's good Time, and not in time created by our own fear-based projections. God's Time comes when our fear ceases! In this understanding we learn, more and more, why it is necessary to work on ourselves. God waits; one of His Most Beautiful Names is "the Patient One".

I will answer these questions by asking you all some questions in return. Perhaps the questions alone contain the answer! What stops you asking, within your own hearts, who is the prophet Muhammad? In the light of what has already been written in this paper and of the fact that the teachings given in this living school come from the essence of Sufi teachings, would this not be an intelligent question to ask, and even a *necessary one?* Is there anything to fear by asking such a question? Or, can the answer to such a question be discovered *without* asking the question? Is it not good manners to ask? And do we remember the words of Jesus, "Seek, and ye shall find; knock, and it shall be opened unto you"?

Recently a dear friend of all of us was making *dhikr* with a group of fellow seekers. She had also been puzzling over this question about the prophet, and she had been praying to be given an answer that she could understand – *in her own way*. In the middle of the repetition of *esteffrullah,* she suddenly had a most extraordinary inner experience. She came to see me, asking me if the experience indeed was 'real' or merely a figment of her imagination. I checked it the way that is possible and which I was taught, and most certainly it *was* 'real'. I was reminded of Bulent's letter to me in 1973

„Viele Dinge werden geschehen; bitte Gott, dich zu informieren« (Mevlana Jalaluddin Rumi). Ich betete mit beiden Händen, ohne Abwehr und ohne einen Fuß – nichts – hinter mir zu lassen, als ich betete. Und eines Tages war es so, als ob das fehlende Stück des »Hochzeitskuchens der Einheit« zurück an seinen Platz rutschte, die Kerzen (die schon auf dem Kuchen waren) sich selbst entzündeten und ein Lied auf der ganzen Welt gesungen wurde. *Al hamdu lillah!*

* * *

Frage: Warum wird gesagt, dass es kein weiteres Bedürfnis für Propheten mehr gibt, da der Prophet Mohammed das Siegel der Prophetenschaft ist und den »Ring der Propheten« schließt und deshalb dieser Aspekt von Gottes Schöpfung erfüllt ist? Und wie weiß irgendjemand, dass Gottes Schöpfung in diesem Aspekt erfüllt ist? Kann irgendetwas erfüllt sein in der Schöpfung, vollendet, beendet? Ist die Schöpfung nicht ein immer aufrechterhaltener, »sich entfaltender« Prozess?

Reshad Feild: Es muss offensichtlich nochmals gesagt werden, dass alles, was ich für euch schreibe, in der *Form* von Worten daherkommt, und so muss deren innere Bedeutung entdeckt werden, um die *Essenz* dessen zu enthüllen, was ich versuche zu übermitteln. Und das ist wirklich nur möglich, wenn wir uns erinnern, dass »Wörter wie Boote sind«; wir müssen ihren Zweck betrachten, die Richtung, in die sie segeln, und, wahrscheinlich das Wichtigste von allem, die Fracht, die sie in ihren Bäuchen tragen. So oft lesen die Leute nur quer, im Englischen nennen wir das »springlesen«, das heißt, sie gleiten über die Oberfläche des Wassers wie niedrig fliegende Flugzeuge. Wir müssen tief ins Wasser hinabtauchen, um die Farbe von innen zu sehen!

Ich werde diese Fragen zusammen nehmen. Ich stelle mir vor, dass es ziemlich einfach wäre, sie in einer intellektuellen Weise zu beantworten, wahrscheinlich mit Zitaten von vielen gelehrten Weisen und Sufi-Lehrern; doch obwohl das helfen kann, ist vielleicht eine sehr *direkte* Antwort aus meinem Herzen nützlicher. Andererseits sollten wir weder die großen Gelehrten ignorieren noch die Wunder, die darauf warten, durch den richtigen Gebrauch des Gehirns entdeckt zu werden. Erinnern wir uns daran, dass, je *verfeinerter* die Energie, die durch unsere innere Arbeit unser Gehirn erreicht, desto weniger müssen wir denken, umso mehr können wir aber das Denken als kreativen Prozess einsetzen,

when I first came to the States.* I am sure you will remember it, but there is one sentence in it which was particularly relevant. He says in the letter, "Bring them [the seekers] to Him." So she had been brought to the gate, and now it is time for her to knock. That gate is opened from the inside.

Sufism is called "the path of return" simply because when we have looked far enough, "out there somewhere," then we turn and look into our own hearts. "The worlds are not big enough to contain Me, but the heart of My faithful Servant can contain Me" (prophet Muhammad) and, "Cross and Christians, end to end; He was not there. Nor did I find Him on the Cross. I looked in the Hindu temples; He was not there. I looked hither and thither, all over the world, and I even looked into the mosques, but I could not find Him. Then I looked into my own heart, and it was there that I found Him" (Rumi).

You see, what I am trying to say in answer to your questions is that it is obviously impossible to obtain the answer that each of you needs *directly* without at least intellectually accepting that it is *necessary* that we do accept the prophet in the same way as it, obviously, is necessary to accept the existence of the six major religions of the world, one of them being the religion of Islam. There is no Islam without the prophet, and there is no understanding of the prophet without being in true submission – which *is* Islam. Is not Sufism called "the esoteric core of Islam"?

Question: If Adam was the first prophet, and Muhammad is the completion of the Line of the Prophets – what is coming after? Neither the world nor the history of man has ended since. Are we living in the black state of a prophetless world? Or is a new line, (of) a new form of prophethood, beginning? Is this prophetless time maybe a circle, or a spiral, and not a line, and the unfoldment continues into a new form? What does time mean in the world of masters and in comparison to our time?

Reshad Feild: It is not possible to talk about what time means in the world of the masters. First, we would have to be one – a master, I mean. Then, if we were, we would know that the concept of 'individuality' only exists in a world of time *as we know it in this world.* Do we imagine, for instance, that there is some special form

* See page 788.

um dazu beizutragen, den unmanifestierten Aspekt Gottes in eine wartende Welt zu bringen.

Bulent sprach wieder und wieder vom »zweiten Zyklus der Menschheit« und davon dass es unsere Verantwortung ist zu helfen, das zu bauen, was er »die Plattform« für diesen neuen Zyklus nannte – doch immer im Verständnis, dass wir *jetzt* für die kommende Welt bauen; und dennoch verstehen wir, dass diese zu Gottes Zeit kommen wird, und nicht zu einer Zeit, die durch unsere in Angst begründeten Projektionen geschaffen wurde. Gottes Zeit kommt, wenn unsere Angst weicht! In diesem Verständnis lernen wir, mehr und mehr, warum es nötig ist, an uns selbst zu arbeiten. Gott wartet; einer Seiner Schönsten Namen lautet: »der Geduldige«.

Ich will diese Fragen beantworten, indem ich euch allen einige Gegenfragen stelle. Vielleicht enthalten schon die Fragen allein die Antwort! Was hält euch davon ab, in euren eigenen Herzen zu fragen, wer der Prophet Mohammed ist? Im Licht dessen, was in diesem Text bereits geschrieben wurde, und der Tatsache, dass die Lehren, die in dieser lebenden Schule gegeben werden, aus der Essenz der Sufi-Lehren kommen, wäre dies nicht eine intelligente Frage zu stellen, und sogar eine *notwendige?* Gibt es irgendetwas zu befürchten, wenn man eine solche Frage stellt? Oder: Kann die Antwort auf eine solche Frage entdeckt werden, *ohne* die Frage zu stellen? Zeugt es nicht von guten Manieren, wenn man fragt? Und erinnern wir uns der Worte Jesu: »Suche, und du wirst finden; klopfe an, und dir wird geöffnet werden«?

Vor kurzer Zeit hat eine liebe Freundin von uns allen mit einer Gruppe von Suchenden *Dhikr* gemacht. Auch sie hatte sich über diese Frage nach dem Propheten den Kopf zerbrochen, und sie hatte darum gebetet, dass ihr eine Antwort gegeben werden möge, die sie – *in ihrer eigenen Art* – verstehen könne. Mitten in der Wiederholung von *esteffrullah* hatte sie plötzlich eine außergewöhnliche innere Erfahrung. Sie kam mich besuchen und fragte, ob die Erfahrung tatsächlich ›wirklich‹ gewesen sei oder nur ein Produkt ihrer Imagination. Ich prüfte das in der möglichen Art und so, wie ich es gelernt hatte, und sie *war* ganz sicher ›real‹. Es erinnerte mich an Bulents Brief von 1973, als ich zum ersten Mal in die Staaten kam.* Ich bin sicher, ihr erinnert euch an ihn, aber es gibt da einen Satz, der besonders wichtig ist. Er sagt in seinem Brief: »Bringe sie [die Suchen-

---

* Siehe Seite 791.

den] zu Ihm.« So war sie also zum Tor gebracht worden, und nun ist es Zeit für sie anzuklopfen. Dieses Tor wird von innen geöffnet.

Sufismus wird »der Pfad der Rückkehr« genannt, ganz einfach weil wir, wenn wir weit genug geschaut haben »irgendwo dort draußen«, uns umdrehen und in unsere eigenen Herzen schauen. »Die Welten sind nicht groß genug, Mich zu enthalten, aber das Herz Meines treuen Dieners kann Mich enthalten« (Prophet Mohammed), und: »Kreuz und Christen, überall: Er war nicht dort. Noch fand ich Ihn am Kreuz. Ich schaute in den Hindu-Tempeln: Er war nicht dort. Ich schaute hier und dort, auf der ganzen Welt, und ich schaute sogar in den Moscheen, doch ich konnte Ihn nicht finden. Dann schaute ich in mein eigenes Herz, und dort war es, wo ich Ihn fand« (Rumi).

Ihr seht: Was ich zu sagen versuche als Antwort auf eure Fragen, ist, dass es offensichtlich unmöglich ist, die Antwort, die jede und jeder von euch braucht, *direkt* zu erhalten, ohne mindestens verstandesmäßig zu akzeptieren, dass es *nötig* ist, dass wir den Propheten annehmen, in der gleichen Art, wie es offensichtlich nötig ist, die Existenz der sechs Weltreligionen anzunehmen, von denen der Islam eine ist. Es gibt keinen Islam ohne den Propheten, und es gibt kein Verständnis des Propheten, ohne in wahrer Ergebenheit zu sein – was Islam *ist*. Wird Sufismus nicht »das esoterische Herz des Islams« genannt?

Frage: Wenn Adam der erste Prophet war und Mohammed die Vollendung der Linie der Propheten darstellt – was kommt dann nachher? Weder die Welt noch die Geschichte der Menschheit haben seither aufgehört. Leben wir im schwarzen Zustand einer prophetenlosen Welt? Oder beginnt eine neue Linie, eine neue Form von Prophetentum? Ist diese prophetenlose Zeit vielleicht ein Kreis, oder eine Spirale und keine Linie, und die Entfaltung geht weiter in eine neue Form hinein? Was bedeutet Zeit in der Welt der Meister und im Vergleich zu unserer Zeit?

Reshad Feild: Es ist nicht möglich, darüber zu sprechen, was Zeit in der Welt der Meister bedeutet. Zuerst müssten wir einer sein – ein Meister, meine ich. Dann, wenn wir einer wären, wüssten wir, dass das Konzept von ›Individualität‹ nur existiert in einer Welt der Zeit, *wie wir sie in dieser Welt kennen.* Können wir uns beispielsweise vorstellen, dass es ›dort oben‹ eine spezielle Form von Raum gibt, reserviert für jene Individuen, die ›es geschafft haben‹,

of space 'up there' which is reserved for individuals who have 'made it', and another sort of space for those who did *not* come to know themselves when they were here on earth? My, my, but heaven would surely suffer from great over-crowding!

Let me explain it in this way: If the First Cause is love, and if we do reach that extraordinary level or "station" whilst we are still alive and living in this world, then are we not divisible into as many parts as those who also know love or are true seekers on the road of truth – the Way of Love, Compassion and Service?

I remember once we had a guest in our centre in England, and he was an expert in the hologram. One evening, he showed us a photographic slide which was a holographic plate. It was a wonderful picture of the countryside with rolling hills, trees and a river winding its way across the picture. Then he took out the slide, which, if I remember correctly, was made of glass, and broke off a corner of it. We were all shocked to see him apparently destroying such a beautiful picture. He smiled, picked up the piece he had broken off, and then put it back into another projector which could display anything that was laid onto the tray in the machine. To our surprise the piece, the section of the photograph that had been broken away from the main part, produced the same image on the screen as the entire slide had shown us in the first instance!

Question: Does Mevlana represent a new kind of 'prophet', the start of a new line 'after' Muhammad? Do we represent the Line of the Prophets in ourselves, starting with Adam, the first state 'after birth' in this life, and going on (if we really want to) to a Muhammadian state, to completion, to the fulfilment and union in God?

Reshad Feild: To answer this question, it is only necessary to study Ibn Arabi, the Pole of Knowledge, and the inner knowledge that is contained in his great work the *Fusus al-Hikam.* You may recollect that Bulent, in the latter years of his life, devoted every available moment of time he had to translating that work into English. I do fully realise that – for us all – the study of a work such as this will take a lifetime. But then, are we not here to bring forth the purpose of life, rather than just talking about it? In the words of the prophet, "I was a Hidden Treasure and I loved to be known, so I created the world that I might be known."

Finally, I am convinced that the inner meaning of Mevlana will be revealed to us all at the right time, and not before. The under-

und eine andere Art von Raum für jene, die *nicht* dazu kamen, sich selbst zu kennen, als sie hier auf der Erde waren? Oh je, der Himmel würde bestimmt an großer Überbevölkerung leiden!

Lasst es mich so erklären: Wenn der Erste Grund Liebe ist und wenn wir diese außerordentliche Ebene oder »Station« erreichen, während wir noch am Leben sind und in dieser Welt leben, sind wir dann nicht teilbar in so viele Teile wie jene, die die Liebe auch kennen oder wahre Sucher auf dem Weg der Wahrheit sind – dem Weg der Liebe, des Mitgefühls und des Dienens?

Ich erinnere mich daran, dass wir einmal einen Gast hatten in unserem Zentrum in England, und er war ein Experte des Hologramms. Eines Abends zeigte er uns ein Diapositiv, das eine holografische Platte war. Es war ein wundervolles Bild einer Landschaft mit wogenden Hügeln, Bäumen und einem Fluss, der sich durch das Bild wand. Dann nahm er das Dia, das, wenn ich mich recht erinnere, aus Glas war, und brach eine Ecke davon ab. Wir waren alle schockiert, ihn scheinbar ein so schönes Bild zerstören zu sehen. Er lächelte, nahm das Stück, das er abgebrochen hatte, und legte es in einen anderen Projektor, der alles, was auf den Träger im Innern gelegt wurde, abbilden konnte. Zu unserer Überraschung schuf das Stück, das vom Ganzen abgebrochen worden war, dasselbe Bild auf der Wand wie das ganze Dia uns am Anfang gezeigt hatte!

Frage: Repräsentiert Mevlana eine neue Art von ›Prophet‹, den Beginn einer neuen Linie ›nach‹ Mohammed? Repräsentieren wir die Linie der Propheten in uns selbst, angefangen mit Adam, dem ersten Zustand ›nach der Geburt‹ in diesem Leben, weiter (wenn wir es wirklich wollen) bis zu einem mohammedanischen Zustand, zur Vollendung, zur Erfüllung und Einheit in Gott?

Reshad Feild: Um diese Frage zu beantworten, ist es nur nötig, Ibn Arabi zu studieren, den Pol des Wissens, und das innere Wissen, das in seinem großen Werk *Fusus al-Hikam* enthalten ist. Ihr mögt euch daran erinnern, dass Bulent in den späteren Jahren seines Lebens jeden Augenblick seiner Zeit der Übersetzung jenes Werks ins Englische widmete. Ich bin mir vollkommen im Klaren darüber, dass das Studium eines solchen Werks – für uns alle – ein ganzes Leben braucht. Aber sind wir nicht hier, um den Zweck des Lebens hervorzubringen, statt nur davon zu reden? In den Worten des Propheten: »Ich war ein Verborgener Schatz und sehnte Mich danach, erkannt zu werden; so erschuf Ich die Welt, damit Ich erkannt werde.«

standing will be given to us as an act of grace from God, and we will understand in the way that is right for each one of us individually. However, let us, once again, remember the "wedding cake of union", and if we humbly study the *Mathnawi* and Rumi's other works, then we will be again reminded, at times very strongly, that Mevlana's love for the prophet Muhammad was *total.* There can be no argument about this.

So, when you talk about Mevlana as coming "before" Muhammad, this is true since we are on the path of *return,* i.e., as I said before, since we have started to turn *back* to the One Source of all life. If, on the other hand, we look merely at sequential time, then we will see Mevlana as coming "after" Muhammad in time unfolding *outwards,* and that means we have not yet turned back totally to our Creator. Without that turning we will always be looking for "something else", another prophet, or another line of prophets. We will go on creating unnecessary suffering for ourselves and others, rather than accepting the victory that can be ours at last – the victory that we claim when we know, without any shadow of a doubt, that we are one with Him and that the seal of our union will be with us forever.

Question: May I ask the question very humbly. Could it mean that man, having reached union in God (the state of Muhammad), may unfold to living that union as a very normal man in this world – *now?* Or at any time?

Reshad Feild: It is surely in the 'now-moment' that all this can be understood, and in *no* other time! Now the 'octave' in this paper starts to move on towards its climax. However, the climax of this octave is not some vast triumphant sound that bursts forth from every instrument in the orchestra! No, rather it is a testimony to the Divine Harmony in the unmanifested worlds, the "higher worlds" as they are sometimes called, manifested in the 'normality' of a human life which is no more separated by the fears and conditioning created by man-made time, nor subjected to the tyranny of the illusion of separation. Thus the Divine Octave becomes complete, and the meaning of *insan al-kamil* is understood.

> Like the Universal Logos, which the perfect man manifests, the perfect man is called by Ibn Arabi "an intermediary stage" (*barzakh*), not in the sense of being an 'entity' between God

Schließlich bin ich davon überzeugt, dass die innere Bedeutung von Mevlana uns allen zur richtigen Zeit enthüllt werden wird, und nicht vorher. Das Verstehen wird uns gegeben werden als ein Akt der Gnade von Gott, und wir werden in der Art und Weise verstehen, die für jeden von uns individuell richtig ist. Lasst uns jedenfalls nochmals den »Hochzeitskuchen der Vereinigung« in Erinnerung rufen, und wenn wir demütig das *Mathnawi* und Rumis andere Werke studieren, werden wir wiederum, zeitweise sehr stark, daran erinnert werden, dass Mevlanas Liebe für den Propheten *vollständig* war. Darüber kann es keine Diskussion geben.

Wenn ihr also über Mevlana als »vor« Mohammed kommend« sprecht, dann ist das wahr, da wir auf dem Weg der *Rückkehr* sind, das heißt, wie ich schon vorher sagte, da wir begonnen haben, uns zur Einen Quelle allen Lebens *zurück*zudrehen. Wenn wir andererseits mehr die sequenzielle Zeit anschauen, dann werden wir sehen, dass Mevlana in der sich *nach außen* entfaltenden Zeit »nach« Mohammed kommt, und das heißt, dass wir uns noch nicht vollständig zu unserem Schöpfer zurückgedreht haben. Ohne dieses Umdrehen werden wir immer nach »etwas anderem« Ausschau halten, nach einem anderen Propheten, oder einer anderen Linie von Propheten. Wir werden weiterfahren, unnötiges Leiden für uns und andere zu schaffen, statt den Sieg anzunehmen, der am Ende unser sein kann – den Sieg, den wir beanspruchen, wenn wir ohne den Schatten eines Zweifels wissen, dass wir eins sind mit Ihm und dass das Siegel unserer Vereinigung für immer bei uns sein wird.

Frage: Darf ich sehr demütig die Frage stellen, ob es bedeuten könnte, dass der Mensch, wenn er die Vereinigung in Gott (den Zustand Mohammeds) erreicht hat, vielleicht beginnt, diese Einheit als ein ganz normaler Mensch in dieser Welt zu leben – *jetzt?* Oder zu jeder anderen Zeit?

Reshad Feild: Es ist ganz bestimmt im ›Jetzt-Moment‹, da all dies verstanden werden kann, und zu *keiner* anderen Zeit! Nun bewegt sich die ›Oktave‹ in diesem Text ihrem Höhepunkt zu. Doch der Höhepunkt dieser Oktave ist nicht ein gigantisch triumphierender Klang, der aus jedem Instrument des Orchesters hervorbricht! Nein, vielmehr ist er ein Zeugnis für die Göttliche Harmonie in den unmanifestierten Welten, den »höheren Welten«, wie sie manchmal genannt werden, manifestiert in der ›Normalität‹ des menschlichen Lebens, das nicht mehr durch Ängste und Konditionierung der von

and the universe, the Divine and the human, but in the sense of being the only creature which unites and manifests both perfectly. Ibn Arabi explains the mystery of creation by saying that it was due to the essential love of the One to be known and to be manifested, that God revealed Himself in the forms of the phenomenal world.

This eternal love of the One to behold His own Beauty and Perfections manifested in forms, and above all things to be known to Himself in and through Himself, found, Ibn Arabi says, its completest realisation in the perfect man, who alone knows Him and manifests His Attributes perfectly. He knows Him "in a manner which surpasses all doubt; nay, he perceives Him in the innermost 'eye' of his soul."*

Beloved Lord, Almighty God,
aside from Whom there is nothing else,
please help us to love Thee more.

Teach us to realise
that the sole purpose of love is beauty.

Bring us to know Thee as Thou art
and to find Thee in the only place
that is big enough to contain Thee:
the heart of perfect man.

Amen.

1992

---

* *The Twenty-Nine Pages. An Introduction to Ibn Arabi's Metaphysics of Unity.*
Page 38. Beshara Publications, Roxburgh, Scotland, 1998.

Menschen gemachten Zeit getrennt, noch der Tyrannei der Illusion der Trennung unterworfen ist. So wird die Göttliche Oktave vollständig, und die Bedeutung von *insan al-kamil* wird verstanden.

Wie der Universelle Logos, den der vollkommene Mensch manifestiert, wird der vollkommene Mensch von Ibn Arabi ein »Zwischenstadium« *(barzakh)* genannt; nicht im Sinn einer Entität zwischen Gott und dem Universum, dem Göttlichen und dem Menschlichen, sondern indem er die einzige Kreatur sei, die beides vollkommen vereint und manifestiert. Ibn Arabi erklärt das Mysterium der Schöpfung, indem er sagt, dass es wegen des wesenhaften Sehnens des Einen war, erkannt zu werden und manifest zu sein, dass Gott Sich selbst in den Formen der phänomenalen Welt offenbarte.

Dieses ewige Sehnen des Einen, Seine Schönheit und Vollkommenheit in Formen manifestiert zu sehen und vor allem Sich selbst in und durch Sich selbst zu erkennen, fand seine vollständigste Verwirklichung im vollständigen Menschen, sagt Ibn Arabi. Er allein kennt Ihn und manifestiert Seine Eigenschaften vollkommen. Er kennt Ihn »in einer Weise, die über jeden Zweifel erhaben ist. Er nimmt Ihn im innersten ›Auge‹ seiner Seele wahr.«*

Geliebter Herr, Allmächtiger Gott,
neben Dem es nichts anderes gibt,
bitte hilf uns, Dich mehr und mehr zu lieben.

Lehre uns zu verstehen,
dass der einzige Zweck der Liebe Schönheit ist.

Bringe uns dazu, Dich zu erkennen, so wie Du bist,
und Dich finden an dem einzigen Ort,
der groß genug ist, Dich zu enthalten:
im Herzen des Vollkommenen Menschen.

Amen.

❧

---

* *Die Neunundzwanzig Seiten,* in Muhyiddin Ibn Arabi: *Der verborgene Schatz.* Seite 92. Chalice Verlag, Zürich 2006.

Surah al-Ikhlas

In the Name of God, the Most Merciful, the Most Compassionate.

Say: He is Allah, the One and Only;

Allah, the Eternal, the Absolute;

He begetteth not, nor is He begotten;

And there is none like unto Him.

Amen.

Sure al-Ikhlas

Im Namen Gottes, des Allergnädigsten und Allbarmherzigen.

Sprich: Er ist Allah, der Eine und Einzige.

Allah, der Ewige und Absolute.

Er zeugt nicht und ist nicht gezeugt

Und keiner ist Ihm gleich.

Amen.

Lord's Prayer

אבון דבשמיא

נתקדש שמך

תאתי מלכותך

נהוא צבינך איכנא דבשמיא אף בארעא

הב לן לחמא דסונקנן יומנא

ושבוק לן הובין איכנא דאף חנן שבקן לחיבין

ולא תעלן לנסיונא אלא פצן מן בישא

מטול דדילך הי מלכותא וחילא ותשבוחתא לעלם עלמין

אמין

Our Father, Who art in heaven,

Hallowed be Thy Name.

Thy Kingdom come.

Thy Will be done, on earth as it is in heaven.

Give us this day our daily bread.

And forgive us our trespasses, as we forgive those
who trespass against us.

And lead us not into temptation, but deliver us
from evil.

For Thine is the kingdom and the power and the glory,
for ever and ever.

Amen.

Vaterunser

abwûn d'bwaschmâja

nethkâdasch schmach

têtê malkuthach

nehwê tzevjânach aikâna d'bwaschmâja af b'arha

hawvlân lachma d'sûnkanân jaomâna

waschboklân chaubên aikâna daf chnân schvoken l'chaijabên

wela tachlân l'nesjuna ela patzân min bischa

metol dilachie malkutha wahaila wateschbuchta l'ahlâm almîn

amên

Vater unser im Himmel,

Geheiligt werde Dein Name,

Dein Reich komme und

Dein Wille geschehe, wie im Himmel so auch auf Erden.

Unser tägliches Brot gib uns heute,

Und vergib uns unsere Schuld, wie auch wir vergeben
unseren Schuldigern.

Und führe uns nicht in Versuchung, sondern erlöse uns
von dem Bösen.

Denn Dein ist das Reich und die Kraft und die Herrlichkeit
in Ewigkeit.

Amen.

Let Us Go Toward Union

by Muhyiddin Ibn Arabi

Listen, o dearly beloved!
I am the reality of the world, the centre of the circumference.
I am the parts and the whole.
I am the will established between heaven and earth.
I have created perception in you
Only in order to be the object of My perception.
If then you perceive Me, you perceive yourself.
But you cannot perceive Me through yourself.
It is through My Eyes that you see Me and see yourself.
Through your eyes you cannot see Me.

Dearly beloved!
I have called you so often, and you have not heard Me.
I have shown Myself to you so often and you have not
    seen Me.
I have made Myself fragrance so often, and you have not
    smelled Me,
Savoury food, and you have not tasted Me.
Why can you not reach Me through the object you touch,
Or breathe Me through sweet perfumes?
Why do you not see Me?
Why do you not hear Me?
Why? Why? Why?

For you My Delights surpass all other delights,
And the pleasure I procure you surpasses all other pleasures.
For you I am preferable to all other good things,
I am beauty, I am grace.
Love Me, love Me alone!
Love yourself in Me, in Me alone!
Attach yourself to Me.
No one is more inward than I.
Others love you for their own sakes,
I love you for yourself,
And you, you flee from Me.

Lass uns die Vereinigung suchen

von Muhyiddin Ibn Arabi

Höre, oh innig Geliebter!
Ich bin die Wirklichkeit der Welt, die Mitte des Kreises.
Ich bin die Teile und das Ganze.
Ich bin der Wille; Mein Platz ist zwischen Himmel und Erde.
Ich habe Wahrnehmung erschaffen in dir,
Nur damit du Gegenstand Meiner Wahrnehmung seiest.
Wenn du dann Mich wahrnimmst, so nimmst du dich wahr.
Aber du kannst Mich nicht durch dich selbst wahrnehmen.
Mit Meinen Augen siehst du Mich und siehst du dich.
Mit deinen Augen kannst du Mich nicht sehen.

Innig Geliebter!
Ich habe so oft nach dir gerufen, und du hast Mich nicht gehört.
So häufig habe Ich Mich dir gezeigt, und du hast Mich nicht
    gesehen.
Ich war so oft feiner Duft, und du hast Mich nicht gerochen,
Schmackhafte Speise, und du hast Mich nicht geschmeckt.
Warum kannst du Mich nicht erreichen durch das Ding,
    das du berührst,
Oder Mich atmen in den süßen Düften?
Warum siehst du Mich nicht?
Warum hörst du Mich nicht?
Warum? Warum? Warum?

Für dich übertrifft Mein Entzücken jedes andere Entzücken,
Und die Freude, die Ich dir bereite, übersteigt jede andere Freude.
Für dich bin Ich all den anderen guten Dingen vorzuziehen.
Ich bin Schönheit, Ich bin Gnade.
Liebe Mich, liebe Mich allein!
Liebe dich in Mir, in Mir allein.
Klammere dich an Mich.
Niemand ist innerlicher als Ich.
Andere lieben dich um ihretwillen,
Ich liebe dich um deinetwillen,
Und du, du fliehst Mich.

Dearly beloved!
You cannot treat Me fairly,
For if you approach Me,
It is because I have approached you.
I am nearer to you than yourself,
Than your soul, than your breath.
Who among creatures would treat you
    as I do?
I am jealous of you over you;
I want you to belong to no other,
    not even to yourself.
Be Mine, be for Me as you are in Me,
Though you are not even aware of it.

Dearly beloved!
Let us go toward union.
And if we find the road that leads to separation,
We will destroy separation.
Let us go hand in hand.
Let us enter the presence of truth.
Let it be our judge
And imprint its seal upon our union
Forever.

One-Pointed Prayer

Naked Intent of the Soul

God, unto Whom all hearts are open,
Unto Whom all will is spoken,
Unto Whom nothing is hidden,
I beseech Thee
To cleanse the intent of my heart
With the unspeakable gift of Thy Grace
That I may perfectly love Thee
And worthily praise Thee.

Amen.

Innig Geliebter!
Du kannst Mir nie gerecht werden,
Denn wenn du dich Mir näherst,
So nur, weil ich Mich dir genähert habe.
Ich bin dir näher als du selbst,
Als deine Seele, als dein Atem.
Wer unter den Geschöpfen wird dich behandeln,
    wie Ich es tue?
Ich bin deinetwegen auf dich eifersüchtig;
Ich will nicht, dass du anderen gehörst,
    nicht einmal dir selbst.
Sei Mein, sei für Mich, wie du in Mir bist,
Obwohl du dir dessen nicht einmal gewahr bist.

Innig Geliebter!
Las uns die Vereinigung suchen.
Und wenn wir die Straße finden, die zur Trennung führt,
Werden wir die Trennung aufheben.
Las uns Hand in Hand gehen.
Las uns eintreten in die Gegenwart der Wahrheit.
Las sie unser Richter sein
Und ihr Siegel auf unsere Einheit pressen
In Ewigkeit.

Ganzheitliches Gebet

Unverhüllte Absicht der Seele

Gott, Dem alle Herzen offen sind,
Dem alle Wünsche angetragen werden,
Dem nichts verborgen ist,
Ich flehe Dich an,
Die Absicht meines Herzens zu reinigen
Mit der unbeschreiblichen Gabe Deiner Gnade,
Damit ich Dich vollkommen liebe
Und würdig Dich preise.

Amen.

Grace

by John G. Bennett

All life is one,
And everything that lives is holy:
Plants, animals and men.
All must eat to live
And to nourish one another.

We bless the lives
That have died to give us food.
Let us eat consciously,
Resolving by our work
To pay the debt of our own existence.

Grace

by Reshad Feild

For the food we eat
and the water we drink,
for the wonders of the earth,
the sea and the sky,
for the sun and the rain
and the moon and the stars,
for the early morning
and the evening time,
for Thy Love shown
in the brotherhood of man.

For all these blessings,
and for so many more,
We thank Thee, Father.

Amen.

Tischgebet

von John G. Bennett

Alles Leben ist eins,
Und alles, was lebt, ist heilig:
Pflanzen, Tiere und Menschen.
Alle müssen essen, um zu leben
Und um einander zu ernähren.

Wir segnen die Leben,
Die starben, um uns Nahrung zu geben.
Lasst uns bewusst essen
Und so in unserer Arbeit aufgehen,
Dass wir die Schuld unserer eigenen Existenz begleichen.

Tischgebet

von Reshad Feild

Für die Nahrung, die wir essen,
und das Wasser, das wir trinken,
für die Wunder der Erde,
des Meeres und des Himmels,
für die Sonne und den Regen
und den Mond und die Sterne,
für den frühen Morgen
und die frühe Abendzeit,
für Deine Liebe, die sich
in der Bruderschaft der Menschen zeigt.

Für all diesen Segen
und für so viel mehr
danken wir Dir, Vater.

Amen.

Three Prayers

by Rabia al-Adawiya

O my Lord, whatever share of this world Thou dost bestow
    on me, bestow it on Thine Enemies.
And whatever share of the next world Thou dost give to me,
    give it to Thy Friends.
Thou art enough for me.

O my Lord, if I worship Thee from fear of hell,
    burn me in hell.
And if I worship Thee from hope of Paradise,
    exclude me thence.
But if I worship Thee for Thine own Sake,
    then withold not from me Thine eternal Beauty.

O my Lord, the stars are shining
And the eyes of men are closed
And kings have shut their doors
And every lover is alone with his beloved
And here I am alone with Thee.

Drei Gebete

von Rabia al-Adawiya

Oh mein Herr, welchen Anteil an dieser Welt Du auch immer
   mir gewährst, schenke ihn Deinen Feinden.
Und welchen Anteil an der nächsten Welt Du auch immer
   mir zuteilst, gib ihn Deinen Freunden.
Du bist mir genug.

Oh mein Herr, bete ich Dich an aus Angst vor der Hölle,
   dann verbrenne mich in der Hölle.
Und bete ich Dich an in Hoffnung auf das Paradies,
   dann halte mich davon fern.
Bete ich Dich aber an um Deiner selbst willen,
   dann versage mir nicht Deine ewige Schöhnheit.

Oh mein Herr, die Sterne leuchten
Und die Augen der Menschen sind geschlossen
Und die Könige haben ihre Tore verriegelt
Und jeder Liebende ist allein mit seiner Geliebten
Und hier bin ich allein mit Dir.

Practices and the Three Lines of Work

BELOVED FRIENDS, IT IS ALREADY OVER TWO MONTHS SINCE
we left Europe and returned to New Mexico. Time has passed by
all too quickly! However, it takes a while to get acclimatised to the
height and the different cultures here, and even before that there is
the jet-lag. I always warn people who come here to visit that it is
wise to remember that it is not like travelling from one country to
another in Europe, or even the same as merely taking a jet-plane to
the States.

Here in Santa Fe we have several cultures all living together in
close proximity in one small city. There are those white Americans
who have lived here for a long time – some for several generations.
Then there are the Native Indians, and even those are divided between the Indians like the Sioux, who come from the Great Plains,
and the Indians from the pueblos as well as from many other
tribes, all of whom have their own different languages and ceremonies. The Indians, generally speaking, are very secretive and
keep to themselves. Their religious ceremonies are mainly for their
own people only, and whites are seldom allowed to participate any
more than are the Mexican population, who make up yet another
part of this very varied culture in Santa Fe. Finally there are the
Hispanic people, many of whom came over from Spain with the
Conquistadores and who also have their own culture, their own
ceremonies and dances, and their own particular circle of friends.
To add an international flavour to the community as a whole,
there are many different nationalities here, and you can hear
German being spoken in the shops as well as French, English,
Dutch and many other languages. On the way here, the plane from
Atlanta to Albuquerque was almost filled with Swiss people from a
Canton near Lucerne on a sightseeing holiday! It is certainly differ-
ent to anywhere else in the United States. There are even several
different Dervish brotherhoods represented in the area.

Now it is coming towards the time of Sema, and for both my
wife and myself it will feel very strange not being able to be with
you this year, and for me not to be standing on the post. We will
have a small celebration here, however, and remember you all in
our hearts as we pray and make *dhikr* together and remember the

Übungen und die drei Linien der Arbeit

GELIEBTE FREUNDE, NUN SIND ES SCHON ÜBER ZWEI MONATE, seit wir Europa verlassen haben und nach New Mexico zurückgekehrt sind. Die Zeit ist bei weitem viel zu schnell vergangen. Wie auch immer, es dauert eine Weile, bis man sich an die Höhe und die verschiedenartigen Kulturen hier gewöhnt hat, und davor kommt noch der Jetlag. Ich warne immer die Leute, die hierher zu Besuch kommen, sie sollen bedenken, dass es nicht dasselbe ist, wie wenn man in Europa von einem Land in ein anderes reist, und auch nicht das Gleiche, wie einfach einen Flieger in die Vereinigten Staaten zu nehmen.

Hier in Santa Fe leben verschiedene Kulturen alle in einer kleinen Stadt in enger Nachbarschaft zusammen. Da gibt es diese weißen Amerikaner, die schon sehr lange hier leben – einige seit mehreren Generationen. Dann sind da die einheimischen Indianer, und sogar sie teilen sich in Indianer wie die Sioux, die aus den Great Plains stammen, und Indianer aus den Dörfern sowie aus vielen anderen Stämmen, die alle ihre eigenen, unterschiedlichen Sprachen und Zeremonien pflegen. Im Allgemeinen sind die Indianer sehr verschlossen und bleiben unter sich. Ihre religiösen Zeremonien sind hauptsächlich für ihre eigenen Leute bestimmt, und Weißen ist es selten erlaubt, daran teilzunehmen, ebenso wenig wie der mexikanischen Bevölkerung, die einen weiteren Teil dieser sehr breit gefächerten Kultur in Santa Fe ausmacht. Schließlich gibt es noch die Menschen spanischer Abstammung, von denen viele mit den Konquistadoren von Spanien aus herüberkamen und die ebenfalls ihre eigene Kultur besitzen, ihre eigenen Zeremonien und Tänze und ihren eigenen besonderen Freundeskreis. Um dieser ganzen Gemeinschaft noch einen internationalen Hauch zu verleihen, gibt es viele verschiedene Nationen hier, und ihr könnt hören, wie in den Geschäften Deutsch gesprochen wird sowie Französisch, Englisch, Holländisch und viele andere Sprachen. Auf dem Weg hierher war das Flugzeug von Atlanta nach Albuquerque fast ausschließlich mit Schweizern aus einem Kanton in der Nähe von Luzern besetzt, die einen Besichtigungsausflug machten! Es ist hier ganz bestimmt anders als irgendwo sonst in den Vereinigten Staaten. In diesem Gebiet sind sogar einige verschiedene Derwisch-Bruderschaften vertreten.

Pole of Love, Hazrati Pir Mevlana Jalaluddin Rumi. May God, in His total Love, grant us a taste of His Secret! May all those who come to be with you at the Sema *feel* the overwhelming presence of God's Love as you turn to Him, whether on the floor of the turning hall, or whether from the inner turn within your own hearts as you sit quietly together on that blessed night. Please remember that as we turn – with each conscious breath that we make – so the breath and the Spirit are *one*. The Native Indians say the same thing, did you know that?

For us here, so many thousands of miles away, the news that the rental contract for the big house on the lake of Lucerne has now been signed* gladdens our hearts. I will have been working with you for over seven years, and so we are surely in a new octave, a new cycle, and it is about this that I wish to write to you at this time. Let us never forget that just as God is the Only Provider, so it is to Him that all thanks are due. We have been offered this tremendous opportunity in having this house in which to work and learn how to be living examples of the saying, "A Sufi is someone who sees God in creation, and creation in God – at the same time." Let us remember in gratefulness that we have been brought together for a purpose that we will only discover by actually *living* what we have been taught, being, as we are, witnesses to His Creation as well as upholders and custodians of it.

> This eternal love of the One to behold His own Beauty and Perfections manifested in forms, and above all things to be known to Himself in and through Himself, found, Ibn Arabi says, its completest realisation in the perfect man, who alone knows Him and manifests His Attributes perfectly. He knows Him "in a manner which surpasses all doubt; nay, he perceives Him in the innermost 'eye' of his soul. He is to God what the eye-pupil is to the (physical) eye [...] and through him God beholds His Creatures and has mercy upon them, i.e. creates them." It is in this sense that Ibn Arabi calls the perfect man the cause of creation, for in the perfect man alone the object of creation is realised. Were it not for man (the perfect man), creation would have been purposeless, for

* Johanneshof, the centre of the Living School in Kastanienbaum, Switzerland, from 1993 to 1996.

Nun geht es also auf die Zeit des Sema zu, und für meine Frau und mich wird es sich sehr seltsam anfühlen, dass wir dieses Jahr nicht bei euch sein können und dass ich nicht auf dem Post stehen werde. Wir werden jedenfalls hier eine kleine Feier haben und in unseren Herzen an euch denken, wenn wir zusammen beten und *Dhikr* machen und uns an den Pol der Liebe erinnern, Hazreti Pir Mevlana Jalaluddin Rumi. Möge Gott uns in Seiner umfassenden Liebe einen Geschmack Seines Geheimnisses gewähren! Mögen alle, die kommen, um am Sema mit euch zusammenzusein, die überwältigende Gegenwart von Gottes Liebe *fühlen,* wenn ihr euch Ihm zuwendet, sei es auf dem Parkett der Drehhalle oder mit der inneren Drehung in euren eigenen Herzen, wenn ihr in dieser gesegneten Nacht still zusammensitzt. Bitte erinnert euch daran, dass, wenn wir drehen, der Atem und der Geist – mit jedem bewussten Atemzug, den wir tun – *eins* sind. Die eingeborenen Indianer sagen das Gleiche, wusstet ihr das?

Was uns hier betrifft, so viele tausend Meilen entfernt, so erfreut die Nachricht unsere Herzen, dass der Mietvertrag für das große Haus am Vierwaldstädtersee* jetzt unterzeichnet ist. Ich werde nun bald seit über sieben Jahren mit euch gearbeitet haben, und so sind wir ganz sicher in einer neuen Oktave, einem neuen Zyklus, und das ist es, worüber ich euch diesmal schreiben möchte. Lasst uns nie vergessen, dass Gott der Einzige Versorger ist, und so ist es auch Er, Dem aller Dank gebührt. Uns ist mit diesem Haus die unglaubliche Möglichkeit geboten worden, darin zu arbeiten und zu lernen, wie wir zu lebendigen Beispielen des Ausspruchs werden: »Ein Sufi ist jemand, der Gott in der Schöpfung sieht und die Schöpfung in Gott – zur gleichen Zeit.« Erinnern wir uns in Dankbarkeit daran, dass wir aus einem bestimmten Grund zusammengeführt wurden, den wir nur entdecken werden, wenn wir tatsächlich leben, was uns gelehrt wurde, indem wir sind, was wir sind, nämlich Zeugen von Gottes Schöpfung ebenso wie deren Erhalter und Wächter.

Dieses ewige Sehnen des Einen, Seine Schönheit und Vollkommenheit in Formen manifestiert zu sehen und vor allem Sich selbst in und durch Sich selbst zu erkennen, fand seine vollständigste Verwirklichung im vollständigen Menschen,

---

* Der Johanneshof, das Zentrum der Lebenden Schule in Kastanienbaum, Schweiz, von 1993 bis 1996.

God would not have been known; so it was for the sake of the perfect man that the whole creation was made, i.e. that God manifested Himself both in the world and the perfect man.

The dignity of man, therefore, cannot be overrated in Ibn Arabi's view. Man is the highest and the most venerable creature God ever created. He should be guarded and honoured, for *"he who takes care of man takes care of God."* Ibn Arabi also says that: "The preservation of the human species should have a much greater claim to observance than religious bigotry, with its consequent destruction of human souls, even when it is for the Sake of God and the maintenance of the law." *"God has so exalted man,"* Ibn Arabi adds, *"that He placed under his control all that is in the heavens and the earth, from its highest to its lowest."*

Not only does Ibn Arabi regard man (the perfect man) as the cause of the creation of the universe in the sense just explained, but also as the preserver and maintainer of the universe. "The universe continues to be preserved so long as the perfect man is in it." "Dost thou not see that when he departs and is removed from the treasury of the present world, there shall not remain in it [in the world] that which God has stored therein, and that which was in it shall go forth and each part shall become one with each other and the whole affair shall be transferred to the next world and shall be sealed everlastingly?"*

I am sure that if you really read and study these statements carefully, you will see the *immense* responsibility that we have been given *during our lifetime* to do all that we can to be living examples of what it can be like to be "*in* the world, but not *of* the world", i.e. to live in the world, to stand in this world proudly as witnesses to the truth, but not be controlled by or identified with that part of ourselves which can lead us astray. Again and again we are reminded that we have to learn how to be one-hundred percent responsible for our own feelings and emotions, how to make the senses our friends and how to be *conscious human beings* rather than sleep-walkers, swept along by the tides of fate instead of knowing we are embraced by the arms of destiny.

* * *

* *The Twenty-Nine Pages. An Introduction to Ibn Arabi's Metaphysics of Unity.* Beshara Publications, Roxburgh, Scotland, 1998, Page 38.

sagt Ibn Arabi. Er allein kennt Ihn und manifestiert Seine Eigenschaften vollkommen. Er kennt Ihn »in einer Weise, die über jeden Zweifel erhaben ist. Er nimmt Ihn im innersten ›Auge‹ seiner Seele wahr.«

»Er ist für Gott das, was die Pupille für das (physische) Auge ist (…), und durch ihn erblickt Gott Seine Geschöpfe und hat Erbarmen mit ihnen, das heißt, Er erschafft sie.« In diesem Sinn nennt Ibn Arabi den vollständigen Menschen die Ursache der Schöpfung, denn im vollständigen Menschen allein ist das Objekt der Schöpfung verwirklicht. Gäbe es nicht den Menschen (den vollständigen Menschen), die Schöpfung wäre zwecklos gewesen, denn Gott wäre nicht erkannt worden. So wurde die ganze Schöpfung um des vollständigen Menschen Willen geschaffen, und deswegen manifestierte Gott Sich sowohl in der Welt wie im vollständigen Menschen.

Deshalb kann nach Ibn Arabis Meinung *die Würde des Menschen* nicht überbewertet werden. Der Mensch ist das höchste und verehrungswürdigste Geschöpf, das Gott jemals schuf. Er sollte gehütet und geehrt werden, denn *»wer sich um den Menschen kümmert, kümmert sich um Gott.«* Ibn Arabi sagt auch: »Die Bewahrung der menschlichen Rasse sollte weit mehr beachtet werden als religiöse Frömmelei, mit ihrer resultierenden Zerstörung menschlicher Seelen, selbst wenn sie um Gottes Willen und zur Erhaltung des Gesetzes geschähe.« *»Gott hat den Menschen derart erhöht«*, fügt Ibn Arabi hinzu, *»dass Er alles im Himmel und auf der Erde, vom Höchsten bis zum Niedrigsten, seiner Herrschaft unterstellte.«*

Ibn Arabi betrachtet den Menschen (den vollständigen Menschen) nicht nur als Ursache der Schöpfung des Universums in dem erläuterten Sinn, sondern auch als Bewahrer und Erhalter des Universums. »Das Universum wird solange weiterbewahrt werden, wie der vollständige Mensch darin ist.« »Siehst du nicht, dass, wenn er es verlässt und vom Schatz der gegenwärtigen Welt entfernt wird, nichts in der Welt bleiben wird, was Gott hineingegeben hat, und, was darin war, hinausgehen wird und jeder Teil eins werden wird mit jedem anderen und alles in die nächste Welt übertragen und für ewig versiegelt wird?«*

* *Die Neunundzwanzig Seiten,* in Muhyiddin Ibn Arabi: *Der verborgene Schatz.* Chalice Verlag, Zürich 2006, Seite 93.

For the past years you have persevered in your various groups throughout Europe and in the States, but now it is obvious that for us to proceed and really take full responsibility for the new centre in Switzerland there has to be extra work done by everyone. With this in mind I want to remind you, once again, about what I spoke about so extensively at the summer school this year, i.e. the three lines of work. Without this understanding and, what is more, without action being taken from what you have learnt, it is obvious that it will be exceedingly difficult to help bring about all that is necessary for the opening of the centre near Lucerne – which, you will recollect, is also to be the official home of my wife and myself and what is therefore termed "the seat for the work". May I therefore remind you that there are several tapes and papers that you can study about these three lines of the work. There are, however, a few guidelines that I can give you now.

In the *first line of work* we look in all honesty at ourselves. We see that we have so many little I's that we have little permanency. Most of the time we are almost totally identified with our emotions and feelings so that it is surely difficult to know who is talking and to whom one is speaking. At last we want to wake up. Of course we do have to be honest and observant to notice these facts. When we realise how much there is to learn, we start to make the big step towards becoming *conscious.* This requires the first line of work, which is work on ourselves, and this is what this living school was created for – for you! It was, and is, established as a living school coming from the essence of Sufi teachings, to help everyone who wishes to learn how to work on themselves, so that they can have a better and more fruitful life, both for themselves and for their families, their children and their children's children.

In this school practices are considered of primary importance and very carefully balanced. They are given at different times to help in the unfoldment process. With most of the practices, specially written papers are also given in which there are many hidden truths, and it is up to each one of you to study these papers *in depth.* Yes, without practices there would be no living schools. It is simply not possible to become conscious without very hard work of a special sort so that the necessary "substance" is created through an inner alchemical process about which I have also written at length.

Recently, I was talking to a very dear friend of mine. I have known him for about eighteen years, and one day, *en passant,*

Ich bin sicher, wenn ihr diese Aussagen wirklich sorgfältig lest und studiert, werdet ihr die *immense* Verantwortung sehen, die wir erhalten haben, *während unserer Lebenszeit* alles zu tun, was wir können, um lebendige Beispiele davon zu sein, wie es sein könnte, »*in* der Welt zu sein, doch nicht *von* der Welt«, das heißt, in der Welt zu leben, in dieser Welt aufrecht als Zeugen der Wahrheit zu stehen, aber nicht kontrolliert zu werden von oder identifiziert zu sein mit jenem Teil in uns, der uns irreleiten kann. Immer wieder werden wir daran erinnert, dass wir lernen müssen, zu einhundert Prozent für unsere eigenen Gefühle und Emotionen verantwortlich zu sein, wie wir die Sinne zu unseren Freunden machen und wie wir *bewusste menschliche Wesen* sein können anstelle von Schlafwandlern, die von den Wogen des Schicksals hinweggetragen werden, statt zu wissen, dass wir von den Armen der Bestimmung umfasst werden.

* * *

Während der letzten Jahren habt ihr in euren verschiedenen Gruppen in ganz Europa und den Vereinigten Staaten Ausdauer gezeigt, doch nun ist es offensichtlich, dass wir, um weiter voranzuschreiten und wirklich die ganze Verantwortung für das neue Zentrum in der Schweiz zu übernehmen, zusätzliche Arbeit leisten müssen, jeder Einzelne. Mit diesem Gedanken möchte ich euch nochmals an das erinnern, worüber ich dieses Jahr in der Sommerschule so ausführlich gesprochen habe, nämlich an die drei Linien der Arbeit. Ohne dieses Verständnis und, mehr noch, ohne auf Basis dessen zu handeln, was ihr gelernt habt, wird es offenbar ausgesprochen schwierig werden, dabei zu helfen, das hervorzubringen, was zur Eröffnung des Zentrums in der Nähe von Luzern gebraucht wird – welches, wie ihr euch erinnern werdet, ebenfalls das offizielle Zuhause für meine Frau und mich werden soll und somit das, was als »der Sitz für die Arbeit« bezeichnet wird. Darf ich euch daher in Erinnerung rufen, dass es verschiedene Tonbänder und Texte über diese drei Linien der Arbeit gibt, die ihr studieren könnt. Dennoch kann ich euch jetzt noch einige Anleitungen dazu geben.

In der *ersten Linie der Arbeit* betrachten wir uns in aller Ehrlichkeit selbst. Wir sehen, dass wir so viele kleine Ichs haben und daher nur wenig Beständigkeit. Meistens sind wir fast vollständig mit unseren Emotionen und Gefühlen identifiziert, so dass es natürlich

he said to some of us at the nine-days seminar I gave in Santa Fe, "I started my spiritual journey twenty years and one month ago. I have been doing the practices ever since." I said he spoke "to some of us" very consciously. He spoke to those people who could, or would listen. There were over sixty people in the room at the time, but I wonder just how many actually did *listen* to what he was trying to tell everyone. He was saying that he was where he was at that time because of the fact that he had *never* missed his daily practices, morning and evening, wherever he had been in his travels all over the world.

Prayer, meditation and contemplation and our work with the breath are all essential if we are ever to become totally conscious and work towards that almost unbelievable freedom and responsibility that was expressed in the excerpt from the Ibn Arabi paper. In fact, unless we are awake and conscious, how could we ever recognise the perfect man if he walked into our house? Surely he or she would merely look just like everyone else in our normal day-to-day sleep-walking existence. Two-legged donkeys do good work, but they cannot *know* and therefore *recognise.* They cannot be like those through whom "God beholds His Creatures and has mercy upon them", i.e. creates them.

Together with the various practices that have been given and will be given in this school, there is also the necessity of *study.* Please do not wait until the meetings each Thursday evening, or some special day that has been arranged for you, to fulfil that part of your obligation in being part of the work of this living school. It is necessary to study a little each day. It is all part of the work on oneself, and therefore the first line of work. You may remember that I have written ten books as well as the special papers that I have just mentioned. There are also literally hundreds of tapes, and dozens of video recordings which can be listened to or watched and studied.

Real study extracts meaning. When you study the Ibn Arabi paper compiled by my teacher when he was alive, for instance, you will have to read it again and again, perhaps over several years, but then the real meaning will be made available to you within your own heart, and *in your own language.* No-one but you can extract the meaning. When you realise that Ibn Arabi is the Pole of Knowledge, as Rumi is the Pole of Love, you will surely want to study in order to help yourself to know the meaning and purpose of life.

schwierig ist zu wissen, wer gerade spricht und zu wem man redet. Schließlich wollen wir aufwachen. Natürlich müssen wir ehrlich sein und achtsam, um diese Tatsachen zu sehen. Wenn wir erkennen, wie viel es zu lernen gilt, beginnen wir, den großen Schritt zu tun in Richtung des *Bewusst*werdens. Dies erfordert die erste Linie der Arbeit, nämlich das Arbeiten an uns selbst, und das ist es, wofür diese lebende Schule gegründet wurde – für euch! Sie war und ist als eine lebende Schule aufgebaut, die aus der Essenz der Sufi-Lehren herrührt, um allen zu helfen, die lernen möchten, wie man an sich selbst arbeitet, so dass sie ein besseres und fruchtbareres Leben führen können, sowohl für sich selbst als auch für ihre Familien, ihre Kinder und ihre Kindeskinder.

In dieser Schule werden Übungen als vorrangig wichtig betrachtet und sehr sorgfältig ausgewogen. Sie werden zu bestimmten Zeiten gegeben, um im Entwicklungsprozess zu helfen. Zu den meisten Übungen werden auch eigens dafür geschriebene Texte abgegeben, in denen es viele verborgene Wahrheiten gibt, und es liegt an jedem Einzelnen von euch, diese Texte *in ihrer Tiefe* zu studieren. Ja, ohne Übungen gäbe es keine lebenden Schulen. Es ist einfach nicht möglich, bewusst zu werden, ohne eine ganz bestimmte, sehr harte Arbeit, damit durch einen inneren alchimistischen Prozess, über den ich ebenfalls ausführlich geschrieben habe, die notwendige »Substanz« geschaffen wird.

Kürzlich sprach ich mit einem sehr lieben Freund von mir. Ich kenne ihn seit über achtzehn Jahren, und eines Tages, während des Neun-Tage-Seminars, das ich in Santa Fe gegeben habe, sagte er zu einigen von uns: »Ich begann meine spirituelle Reise vor zwanzig Jahren und einem Monat. Seither habe ich immer meine Übungen gemacht.« Ich sagte ganz bewusst, er sprach »zu einigen von uns«! Er sprach zu denen, die zuhören konnten oder wollten. Zu der Zeit waren über sechzig Menschen im Raum, aber ich frage mich, wie viele tatsächlich dem *zuhörten,* was er versuchte, allen mitzuteilen. Er sagte, dort wo er sei, sei er aus dem Grunde, weil er *nie* seine täglichen Übungen versäumt hatte, morgens und abends, wo immer er auf seinen Reisen durch die ganze Welt auch gewesen war.

Gebet, Meditation, innere Betrachtung und unsere Arbeit mit dem Atem sind alle essenziell, wenn wir jemals vollkommen bewusst werden wollen und auf diese nahezu unglaubliche Freiheit und Verantwortung hinarbeiten, die in dem Auszug aus dem Ibn-Arabi-Text zum Ausdruck kommt. In der Tat: Solange wir nicht

And, most important of all, real study can help you *know yourself.*
"He who knows himself, knows his Lord," et cetera.

Practices and study also help us to find our true *dependence.*
Dependence is understood through complete honesty and total
humility. Muhyiddin Abd al-Qadir Gilani is known as the Pole of
Power in our tradition, just because of his extraordinary level of
humility, and thus knowledge. May we all be guided to such understanding!

Here are some extracts from works of this great Sufi saint:

> Be dead to the desires of your *nafs* or lower self, so that it may
> be obedient to the Commands of God and the prophet
> (peace and blessings be upon him). Be devoid of your inten-
> tions and actions, that is, ascribe to every command His
> Intention and Action, so that nothing may exist in you except
> His Intention.

> The sign of being dead to evil desires and passions is that you
> would not ascribe anything, be it good or bad, to yourself.

> The sign of being dead to intentions is that you do not long
> for anything nor desire anything, and that you should not
> have any need nor any necessity nor any object. Let your de-
> sire be for the very thing which is the Intention of God.
> When you will be devoid of any intention, whence will any
> desire come to you? Then God's Intention would be exhibit-
> ed *through* you, and thus you would become the Intention
> and Action of God. Then the hand of God's Power will guide
> you and the tongue of eternity would call you and God
> would teach you the knowledge of religions, so that you may
> be able to distinguish between truth and falsehood. Now you
> would be adorned with the robe of eternity and the garment
> of *marifat* [gnosis].

> As long as the heart is not completely crushed and it does not
> become entirely void of things besides God, proximity of
> God cannot be obtained.

> Once Abd al-Qadir Gilani was delivering a discourse. The
> room was filled with sheikhs of great importance. During the

wach und bewusst sind, wie könnten wir je den vollkommenen Menschen erkennen, wenn er unser Haus beträte? Sicher würde er oder sie aussehen wie jeder andere in unserem normalen, alltäglichen Schlafwandler-Dasein. Zweibeinige Esel leisten gute Arbeit, doch sie können nicht *wissen* und somit nicht *erkennen*. Sie können nicht wie diejenigen sein, durch die »Gott Seine Geschöpfe betrachtet und Erbarmen mit ihnen hat«, das heißt, sie erschafft.

Zusammen mit den verschiedenen Übungen, die in dieser Schule bereits gegeben wurden und die noch gegeben werden, besteht auch die Notwendigkeit zu *studieren*. Bitte wartet nicht bis zu den Treffen an jedem Donnerstagabend oder auf irgendeinen besonderen für euch arrangierten Tag, um den Teil eurer Verpflichtung zu erfüllen, mit dem ihr einen Teil der Arbeit dieser lebenden Schule bildet. Es ist notwendig, jeden Tag ein wenig zu studieren. Das ist alles ein Teil der Arbeit an sich selbst und somit die erste Linie der Arbeit. Vielleicht erinnert ihr euch, dass ich zehn Bücher geschrieben habe neben den speziellen Texten, die ich soeben erwähnte. Es gibt auch buchstäblich Hunderte von Tonbändern und Dutzende von Videoaufzeichnungen, die angehört oder angesehen und studiert werden können.

Wahres Studium bringt Bedeutung hervor. Wenn ihr zum Beispiel den Ibn-Arabi-Text studiert, der von meinem Lehrer zusammengestellt wurde, als er noch lebte, dann werdet ihr ihn wieder und wieder lesen müssen, vielleicht über mehrere Jahre hinweg, aber dann wird euch die wahre Bedeutung gegeben, in euren eigenen Herzen und *in eurer eigenen Sprache.* Niemand außer euch kann diese Bedeutung herausarbeiten. Wenn ihr erkennt, dass Ibn Arabi der Pol des Wissens ist, so wie Rumi der Pol der Liebe ist, so werdet ihr sicherlich studieren wollen, um euch selbst zu helfen, die Bedeutung und den Zweck des Lebens zu erkennen. Und, was am wichtigsten ist, wirkliches Studieren kann euch helfen, *euch selbst zu erkennen.* »Wer sich selbst erkennt, kennt seinen Herrn«, und so weiter.

Übungen und Studium helfen uns auch, zu unserer wahren *Abhängigkeit* zu finden. Abhängigkeit wird durch vollständige Ehrlichkeit und völlige Demut verstanden. Muhyiddin Abd al-Qadir Gilani ist in unserer Tradition als der Pol der Macht bekannt, und dies allein wegen seiner außergewöhnlichen Ebene von Demut und somit Wissen. Mögen wir alle zu solch einem Verständnis geführt werden!

discourse he suddenly said, "My foot is on the neck of all *walis*," i.e. the Friends of God. Upon hearing this, all the sheikhs made their way forward to the platform, bowed their heads in humility and submission, and put [the saint's] foot on their necks.

When this declaration was made, the *walis* all over the world heard the declaration spiritually and they bent down their necks simultaneously and acknowledged his superiority and leadership. From that time until now, the *walis* of the world saw with their spiritual eyes that the flag of the *qutb* [the head of the spiritual hierarchy] was placed in front of them, that the crown was placed on his head and that the robe, which was sent down by the holy prophet through angels of high rank and which indicated that full powers of working miracles, had been granted to him. It meant that His Holiness had attained the state of *kun farakun*, of "Be, and it is done", that is, he could accomplish any miracle by merely ordering it to be done.

When the *walis* bent their necks, acknowledging him totally, their hearts shone forth more brilliantly than before and their knowledge and states became greater on account of that act of *bending*.*

It is surely now possible to say that to really complete the first line of work there has to be a balance of spiritual practices, study, prayer and true inner devotion. It is with this knowledge that I am now humbly suggesting that – as well as remembering God with your daily *dhikr*, and working on your *nafs* with the obligatory practices that this living school teaches you – a time *every evening* is now *also* devoted to the Latifa Practice [see page 732]. When we complete the practice correctly, and with a heart singing in gratitude for being alive here and *now*, almost endless wonders can be granted to us. This practice should, of course, be preceded by preparation and washing as well as a prayer, dedicating the practice to our Creator, and a short *dhikr*.

I fully realise that you are all working people and that you have your family to attend to as well as your many other day-to-day obligations. However, the morning *dhikr* should not take us longer

* Taken from: Saiyed Abdus Salik: *The Saint of Jilan*. Lahore, Pakistan, 1961.

Hier einige Auszüge aus Arbeiten dieses großen Sufi-Heiligen:

Sei den Begierden deiner *nafs* oder deines niederen Selbsts gegenüber wie tot, so dass sie gehorsam werden gegenüber den Geboten Gottes und des Propheten (Friede und Segen seien mit ihm!). Sage dich los von deinen Absichten und Handlungen, das heißt, führe jedes Gebot auf Seine Absicht und Handlung zurück, so dass nichts mehr in dir bestehen möge außer Seiner Absicht.

Das Zeichen, tot zu sein für teuflische Begierden und Leidenschaften, ist, dass du nichts, sei es gut oder schlecht, auf dich selbst zurückführst.

Das Zeichen, tot zu sein für deine Absichten, ist, dass du dich nach nichts sehnst und nichts begehrst und dass du keinerlei Bedürfnis oder Notwendigkeit oder Ziel hast. Lass dein Begehren nur nach einem Einzigen allein sein, und das ist die Absicht Gottes. Wenn du ohne jede Absicht bist, woher soll dann irgendein Begehren an dich gelangen? Dann würde Gottes Absicht sich durch dich zeigen und somit würdest du zur Absicht und Handlung Gottes werden. Dann wird dich die Hand von Gottes Macht führen, und die Zunge der Ewigkeit würde dich rufen und Gott würde dich das Wissen der Religionen lehren, so dass du fähig würdest, zwischen Wahrheit und Falschheit zu unterscheiden. Dann würdest du geschmückt mit der Robe der Ewigkeit und dem Gewand der *marifat* [Gnosis].

Solange das Herz nicht vollständig zermalmt ist und es nicht völlig leer wird von allem außer Gott, kann die Nähe zu Gott nicht erreicht werden.

Einmal hielt Abd al-Qadir Gilani einen Vortrag. Der Raum war voll mit Scheichs von großer Bedeutung. Während des Vortrags sagte er plötzlich: »Mein Fuß steht auf dem Nacken aller *walis*«, das heißt aller Freunde Gottes. Als sie dies hörten, gingen alle Scheichs nach vorne zum Podium, beugten ihre Häupter in Demut und Unterwerfung und setzten den Fuß des Heiligen auf ihren Nacken.

than perhaps a minimum of twenty minutes each day, and when we realise that this is the only life that we have and that there are twenty-four hours in every day, it is surely not too much to ask when I am now suggesting that you also have an evening practice. Is it so difficult? Am I asking too much? Whatever happens, remember that there is no compulsion in true Islam, and so this is just an offer, and no-one is going to say anything if you cannot complete this practice each evening. I can only say, from the depths of my heart, that I know it is time for us all to work more in devotion. Through prayer and inner devotion we do bow our necks in submission and gratefulness, remembering the One God and Creator and Sustainer of us all.

* * *

There are these three lines, and the *second line of work* is to do with the second part of the commandment that Jesus gave us, i.e. "Love thy neighbour as thyself." Already we have a wonderful community of fellow seekers in this living school, and in many countries. However, I wonder just how much *conscious* effort we make on a regular basis to *take action*. We are given so much, and it is our responsibility to give back to our Creator, through His Creation, what we have been given in one way or another; and of course this should not just be limited to our own circle in this school.

For example, at the time of Sema we bake special bread to give to those in need; but what do we do each day, each week and each month of the year? What do we do to consciously help each other, and how much time do we take to actually find out what *is* needed? Do we perhaps wait until we hear, in one way or another, that there is one of the brothers or the sisters (or their families) who really do need help, and help that we can give? The second line of work is also very much to do with what we can do *together*. It is so easy to slip back into merely attending one class a week, and thus forget the other days that God needs to be remembered by taking action, and giving help to His Creation.

When we can live and work in the house near Lucerne, it will be easier to sit down and work together to bake bread or do other things to help the needy, but until then I am asking you all to remember that there is always something that can be done, and always something that we forget!

* * *

Als diese Bezeugung ausgeführt war, hörten die *walis* in aller Welt auf spirituelle Weise von dieser Bezeugung, und sie beugten ihre Nacken in der gleichen Art und erkannten seine Überlegenheit und Führung an. Seit dieser Zeit bis heute sahen die *walis* mit ihren spirituellen Augen, wie die Flagge des *qutb* [des Oberhaupts der spirituellen Hierarchie] vor ihnen aufgestellt wurde, wie die Krone auf sein Haupt gesetzt und wie ihm das Gewand angelegt wurde, das vom heiligen Propheten herniedergesandt worden war durch Engel von hohem Rang, die verkündeten, dass ihm die gesamten Kräfte, Wunder zu vollbringen, gewährt worden waren. Das bedeutet, dass Seine Heiligkeit den Zustand des *kun farakun* erreicht hatte, des »Sei, und es ist getan«, was heißt, er konnte jedes Wunder vollbringen, indem er lediglich anordnete, dass es geschehe.

Als die *walis* ihre Häupter neigten und ihn damit vollständig anerkannten, leuchteten ihre Herzen strahlender als zuvor und ihr Wissen und ihr Zustand wurden größer durch diesen Akt des *Beugens.**

Nun ist es sicherlich möglich zu sagen, dass eine Ausgewogenheit zwischen spirituellen Übungen, Studium, Gebet und wahrer innerer Ergebenheit bestehen muss, um die erste Linie der Arbeit wahrhaftig zu vollenden. In diesem Verständnis schlage ich nun bescheiden vor, dass – neben dem Erinnern an Gott in eurem täglichen *Dhikr* und dem Arbeiten an euren *nafs* mit den aufgetragenen Übungen, die diese lebende Schule euch lehrt – nun auch *jeden Abend* der Latifa-Übung [siehe Seite 733] Zeit gewidmet werden soll. Wenn wir diese Übung korrekt ausführen und mit einem Herzen, das in Dankbarkeit dafür singt, lebendig zu sein, hier und *jetzt,* können uns fast endlose Wunder gewährt werden. Dieser Übung sollte natürlich eine Vorbereitung und Waschung vorausgehen ebenso wie ein Gebet, in dem die Übung unserem Schöpfer gewidmet wird, und ein kurzer *Dhikr*.

Ich bin mir vollkommen bewusst, dass ihr alle berufstätige Menschen seid und dass ihr euch um eure Familien kümmern müsst sowie um eure vielen anderen täglichen Pflichten. Nun, für den morgendlichen *Dhikr* sollten wir nicht länger als vielleicht

---

* Auszüge aus: Saiyed Abdus Salik: *The Saint of Jilan.* Lahore, Pakistan, 1961.

This brings me to the *third line of work,* and that is the work that is also vitally necessary if this school (like any other) is to survive, and thus be able to be the "chalice" to hold the knowledge for future generations, for the world-to-come. The third line of work concerns what *each individual* is asked to do *for the school itself.* So far this part of our commitment has not been stressed nearly enough.

Let me try to explain in simple terms. Whenever there is a special event such as Sema, it is asked of *everyone* to help with the arrangements. There are so many things to be done, and many, many people have to come and help with the cleaning, the preparation of the hall, the baking, the printing and mailing list and so on. It is a *huge* responsibility, and countless numbers of hours go into such special events. Recently, in Santa Fe, where I held a nine-days seminar, to which representatives from nine different countries came, the group with which I am now working initially had little or no idea of what was needed to make everything work out harmoniously. However, the willingness and the cooperation was extraordinary, and between us all we managed to make it all possible. It was the same in Europe when I was first invited to be with you. At the first summer school at Valbella it was all entirely new, and I am sure some of the friends could tell you many stories, going late into the night, about what had to be learnt and the many dramas that were enacted before the first, beautiful opening day in the mountains. Now putting on such events is almost second-nature to you all in Europe whenever there are big events to arrange. We have created a fine team!

But what about the rest of the year? What about the time when there are no big events, or when there is no special project that you are asked to assist with? The third line of work, which is *necessary* to be understood by everyone, has also to be seen as an obligation to the work of the school. Without this work, such as the work done by those teams of people who have worked so hard to produce our publications for instance, there would be no school. Without those people who help with the many other activities that continue on a day-to-day basis, the school would simply fade away and all the work that has gone into this necessary 'vehicle', this living school, could be wasted.

* * *

mindestens zwanzig Minuten jeden Tag verwenden; und wenn wir uns bewusst werden, dass dies das einzige Leben ist, das wir haben, und dass jeder Tag vierundzwanzig Stunden hat, dann ist es sicherlich nicht zu viel verlangt, wenn ich nun vorschlage, dass ihr auch eine allabendliche Übung macht. Ist das so schwer? Verlange ich zuviel? Was immer auch geschieht, erinnert euch daran, dass es im wahren Islam keinen Zwang gibt, und so ist dies nur ein Angebot, und niemand wird euch tadeln, wenn ihr diese Übung nicht jeden Abend ausführen könnt. Ich kann nur aus der Tiefe meines Herzens sagen, dass ich weiß, dass es für uns alle an der Zeit ist, mehr in Ergebenheit zu arbeiten. Durch Gebet und innere Hingabe beugen wir unsere Nacken in Unterwerfung und Dankbarkeit und erinnern uns an den Einen Gott und Schöpfer und Erhalter von uns allen.

* * *

Es gibt also diese drei Linien, und die *zweite Linie der Arbeit* hat mit dem zweiten Teil des Gebotes zu tun, das Jesus uns gab, nämlich: »Liebe deinen Nächsten wie dich selbst.« Wir haben bereits eine wundervolle Gemeinschaft von Suchenden in dieser lebenden Schule, und das in vielen Ländern. Dennoch frage ich mich, wie viel *bewusste* Anstrengung wir regelmäßig unternehmen *zu handeln*. Uns wird so viel gegeben, und es ist unsere Verantwortung, unserem Schöpfer durch Seine Schöpfung zurückzugeben, was uns auf die eine oder andere Art gegeben wurde; und natürlich sollte das nicht einfach nur auf unseren eigenen Kreis in dieser Schule begrenzt sein.

Zum Beispiel backen wir zur Zeit des Semas besonderes Brot, um es den Bedürftigen zu geben; aber was tun wir jeden Tag, jede Woche und jeden Monat des Jahres? Was tun wir, um einander bewusst zu helfen, und wie viel Zeit nehmen wir uns, um wirklich herauszufinden, was nötig *ist*? Warten wir vielleicht, bis wir auf die eine oder andere Art hören, dass es da einen der Brüder oder eine der Schwestern gibt (oder deren Familien), die wirklich Hilfe brauchen, und zwar Hilfe, die wir geben können? Die zweite Linie der Arbeit hat auch sehr viel mit dem zu tun, was wir *gemeinsam* tun können. Es ist so leicht, zurückzufallen und lediglich an einer Klasse pro Woche teilzunehmen und dabei die anderen Tage zu vergessen, an denen wir uns Gott erinnern sollten, indem wir handeln und Seiner Schöpfung Hilfe leisten.

I am therefore asking each one of you to look deep inside your own conscience and ask whether you feel you have been fulfilling *all of the requirements* that go with the three lines of work – or at least if you have remembered and done your best. We are on the "no-blame train", but as we have moved on into an entirely new cycle of our work together I am asking you to consider these things very deeply. Study this paper in depth. Do not merely look at the surface of things. Try to understand what I am doing my best to tell you, to bring to you from my heart. Read and re-read this paper and the many others that are available to you. Listen to the tapes, talk to each other and *"Study! Study! Study!"*, as Bulent would say to us so often. Thus you will have real questions to ask, based on true knowledge. Work on yourselves for the good of the whole as well as yourselves. Work for your neighbour *in love, love, love!* When we remember God, our Creator, and our dependence on Him, then there is love. If we forget, then perhaps we do not feel His Love, and then we complain. "The essence needs the mirror of form, but so often we blame the mirror." *Dhikr, dhikr* and more *dhikr!* Turn straight, as the great ones before us have turned straight – *without any intermediary.* Please know that you are re-membered and loved.

Reason is powerless in the expression of love.
Love alone is capable of revealing the truth of love
    and being a lover.
The way of our prophets is the way of truth.
If you want to live, die in love.
Die in love if you want to remain alive.

MEVLANA JALALUDDIN RUMI
The Pole of Love

1992

Sobald wir in dem Haus bei Luzern leben und arbeiten können, wird es einfacher sein, sich zusammenzusetzen und gemeinsam Brot zu backen oder andere Dinge zu tun, um den Bedürftigen zu helfen; bis dahin aber bitte ich euch alle, euch daran zu erinnern, dass es immer etwas gibt, was man tun kann, und immer etwas, was wir vergessen!

* * *

Damit komme ich zur *dritten Linie der Arbeit,* und das ist jene Arbeit, die ebenfalls von entscheidender Notwendigkeit ist, wenn diese Schule (wie jede andere auch) überleben soll und somit fähig, der »Kelch« [Englisch: *chalice*] zu sein, der das Wissen für zukünftige Generationen, für die kommende Welt, enthält. In der dritten Linie der Arbeit geht es um das, was jeder einzelne aufgefordert ist, *für die Schule selbst* zu tun. Bisher ist dieser Teil unserer Verpflichtung bei Weitem nicht genug hervorgehoben worden.

Lasst mich versuchen, es mit einfachen Worten zu erklären. Immer wenn es einen besonderen Anlass gibt, so wie das Sema, ist *jeder* gebeten, bei den Vorbereitungen zu helfen. Es gibt so viele Dinge, die erledigt werden müssen, und viele, viele Leute müssen kommen und beim Putzen helfen, bei der Vorbereitung der Halle, beim Backen, Drucken, bei den Versandlisten und so weiter. Es ist eine *ungeheure* Verantwortung, und unzählige Stunden werden in solche besonderen Ereignisse gesteckt. Kürzlich, als ich in Santa Fe ein Neun-Tage-Seminar hielt, zu dem Teilnehmer aus neun verschiedenen Ländern kamen, hatte die Gruppe, mit der ich nun zu arbeiten begonnen habe, wenig oder keine Ahnung davon, was gebraucht wird, damit alles harmonisch ablaufen kann. Dennoch waren die Bereitschaft und die Zusammenarbeit außergewöhnlich, und wir alle gemeinsam schafften es, dass alles möglich wurde. Das Gleiche geschah in Europa, als ich das erste Mal eingeladen wurde, bei euch zu sein. In der ersten Sommerschule in Valbella war alles vollkommen neu, und ich bin sicher, einige Freunde könnten euch bis spät in die Nacht hinein viele Geschichten darüber erzählen, was gelernt werden musste, und sie könnten über die vielen Dramen berichten, die vor dem ersten wunderschönen Eröffnungstag in den Bergen über die Bühne gingen. Heute ist euch allen in Europa das Ausrichten solcher Veranstaltungen fast schon in Fleisch und Blut übergegangen, wann auch immer es Großanlässe zu organisieren gibt. Wir haben ein tolles Team geschaffen!

Aber wie steht es mit dem restlichen Jahr? Was geschieht in der Zeit, wenn keine großen Ereignisse stattfinden oder wenn es kein besonderes Projekt gibt, bei dem ihr gebeten werdet zu helfen? Die dritte Linie der Arbeit, die von jedem verstanden werden *muss,* ist auch als eine Verpflichtung gegenüber der Arbeit der Schule anzusehen. Ohne diese Arbeit, zum Beispiel jene der Teams, die so hart an unseren Publikationen mitgewirkt haben, würde es keine Schule geben. Ohne die Leute, die auf einer tagtäglichen Basis bei den vielen anderen Aktivitäten helfen, würde die Schule einfach dahinschwinden und alle Arbeit, die bisher in dieses notwendige ›Fahrzeug‹, diese lebende Schule, gesteckt wurde, könnte verschwendet sein.

* * *

Deshalb bitte ich jeden Einzelnen von euch, ganz tief in euer eigenes Gewissen zu schauen und euch zu fragen, ob ihr fühlt, dass ihr *alle Bedingungen* erfüllt habt, die an die drei Linien der Arbeit geknüpft sind – oder wenigstens, ob ihr euch daran erinnert und euer Bestes dazu beigetragen habt. Wir sitzen im »Kein-Vorwurfszug«, doch weil wir in einen völlig neuen Zyklus unserer gemeinsamen Arbeit fahren, bitte ich euch, diese Dinge sehr eingehend zu bedenken. Studiert diesen Text in seiner Tiefe. Betrachtet nicht bloß die Oberfläche der Dinge. Bemüht euch zu verstehen, was ich euch zu sagen versuche; ich tue mein Bestes, es euch aus meinem Herzen zu vermitteln. Lest diesen Text wieder und wieder, und auch die vielen anderen, die euch zur Verfügung stehen. Hört euch die Tonbänder an, sprecht miteinander und »*Studiert! Studiert! Studiert!*«, wie Bulent so oft zu uns sagte. Dadurch werdet ihr wirkliche Fragen stellen können, gegründet auf wahrem Wissen. Arbeitet an euch zum Wohle des Ganzen ebenso wie für euch selbst. Arbeitet für euren Nächsten *in Liebe, Liebe, Liebe!* Wenn wir uns an Gott, unseren Schöpfer, und unsere Abhängigkeit von Ihm erinnern, dann ist das Liebe. Wenn wir vergessen, so fühlen wir vielleicht Seine Liebe nicht, und dann beschweren wir uns. »Die Essenz braucht den Spiegel der Form, aber so oft machen wir dem Spiegel Vorwürfe.« *Dhikr, Dhikr* und noch mehr *Dhikr!* Geht den direkten Weg, so wie die Großen vor uns den direkten Weg gegangen sind – *ohne irgendetwas dazwischen.* Bitte wisst, dass eurer erinnert wird und dass ihr geliebt seid.

The 40-Days Initial Programme

were to be included. On the other hand, just the mere repetition of the words involved in Arabic is surely not enough. The *meaning* is so important; and since the whole of our tradition is based on the inner meaning of the *dhikr,* anyone wishing to participate in the programme must obviously meet with people who have already received a thorough understanding and grounding in the *dhikr.* Also, the way of Mevlana and the history of Mevlana should be discussed.

Apart from the *dhikr,* the obligatory practises for the forty days are as follows – in the understanding that there are to be forty consecutive days, one after the other, and not just a rather 'vague' commitment to that period of time.

The programme starts with a commitment being made by the student, witnessed by the group leader or someone delegated for that purpose. This does not have to be very formal or anything like that. It merely means that the person wishing to undertake the 40-Days Initial Programme tells someone that they are going to do their best to complete it and when they are going to start.

The night before the first day the students should sit quietly, having washed and prepared themselves carefully, and make an inner prayer of commitment, agreeing that the next morning they will start the programme.

First morning: The students decide that they are going to get out of bed and then, when their feet touch the ground, they consciously repeat the words, "May I be allowed to be of service this day." They then go and wash. Next they sit once more and prepare themselves for the morning practices. They should first start with a prayer, followed by the Present Moment Practice [see *The Inner Work I,* page 250] and then spend a few minutes establishing the rhythm of the 7-1-7-1-7 breathing. Then, if they do the *dhikr,* it should be finishing with the *Hu* sounded eleven times. On the last sounding of the *Hu* they put their head on the ground in front of them, signifying humility and obedience. The students should, if possible, then read something from the *Mathnawi,* whilst remembering the breathing rhythm. If the *Mathnawi* is not available, the group leader can choose something that they can read from, from

Der Verstand besitzt keine Macht, Liebe auszudrücken.
Liebe allein ist fähig, die Wahrheit der Liebe und
    des Liebenden zu enthüllen.
Der Weg unserer Propheten ist der weg der Wahrheit.
Wenn du leben willst, stirb in Liebe.
Stirb in Liebe, wenn du lebendig bleiben willst.

MEVLANA JALALUDDIN RUMI
Der Pol der Liebe

ॐ

Das 40-Tage-Einstiegsprogramm

DIESES PROGRAMM FUNKTIONIERT AM BESTEN, WENN DER
Mevlevi-*Dhikr* mit eingeschlossen wird. Andererseits ist die bloße
Wiederholung der betreffenden Wörter auf Arabisch ganz sicher
nicht genug. Die *Bedeutung* ist so wichtig; und da unsere ganze
Tradition auf der Bedeutung des *Dhikr* gründet, muss selbstverständlich jede Person, die am Programm teilnehmen will, mit
Menschen zusammenkommen, die bereits eine Einführung und ein
tiefes Verständnis des *Dhikr* erhalten haben. Ebenso sollen der Weg
von Mevlana und die Geschichte von Mevlana besprochen werden.

Neben dem *Dhikr* umfasst das 40-Tage-Einstiegsprogramm folgende obligatorische Übungen – im Verständnis, dass es vierzig
aufeinanderfolgende Tage sein müssen, und nicht einfach eine
eher ›vage‹ Verpflichtung für solch einen Zeitabschnitt.

Das Programm beginnt mit einer vom Studenten gemachten
Verpflichtung, bezeugt vom Gruppenleiter oder von einer für diesen Zweck delegierten Person. Das braucht nicht besonders formal
oder etwas Derartiges zu sein. Es bedeutet einfach, dass die Person,
die wünscht, dieses 40-Tage-Einstiegsprogramm zu machen, jemand anderem sagt, dass sie ihr Bestes geben wird, es abzuschließen, und auch, wann sie damit beginnen wird.

In der Nacht vor dem ersten Tag sollen die Studenten sich still
hinsetzen, nachdem sie sich gewaschen und sorgfältig vorbereitet
haben, ein inneres Gebet der Verpflichtung beten und zustimmen,
dass sie am nächsten Morgen das Programm beginnen werden.

one of the sacred scriptures of the world. The pupils should then spend five to ten minutes each morning working with the breath and contemplating on the sound of gratefulness.

Midday: The students should at least remember this time, and stop for a moment at their work, remembering the breath. If they have personal and private time, then they can do a shortened version of the *dhikr,* namely 33 times *esteffrullah,* 33 times *la illaha il'Allah* and 100 times *Allah* followed by the *Hu* once again.

Evening: Again, special preparations for the inner work should be made and then a short *dhikr* preceded by a prayer and completed with the Latifa Practice as instructed [see page 732].

Before sleep: The Decision Practice and the End-of-Day Clearing Practice [see *The Inner Work I,* pages 356 and 360].

If the students so wish, the 24-Days Programme [see *The Inner Work I,* page 368] can be included during this 40-Days Initial Programme.

At the end of the forty days the students report personally to him or her who gave the programme in the first place, and then discussions can be made concerning writing to Reshad and the next step of the 1001-Days Programme. *Everything needs to be clear and formal throughout.*

1991

Wasifas

"WASIFA" LITERALLY MEANS "OBLIGATION", BUT ANY TRANS-lation is difficult if well-nigh impossible, and there is always the danger of misinterpretation or personal opinions being attached to the practice. Thus I thought to write a few notes to see if I can help clear up any muddle that might exist.*

Let us start from the top down. From the Absolute, about Which nothing can be spoken, there emanate a series of worlds. As it is said in the *Book of the Tao,* "The One creates the two, the two creates the three, and the three creates the ten thousand things."

---

* *Wasifas* are practices that are given by the teacher to the individual student in a personalised form and usually consist of the daily repetition of certain Names of God with a fixed number and sequence [note from the publisher].

Morgen: Die Stundenten entscheiden, dass sie sich vom Bett erheben werden, und dann, wenn ihre Füße den Boden berühren, wiederholen sie bewusst die Worte: »Möge es mir heute erlaubt sein zu dienen.« Dann gehen sie sich waschen. Als Nächstes setzen sie sich wieder hin und bereiten sich für die Morgenübungen vor. Sie sollen zuerst mit einem Gebet beginnen, dann die Gegenwärtigkeitsübung [siehe *Die Innere Arbeit I*, Seite 351] machen und dann einige Minuten darauf verwenden, in den 7-1-7-1-7-Atemrhytmus zu kommen. Dann, wenn sie den *Dhikr* machen, sollte er mit einem elfmaligen *Hu* abgeschlossen werden. Beim letzten Erklingenlassen des *Hu* legen sie ihren Kopf vor sich auf den Boden als Zeichen der Bescheidenheit und des Gehorsams. Die Studenten sollten dann, wenn möglich, etwas aus dem *Mathnawi* lesen und sich währenddessen an den Atemrhythmus erinnern. Sollte das *Mathnawi* nicht zu Verfügung stehen, kann der Gruppenleiter etwas aus den heiligen Schriften der Welt auswählen, das gelesen werden soll. Die Studenten sollen dann fünf bis zehn Minuten jeden Morgen mit Atemarbeit verbringen und den Klang der Dankbarkeit kontemplieren.

Mittag: Die Studenten sollen sich zumindest an diese Zeit erinnern und, bewusst auf den Atem achtend, für einen Augenblick in ihrer Arbeit innehalten. Wenn sie persönliche und private Zeit haben, sollen sie eine Kurzversion des *Dhikr* machen, nämlich 33 Mal *esteffrullah*, 33 Mal *la illaha il'Allah* und 100 Mal *Allah,* gefolgt von einem nochmaligen *Hu.*

Abend: Wieder sollen die besonderen Vorbereitungen für die innere Arbeit gemacht werden, dann ein kurzer *Dhikr* nach einem Gebet und schließlich die Latifa-Übung [siehe Seite 733].

Vor dem Einschlafen: Entscheidungsübung und die Klärungsübung zum Tagesabschluss [siehe *Die Innere Arbeit I*, Seiten 357 und 361].

Wenn die Studenten dies wünschen, kann das 24-Tage-Programm [siehe *Die innere Arbeit I*, Seite 369] während dieses 40-Tage-Einstiegsprogramms mit einbezogen werden.

Am Ende der vierzig Tage berichten die Studenten persönlich derjenigen Person, die ihnen das Programm gegeben hat, und dann kann besprochen werden, ob ich angeschrieben werden soll wegen des nächsten Schrittes des 1001-Tage-Programms. *Alles sollte durch und durch klar und feierlich sein.*

Here the two presents the first division from Unity, the first split, which is absolutely necessary in the creative process, for we need to continuously remember that the universe was made for man (which includes woman of course). And so it has been said in the Sufi tradition, "The worlds are not big enough to contain Me, but the heart of My faithful Servant can contain Me" (Koran). If there were not this first split, this first division, there would be no *tassawuf,* no path of return, and the whole process of the *completion* of the planet earth and all of God's Creatures on this earth would not be possible. G.I. Gurdjieff used to talk about "the experiment of life on earth", and there is much that can be understood in John G. Bennett's great work *The Dramatic Universe.*

Now all these different "worlds" can really only be explained as ideas since they cannot be real without the individual, the *Wahid,* the unique example of the one Absolute Being, experiencing at least something of them in their own way. But some keys can be given here.

If we could imagine the first emanation from the void – of course the void is unimaginable –, we might be able to see, sense or experience a world of particles in total *randomity;* that is to say that everything is now there in potential but nothing has happened. In that state there is obviously no self-consciousness and, as I see it, it is even a world before the world that is entirely gaseous. In that world these "particles", or whatever you wish to call them, are starting to come together, to group in an ever-moving world of gases. Not being a scientist I can only explain it the way that I see it, and I apologise if what I write contradicts the experts.

So the different worlds split, come together and move towards the relative world, which is a world of time and space, man and woman, and the grinding clash of opposites which can even produce the wonderful works of Bach or Beethoven, where opposites have been turned into harmony through the creative genius that lies within man and woman.

In this world we see the miracle of multiplicity, and from the first tree, for example, we can see many trees. You might even say that the first tree came from 'treeness', i.e. the concept of a tree, but still in a state of randomity. Now, each tree is given a name, a label, and thus it is real to us who have more than what the animal kingdom has. There we can find instinct, which would lead an animal to the particular tree that would be suitable for its needs.

Wasifas

»WASIFA« BEDEUTET WÖRTLICH »VERPFLICHTUNG«, DOCH IST
jede Übersetzung schwierig, wenn nicht gar unmöglich; und stets
besteht die Gefahr, die Übung falsch zu verstehen oder persönliche
Vorstellungen damit zu verbinden. Deshalb will ich einige
Gedanken dazu niederschreiben und schauen, ob ich bei der
Aufklärung etwaiger Verwirrung helfen kann.*

Lasst uns von oben nach unten beginnen. Vom Absoluten, über
Das nichts ausgesagt werden kann, strömt eine Folge von Welten
aus. Wie es im *Buch des Tao* heißt, »schafft das Eine die Zwei, die
Zwei die Drei, und die Drei die zehntausend Dinge.« Hierin bedeutet die Zwei die erste Trennung von der Einheit, die erste
Abspaltung, die im kreativen Prozess absolut notwendig ist, denn
wir müssen uns fortwährend daran erinnern, dass das Universum
für den Menschen geschaffen wurde (was den Mann und die Frau
mit einschließt). Und daher wird in der Sufi-Tradition gesagt:
»Die Welten sind nicht groß genug, Mich zu enthalten, aber das
Herz Meines treuen Dieners kann Mich enthalten« (Koran). Ohne
diese erste Abspaltung, diese erste Trennung, gäbe es kein *tassawuf,*
keinen Pfad der Rückkehr, und der ganze Prozess der *Vollendung*
des Planeten Erde und aller Geschöpfe Gottes auf dieser Erde wäre
nicht möglich. G. I. Gurdjieff hat vom »Experiment des Lebens auf
der Erde« gesprochen, und viel kann darüber im großen Werk *The
Dramatic Universe* von John G. Bennett erfahren werden.

Nun vermag man alle diese »Welten« lediglich in Form von
Ideen zu erklären, da sie nicht wirklich sein können ohne das
Individuum, den *Wahid,* als einzigartigem Beispiel des einen
Absoluten Seins, welches zumindest einen Teil von ihnen auf seine
eigene Art erfährt. Doch einige Schlüssel lassen sich hier geben.

Wenn wir uns das erste Ausströmen aus der Leere – die natürlich unvorstellbar ist – ausmalen könnten, wären wir womöglich
fähig, eine Welt von Teilchen in vollkommener Zufälligkeit zu
sehen, zu spüren oder zu erfahren, das heißt, dass alles jetzt als
Potenzial vorhanden ist, aber noch nichts ist geschehen. Offensichtlich gibt es in dieser Welt kein Selbstbewusstsein, und, so wie

---

* *Wasifas* sind Übungen, die vom Lehrer auf die jeweilige Studentin oder den
Studenten persönlich zugeschnitten werden und üblicherweise in der täglichen
Wiederholung bestimmter Namen Gottes in fester Anzahl und Reihenfolge beste-
hen [Anmerkung des Herausgebers].

ich es sehe, ist dies sogar eine Welt vor der vollkommen gasförmigen Welt. In dieser Welt beginnen die »Partikel«, oder wie immer ihr sie nennen wollt, erst zusammenzukommen und eine stetig bewegte Welt der Gase zu bilden. Da ich kein Wissenschafter bin, kann ich es nur so erklären, wie ich es sehe, und ich bedaure, wenn meine Beschreibung den Experten widerspricht.

So trennen sich die verschiedenen Welten, kommen wieder zusammen und bewegen sich in Richtung der relativen Welt, einer Welt aus Zeit und Raum, Mann und Frau und dem aufreibenden Zusammenstoß von Gegensätzen, der sogar die wunderbaren Werke von Bach oder Beethoven hervorbringen kann, in welchen das dem Menschen innewohnende kreative Genie die Gegensätze in Harmonie verwandelt.

In dieser Welt sehen wir das Wunder der Vielfalt, und erkennen beispielsweise nach dem Vorbild des ersten Baumes viele Bäume. Man könnte sogar sagen, dass der erste Baum der ›Baumheit‹ entstammt, also dem Konzept eines Baumes, das noch immer im Stadium der Zufälligkeit liegt. Nun ist jedem Baum ein Name, ein Etikett, gegeben, weshalb er für uns, die mehr besitzen, als was das Tierreich hat, wirklich ist. Jenes verfügt über Instinkt, der das Tier zum bestimmten richtigen Baum für dessen Bedürfnisse führt. Die Instinktwelt bedarf keiner Namen, doch wir brauchen beides: die Instinktwelt wie auch die tatsächlich etikettierte Welt. Ein Tier, vor allem ein Haustier, reagiert auf den Ruf seines Namens; aber eigentlich reagiert es nicht auf seinen Namen als solchen, sondern vielmehr auf das Klangmuster, welches vom Besitzer des Hundes, des Pferdes, der Katze oder was immer, erzeugt wird. Das Muster der Klänge erzeugt eine Antwort im Tier, welches dieses zu bestimmten Bedürfnissen wie Fressen, Wärme oder anderem in Beziehung setzt.

Somit kehren wir noch einmal zum – vielleicht besonders schwierigen – Thema der *Wasifas* zurück. Eine der ersten Fragen, die sich stellen, ist, weshalb wir bestimmte *Namen* Gottes wiederholen, ja sogar Seine Namen auf jene so genannten »Allerschönsten Namen« beschränken, wenn die Anzahl Seiner Attribute doch offensichtlich unbegrenzt ist, weil es in Wirklichkeit ja nur ein Absolutes Dasein gibt. Gleichzeitig fragt man sich, weshalb wir die Namen auf Arabisch wiederholen müssen anstatt auf Hebräisch oder Griechisch. Und dann stellen sich uns weitere Fragen über die Zahlensystematik oder über die Länge der

In the instinctual world there is no need for a name, but for us we need both the instinctual world and a world which is indeed labelled. An animal, particularly a domestic animal, will respond to its name when it is called; but actually it is not the name itself but rather the pattern of the sound that is produced by the owner of the dog, horse or cat or whatever, to which it reacts. The pattern of the sound will produce a response in the animal, which will relate it to certain needs such as food, or warmth or whatever.

So we return, once more, to the subject – perhaps the particularly difficult subject – of the *wasifas*. One of the first things that we are asked is why we repeat certain *Names* of God and even limit His Names to what are termed the "Most Beautiful Names" when obviously there can be no limit to the number of His Attributes since, in reality, there is only one Absolute Being. Along with this query we are asked why we have to repeat the names in Arabic rather than Hebrew or Greek. And then we are asked further about the numbering system, and still further how long is someone meant to be doing the practice, i.e. should it go on for, say, three months or whatever? Then we are also asked if there is any benefit for *us,* or if we are just repeating the names for others, and – shouldn't we all understand the rules of the game in the first place? And indeed there are a hundred other questions that we are asked, most of which I find impossible to answer. And that makes it still more difficult.

I feel that the key expression here is that "sound fixes pattern". Or we could say that it is sound, whether spoken within or without, which takes various particles and brings them together into a pattern. And hopefully, if the sound is correct, the pattern is for the good of us all and of our children's children. The key word would be the word *agreement* since without true agreement nothing much can really come to pass. "When two or three are gathered together in my *name,* there am I in the midst of them." What profundity of wisdom there is in that statement in the light of this little article. It is said that *He* is both the Name and the Named; so who is it that said "my"?

All these questions are very useful, but again we need to understand that there are so many steps, or stages, of prayer. When we are very young, there may be a God, a Saviour, a Jehovah who is somewhere "out there", and so we pray for our salvation and the salvation of others to this unknown God. Then, later on, we per-

Zeitdauer, während der jemand diese Übung machen soll, das heißt, ob sie, sagen wir, drei Monate oder wie lange auch immer ausgeführt werden soll. Dann werden wir auch gefragt, ob darin ein Nutzen für *uns* liege, oder ob wir die Namen lediglich für andere wiederholen und – ob wir nicht alle zuerst einmal die Grundregeln verstehen sollten. Und tatsächlich stellen sich uns hundert weitere Fragen, und die meisten von ihnen halte ich für nicht beantwortbar. Und das erschwert es noch zusätzlich.

Ich denke, der Schlüssel liegt darin, dass »Klang Muster fixiert.« Oder wir können auch sagen, dass es Klang ist, ob innerlich oder äußerlich angeschlagen, der verschiedene Partikel sammelt und in ein Muster bringt. Und wenn der Klang hoffentlich stimmt, dient das Muster zum Guten von uns allen und von unseren Kindeskindern. Das Stichwort wäre *Einklang* oder *Einverständnis,* denn ohne wahres Einverständnis kann nichts wirklich geschehen. »Wenn zwei oder drei in meinem *Namen* zusammenkommen, bin ich dort mitten unter ihnen.« Welch tiefes Wissen steckt in dieser Aussage im Licht dieses kurzen Artikels. Man sagt, dass *Er* sowohl der Name als auch das Genannte ist; also wer ist es, der »meinem« sagte?

All diese Fragen sind sehr hilfreich, und doch müssen wir verstehen, dass es so viele Schritte, oder Stadien, des Gebets gibt. Solange wir noch sehr jung sind, mag es einen Gott, einen Retter, einen Jehova geben irgendwo »da draußen«, und so beten wir zu diesem unbekannten Gott für unsere Erlösung und die von anderen. Später treffen wir dann vielleicht auf eine esoterische Schule oder machen als Folge von Meditation beziehungsweise etwas anderem die Erfahrung oder es wird uns erzählt, dass »alles im Innern liegt.« Also wenden wir uns nun nach innen und erkunden diese außergewöhnliche Möglichkeit – dass alles in uns selbst liegt und dass, was »dort draußen« scheint, eigentlich »hier drin« ist. An diesem Punkt finden wir uns häufig mit mehr Entschlossenheit denn je zuvor auf der Suche nach Wahrheit und Verständnis. Und dies ist ein gefährliches Stadium, weil wir schließlich bei der Aussage, alles liege im Innern, landen und vergessen könnten, dass »innen« und »außen« lediglich relative Konzepte sind. Wir könnten der dummen Routine gewisser Richtungen des Esoteriktums verfallen, die sich lediglich den Myriaden von Details all der feinstofflichen Körper und Welten widmen, denen jedoch die Leidenschaft der Suche fehlt, obgleich solche Schulen tatsächlich eine bestimmte Funktion im Gesamtbild der Lebens wahrnehmen.

haps meet up with an esoteric school, or through some meditation or whatever we have the experience, or are told, that "all is within." So now we turn inwards and explore this extraordinary possibility – that all lies within ourselves, and that what appears to be "out there" is actually "in here". It is at this point that we often find ourselves on the search for truth and understanding with more fervour than ever before. And it is a dangerous stage, for we could land up just saying that everything lies within and forget that "within" and "without" are merely relative concepts. We could get caught in the dull routine of certain types of esoterica which deal only with the myriad of details of all the subtle bodies and worlds and yet lack the passion of the search, although such schools are indeed still fulfilling a certain function in the overall picture of life itself.

During some of these stages we are nearly always told that we should not pray for ourselves alone. And if the school is a good one, it will be explained that the very power of prayer can land up spiritualising the ego and fixing it into a mania of opinions, rather than the prayer, through sacrifice, can move us on to the redemption of that which was not useful to us in our path so that there is a true chalice for the entry into our world of the Divine Grace, Spirit or whatever words you want to use.

Now we have a still further situation to look at. Since it is said that the Divine Guidance is to bring us to the point of perplexity, it is a suitable time in this short article to confuse the issue still further! If there is no "without" and all is "within", then the question must surely arise *within what?* If there is no God but God, if there is one Absolute Being and yet we are not God, and surely not everything is God's Will and there is indeed a purpose of life on earth – then where are we at with prayer?

The practise of the *wasifas* is a form of prayer, for surely in it is knowledge that anchors love. And therefore it is our bounden responsibility to find out the true knowledge of ourselves. "He who knows himself, knows his Lord" etc. We are crying out in the wilderness that we have the knowledge that we most surely need in order to truly be of service. "The worlds are not big enough to contain Me, but the heart of My faithful Servant can contain Me." Thus, if the chalice is empty in the heart of a lover, then it is continuously being re-filled with the Divine Grace; and this grace carries all of God's Attributes, and His Beauty and therefore all of His Names, for He is both the Name and the Named. Am I making myself clear?

Im Verlaufe dieser Stadien wird uns fast immer gesagt, dass wir nicht allein für uns selbst beten sollten. Und wenn es sich um eine gute Schule handelt, wird uns erklärt werden, dass die schiere Kraft des Gebetes zur Spiritualisierung und Meinungsbesessenheit des Egos führen kann, anstatt dass das Gebet uns durch Opfer zur Erlösung dessen bringt, was uns auf unserem Pfad nicht nützlich war, auf dass ein wahrer Kelch entsteht für den Eintritt der Göttlichen Gnade, des Geistes oder welche Worte ihr auch immer gebrauchen wollt.

Nun müssen wir uns noch eine weitere Situation anschauen. Da gesagt wird, dass die Göttliche Führung uns an den Punkt der Verblüffung führen wird, ist dies der rechte Moment in diesem kurzen Artikel, die Sachlage noch weiter zu verwirren! Wenn es kein »Außen« gibt und alles »innen« liegt, dann stellt sich sicher die Frage: *Innerhalb wovon?* Wenn es keinen Gott außer Gott gibt, wenn es ein Absolutes Dasein gibt und wir dennoch nicht Gott sind – und sicherlich ist nicht alles Gottes Wille und tatsächlich gibt es einen Sinn des Lebens auf der Erde –, wo stehen wir dann mit dem Gebet?

Die Übung der *Wasifas* ist eine Form von Gebet, denn sicher liegt darin Wissen, welches die Liebe verankert. Und daher ist es unsere Pflicht und Verantwortung, zum wahren Wissen über uns selbst zu finden. »Wer sich selbst kennt, kennt seinen Herrn« und so weiter. Draußen in der Wildnis rufen wir nach dem Wissen, das wir ganz sicherlich brauchen, um wirklich dienen zu können. »Die Welten sind nicht groß genug, Mich zu enthalten, aber das Herz Meines treuen Dieners kann Mich enthalten.« Wenn daher der Kelch im Herzen eines Liebenden leer ist, wird er unaufhörlich mit Göttlicher Gnade nachgefüllt, und diese Gnade trägt alle Attribute Gottes und Seine Schönheit und darum alle Seine Namen, denn Er ist sowohl der Name als auch das Genannte. Drücke ich mich klar aus?

Worauf ich also hinaus will, ist, dass in jeder dieser verschiedenen Welten, einschließlich der Welt der *mumkin* oder »Möglichkeiten«, alles darauf wartet und sich danach sehnt, geboren und manifestiert zu werden. Aber dies kann nur durch die direkte Fürsprache von Mann oder Frau geschehen, den *ma'rifa*, den *arafin**, die zu ihrer Lebenszeit aufgerufen sind, diesem großen

---

* Siehe das Kapitel *Ya Alim* in: Tosun Bayrak: *The Most Beautiful Names*, Putney, Vermont, 1985.

So, what I am getting at is that within all these different worlds, including the world of *mumkin,* the "world of possibilities", there is everything waiting to be born and longing to be manifested. But that can only happen through the direct intercession of man and woman, those of the *ma'rifa,* the *arifin**, who have been called upon in their lifetime to serve this great purpose. Perhaps now you can see why this cannot really be written for those who have not been exposed to a teacher or a school, since it might puff up our egocentric feathers to the point that we felt really too special for words.

Here we come to a further point about this science of the *wasifa* practice. Since each one of you are unique, you each have a unique pattern; and yet there are some worlds in which we can share beyond the confines of time and space as we know them in the early stages of the journey, where our uniqueness is truly seen to be an expression of the unity. Thus, each individual can be seen to have a unique pattern *through which* love, which is pure unadulterated energy, can come forth into our world. It is really the complexity of all this that is the miracle. The unity just *is!*

Now, why do we use Arabic? I have asked this question many times and really the only satisfactory answer I can give you is that – remembering how the planet turns – "you enter the gate at the south, you go to the east to get your knowledge, you return to the west and then you offer it all to the north." Of course it is interesting to note at this juncture that the Rosicrucians came out of the Sufi roots, as did Freemasonry etc. The Alice Bailey School was 'channelled' from a Tibetan master and so emerged from that area of the world, but in western language and form. Arabic also has the same numbering system as Aramaic and with similar sounds, and for this particular practice it is the *sound* that counts so much. The sound carries the inner meaning in depth. If we say "forgiveness", for example, or "please forgive me for my sins" as per the traditional Christian methodology, then we are obviously in separation. However if we say *ya Ghafur,* meaning "o Thou, the all-Forgiver", we are repeating one of His Most Beautiful Names, which are His Attributes. We could say that we are invoking from His Unity one of His Names, or we could understand it in yet another way, and

---

* See the chapter *Ya Alim* in: Tosun Bayrak: *The Most Beautiful Names,* Putney, Vermont, 1985.

Zweck zu dienen. Vielleicht versteht ihr jetzt, weshalb dies alles nicht wirklich für Menschen geschrieben werden kann, die nicht mit einem Lehrer oder einer Schule in Berührung gekommen sind; es könnte die Federn unseres Egos derart weit aufplustern, dass wir uns sogar für Worte zu speziell fühlen.

Somit kommen wir zu einem weiteren Punkt bezüglich der *Wasifa*-Übung. Da jede und jeder von euch einzigartig ist, habt ihr alle ein einzigartiges Muster; und dennoch gibt es einige Welten, an denen wir jenseits der Einschränkungen von Zeit und Raum, wie wir sie in den frühen Stadien der Reise kennen, teilhaben können, in denen unsere Einzigartigkeit wirklich als ein Ausdruck der Einheit gesehen wird. Daher kann man es so sehen, dass jedes Individuum ein einzigartiges Muster besitzt, *durch welches* die reine, unverfälschte Energie der Liebe in unserer Welt hervorzutreten vermag. Tatsächlich ist es die Komplexität von alledem, was das Wunder ist. Die Einheit *ist* einfach!

Warum benutzen wir nun Arabisch? Ich selbst habe diese Frage viele Male gestellt, und die einzige befriedigende Antwort, die ich geben kann, ist, dass – eingedenk der Drehrichtung des Planeten – »du durch das Tor im Süden eintrittst, dann gehst du in den Osten, um dein Wissen zu erlangen, du kehrst in den Westen zurück, um es schließlich dem Norden darzubringen.« Natürlich ist es an diesem Punkt wichtig anzumerken, dass die Rosenkreuzer wie auch die Freimaurer und so weiter den Wurzeln des Sufismus entstammen. Die Alice-Bailey-Schule wurde von einem tibetischen Meister ›gechannelt‹ und trat daher aus jener Weltgegend hervor, doch in westlicher Sprache und Form. Auch besitzt das Arabische dieselbe Zahlensystematik wie das Aramäische und ähnliche Klänge, und in dieser speziellen Übung ist es der *Klang*, der so sehr zählt. Der Klang trägt die innere Bedeutung sehr tief. Wenn wir beispielsweise »Vergebung« sagen oder »Bitte vergib mir meine Sünden« wie in der christlichen Methodik, sind wir offensichtlich in Trennung. Sagen wir jedoch *ya Ghafur*, was »oh Du, der Allvergebende« bedeutet, wiederholen wir einen Seiner Schönsten Namen, die Seine Attribute sind. Man könnte sagen, dass wir aus Seiner Einheit einen Seiner Namen anrufen; oder man könnte es noch auch eine weitere Art verstehen, und zwar, dass wir in dieser Welt und für die nächsten Generationen das Vehikel werden für die Existenz und das Wiedererinnern Seines Versprechens: »So wie du vergibst, soll auch dir vergeben werden.« Offenbar gibt es so

that is that we are becoming the vehicles in this world, and for the next generations, for the existence and re-remembering of His Promise to the world, "As you forgive, so you are forgiven." Obviously there are so many ways that all this can be understood, and I would not like to impose my concepts onto another.

Perhaps you can now see why it is difficult to answer, for example, questions such as, "How long is this practice meant to go on?" or "What rewards can I expect?" and all that sort of things. It is the job of the teacher, the sheikh or whoever, to work with practices for people so that he can help bring forth the latent qualities that he, with his certain gifts such as the second sight, can see in the pupil as well as to give practices that will help keep the pupil on the path and show him or her, in the mirror, the miracle of the fact that indeed "the soul is a knowing substance." And the substance itself is surely made up of His Names and carried on the *Hu,* the first manifested Sound of God, into the waiting world.

Naturally, this subject is vast and there are many unanswered questions in this paper including the meaning of the numbering system. This, for now, will have to wait. May this paper be of help to you all.

1989

viele Weisen, auf die all dies verstanden werden kann, und ich möchte niemand anderem meine Konzepte aufzwingen.

Vielleicht versteht ihr nun, weshalb es so schwierig ist, Fragen zu beantworten wie: »Für wie lange soll diese Übung ausgeführt werden?« oder »Welche Belohnung kann ich erwarten?« und all diese Dinge. Es ist die Aufgabe des Lehrers, des Scheichs oder wessen auch immer, mit Übungen für Menschen zu arbeiten, so dass er dabei helfen kann, die latenten Qualitäten hervorzubringen, die er mit seinen bestimmten Gaben wie etwa dem zweiten Gesicht im Schüler zu erkennen vermag, wie auch Übungen zu geben, die dem Schüler helfen, auf dem Weg zu bleiben, und ihm oder ihr im Spiegel das Wunder der Tatsache zu zeigen, dass »die Seele« tatsächlich »eine wissende Substanz ist.« Und die Substanz selbst besteht sicherlich aus Seinen Namen und wird auf dem *Hu,* dem ersten manifestierten Klang Gottes, hinausgetragen in die wartende Welt.

Dieses Thema ist natürlich weit, und in diesem Text gibt es viele unbeantwortete Fragen einschließlich der Bedeutung der Zahlensystematik. Dies muss zur Zeit noch warten. Möge dieser Text euch allen hilfreich sein.

The Latifa Practice

in ourselves. In any real esoteric school there is a necessity to continue with practices. It is essential as we go on the spiritual path to keep the balance very carefully. When we get into balance within, then it is possible that we can be open to the higher worlds without being swept away in a gale of wind. The practice I want to introduce at this time can be found in several esoteric traditions. The exact method may vary slightly, but the principle remains the same. Man is a many-dimensional creature, but it is seldom that everything is working in perfect balance. The object of any practice is surely balance and harmony, enabling us to live on many planes of consciousness at once.

I want the Latifa Practice to be seen as sacred in the same way as it was given to me as an extremely sacred practice. It is something that I insist on in the groups in this school, and something that comes from all the traditions, Judaic, Christian, Muslim – that all practices are *sacred* and that all prayer starts with *praise*. In the inner tradition, another word for "prayer" is "breath". If we don't start our day in praising our Creator and remembering Him, perhaps He will forget us! The attitude in all this is gratefulness. I am grateful I can give you this practice and want you to understand that it comes from a very, very long line of teaching.

Even if we feel miserable, we can start our practices in this school with praise. Maybe feeling miserable is just the medicine we need to help us get better. If we can't begin with praise, more than likely we are too serious and thinking only about ourselves and our personal problems. We start with a declaration of unity and with praise. I guarantee that if we do this practice correctly, we cannot *not* praise our Creator.

I wanted to write to somebody recently who had had her first child, and opened a book called *Muslim Devotions,* hoping to find something suitable. I opened to the following under the heading of *Praise of the Creation:*

> In the South Downs of England, in the late nineteenth century, by all these I prayed; by the rolling sun bursting through untrodden space, a new ocean of ether, every day unveiled, by the fresh and wandering air, encompassing the world, by the

Die Latifa-Übung

tun. In jeder echten esoterischen Schule kommt es auf fortgesetztes
Üben an. Wenn wir den spirituellen Pfad beschreiten, hängt alles
davon ab, dass wir das innere Gleichgewicht wahren. Nur wenn wir
diese feine Balance halten können, ist es möglich, uns den höheren
Welten zu öffnen, ohne von einem Sturm davongeweht zu werden.
Die Übung, die ich jetzt vorstellen möchte, finden wir in etlichen
esoterischen Traditionen. Natürlich gibt es Unterschiede des
Erscheinungsbildes, aber im Prinzip stimmen alle diese Methoden
überein. Der Mensch ist ein vieldimensionales Wesen und selten
von vollkommener Ausgewogenheit in all seinen Zügen. Jede
Übung zielt auf Balance und Harmonie ab, denn nur darin können
wir auf verschiedenen Bewusstseinsebenen zugleich leben.

Ich möchte, dass die Latifa-Übung als heilige Übung angesehen
wird, genauso wie sie mir als eine überaus heilige Übung gegeben
wurde. Darauf bestehe ich in den Gruppen in der Schule, und so
ist es in allen Traditionen, ob jüdisch, christlich oder islamisch –
dass alle Übungen *heilig* sind und dass jedes Gebet mit einem
Lobpreis beginnt. In der inneren Tradition ist »Atem« ein anderes
Wort für »Gebet«. Wenn wir unseren Tag nicht damit beginnen,
unseren Schöpfer zu preisen und uns an Ihn zu erinnern, wird Er
uns vielleicht vergessen! Die Haltung in all diesem ist die der
Dankbarkeit. Ich bin dankbar, dass ich euch diese Übung geben
kann, und möchte, dass ihr alle versteht, dass sie aus einer sehr,
sehr langen Tradition der Unterweisung stammt.

Selbst wenn wir uns schlecht fühlen, können wir unsere Übungen in dieser Schule mit einer Lobpreisung beginnen. Vielleicht ist
dieses Schlechtfühlen einfach die Medizin, die wir brauchen,
damit es uns besser geht. Wenn wir nicht mit Lobpreis beginnen
können, dann sind wir höchstwahrscheinlich zu ernst und denken
nur an uns und unsere persönlichen Probleme. Wir beginnen mit
einer Proklamation der Einheit und mit Lobpreis. Ich garantiere
euch, dass wir unseren Schöpfer nicht *nicht* preisen können, wenn
wir diese Übung richtig machen.

Vor kurzem wollte ich jemandem schreiben, die ihr erstes Kind
bekommen hatte, und öffnete ein Buch mit dem Titel *Islamische
Gebete* in der Hoffnung, etwas Passendes zu finden. Unter der
Überschrift *Lob der Schöpfung* schlug ich Folgendes auf:

In den South Downs von England, Ende des neunzehnten Jahrhunderts, betete ich bei all diesen Dingen: beim rollenden Sonnenball, der unberührten Raum durchbricht, ein neues Äthermeer, jeden Tag aufs Neue enthüllt, bei der frischen beweglichen Luft, die die ganze Welt umhüllt, beim Meer, das an der Küste rauscht, dem grünen Meer mit seinen weißen Flecken am Rande und dem tiefen Ozean, bei der starken Erde unter mir. Dann, auf dem Rückweg, betete ich beim süßen Thymian, über dessen kleine Blüten ich mit meiner Hand fuhr, beim kargen Gras, beim Zerkrümeln der trockenen, kreidigen Erde, die ich aufnahm und durch meine Finger rinnen ließ. Mit all dem betete ich, als wären es die Tasten einer Orgel, aus der ich die Klänge meiner Seele brausend anschwellen ließ und meine eigene Stimme durch ihre Kraft verdoppelte.

Oh Gott, ruf allen Segen auf unseren Herrn Mohammed herab bis zur Zahl der ziehenden Wolken und fegenden Winde vom Tag, an dem Du die Welt erschufst, zum Tag der Auferstehung, bis zur Zahl der Tropfen, die vom Himmel auf Deine Erde fallen und die regnen werden bis zum Tag der Auferstehung, bis zu den gezählten Windböen und den Bewegungen der Bäume und Blätter und Ernten und allem, was Du in der Wüste und auf kultiviertem Boden geschaffen hast, vom Tag der Schöpfung bis zur Auferstehung.

Nun, das ist eine gute Art, eine Übung zu beginnen! Aber was ist das für eine Übung? Sie heißt die Latifa-Übung. Im Arabischen bedeutet *latif* »fein« oder »subtil«. Das Wort ist schwierig, weil alles subtil ist. Aber wir haben verschiedene Zentren oder Pforten in unserem Körper – und ich möchte, dass ihr mit soviel Anteilnahme zuhört wie möglich!

Jedes Buch, das ihr über die Zentren lest, ist unweigerlich beschränkt. Warum? Wenn ihr von Chakren redet, werden die meisten Bücher sagen, dass sie entlang der Wirbelsäule liegen. Nun, in gewisser Hinsicht trifft das zu. In anderer Hinsicht ist das Unsinn, weil wir wahrscheinlich vierzehndimensional sind, ganz sicherlich aber sechsdimensional. Einfach zu sagen, dass sie entlang der Wirbelsäule liegen, und sie in einer entsprechenden Illustration darzustellen, ist daher eine Beschränkung der Möglichkeit. Und wir wollen die Möglichkeit nicht einschränken. In manchen

sea sounding on the shore, the green sea, white flecked at the margin, and the deep ocean, by the strong earth under me. Then, returning, I prayed by the sweet thyme whose little flowers I brushed with my hand, by the slender grass, by the crumble of dry, chalky earth I took up and let fall through my fingers. With these I prayed as if they were the keys of an instrument of an organ with which I swelled forth the notes of my soul, redoubling my own voice by their power.

O God, call down blessings on our Lord Muhammad to the number of the rolling clouds and the sweeping winds, from the day when Thou didst create the world to the resurrection day, to the number of the drops that rain from the heavens on Thy Earth and that will rain to the resurrection day, to the numbered breezes of the wind, and the movements of trees and leaves and field crops and all that Thou hast created in desert and cultivated land, from the day of creation to the resurrection day.

Now that is a good way to start a practice! But what is this practice? It is called the Latifa Practice. In Arabic, *latif* means "subtle". The word is difficult because everything is subtle. But we have various centres or gates in our bodies – and I want you to listen with as deep caring as you can!

Any book you read on the centres is inevitably limited. Why? If you talk about the *chakras,* most books say they are up and down the spine. Well, in one sense it is true. In another sense it is rubbish because we are probably fourteen dimensional, certainly six dimensional. Therefore, just to say that they are up and down the spine and to paint such a picture of them is limiting possibility. And we do not want to limit possibility. In some books you will read, there are seven *chakras;* but in other books, say in certain aspects of Tibetan Buddhism, there are five. And if you read in another one, they state there are twenty-two. Therefore we should not be limited by things, though the sevenfold nature of life *is* important.

The keys to this practice are sound, intention, awareness and, of course, breath. Breathe! You need to be able to not lose your attention for the duration of a single breath. This is difficult. It is very easy, actually, but it is difficult because we have so many little I's running around and so little permanent I. But we do our best. And we mustn't struggle or fight ourselves too hard if we are having

Büchern könnt ihr lesen, dass es sieben Chakren gibt; aber in anderen, in bestimmten Formen des tibetanischen Buddhismus zum Beispiel, sind es fünf. Und wieder in einem anderen Buch werdet ihr lesen, es seien zweiundzwanzig. Deswegen sollten wir uns nicht durch die Dinge beschränken lassen, obwohl die siebenfache Natur des Lebens wichtig *ist*.

Die Schlüssel zu dieser Übung sind Klang, Absicht, Wachheit und natürlich Atem. Atmet! Ihr müsst in der Lage sein, eure Aufmerksamkeit auch nicht für die Dauer eines einzigen Atemzuges zu verlieren. Das ist schwierig. Es ist eigentlich sehr einfach, aber es ist schwierig, weil wir so viele kleine Ichs haben, die herumlaufen, und so wenig permanentes Ich vorhanden ist. Aber wir tun unser Bestes. Und wir müssen nicht kämpfen oder zu hart gegen uns selbst sein, wenn wir Schwierigkeiten haben. Macht weiter, seid beharrlich – jeden Tag ein bisschen. Wir gehen den Lebenspfad Schritt für Schritt, stets bemüht, für den Augenblick wach zu sein, und hier gewinnt der Atem seine besondere Bedeutung. Atmen ist eine ganzheitliche Erfahrung, die unser gesamtes Sein in allen seinen Aspekten erfasst. Es hält nicht nur unsere Lunge in Bewegung, damit sie uns mit dem nötigen Sauerstoff versorgen kann, sondern verbindet uns auch mit den anderen Welten um uns her. Wir können unsere Aufmerksamkeit auf bestimmte Regionen unseres Körpers richten und dann in sie hinein und durch sie hindurch atmen, um sie anzuregen und zum Leben zu erwecken. Dies ist der Schlüssel, den wir für die Schlösser der Pforten, der Latifas, brauchen. Wir können jeden Tag ein wenig das Aufschließen üben, wissend, dass die Pforten zwar lange geschlossen waren, aber eines Tages, wenn die Zeit reif ist, doch wieder aufgehen werden.

Die Latifas sind subtile Zentren innerhalb der subtilen Anatomie des Körpers Gottes. Was ist der Körper Gottes? Ihr und ich – wir sind die subtile Anatomie des Körpers Gottes, weil Gott uns nach Seinem Bild geschaffen hat. Schon daran zu denken, ist eine gewaltige Erkenntnis. Diese Zentren oder Pforten, von denen fünf in meinem Buch *Das Atmende Leben* erwähnt sind, sind wie ›Reservoirs‹. Es sind unerschöpfliche Reservoirs, die durch die Zuwendung von liebevoller Aufmerksamkeit zum Fließen gebracht werden. Sie bleiben geschlossen, bis wir anklopfen. Sind Geduld und Ausdauer stark genug, so werden die unsichtbaren Türhüter sie irgendwann von innen öffnen. Alles braucht in dieser relativen

difficulties. Go on, persevere – every day a little bit. We proceed along life's journey step by step, always doing our best to be awake to the moment, and that is where breathing is so important. Breathing is a total experience, embracing all aspects of our being. It not only keeps our lungs moving to provide the necessary oxygen for our system, but it also connects us to the worlds outside of us. By focusing our attention on certain parts of the body, we can breathe into and through these areas, activating them and bringing them to life. This is the key we need to work on the locks of the gates, the Latifas. We can work a little each day, knowing that although they have been closed for so long, they will open again when the time is right.

The Latifas are subtle centres within the subtle anatomy of the Body of God. What is the Body of God? You and me – we are the subtle anatomy of the Body of God, because God made us in His Image. That remembrance alone is a tremendous realisation. These centres or gates, five of which are mentioned in my book *Breathing Alive,* are like 'reservoirs'. They are endless reservoirs which, by putting attention on them, are activated in love to flow. They remain closed until we knock on them. With sufficient patience and perseverance, they will then be opened from the inside by the invisible gatekeepers. Everything takes time in the relative world, and this is for our own protection. If the gates were suddenly to swing open, we might not be sufficiently grounded to be able to accept the knowledge that we would be given.

The movement of the energy through these subtle centres is a form of spiritual alchemy. It is an internal alchemical process from which we can distil substance. "Substance" is a word you will hear me talk about a great deal. It comes from inner work of all sorts, whether it is prayer or yoga or whatever you want to do, whatever it is. The Latifa Practice is a way of distilling substance to produce an extremely refined form of energy in which you know, without any shadow of doubt, that there is no separation. There *is* no separation.

The object of this practice, if there is an object at all, is to distil energy to reach a point of total understanding and realisation of love. What is love? When people say that God is love, what is God *not?* We don't say, "Go for love!"; we go to the source of love. We don't say, "Go for peace!" (which is also one of God's Names); we go to the source of peace. Love is the First Cause, and the First

Welt seine Zeit, und das ist nur zu unserem Schutz. Würden die Pforten plötzlich aufspringen, so stünden wir vielleicht nicht fest und sicher genug, um das Wissen zu empfangen, das dann auf uns einstürzt.

Die Bewegung der Energie durch diese subtilen Zentren ist eine Form spiritueller Alchimie. Es ist ein alchimistischer Prozess, aus dem wir Substanz gewinnen können. Das Wort »Substanz« werdet ihr noch oft von mir hören. Sie ergibt sich aus allen Arten innerer Arbeit, ob Gebet oder Yoga oder was immer ihr tun möchtet, was es auch sei. Die Latifa-Übung ist eine Methode der Gewinnung von Substanz, um eine höchst verfeinerte Form von Energie zu produzieren, mit der ihr, ohne den Schatten eines Zweifels, wisst, dass es keine Trennung gibt. Es *gibt* keine Trennung.

Ziel und Zweck dieser Übung, wenn es so etwas überhaupt gibt, besteht darin, Energie zu destillieren, um einen Punkt des vollkommenen Verstehens und der Erkenntnis von Gottes Liebe zu erreichen. Was ist Liebe? Wenn die Leute sagen, dass Gott Liebe sei, was ist Gott dann *nicht*? Wir sagen nicht: »Strebe nach Liebe!«; wir gehen zum Ursprung der Liebe. Wir sagen nicht: »Strebe nach Frieden!« (auch dies ist einer von Gottes Namen); wir gehen zum Ursprung des Friedens. Liebe ist der Erste Grund, und der Erste Grund ist der Erste Grund der Schöpfung, die das Überfließen der Göttlichen Essenz ist. Wenn wir also am Ende der Übung zur letzten Latifa kommen, werden wir in uns Energie destilliert haben von ihrem Rohzustand zu ihrer höchsten Möglichkeit, die wir »Liebe« nennen. Vom Augenblick des Urknalls an – der nicht dreiundzwanzig Milliarden Jahren zurückliegt (das ist nur eine Maßeinheit), sondern in jedem bewussten Atemzug geschieht, den ihr nehmt – von diesem bestimmten Augenblick an wird sie mit Hilfe dieser verschiedenen Zentren in der gesamten feinstofflichen Anatomie unseres Körpers destilliert und verfeinert. Das ist der Zweck. Ich könnte unendlich lange darüber sprechen, denn es geht ewig so weiter. Es ist so schön!

Die Latifas

Es gibt viele Tore, die geöffnet werden müssen, doch die sechs, um die es in dieser Übung geht, sind mit allen anderen durch die feinstofflichen Körper verbunden. In der beschriebenen Art und über längere Zeit mit ihnen bewusst umzugehen, kann zu tiefgreifenden

Cause is the First Cause of creation, which is the overflowing of the Divine Essence. So, when at the end of the practice we reach the last Latifa, we will have distilled within ourselves energy from its raw state to its highest possibility, which we call "love". From the actual moment of the big bang – which is not twenty-three billion years ago (that is only a measuring device), but in every conscious breath you take – from that actual moment it is distilled and re-fined throughout the subtle anatomy of our bodies through these different centres. That is the object of it. I could talk at an enor-mous length about it because it goes on forever. It is so beautiful!

The Latifas

Although there are obviously many gates that need to be opened, the six that we can activate in this practice are connected to all the others through the subtle bodies. Working with them in the pre-scribed manner over an extended period of time can, and does, produce profound results. It is important to remember that al-though we do focus on certain areas of the physical body, this is only to give us direction. We are actually working with the subtle centres indeed.

The *first Latifa* is in the area of the spleen in the left-hand side of the physical body, just around the lower part of the rib-cage. I call it the centre of **primordial energy**. What is the cause of light? What makes light? Fire. That is how we see light. But we must not meditate on fire! If you meditated on fire, you might end up with too much heat. It could also give you a lot of power, but that is not the object. This is the reason that I did not include this centre in my book *Breathing Alive*. If you want to call it anything, call it "light"; but really it is that which is beyond comparison.

This first gateway provides a type of energy which is vitally nec-essary for our journey. That is why it is sometimes called *vital force* (or *chi* in Chinese). If we do not have sufficient circulation of this refined energy, then we are not necessarily able to fulfil our own personal destiny. Our concentration will be relatively poor, and we can easily get diverted from our true aim. Paradoxically, without enough vital force, we do not feel that deep sense of peace that comes with everything moving together towards completion. This energy is not merely basic animal magnetic energy. It is a highly

Veränderungen führen. Halten wir uns jedoch stets vor Augen, dass wir unsere Aufmerksamkeit zwar auf bestimmte Gebiete des Körpers lenken, aber nicht etwa diese Körperteile selbst meinen, sondern uns von ihnen nur die Richtung vorgeben lassen. Unser eigentlicher Gegenstand sind die feinstofflichen Zentren.

Die *erste Latifa* liegt im Milzbereich auf der linken Seite eures physischen Körpers hinter dem unteren Teil des Brustkorbs. Ich nenne es das Zentrum der **Lebensenergie**. Was ist die Ursache des Lichts? Was erzeugt Licht? Feuer. Auf diese Art und Weise sehen wir Licht. Aber wir dürfen nicht über Feuer meditieren! Wenn man über das Feuer meditiert, könnte man zuviel Hitze auf einmal erzeugen. Es könnte euch auch sehr viel Kraft geben, aber das ist nicht der Sinn der Sache. Das ist der Grund, warum ich dieses Zentrum nicht in mein Buch *Das Atmende Leben* aufgenommen habe. Wenn ihr es überhaupt benennen wollt, nennt es »Licht«; aber in Wirklichkeit ist es das, was Jenseits des Vergleichens liegt.

Diese erste Pforte macht uns eine Art von Energie verfügbar, die unentbehrlich ist für unsere Reise. Sie wird daher manchmal *Lebenskraft* (im Chinesischen *chi*) genannt. Wenn von dieser verfeinerten Energie nicht genügend in uns zirkuliert, haben wir es schwer, unsere persönliche Bestimmung zu erfüllen. Unsere Konzentration wird zu wünschen übrig lassen, und dann werden wir immer wieder von unserem eigentlichen Ziel abgelenkt. Mangelt es an Lebenskraft, so empfinden wir paradoxerweise nicht diesen tiefen Frieden, der sich einstellt, wenn alles ineinandergreift und sich zu einer Bewegung auf das Ziel hin vereinigt. Es handelt sich bei dieser Energie nicht um gewöhnlichen animalischen Magnetismus, sondern um eine veredelte Form, die uns erst durch ausdauernde innere Arbeit verfügbar wird. Veredelt wird sie durch Atem, Klang und Visualisation. Dort beginnt unsere Übung, also findet diesen Bereich.

Die *zweite Latifa* ist der physische Bereich der Leber (das ist unterhalb des rechten Brustkorbs); sie wird **Wunsch** genannt. Wunsch ist mehr als es scheint. Wir sagen in unserer Tradition: »Dein Wunsch werde mein Verlangen.« Es gibt keine Trennung. Wenn ich also wünsche, dies zu geben, ist es Gottes Wunsch. Es ist nicht so, dass ich zuerst wünsche und Er dann verlangt oder umgekehrt. Es geschieht gleichzeitig. Was wünscht Gott für die Welt? Was wünscht ihr? Ihr geht nicht raus und wünscht euch einen

refined energy which is made available to us through inner work. It is refined through breath, sound and visualisation. That is where our practice starts, so find that area.

The *second Latifa* is in the physical area of the liver (that's under the right rib cage); it is called **wish**. Wish is much more than it sounds. We say in our tradition, "Let Thy wish become my desire." There is no separation. So when I am desiring to give this, it is God's Wish. It is not first that I desire and then He wishes, or the other way around. It is instantaneous. What does God wish for the world? What do you wish? You are not going out there to wish for a Rolls Royce; that is not what we're talking about. We are talking from the top of the highest point of the pyramid, to release and bring forth on to the planet the necessary transformation, because the planet needs it. That is wish.

Let's contemplate on the word "wish". It is truly amazing how that one word can help lead us towards our goal. Can we imagine what it was like to really wish upon a star when the world was young and fresh? We all have a primal innocence and enthusiasm with us that we knew as little children, but so often it is covered up by the pain we have suffered and the judgements we have made. Yet the memory is still there and can be brought to life once again.

What is it that we wish for? I don't mean merely wishful thinking, such as dreaming of an expensive yacht or a beautiful home. What is our true wish? Is it freedom, wonderful boundless freedom? Is it knowledge? What is it? Ultimately, our wish is an entirely personal matter. It is between us and our Creator, requiring only that we are honest.

There is also the question of what we want for our friends and family, what we would wish for the world. The very word "wish" is a gateway to higher worlds, so that impulses of a different order may enter our lives. We need to know what to wish for, and then we should not forget. It takes a lot of polishing to get the keys shiny enough to open the locks!

The *third Latifa* is in the area of the left breast. Can you find that? This is the Latifa of **hope**. I want you to listen very carefully. In the Greek mystery temples, when you enter the temple, above the outer doorway (not the second or the third, but the outer), it says, "Abandon all hope, ye who enter here." Why? Because hope has led you here; therefore, you don't need it anymore. I say this because we are distilling and refining the energy with each action,

Rolls Royce; das ist nicht das, wovon wir sprechen. Wir sprechen von einem Punkt oberhalb der Spitze der Pyramide, um die notwendige Transformation auszulösen und auf den Planeten zu bringen, denn der Planet braucht sie. Das ist Wunsch.

Vergegenwärtigen wir uns das Wort »Wunsch«. Es ist wirklich erstaunlich, wie dieses eine Wort uns auf unser Ziel ausrichten kann. Können wir uns noch erinnern, wie es sich anfühlte damals, als die Welt noch jung und neu war, als man sich beim Anblick einer Sternschnuppe wirklich etwas wünschte? Wir alle haben noch die ursprüngliche Unschuld und Begeisterungsfähigkeit unserer Kindheit in uns, doch ist sie häufig überkrustet vom Schmerz, den wir erlitten, und den Urteilen, die wir gefällt haben. Aber die Erinnerung ist noch da, und wir können ihr neues Leben geben.

Was eigentlich wünschen wir uns? Ich spreche hier nicht von Träumen, nicht von einer teuren Yacht oder einem Traumhaus. Was ist unser wirklich großer Wunsch? Freiheit, wunderbare, grenzenlose Freiheit? Oder Erkenntnis? Was ist es? Letztlich ist unser Wunsch eine ganz persönliche Sache. Er geht nur uns selbst und unseren Schöpfer an und erfordert nichts weiter als Ehrlichkeit.

Dann fragt sich auch, was wir uns für Freunde und Familie, was wir für die Welt wünschen würden. Das Wort »Wunsch« ist eine Pforte zu höheren Welten, durch die Impulse einer anderen Art in unser Leben gelangen. Wir müssen herausfinden, was wir wünschen, und dürfen es nicht wieder vergessen. Es gibt viel zu putzen, bis die Schlüssel blank genug sind, um damit die Schlösser zu öffnen!

Die *dritte Latifa* liegt im Bereich der linken Brust. Könnt ihr sie finden? Das ist die Latifa der **Hoffnung**. Ich möchte, dass ihr sehr genau zuhört. In den griechischen Mysterientempeln heißt es über dem äußeren Torbogen (nicht dem zweiten oder dritten, sondern dem äußeren): »Lasst alle Hoffnung fahren, ihr, die ihr hier eintretet.« Warum? Weil Hoffnung euch hierhergeführt hat; deswegen braucht ihr sie nicht länger. Ich sage das, weil wir die Energie destillieren und verfeinern mit jeder Handlung und jedem Atemzug, den wir nehmen, und mit jedem Klang. So sind wir vom Wunsch zur Hoffnung gelangt.

Es ist nicht leicht, in einer Welt, die so voller Leiden und Verschmutzung ist, sich auf dieses Wort einzulassen. Ich denke, dass manch einer von uns irgendwann schon einmal fast alle Hoffnung

and each breath we take, and with each sound. So we've gone from wish to hope.

It is not easy to meditate on this word in a world that is so filled with suffering and pollution. I suspect there are many of us who, at one time or another, have almost given up hope for ourselves or the world. We pass a huddled figure on a freezing winter's night in New York or London, and we wonder what sort of hope, if any, that person has. And what hope is there in religious and political fanaticism which turns country against country, brother against brother? What hope is there for the millions dying of famine?

Yet there has to be hope. If we lose all hope, then what happens to God's Hope for us? We can even forget that there is hope in the world, but it is we who have forgotten. There is hope in every heartbeat. Just as there is an inner sound of gratitude, so there is an inner sound lying within the word "hope". As we activate this centre, we pray we can remember what true hope is and, in doing so, we bring it forth into the present moment. We do sincerely hope for better things for everyone.

What is God's Hope for the world? What is God's Hope for you? That comes in the great statement from a hadith of the prophet (peace and blessings be upon him) which states, as if God were speaking, "I was a Hidden Treasure and I loved to be known, so I created the world that I might be known." Love without knowledge, which is the knowledge of oneself, is not enough. Love without knowledge is not enough because how does it become anchored? Love, the First Cause, has to be anchored through the knowledge of oneself.

From hope, we move across to the "very secret place" in the right breast, where there is the *fourth Latifa,* another reservoir, which we call **belief**. You could also call it **faith**. Out of this beautiful, beautiful practice, God willing, you will know what **trust** is without duality. It does not just mean to say, "I trust you" or, "You trust me." It means knowing trust "with a trust beyond all measure."

No matter how cynical we are or how much we try to cover up true belief, it is always there in some form or another. These key words are powerful and it is sometimes useful to sit down with a notebook and write whatever arises when we meditate on them. What do we believe in? What would happen if we re-awakened a

für uns und die Welt verloren hat. Wir kommen in einer eiskalten Winternacht in London oder New York an einer zusammengekauerten Gestalt vorbei und fragen uns, welche Hoffnung solch ein Mensch wohl noch haben kann. Und welche Hoffnung besteht angesichts von religiösem und politischem Fanatismus, der Land gegen Land, Bruder gegen Bruder aufhetzt? Welche Hoffnung gibt es für die Millionen, die verhungern?

Und doch bedarf es der Hoffnung. Wenn wir alle Hoffnung verlieren, was wird dann aus Gottes Hoffnung für uns? Wir mögen sogar vergessen, dass Hoffnung in der Welt existiert, aber wir sind es, die sie vergessen haben. Hoffnung ist in jedem Herzschlag. So wie es einen inneren Klang der Dankbarkeit gibt, so hat auch das Wort »Hoffnung« seinen inneren Klang. Indem wir dieses Zentrum erwecken, beten wir darum, dass wir uns erinnern mögen, was echte Hoffnung ist, und holen sie damit in diesen gegenwärtigen Augenblick zurück. Wir hoffen aufrichtig, es mögen sich die Dinge für jedermann zum Besseren wenden.

Was ist Gottes Hoffnung für die Welt? Was ist Gottes Hoffnung für euch? Das beschreibt der großartige Ausspruch in einem Hadith des Propheten (Friede und Segen seien mit ihm!), der sagt, als ob Gott spräche:»Ich war ein Verborgener Schatz und sehnte Mich danach, erkannt zu werden; so erschuf Ich die Welt, damit Ich erkannt werde.« Liebe ohne Wissen, nämlich das Wissen über sich selbst, ist nicht genug. Liebe ohne Wissen ist nicht genug, denn wie wird sie verankert? Liebe, der Erste Grund, muss durch Selbsterkenntnis verankert werden.

Von der Hoffnung bewegen wir uns quer über die Brust zu dem »geheimsten Ort«, wo sich die *vierte Latifa* befindet, ein weiteres Reservoir, das wir **Glauben** nennen. Ihr könnt es auch **Gottvertrauen** nennen. Dank dieser wunderschönen Übung werdet ihr, so Gott will, ohne Dualität wissen, was Vertrauen ist. Das bedeutet nicht, einfach zu sagen, dass ich dir vertraue oder du mir. Es heißt, das Vertrauen zu kennen »mit einem Vertrauen über alle Maßen.«

Wir mögen noch so zynisch sein und jeden Glauben leugnen, er ist doch immer da in dieser oder jener Form. Diese Schlüsselwörter sind von enormer Kraft, und es ist manchmal ratsam, ein Notizbuch bereitliegen zu haben, um alles aufzuschreiben, was in uns aufsteigt, wenn wir uns in sie versenken. Woran glauben wir? Was würde geschehen, wenn ein lebendiger Glaube in uns wiedererwachte, der

living belief that has remained dormant for so long? Is it possible, through true belief, to come to such a state of conviction that we could leave this world with a credo that goes far beyond merely the concepts of the relative world, so that our children and our children's children may come to understand? It is a great challenge, but a wonderful one!

Without inner belief there can be no conviction in our own essential reality as part of the whole. We fall into disappointment. Belief is not a complicated matter; it is believing in the ultimate goodness of all life. When we have conviction in this, knowing ourselves to be custodians of the planet, we will take the necessary steps to put ourselves in the stream of service. Love is pure energy, and love is not to be wasted.

By the time you have belief and faith intertwined in love, here in presence and knowledge, then you have sufficient of the refined strength which you need. And we need to do it everyday. We are all human; nobody is perfect. We need to be able to say, "I surrender, I obey" to, you might say, the higher worlds, but not to any half-measures. There are no intermediaries in our tradition. Even Mary turned straight to her Lord, Jesus turned straight, all the prophets from Abraham onwards have all turned straight. No intermediaries! *No* intermediaries! We don't turn around and surrender to and obey concepts or archetypes of our own creation, or to our forebears or our ancestors. No way – go straight!

The *fifth Latifa* is situated at the level of the throat centre. Here we say, "I **surrender**, I obey." The throat centre can be seen as having numerous "jobs to do". All our food and water is taken into the mouth and then passes down through the physical throat, as does the air we breathe. Our voice also comes from the throat. "In the beginning was the Word." It is said that the first word was *kun*, "Be!", and then all became. The Divine Command from the Heart of God was carried on the first manifested sound in the universe, the sound of the *Hu*. It is here, in this area, that we meditate on the idea of *pure surrender* or *abandonment*. As we bring the vital force through our hands to activate the throat centre, we open this gate so that the higher worlds can work through us. There is a prayer that came from the early Christian Fathers which I personally find very helpful to repeat at this time:

lange Zeit im Schlaf lag? Wäre es möglich, durch echten Glauben zu so tiefer Überzeugung zu gelangen, dass wir diese Welt mit einem Credo verlassen könnten, welches alle bloßen Begriffe der Welt hinter sich gelassen hat und auch unseren Kindern und Kindeskindern wahres Begreifen ermöglicht? Das ist eine große Herausforderung, aber auch voll wunderbarer Möglichkeiten.

Ohne inneren Glauben kann es keine Überzeugung unserer eigenen essenziellen Wirklichkeit als Teil des Ganzen geben. Wir verfallen in Enttäuschung. Glaube ist keine komplizierte Angelegenheit; er bedeutet, an die letztendliche Güte allen Lebens zu glauben. Wenn wir davon überzeugt sind und wissen, dass wir Hüter des Planeten sind, werden wir die notwendigen Schritte tun, um uns in den Fluss des Dienens zu stellen. Liebe ist reine Energie, und Liebe darf nicht verschwendet werden.

Wenn ihr Glauben und Vertrauen mit Liebe verknüpft habt, hier in der Gegenwart und im Wissen, habt ihr genügend von der verfeinerten Energie, die ihr braucht. Und wir müssen es jeden Tag tun. Wir sind alle menschlich; niemand ist vollkommen. Wir müssen in der Lage sein zu sagen: »Ich ergebe mich, ich gehorche« den, man könnte sagen, höheren Welten, aber keinen Halbheiten. In unserer Tradition gibt es keine Vermittler. Selbst Maria wendete sich auf geradem Weg ihrem Herrn zu, Jesus ging den geraden Weg, alle Propheten von Abraham an gingen den geraden Weg. Keine Fürsprecher! Keine Vermittler! Wir drehen uns nicht um und ergeben uns und gehorchen Konzepten oder Archetypen unserer eigenen Erfindung oder unseren Vorgängern oder Vorfahren. Auf keinen Fall – geht den geraden Weg!

Die *fünfte Latifa* liegt auf der Höhe des Kehlkopfzentrums. Hier sagen wir: »Ich gebe mich hin, ich gehorche.« Dieses Zentrum hat zahlreiche »Aufgaben«. Alles, was wir essen und trinken, geht durch die Kehle, und das gilt ebenso für die Atemluft. Auch unsere Stimme hat ihren Sitz in der Kehle. »Im Anfang war das Wort.« Das erste Wort, so heißt es, war *kun*, »Sei!«, und dann wurde alles. Das Göttliche Gebot aus dem Herzen Gottes wurde vom ersten manifesten Laut im Universum getragen, dem Laut *Hu*. Das Schlüsselwort dieses Zentrums ist **Hingabe** oder **Ergebung**. Indem wir die Lebenskraft durch unsere Hände ins Kehlzentrum gelangen lassen, öffnen wir diese Pforten, damit die höheren Welten durch uns wirken können. Es gibt ein Gebet aus der Zeit der frühen Kirchenväter, das, wie ich glaube, an dieser Stelle sehr hilfreich ist:

The Prayer of Abandonment

Father, into Thy Hands I abandon myself.

Do with me whatever You will,
and whatever You do,

I will thank You
and remain always grateful.

Let only Thy Will be done in me
as in all Your Creatures.

Into Thy Hands I commit my spirit.

I give it to You
with all the love in my heart,

For I love You, Lord,

And so long to give myself
with a trust beyond all measure.

"God needs man" – and now we are prepared to surrender ourselves for His Work on earth. Let heaven come on earth, and may the earth turn into heaven! Perhaps here we can begin to hear the message that is carried to us, giving us the knowledge that is necessary to anchor love, the knowledge of ourselves.

If we have managed, God willing, to distil the energy sufficiently, by that time we have that refined strength which is no more raw strength. It is not like the going-out-and-hitting-the-baseball type of strength. It is a very refined, pure strength – "pure and adaptable like water", which is the meaning of the word *suf* in Arabic. If we say these words in love and mean what we say, totally accepting authority, "I surrender, I obey," it is the most joyous thing we could imagine. It really is.

Finally we come to the *sixth Latifa,* the centre of the chest, and say, "I **love**." Now what does this mean? The "I" that is saying "love" *is* love. It is the overflowing of the Divine Essence. As Gurdjieff said, "Life is real only when I *am*." It is not "I love", as

Gebet der Hingabe

Vater, in Deine Hände ergebe ich mich.

Mache mit mir, was immer Du willst,
und was immer Du tust,

Ich werde Dir danken
und Dir immer dankbar bleiben.

Lass nichts als Deinen Willen in mir geschehen
wie in all Deinen Geschöpfen.

In Deine Hände gebe ich meinen Geist.

Ich gebe ihn Dir
mit all der Liebe meines Herzens.

Denn ich liebe Dich, Herr,

Und sehne mich danach, mich zu geben,
mit einem Vertrauen über alle Maßen.

»Gott braucht den Menschen« – und nun sind wir bereit, uns hinzugeben für Sein Werk auf der Erde. Möge der Himmel auf die Erde kommen und die Erde sich in den Himmel verwandeln! Vielleicht hören wir hier zum ersten Mal die Botschaft, die uns das Wissen vermittelt, worin Liebe verankert sein muss – in der Erkenntnis unserer selbst.

Wenn wir es, mit Gottes Willen, geschafft haben, die Energie genügend zu destillieren, haben wir zu diesem Zeitpunkt die verfeinerte Energie, die nicht mehr rohe Energie ist. Es ist nicht die Art Stärke, die man zum Baseballschlagen braucht. Es ist eine sehr verfeinerte, reine Kraft – »rein und anpassungsfähig wie Wasser«, was die Bedeutung des Wortes *suf* im Arabischen ist. Wenn wir diese Worte in Liebe sagen und meinen, was wir sagen, und Autorität dabei völlig akzeptieren – »ich gebe mich hin, ich gehorche« –, dann ist es das Fröhlichste, was wir tun können. Wirklich. Schließlich kommen wir zur *sechsten Latifa*, dem Zentrum in der Brustmitte, und sagen: »Ich **liebe**.« Was soll das wohl heißen?

though there are two things. It is one thing. I am the expression of God's Love. I am the manifested Consciousness of God. I am a witness to the unity. I am a witness to the Unity of God.

Between each of these Latifas there are what we might call "canals". They are already open. You are not opening them as though with a knife. It is just that they have never been used. You are opening up possibilities through them. It is like in my first book when I talked about water flowing down a dried up river bed.

You will be moving your hand, first of all, from the area of the spleen on the left side across to the area of the liver on the right side (that is slightly up from the first one), then across up to the left breast and then across the chest to the right breast, which is very often forgotten. From there, you open up the channel to the Latifa in the area of the throat. And then you move down to the centre of the chest, which is the last Latifa we use in this stage of the practice.

During the practice, you must never lose your attention because what you are doing is carrying the energy and refining it, from one centre to the other, by putting attention, which is also like sensing, into the hands. What are you doing? The hands are the extension of the heart centre, and there are five levels of magnetism in the heart centre. You are actually increasing the flow. If you were to put your finger in a little puddle of water and draw it along the floor, you would draw the water with it, wouldn't you? It's the same principle. Each time we are refining the energy. As in alchemy, or any kind of distillation, you only need a little of something to activate the next.

As we do the practice, we will be sounding three times the *Hu* in each of the Latifas, except for the last one, where we sound seven. Always during the last *Hu,* we move our hands to the next Latifa. May I try and transmit from essence what the meaning of *Hu* is? The sound of it cannot be expressed in words. That is the first thing, but a few keys can be given. You won't read this in books. At least if you do, by the time you have understood, it is too distant. If we *are* in love together, now, there is no separation and no distance. And if you don't understand it now, my prayer for you is that one day when the time is right you will. People in the Sufi tradition say, *"La illaha il' Allah – Hu."* Hu is the first manifested sound in the universe. Don't relate it to *Om* or *Aum;* it is a different system, completely different.

Das »Ich«, das »Liebe« sagt, *ist* die Liebe. Es ist das Überfließen der Göttlichen Essenz. Wie Gurdjieff sagte: »Das Leben ist nur wirklich wenn ich *bin*.« Es ist nicht »Ich liebe«, als ob es zwei Dinge wären. Es ist ein und dasselbe. Ich bin der Ausdruck von Gottes Liebe. Ich bin das manifestierte Bewusstsein Gottes. Ich bin ein Zeuge der Einheit. Ich bin Zeuge für die Einheit Gottes.

Zwischen jeder dieser Latifas gibt es etwas, was wir »Kanäle« nennen könnten. Sie sind bereits offen. Ihr öffnet sie nicht wie mit einem Messer. Sie sind einfach nicht benutzt worden. Durch sie eröffnet ihr Möglichkeiten. Es ist wie in meinem ersten Buch, wo ich über das Wasser spreche, das in ein ausgetrocknetes Flussbett strömt.

Ihr werdet eure Hand zuerst einmal von dem Milzbereich auf der linken Seite nach rechts hinüber führen zum Leberbereich (der leicht über dem ersten Bereich liegt), dann hinauf zur linken Brust und dann wiederum hinüber zur rechten Brust, die sehr oft vergessen wird. Von dort aus öffnet ihr den Kanal für die Latifa im Kehlkopfbereich. Und dann geht ihr hinunter zum Zentrum in der Brustmitte, was in diesem Stadium der Übung die letzte Latifa ist.

Während der Übung dürft ihr die Aufmerksamkeit nie verlieren, denn ihr transportiert Energie und verfeinert sie auf dem Weg von einem Zentrum zum nächsten, dadurch dass ihr Aufmerksamkeit, was in etwa dem Spüren gleicht, in die Hände gebt. Was tut ihr? Die Hände sind die Fortsetzung des Herzzentrums, und dort gibt es fünf Ebenen des Magnetismus. Im Grunde verstärkt ihr den Fluss. Wenn ihr die Finger in ein klein bisschen Wasser stecktet und eine Linie auf dem Boden zöget, würdet ihr das Wasser mitziehen, nicht wahr? Es ist das gleiche Prinzip. Jedes Mal verfeinern wir die Energie. Wie in der Alchimie oder bei jeder Art von Destillation braucht ihr nur ein wenig von etwas, um das Nächste zu aktivieren.

Während wir die Übung durchführen, werden wir in jeder Latifa dreimal das *Hu* ertönen lassen, außer in der letzten, wo wir es siebenmal erklingen lassen. Jeweils beim letzten *Hu* bewegen wir unsere Hände weiter zur nächsten Latifa. Darf ich aus der Essenz zu vermitteln versuchen, was das *Hu* bedeutet? Sein Klang lässt sich nicht in Worten ausdrücken. Das ist das Erste, doch einige Schlüssel können gegeben werden. Das werdet ihr nicht in

The sound *Hu* is also a sacred, sacred, sacred sound and should never be underestimated. You hear it in the wind in the trees, you hear it in the electrical system – you hear it everywhere. It carries all the unmanifested worlds with it, everything. It carries all the Holy Names of God. It carries all the world of possibility. It carries everything from the invisible angelic kingdoms, absolutely everything, into our world. And you can hear it everywhere. You cannot say what it means in language because language will, in a sense, always produce something opposite. But let us just say it is *Hu* that allows people to say "Allah", and not the other way around.

Three is the first number that can manifest anything, and therefore we sound the *Hu* three times into each of the Latifas, except for the last, where we sound seven. Seven is the esoteric number of the Virgin Mary. It also means the matrix, blueprint, the law of octaves and many other things.

Method

Before you proceed with this practice, make a promise in essence that you will do this work without any expectation, and with no greed or ambition. This cannot be stressed strongly enough. No results will come from wrong attitude. It is only necessary to do the practice in love and for love. Attitude is very important, and throughout this practice the correct attitude is one of gratitude. There is a certain inner sound that comes with this word. It is almost a sense of reverence and awe that we can even be allowed to be here and to be given some of the keys to unlock the gates.

First of all, you settle yourself carefully with your back straight in a chair, or you sit on the floor, prepared to participate in a sacred practice given to us by God, to participate as consciously as possible in something that I was given, and which has been handed down through initiatic schools for thousands of years. Praise God in some way; read a poem, look at a beautiful flower and say, "Thank God", say thank you somehow. Listen to some music, do some breathing. You can say a prayer from whatever tradition, but praise God first. Wouldn't *you* want to be acknowledged? Remember the "Triple-R Ranch"; the first R is recognition, the second R is redemption, and the third R is resurrection. You want to be recognized, don't you? Isn't that what you are all crying out for? Yes. What is a child? We want to be recognized in essence. As

Büchern lesen. Und wenn, dann wird es, bis ihr endlich verstanden habt, bereits zu weit entfernt sein. Wenn wir jetzt in Liebe zusammen *sind,* gibt es keine Trennung oder Distanz. Und wenn ihr das jetzt nicht versteht, bete ich darum, dass ihr es eines Tages verstehen werdet, wenn die Zeit dafür gekommen ist. Die Leute aus der Sufi-Tradition sagen: »*La illaha il' Allah – Hu.*« *Hu* ist der erste manifestierte Klang im Universum. Bringt ihn nicht in Beziehung zu *Om* oder *Aum;* es ist ein anderes, ein ganz anderes System.

Der Ton *Hu* ist auch ein heiliger, heiliger, heiliger Klang und sollte niemals unterschätzt werden. Ihr hört ihn im Wind in den Bäumen, in den elektrischen Anlagen – ihr hört ihn überall. Er trägt alle unmanifestierten Welten in sich, alles. Er trägt alle Heiligen Namen Gottes. Er trägt die ganze Welt der Möglichkeit. Er trägt alles aus den unsichtbaren Engelreichen, absolut alles, in unsere Welt hinein. Und Ihr könnt ihn überall hören. Man kann nicht in Sprache ausdrücken, was er bedeutet, denn Sprache erzeugt in gewissem Sinne immer auch einen Gegensatz. Lasst uns einfach sagen, dass das *Hu* es den Menschen ermöglicht, »Allah« zu sagen, und nicht umgekehrt.

Drei ist die erste Zahl, die überhaupt etwas manifestieren kann, und deswegen lassen wir das *Hu* dreimal in jede Latifa hineinklingen, außer bei der letzten, wo wir es siebenmal tun. Sieben ist die esoterische Zahl für die Jungfrau Maria. Sie bedeutet auch die Matrix, Blaupause, das Gesetz der Oktave und viele andere Dinge.

Übungsanleitung

Bevor ihr euch nun dieser Übung widmet, solltet ihr aus der Essenz geloben, dass ihr sie ohne Erwartung tun werdet, ohne Gier und Ehrgeiz. Das kann gar nicht genug betont werden. Eine falsche Einstellung – und all unser Tun führt zu nichts. Es kommt einzig und allein darauf an, in Liebe und für die Liebe zu üben. Die innere Haltung ist entscheidend, und die einzig richtige Haltung für diese Übung ist Dankbarkeit. Es gibt einen bestimmten inneren Klang, der sich mit diesem Wort einstellt. Es ist beinah ein Gefühl von ehrfurchtsvollem Staunen darüber, dass wir hier sein dürfen und auch noch Schlüssel für die Pforten erhalten.

Zunächst einmal nehmt ihr sorgfältig, vollkommen aufrecht auf einem Stuhl oder auf dem Boden Platz. Seid darauf vorbereitet, an

we are doing this practice, we praise our Creator, Who wants to be recognized for creating us. Right? We are on the "no-blame train". Starting off with praise makes all the difference to just sitting there and doing the practice in order to benefit ourselves. We are participating in a cosmic event, because this is the subtle anatomy of the Body of God. If you know the Present Moment Practice [see *The Inner Work I*, page 350], start with that. Remember there is no God but God, and we need to be really *here* for this practice.

Begin the practice by establishing the rhythm of the Mother's Breath. The rhythm is important. Breathe in to the count of seven, pause for one count, breathe out to the count of seven, pause for one count. The length of the breath and the speed of the rhythm are very personal and should be what feels comfortable for each individual. Watch the breath moving in and out and contemplate on the miracle of breathing. Just as life itself pervades every part of the universe, be aware of the breath interpenetrating every fibre of your being. You can stand up and walk in the open air, still remaining aware of the breathing. The practice can even be done standing up with your back pressed against the trunk of a favourite tree, but it is obviously essential not to let the mind wander. You will need all the energy of concentration you have. The eyes can be open or closed throughout the practice. On the in-breath, breathe into the solar plexus. At the same time, through visualisation, you can consciously breathe in the energy from the earth and from all around you. Then, on the out-breath, imagine that you are breathing out from the centre of the chest, down through your arms and out through your hands. It is a beautiful sensation when this is done correctly, and of course the implications, even in human relationships, are very great indeed.

Remain as conscious as you can throughout this practice. You can take a long time with it, if you want. You can dwell on one of the Latifas for quite a while and contemplate, for example, on the beauty of hope, or the beauty of wish, but we only sound the *Hu* three times into each Latifa. That is important.

When you are ready, place your hands over the area of the spleen, around the left side of the rib cage, at about the height of the last three to four ribs. If you are right-handed, place your right hand onto the body first (with the palm facing your body), which is then covered by the left hand. If you are left-handed, it would be the

einer heiligen Übung teilzunehmen, die uns von Gott geschenkt wurde, so bewusst wie möglich teilzunehmen an etwas, was mir gegeben wurde und was in initiatischen Schulen seit Tausenden von Jahren weitergegeben wird. Preist Gott auf irgendeine Art und Weise: Lest ein Gedicht, betrachtet eine Blume und sagt: »Gott sei Dank«, sagt auf jeden Fall Danke. Hört Musik, macht einige Atemübungen. Ihr könnt ein Gebet sprechen, aus welcher Tradition auch immer, aber lobpreist zuerst Gott. Möchtet *ihr* denn nicht erkannt werden? Erinnert euch an die »Drei-R-Farm«: Das erste R steht für Erkennen (*recognition*), das zweite für Erlösung (*redemption*) und das dritte für Auferstehung (*resurrection*). Ihr wollt doch erkannt werden, nicht wahr? Ist es nicht das, wonach ihr alle ruft? Ja. Was ist ein Kind? Wir wollen in unserer Essenz erkannt werden. Während wir diese Übung machen, loben wir unseren Schöpfer, Der dafür anerkannt werden will, dass Er uns erschaffen hat. Richtig? Wir sitzen im »Kein-Vorwurfszug«. Mit einem Lobpreis zu beginnen, macht den ganzen Unterschied. Sitzt nicht bloß da und macht die Übung, damit ihr selbst etwas davon habt. Wir nehmen an einem kosmischen Schauspiel teil, denn dies ist die subtile Anatomie des Körpers Gottes. Wenn ihr die Gegenwärtigkeitsübung [siehe *Die innere Arbeit I,* Seite 351] kennt, beginnt damit. Denkt daran, dass es keinen Gott gibt außer Gott, und dass wir wirklich *hier* sein müssen für diese Übung.

Nehmt euch Zeit, euch auf den Rhythmus des Mutteratems einzustellen. Der Rhythmus ist wichtig. Atmet sieben Zähltakte ein, pausiert für einen Takt, atmen sieben Takte lang aus und pausiert wieder einen Takt. Die Länge jedes Atemzugs und das Tempo des Rhythmus hängen vom persönlichen Empfinden des Einzelnen ab. Der Atem soll möglichst natürlich schwingen. Verfolgt den Atem in seinen Gezeiten und werdet euch dieses Wunders bewusst. Wie das Leben in allen Teilen des Universums pulsiert, so durchströmt der Atem alle Fasern eures Seins. In diesem Gewahrsein des Atems könnt ihr aufstehen und spazieren gehen. Ihr könnt auch an euren Lieblingsbaum gelehnt stehen und üben, doch es kommt darauf an, dass euer Bewusstsein nicht abschweift. Ihr werdet alle Konzentrationskraft brauchen, die ihr habt. Eure Augen können während der Übung offen oder geschlossen sein. Atmet beim Einatmen in euren Solarplexus hinein. Stellt euch zugleich vor, dass ihr die Energie der Erde und eurer Umgebung einatmet. Atmet nun von der Mitte der Brust her durch eure Arme hinab und durch die Hände aus. Wenn

other way around. Breathe into the solar plexus as in the Mother's Breath and then breathe out, through your hands, into the area of the spleen. Visualise pure light-energy flowing through your hands and being received by that centre. Try and be conscious of every movement and choice. If you didn't make a conscious choice picking your hands up, put them down again and start anew. We can forget very easily. Decide that you are going to do it, and then do it. Having got there, gratefully, let us contemplate on and recognize the **primordial energy** of the creative principle. Don't have visions of power, of fire or something. When you are ready, and you are present, and you feel the Presence of God in the moment, in the room, sound the *Hu* three times into the area of the spleen. On the third one, as you are sounding the *Hu,* bring your hand across to the second major Latifa of wish, as it were opening up this canal, bringing the energy across and putting it into that reservoir. Don't lose attention with the breath and the *Hu* as you move your hands across.

Hu, Hu, Hu

So, when you go from the first Latifa to the second one, you are taking the primordial energy, the raw, unadulterated energy of creation itself (and you only need a tiny bit of it), across to activate the reservoir of the second major Latifa which is called **wish**. Now you can just rest and breathe consciously. You don't have to rush this. Contemplate on wish. You could say, "Let Thy Wish become my desire." What does "wish" mean – not wishful thinking, not expectation, but God's Wish for us? And you have, as it were, taken the lid off this endless reservoir of God's Wish for us, and you have brought this energy from the first area to activate it. It is like making yogurt. You need that which activates the yogurt, and then you take a little bit of that yogurt to activate more milk and make more yogurt. Inside yourself say, "I wish" or just "Wish" and sound the *Hu* three times. On the third *Hu,* you will move your hands to the left breast area.

Hu, Hu, Hu

Consciously bring the energy to the left breast, the Latifa of **hope**. Open up the canal and bring this more refined energy to this cen-

das in der richtigen Weise geschieht, ist es eine herrliche Empfindung, und die Auswirkungen, sogar in menschlichen Beziehungen, sind tatsächlich sehr weitreichend.

Bleibt durch die ganze Übung hindurch so bewusst wie möglich. Ihr könnt euch damit viel Zeit lassen, wenn ihr wollt. Ihr könnt bei einer der Latifas ziemlich lange verweilen und beispielsweise über die Schönheit von Hoffnung kontemplieren oder die Schönheit des Wünschens, aber wir lassen das *Hu* nur dreimal in jede Latifa hinein ertönen. Das ist wichtig.

Wenn ihr bereit seid, legt eure Hände auf die Milz, also auf die linke Außenseite des Brustkorbs, etwa in der Höhe der letzten drei bis vier Rippen. Wenn ihr Rechtshänder seid, zuerst die rechte Hand (mit der offenen Handfläche dem Körper zugewandt) und darüber die linke. Linkshänder bedecken die linke Hand und mit der rechten. Atmet nach der Methode des Mutteratems in den Solarplexus ein und anschließend durch die Hände in die Milz aus. Visualisiert reine Lichtenergie, die durch eure Hände strömt und von diesem Zentrum aufgenommen wird. Versucht, euch jeder Bewegung und jeder Entscheidung bewusst zu sein. Wenn ihr nicht die bewusste Entscheidung getroffen habt, die Hände aufzunehmen, legt sie wieder zurück und fangt von vorne an. Wir können so leicht vergessen. Entscheidet euch, es zu tun, dann tut es. Nachdem wir, dankbar, soweit gekommen sind, lasst uns eine Kontemplation anstellen über die **Lebensenergie** des schöpferischen Prinzips und sie erkennen. Macht euch keine Vorstellungen von Kraft, Feuer oder Ähnlichem. Wenn ihr bereit seid und präsent und die Gegenwart Gottes im Moment, im Raum spürt, lasst ihr das *Hu* dreimal in den Milzbereich hinein erklingen. Beim dritten *Hu*, während ihr es erklingen lasst, führt ihr eure Hände auf die rechte Körperseite zu der zweiten großen Latifa, dem Wunsch, und öffnet gewissermaßen den Kanal, indem ihr die Energie hinüberbringt und sie in jenes Reservoir hineingebt. Bleibt beim Atem und beim *Hu*, währen ihr die Hände hinüberführt.

Hu, Hu, Hu

Wenn ihr also von der ersten Latifa zur zweiten geht, nehmt ihr die ursprüngliche Energie, die rohe, unverfälschte Energie der Schöpfung selbst (und ihr braucht nur ein ganz kleines Bisschen

tre. Listen to the sound of your own heart. Contemplate on the meaning of hope. Put all of your attention on hope, God's Hope for us, for the world, our prayer, our hope for the world, for our children and children's children, the unmanifested Aspect of God, the world coming in, the unmanifested aspect, hope. The whole world is in these reservoirs, worlds and worlds, layers and layers. And now that we have brought the energy to this reservoir, we sound the *Hu* again three times.

Hu, Hu, Hu

Bring the energy across the chest, through that canal, to the "very secret place" in the right breast area. This is the Latifa of **belief**, of **faith**. "I believe," not in duality. It brings gnosis, this one. Some traditions meditate entirely on that centre. I remember Sri Ramana Maharshi, the great Indian saint and mystic. His devotees were very conscious that they remember this place, the very secret place. Now we should have a good balance between both the breasts and all the areas of the subtle anatomy of the Body of God. There is only He, beyond all concept of "you" and "me", "he" and "she" – beyond the beyond. Again the three times the *Hu.*

Hu, Hu, Hu

Consciously bring your hands up to the throat centre. Remember the First Cause, which is love. When we say, "I **surrender**, I obey," we are surrendering to and obeying the higher laws. There is only One Will. We know that what is wanted of us is harmony, is beauty and joy – not misery! – ease and, as we say in our tradition, "victory", that is the victory over the inner turmoil, so that all that remains is God, the Beauty of God. There is only One God. So surrender, and we really mean it in our hearts and our inner being. We say it inside as we sound the *Hu,* "I surrender, I obey." It is so beautiful and so joyful. We know it is safe; we know it is all right. And we sound the three *Hu* again.

Hu, Hu, Hu

Consciously we move our hands straight down the middle of our body, coming to the centre of the chest, opening up that channel

davon) hinüber, um das Reservoir der zweiten großen Latifa zu aktivieren, die **Wunsch** genannt wird. Nun könnt ihr euch einfach
ausruhen und bewusst atmen. Ihr braucht nicht hetzen. Betrachtet
den Wunsch. Ihr könntet sagen: »Dein Wunsch werde mein Verlangen.« Was heißt »Wunsch« – nicht Wunschdenken, keine
Erwartung, sondern Gottes Wunsch für uns? Und ihr habt sozusagen den Deckel von diesem unendlichen Vorrat von Gottes
Wunsch für uns gelüftet, und ihr habt diese Energie von dem
ersten Bereich mitgebracht, um sie zu aktivieren. Es ist wie beim
Yoghurtmachen. Ihr braucht das, was den Yoghurt aktiviert, und
dann nehmt ihr ein bisschen von diesem Yoghurt, um mehr Milch
zu aktivieren und mehr Yoghurt zu machen. Innerlich sagt ihr:
»Ich wünsche« oder einfach »Wunsch« und lasst das *Hu* dreimal
ertönen. Beim dritten *Hu* werdet ihr eure Hände zur linken Brustseite bewegen.

Hu, Hu, Hu

Bringt die Energie bewusst zur linken Brust, der Latifa der **Hoffnung**. Öffnet den Kanal und bringt diese reinere Energie zu diesem
Zentrum. Hört auf den Klang eures Herzens. Kontempliert über die
Bedeutung von Hoffnung. Richtet eure ganze Aufmerksamkeit auf
die Hoffnung, Gottes Hoffung für uns, für die Welt, unser Gebet,
unsere Hoffnung für die Welt, für unsere Kinder und Kindeskinder,
den unmanifestierten Aspekt Gottes, die kommende Welt, den unmanifestierten Aspekt, die Hoffnung. Die ganze Welt liegt in diesen
Reservoirs, Welten um Welten, Schichten über Schichten. Und
nun, wo wir die Energie zu diesem Reservoir gebracht haben, lassen
wir das *Hu* wieder dreimal erklingen.

Hu, Hu, Hu

Bringt die Energie quer über die Brust, durch den Kanal zu dem
»sehr geheimen Ort« auf der rechten Brustseite. Dort ist die Latifa
des **Glaubens**. »Ich glaube,« aber nicht in Dualität. Sie bringt
Gnosis, diese Latifa. Einige Tradition meditieren ausschließlich
über dieses Zentrum. Ich erinnere mich an Sri Ramana Maharshi,
den großen indischen Heiligen und Mystiker. Seine Anhänger ach-
teten sehr darauf, dass sie sich an diese Stelle erinnerten, an diesen
sehr geheimen Ort. Jetzt sollten wir ein gutes Gleichgewicht haben

of refined energy. We can imagine a perfect red rose opening to the light under our hands. The contemplation is on the word **love**. We contemplate on God's Love for us so that, in knowing we are loved, we can go out into the world, acting as messengers of His Love. "Love the Lord thy God, and love thy neighbour as thyself." The cycle is complete. There is no separation. Here, we will sound the *Hu* seven times. Inside, we are saying, "Love. I love." Life is real now because "I am" is the expression of God's Love. This "I" brings forth and unfolds the Love of God. There is separation no longer.

Hu, Hu, Hu, Hu, Hu, Hu, Hu

On the last *Hu,* in absolute consciousness and attention, without forcing effort but with "right effort" (as Buddha would say), put all your attention into the third eye centre between the eyebrows, and then bring your forehead on to the floor in humility. Not only does it ground all the energy, but it is said that if you are conscious, in love, gentle and in beauty at that moment, every atom in the universe is there as your head touches the floor on this last sound. You can visualize this step if it is not possible for you to kneel on the ground. We are in complete oneness and unity with the earth, with the planet, with God, with each other, and yet absolutely unique – the unique within the unity, within the One. And that completes the practice. It starts with gratefulness and it ends in gratefulness.

There is one more task. Come into a sitting position once again, being absolutely still and grateful that you have been allowed to participate in this beautiful event, this beautiful practice. When you open your eyes, remember these words: "These are the eyes through which God sees." Look *through* your eyes and not *from* them. "These are the ears through which God hears." We have become the witnesses to the unity. Always open your eyes consciously and look through them, because these are the eyes through which God sees. There are no other. And then you can see in a different light.

Remembering

I am going to complete with an excerpt of a letter that was recently sent to me:

zwischen beiden Brustseiten und all den Bereichen der subtilen Anatomie des Körpers Gottes. Da ist nur Er, jenseits jeder Vorstellung von »du« und »ich«, »er« und »sie« – jenseits des Jenseits. Wieder dreimal das *Hu*.

Hu, Hu, Hu

Bewusst führt ihr eure Hände hinauf zum Kehlkopfzentrum. Erinnert euch an den Ersten Grund, der Liebe ist. Wenn wir sagen: »Ich **ergebe** mich, ich gehorche«, ergeben wir uns und gehorchen wir den höheren Gesetzen. Es gibt nur Einen Willen. Wir wissen, dass das, was von uns gewollt wird, Harmonie ist, Schönheit und Freude – kein Elend! –, Leichtigkeit und wie wir in unserer Tradition sagen: »Sieg«, der Sieg über den inneren Aufruhr, so dass alles, was übrig bleibt, Gott ist, Gottes Schönheit. Es gibt nur Einen Gott. So ergeben wir uns, und wir meinen das von ganzem Herzen und ganzem Wesen. Wir sagen innerlich, während wir das *Hu* erklingen lassen: »Ich ergebe mich, ich gehorche.« Es ist so schön und fröhlich. Wir wissen, dass es sicher ist; wir wissen, dass es in Ordnung ist. Und wir lassen wieder die drei *Hu* erklingen.

Hu, Hu, Hu

Bewusst führen wir unsere Hände die Körpermitte hinab und gelangen zum Zentrum in der Brustmitte, indem wir diesen Kanal der verfeinerten Energie öffnen. Wir können uns eine vollkommene rote Rose vorstellen, deren Kelch sich zu dem Licht unter unseren Händen öffnet. Wir versenken uns in das Wort **Liebe**. Wir vergegenwärtigen uns Gottes Liebe für uns, damit wir in diesem Wissen, geliebt zu sein, in die Welt hinausgehen und als Botschafter Seiner Liebe dienen können. »Liebe den Herrn, deinen Gott, und liebe deinen Nächsten wie dich selbst.« Der Kreis schließt sich. Es gibt keine Trennung. Hier lassen wir das *Hu* siebenmal erklingen. Innerlich sagen wir: »Liebe. Ich liebe.« Das Leben ist jetzt wirklich, weil »ich bin« der Ausdruck von Gottes Liebe ist. Dieses »ich« bringt die Liebe Gottes hervor und entfaltet sie. Es gibt keine Trennung mehr.

Hu, Hu, Hu, Hu, Hu, Hu, Hu

So it behoves a man to eschew these pleasures and delights which are the Ray and Reflection of God. He must not become content with this much, even though this much is of God's Grace and the radiance of His Beauty, yet it is not eternal. With reference to God, it is eternal; with reference to man, it is not eternal. It is like the rays of the sun which shine into houses. For all that, they are the rays of the sun and are light, yet they are attached to the sun. When the sun sinks, the light no more remains. Hence, it behoves us to become the sun, so that the fear of separation may no more remain.

You are eternally what you really are. And when you die – preferably before you die – what you take with you is the knowledge of the Unity of God. Anything else is too little. From this practice, I pray that you will come to know the Light behind the sun, which gives light to the sun of our own universe.

This is a piece of homework from a pupil in Europe which came very much out of his work with breathing and the Latifa Practice:

Every human being is a unique cosmos, and yet we are all connected with each other. We are all connected with each other, and yet we are a unique cosmos in our own right. The more substance is given to us, the more responsibility we are allowed to take on and the more meaningful this becomes because all that we do has an effect on the whole. I am in love, head over heels in love with life. This love is sometimes very painful and sometimes unspeakably beautiful, almost breathtaking. I experience this love when I do what I do. I experience this love when I don't do what I don't do.

Lonely and alone, sitting on a cliff at the edge of the ocean, I look for a long time into this wonderful world of appearances, into the glistening and rushing sea. There is a greygreen lichen directly next to me which has found its rock. It is beautiful and does its job. Quite obviously, it is in the right place at the right time. The sea birds draw an invisible line in the sky before they alight once again on the water. Quietly but distinctly, tangibly, visibly, orderly, the space reveals meaning to all senses. It is as though at first I watch television, and now I dive into the three dimensional world, but here I find that there are more, new dimensions.

Beim letzten *Hu*, in vollkommener Bewusstheit und Aufmerksamkeit, ohne Zwang, sondern mit der »rechten Anstrengung« (wie Buddha sagen würde), konzentriert ihr all eure Aufmerksamkeit auf das Zentrum des dritten Auges zwischen den Augenbrauen, und dann bringt ihr eure Stirn in Demut auf den Boden. Dadurch wird nicht nur die ganze Energie geerdet; es heißt auch, dass, wenn ihr in diesem Moment bewusst seid, voller Liebe, sanft und in Schönheit, jedes Atom im Universum hier vorhanden sei, wenn euer Kopf den Boden bei diesem letzten Klang berührt. Ihr könnt diesen Schritt visualisieren, wenn es euch nicht möglich ist, auf dem Boden zu knien. Wir sind in völliger Einigkeit und Einheit mit der Erde, dem Planeten, mit Gott, miteinander, und doch völlig einzigartig – das Einzigartige innerhalb der Einheit, im Einen. Und damit ist die Übung abgeschlossen. Sie beginnt mit Dankbarkeit und endet mit Dankbarkeit.

Es gibt noch eine weitere Aufgabe. Setzt euch noch einmal hin, ganz still und dankbar, dass es euch erlaubt war, an diesem schönen Geschehen teilzuhaben, an dieser schönen Übung. Wenn ihr die Augen öffnet, erinnert euch an die Worte: »Dies sind die Augen, durch die Gott sieht.« Seht *durch* eure Augen, und nicht *aus* ihnen. »Dies sind die Ohren, durch die Gott hört.« Wir sind Zeugen für die Einheit geworden. Öffnet eure Augen immer bewusst und seht durch sie, denn dies sind die Augen, durch die Gott sieht. Es gibt keine anderen. Und dann vermögt ihr, in einem besonderen Licht zu sehen.

Sich erinnern

Ich möchte mit einem Auszug aus einem Brief schließen, der mir kürzlich zugesandt wurde:

So ziemt es einem Menschen, diese Vergnügungen und Freuden zu meiden, die der Strahl und die Widerspiegelung Gottes sind. Er darf sich mit alldem nicht zufriedengeben, obwohl all das von Gottes Gnade stammt und aus der Ausstrahlung Seiner Schönheit, aber es ist doch nicht ewig. In Bezug auf Gott ist es ewig, aber in Bezug auf den Menschen ist es nicht ewig. Es ist wie mit den Sonnenstrahlen, die in die Häuser scheinen. Zwar sind es die Strahlen der Sonne und sie sind Licht, aber sie sind an die Sonne gebunden.

Wenn die Sonne untergeht, ist auch das Licht nicht mehr da. Folglich ziemt es sich für uns, zur Sonne zu werden, auf dass die Angst der Trennung nicht bestehen bleibe.

Ihr seid ewig, was ihr wirklich seid. Und wenn ihr sterbt – vorzugsweise bevor ihr sterbt – ist das, was ihr mitnehmt, das Wissen um die Einheit Gottes. Alles andere ist zu wenig. Ich bete, dass ihr mit Hilfe dieser Übung soweit kommen werdet, das Licht hinter der Sonne zu erkennen, das der Sonne unseres eigenen Universums das Licht gibt.

Dies hier ist ein Ausschnitt aus der Hausaufgabe eines Schülers in Europa, die aus seiner intensiven Beschäftigung mit dem Atmen und der Latifa-Übung entstanden ist:

Jedes menschliche Wesen ist ein einzigartiger Kosmos, und doch sind wir alle miteinender verbunden. Wir stehen alle miteinander in Verbindung, und doch sind wir ein eigenständiger einzigartiger Kosmos. Je mehr Substanz uns gegeben wird, desto größer und bedeutsamer ist die Verantwortung, die zu tragen uns erlaubt ist, weil alles, was wir tun, das Ganze beeinflusst. Ich bin verliebt, bis über beide Ohren verliebt ins Leben. Manchmal ist diese Liebe etwas sehr Schmerzhaftes, manchmal unaussprechlich schön, beinahe atemberaubend. Ich erfahre diese Liebe, wenn ich tue, was ich tue. Ich erfahre diese Liebe, wen ich nicht tue, was ich nicht tue.

Einsam und allein auf einer Klippe an den Gestaden des Meeres sitzend, schaue ich eine lange Zeit in diese wundervolle Welt der Erscheinungen hinein, auf die glitzernde und tosende See. Neben mir hat eine graugrüne Flechte ihren Felsen gefunden. Sie ist schön und erfüllt ihre Aufgabe. Ganz offensichtlich ist sie zur richtigen Zeit am rechten Ort. Die Seevögel ziehen eine unsichtbare Linie über den Himmel, bevor sie erneut auf dem Wasser landen. Still aber spürbar, bestimmt, deutlich und geordnet enthüllt der Raum allen Sinnen seine Bedeutung. Es ist, als ob ich erst fernsähe und nun in die dreidimensionale Welt eintauchte, doch hier entdecke ich zusätzliche, neue Dimensionen.

Alle Sinne sind klar. Allem ist Bedeutung verliehen. Die Flechte beginnt, mit mir zu reden, und erzählt vom Grund

All the senses are clear. Everything is given meaning. The lichen begins to speak to me, tells of her reason for being. I recognize, and then suddenly I remember myself. I remember all that lives in me, altogether. Everything is here, just now. The platform which we are building for a new cycle of mankind, my brothers and sisters, the passage through the eye of the needle into the world of non-existence is made possible through our teacher, and a grand octave makes its way from the formative world of possibilities into manifestation. The practices are a living ritual, the Latifas the multicoloured rosettes of a sacred window to eternity. Are we in the process of changing the window within us, or are we ourselves the window?

1988 / 1992

The Reservoir Breathing Practice

Abbreviated Version

ALL PRACTICES WHICH INVOLVE THE ART AND SCIENCE OF breath and breathing are based on the simple saying, "Breath is life." Even repeating these words can have a profound effect on a person's well-being. For example, the words could be repeated as "breath is *life*" or "breath *is* life" et cetera. The inner understanding in all the ancient traditions is that – when we come to true understanding – breath and Spirit are not separate. They are one and the same, but only in the realisation of the Divine Unity. Even the Sioux Indians in the States, with whom I have had much contact, will say the same thing. In the Bible, the Torah, and the Koran it is the same if you read what is explained carefully. After all, this is the only life we have!

This particular practice is really a *distillation* of over forty years of training in meditation and different practices which involve the breath. I have not mixed up western and eastern practices, such as Hatha Yoga and Sufi practices, but rather, after so much experience, have put together a series of practices, useful for the western culture and mind which is, after all, very different to either the

ihres Seins. Ich erkenne, und dann plötzlich erinnere ich mich. Ich erinnere mich all dessen, was in mir lebt. Alles ist hier, genau jetzt. Die Plattform, die wir für einen neuen Zyklus der Menschheit am Bauen sind, meine Brüder und Schwestern, der Durchgang durch das Auge der Nadel in die Welt der Nichtexistenz, wird durch unseren Lehrer ermöglicht, und eine Hauptoktave bewegt sich aus den formativen Welten in die Manifestation. Die Übungen sind lebendige Rituale, die Latifas die vielfarbigen Rosetten eines heiligen Fensters zur Ewigkeit. Sind wir dabei, das Fenster in uns auszuwechseln, oder sind wir selbst das Fenster?

❦

Die Reservoir-Atemübung

Gekürzte Version

ALLE ÜBUNGEN, DIE DIE KUNST UND WISSENSCHAFT DES
Atems und Atmens betreffen, basieren auf dem einfachen Spruch: »Atem ist Leben.« Allein das Wiederholen dieser Worte kann eine tiefgreifende Wirkung auf das Wohlergehen einer Person haben. Die Worte könnten zum Beispiel wiederholt werden als: „Atem ist *Leben*« oder »Atem *ist* Leben« und so weiter. Das innere Verständnis in all den uralten Traditionen ist, dass – wenn wir ins wahre Verstehen kommen – Atem und Geist nicht getrennt sind. Sie sind ein und dasselbe, aber nur in der Erkenntnis der Göttlichen Einheit. Sogar die Sioux-Indianer in den Vereinigten Staaten, mit welchen ich viel Kontakt hatte, würden dasselbe sagen. In der Bibel, der Thora und dem Koran steht dasselbe, wenn ihr lest, was sorgfältig erklärt wird. Schließlich ist dies das einzige Leben, das wir haben!

Diese besondere Übung ist wirklich eine *Destillation* von über vierzig Jahren der Schulung in Meditation und verschiedenen Übungen, die mit dem Atem zu tun haben. Ich habe westliche und östliche Übungen nicht vermischt, so wie Hatha Yoga und Sufi-

Übungen, sondern habe nach so viel Erfahrung eher eine Serie von Übungen zusammengestellt, die für die westliche Kultur und den westlichen Verstand nützlich sind, welche schließlich sehr anders sind als die östliche oder mittelöstliche Annäherung an Psychologie und Spiritualität.

Die Zirkulation von *chi* oder Prana oder der Lebenskraft, in den verschiedenen Traditionen unter vielen Namen bekannt, ist wesentlich für unsere mentale, psychologische und physische Gesundheit. Visualisation ist ebenfalls ein sehr wertvolles Werkzeug, wenn sie zusammen mit dieser Übung angewandt wird. Natürlich hat jede Übung einen ihr zugrunde liegenden Zweck, und hier hat dieser mit Harmonie, Fluss, Friede und der Erkenntnis der Einheit zu tun. Wie ich oben gesagt habe, ist dies im Wesentlichen eine einfache Übung, die wenig Zeit beansprucht; und doch kann, wenn regelmäßig damit gearbeitet wird, bald ein Wohlbefinden erlebt werden. Andererseits ist Regelmäßigkeit wesentlich.

Aus persönlicher Erfahrung kann ich mit Gewissheit sagen, dass, genauso wie die Batterien eines Autos aufgeladen werden müssen, es für uns alle Zeiten gibt, in denen wir unsere Reservoirs so aufgebraucht haben, dass besondere Anstrengungen gemacht werden müssen, um unsere Batterien mit dieser speziellen Energie wieder aufzufüllen. Ich schlage vor, dass die Übung normalerweise nur etwa vier Mal täglich gemacht wird – es dauert nur zwölf Abfolgen bewusster Atemzüge, um den Zyklus auszuführen – aber wenn ihr seht, dass eure Energie auf einen Tiefstand gefallen ist aufgrund von Krankheit oder andern Gründen, ist es durchaus möglich, diese Übung mehrmals täglich auszuüben. Natürlich ist es am besten, wenn wir an der frischen Luft sind, und die idealen Zeiten liegen immer zwischen zwei und vier Uhr morgens oder bei Tagesanbruch, sowie über Mittag und bei Sonnenuntergang. Wenn es euch aus gewissen Gründen nicht möglich ist, diese Übung in einem Stuhl sitzend auszuüben, könnt ihr sie auch auf dem Rücken liegend in einer möglichst entspannten Position machen. Wenn jemand da ist, der in schwierigen Zeiten mit euch atmet und vielleicht eure Hand hält, kann die stärkere der beiden Personen der schwächeren helfen, ohne aber der eigenen Prana-Energie beraubt zu werden.

Ich werde nun sehr einfach beschreiben, wie die Übung vor sich geht. Es ist nötig zu verstehen, dass ihr nicht ›denken‹ könnt, wenn

eastern or the middle eastern approaches to psychology and spirituality.

The circulation of *chi* or Prana or the vital force, known by many names in the different traditions, is essential for our health, mental, psychological and physical. Visualisation is also a very valuable tool, used together with this practice. Of course, any practice has an underlying purpose, and that is to do with harmony, flow, peace and realisation of the unity. As I said above, this is essentially a very simple practice, which requires little time; and yet, if worked with regularly, benefit can soon be felt. Regularity is essential.

From personal experience I can certainly say that, in the same way as the battery of a car needs to be kept charged, times will come for us all when we have allowed our reservoirs to become so depleted that special efforts need to be made to refill our batteries with this special energy. Normally I suggest that the practice only needs to be done about four times a day – after all, it only takes twelve sequences of conscious breaths to complete the cycle – but if you find your energy has dropped to a low ebb, due to illness or some other reason, then it is perfectly possible to practice this exercise several times a day. Naturally it is best if we are in the open air, and the best times are always between 2 a.m. and 4 a.m. or at dawn, as well as noon and sunset. If, for some reason, you are unable to sit in a chair to complete this practice, then you can also do it lying down on your back in the most relaxed position you can. If there is somebody who can breathe with you at times of difficulty, perhaps holding your hands, then the stronger of the two people will help the weaker, but without being drained of their own Pranic energy.

I shall now describe how to work with this practice, written very simply. It is necessary to realise that you cannot *think* when you are practising. It is necessary to learn how to do it, memorise the method carefully, and then just *do it!* Do not ask for any reward; do not expect any specific results. Just complete the practice in and for love.

Always dedicate your inner work to the Highest, to God or whatever name you may have as your personal reality, before commencing, and say a prayer of gratefulness after you have done your best in completing the practice to the best of your ability. There is no success or failure in this inner work.

ihr übt. Es ist nötig zu lernen, wie man sie macht, die Methode genau auswendig zu lernen und sie dann ganz einfach *zu machen*. Bittet nicht um eine Belohnung; erwartet keine bestimmten Resultate. Führt die Übung einfach in und für die Liebe aus.

Widmet eure Arbeit immer dem Höchsten, Gott oder welchen Namen ihr als eure persönliche Wirklichkeit benutzen wollt, bevor ihr beginnt, und sprecht ein Gebet der Dankbarkeit, nachdem ihr das Beste getan habt, die Übung so gut ihr könnt abzuschließen. Es gibt keinen Erfolg und kein Versagen in dieser inneren Arbeit.

Übungsanleitung

Setzt euch auf einen Stuhl mit eurem Rücken so aufrecht wie möglich, ohne Anstrengung, und euren Beinen in einem 45-Grad-Winkel geöffnet. Die Hände ruhen entspannt auf euren Knien. Wendet euch der Richtung der Sonne zu, das heißt gegen Osten am frühen Morgen, und folgt dem Lauf der Sonne während des Tages. Fühlt euch in euren Körpern sehr *gegenwärtig* und lockert Spannungen in Schlüsselbereichen wie den Schultern und dem Nacken. Falls eine Version der Gegenwärtigkeitsübung bekannt ist [siehe *Die innere Arbeit I*, Seite 351], sollte sie zu diesem Zeitpunkt gemacht werden.

Kommt in den Rhythmus des Mutteratems, das heißt in den Rhythmus 7-1-7-1-7, also: einatmen auf sieben Schläge, gefolgt von einem Schlag Pause, dann ausatmen auf sieben Schläge und nach einer weiteren Pause fortfahren. Der Atem sollte beim Einatmen aus allen vierzehn Richtungen – von vorne und hinten, von oben und unten, von links und rechts sowie aus den verbleibenden acht Diagonalen – in den Bereich des Solarplexus gebracht werden, und sogar noch tiefer in den Bauch, dann wird die Aufmerksamkeit ins Zentrum der Brust gebracht, worauf beim Ausatmen aus dem Bereich der Brust in alle vierzehn Richtungen *ausgestrahlt* wird. Stellt euch zum Beispiel vor, dass sich euer Bewusstsein zu diesem Zeitpunkt genau in der Mitte eines Leuchtturms am Meer befindet! Fahrt behutsam und ohne Anstrengung mit diesem Atemrhythmus in einer Geschwindigkeit fort, die sich für euch gut anfühlt. Noch einmal: Strengt euch nicht zu sehr an. Es braucht Zeit, diesen Rhythmus zu etablieren, der schließlich beinahe zur zweiten Natur wird und dem musikalischen Gesetz der Oktave folgt.

Method

Sit in a chair with your back as straight as possible, but without any strain, and with your knees spread at a 45 degree angle. Your hands are on your knees in a relaxed manner. Face in the direction of the sun, i.e. towards east in the early morning, but following the path of the sun during the day. Feel very *present* in your own body, relaxing tensions in key areas such as the shoulders and the neck. If a version of the Present Moment Practice is known [see *The Inner Work I,* page 350], it should be done at this time.

Come into the rhythm of the Mother's Breath, i.e. the rhythm of 7-1-7-1-7, breathing in to the count of seven, with a short pause following the in-breath, and then breathing out to the count of seven and continuing after another pause. The breath should be taken from all fourteen directions – from in front and behind, from above and below, from left and right as well as from the remaining eight diagonals – down into the solar plexus area, and even lower into the belly, on the in-breath, then the attention is brought to the centre of the chest, and then the out-breath is *radiated out* in all fourteen directions from the chest area. For example, imagine your consciousness is right in the middle of a lighthouse by the sea at that time. Continue, gently and without effort, with this breathing rhythm at any speed which feels comfortable to you. Again, do not try too hard. It takes time to establish this rhythm, which, eventually, becomes almost like second-nature, following the musical law of the octave.

There are two very special areas in the subtle anatomy of man. Of course there are actually many, but, in this practice, we concentrate particularly on two areas which we call *the first* and *the second reservoir.* These are situated in the area behind the centre of the chest, and in the centre of the brain. These areas can act as storage vessels for *chi,* Prana, the vital force, *elan vital* or whatever you wish to call it, and become activated by the breath, now realised to be one with the Spirit, but carried by the active attention to the breathing. They are connected to the different parts of the subtle anatomy of man through many different channels, including the acupuncture meridians. The advantages of knowing this are surely obvious in our daily lives.

Now you come to the actual discipline of the reservoir practice, which requires only three times four sequences of two conscious

Es gibt zwei sehr spezielle Bereiche in der feinen Anatomie des Menschen. Natürlich gibt es tatsächlich viele, aber in dieser Übung konzentrieren wir uns besonders auf zwei Bereiche, die wir *das erste* und *das zweite Reservoir* nennen. Diese befinden sich im Bereich hinter dem Brustzentrum sowie im Zentrum des Gehirns. Diese Bereiche können als Lagergefäße dienen für *chi,* die Lebenskraft, *elan vital* oder wie immer ihr es nennen wollt. Sie können durch den Atem aktiviert werden, der nun als eins mit dem Geist erfahren und durch die aktive Aufmerksamkeit auf das Atmen befördert wird. Sie sind mit den verschiedenen Teilen der feinen Anatomie des Menschen durch viele verschiedene Kanäle verbunden, inklusive der Akupunkturmeridiane. Die Vorteile dieses Wissens in unserem täglichen Leben sind sicher offensichtlich.

Jetzt kommt ihr zur eigentlichen Ausführung der Reservoir-Übung, die dreimal vier Abfolgen von je zweimal bewusstem Ein- und Ausatmen erfordert. Während ihr aufrecht auf eurem Stuhl sitzt oder mit gekreuzten Beinen, falls ihr das vorzieht, visualisiert ihr zunächst einen Lichtstrahl, der sich durch die Spitze eures Kopfes von sehr, sehr weit oben ausbreitet, dann durch eure Wirbelsäule geradewegs hinunter durchs Steißbein in den Boden fließt und sich sozusagen verankert. Seid euch zutiefst und in Dankbarkeit des Bodens unter euren Füssen gewahr, der Mutter Erde, sowie der Universen reinen Lichts über euch. Seid der Vorderseite eures Körpers gegenüber wach, die sich ins Unendliche ausdehnt, und auch demjenigen, das ›hinter‹ euch liegt, das sich im relativen Sinn auch weit zurück ausdehnt. Unser Zentrum ist in der Mitte dieses imaginierten Lichtkreuzes, das von allen Richtungen kommt und sich in alle Richtungen ausbreitet – sogar von allen Engeln strömen Lichtstrahlen herein. Es ist, als wärt ihr im Zentrum eines Lichtkristalls.

Die **ersten vier Abfolgen** beginnen (1) mit dem Einatmen *aus allen Richtungen* in den Solar Plexus. Dies wird dadurch getan, dass ihr eure Aufmerksamkeit auf den Solar Plexus richtet und den Atem einzieht in der Form von Licht von ›oben‹, von ›unten‹ aus der Erde, euch an all die beteiligten Mineralien erinnernd und sogar an das Königreich der Pflanzen und so weiter, von ›hinten‹, all die in vergangener Zeit verborgen liegende noch unerlöste Schönheit hereinbringend, sowie von ›vorne‹ aus der Welt wunderbarer Möglichkeiten, die uns mit lebendiger Hoffnung versorgt. Noch während dieses Einatmens, beim Einziehen der Lichtenergie

in- and out-breaths each. First of all, sitting upright on your chair or cross-legged if you prefer, visualize a line of light stretching down through the top of your head from way, way above down through your spine, through the coccyx, into the ground, acting, as it were, like an anchor. Be deeply and gratefully aware of the ground under your feet, Mother Earth, and universes of pure light above. Be awake to the front of your body, stretching out into infinity, and also to what is 'behind' you, in the relative sense, also stretching way back. Our centre is in the middle of this imagined cross of light, coming and going in all directions – even lines of light coming in from all angles. It is as though you are in the centre of a light-crystal.

The **first four sequences** begin (1) by breathing into the solar plexus *from all directions.* This is done by putting your attention in the solar plexus and drawing in the breath, in the form of light from 'above', from 'below' from the earth, remembering all the wonderful minerals involved, and even the vegetable kingdom et cetera, from 'behind', bringing in all the as-yet unredeemed beauty hidden in past time, and from the 'front' from the world of wonderful possibilities, providing living hope for us all. Still on the in-breath, as you are drawing this light or energy into the solar plexus area, move your attention a bit lower into a point about two to three fingers width below the navel. Then there is the pause. On the out-breath (2) you now push the breath down into the coccyx, at the base of the spine to the count of seven. Again there is a slight pause. Then (3) you breathe up into the *first reservoir,* the area behind the chest, filling, as it were, this reservoir with life force. Again a pause. On the out-breath (4) you radiate love and goodwill to all mankind in all directions, like a lighthouse, as I explained previously. You do this part of the practice four times. It is enough.

In the **second four sequences** you repeat as above, but as you bring your breath up (3) into the first reservoir, now already filled, you move your breath *through it,* and on up through the spinal cord into the *second reservoir* in the centre of the brain, paying particular attention to the neck and base of the skull, where the energy can seem to get 'stuck'. If necessary, move your head from side to side to free this energy. When you find the second reservoir, you again fill it with light or energy, and then on the out-breath (4) you breathe out through what is sometimes called "the third eye", situ-

in den Bereich des Solar Plexus, verlagert ihr eure Aufmerksamkeit ein bisschen tiefer, zu einem Punkt ungefähr zwei bis drei Fingerbreit unter dem Nabel. Dann kommt die Pause. Beim Ausatmen (2), während ihr sieben Takte zählt, drückt ihr den Atem hinunter ins Steißbein am untern Ende der Wirbelsäule. Wieder kommt eine kleine Pause. Dann (3) atmet ihr aufwärts ins *erste Reservoir,* dem Bereich hinter der Brust, und füllt dieses Reservoir sozusagen mit Lebenskraft. Wieder eine Pause. Beim Ausatmen (4) strahlt ihr Liebe und Wohlwollen für die ganze Menschheit in alle Himmelsrichtungen aus, wie ich es oben mit dem Bild des Leuchtturms erklärt habe. Ihr führt diesen Teil der Übung viermal aus. Das ist genug.

In den **zweiten vier Abfolgen** wiederholt ihr die oben stehende Folge, doch wenn ihr (3) den Atem ins erste Reservoir bringt, das nun bereits gefüllt ist, bewegt ihr ihn *durch dieses* hindurch, weiter hinauf durch die Wirbelsäule ins *zweite Reservoir* im Zentrum des Gehirns, indem ihr dem Nacken und der Schädelbasis besondere Aufmerksamkeit schenkt, wo die Energie scheinbar ›steckenbleiben‹ kann. Bewegt den Kopf, wenn nötig, hin und her, um diese Energie zu befreien. Wenn ihr das zweite Reservoir findet, füllt ihr dieses wiederum mit Lichtenergie. Und dann (4) atmet ihr aus durch »das dritte Auge«, wie es manchmal genannt wird, das sich zwischen den Augenbrauen befindet, so als ob ihr diesen Bereich mit Licht ›wascht‹. Auch dieser Teil der Übung soll nur viermal ausgeführt werden; mehr wird weder verlangt noch ist es notwendig. Nach diesen vier Abfolgen von vorsichtig platzierten Atemzügen habt ihr zwei Zyklen abgeschlossen.

Die **dritten vier Abfolgen** im letzten Teil der Atemübung befassen sich mit den Wörtern *Fluss* und *Zirkulation.* Während ihr eure Aufmerksamkeit zurück ins Zentrum der Brust bringt, ins Herzzentrum, *erlaubt* ihr der Energie, den Rücken aufwärts zu zirkulieren (1 und 3) und auf der Vorderseite des Körpers hinunter (2 und 4), beinahe so, als ob der Körper die Form eines Eis annähme, von Licht erhellt, und mit der Lebenskraft um ihn herum, in ihm und durch ihn zirkulierend. Verbleibt in dieser Position, beobachtet den Fluss und erlaubt ihm, durch und um euch zu fließen, um euch Harmonie, Friede, innere Kraft und die Überzeugung zu gewähren, die in der Tat immer mit euch ist, die aber durch diese Übung bewusst aktiviert werden kann. Ihr könnt in diesem letzten Zustand der Übung über die erforderlichen vier

ated between the eye-brows, as though you were *'washing'* this area with light. Again this part of the practice is just completed four times, and no more is desired or necessary. After these four sequences of carefully placed breaths, you have completed two cycles.

The **third four sequences** in the last part of the breathing practice are concerned with the words *flow* and *circulation*. Bringing your attention back to the centre of the chest, the heart centre, you *allow* the energy to circulate (1 and 3) up the back of your body, and (2 and 4) down the front, almost as though the body becomes the shape of an egg, lit by light, and with the life force circulating around, within and through it. Remain in this position, observing and allowing the flow to move through and around you, granting you harmony, peace and an inner strength and conviction which, in fact, is always with you, but which can become consciously activated through this practice. You could stay in this last stage of the practice, after the required four sequences, for a length of time that feels comfortable to you.

The eyes can be open or closed when you do this practice, dependent, of course, on the brightness of the sun. When you have completed your work, and if your eyes have been closed, open them carefully, being conscious of your body, in total gratefulness for all life, and repeat the words, "These are the eyes through which God sees; these are the ears through which God hears" and "There *is* only one Absolute Existence, one Absolute Being, and I (repeating your own name) am witness to this beauty."

Finally, in peace and gratefulness, get up from the chair consciously, and go about the day's business.

2003 / 2009

Atemabfolgen hinaus für eine Zeitdauer verbleiben, die für euch angenehm ist.

Die Augen können offen oder geschlossen sein, wenn ihr diese Übung macht, was natürlich von der Helligkeit der Sonne abhängt. Wenn ihr eure Arbeit abgeschlossen habt, und eure Augen geschlossen waren, öffnet sie sorgfältig, seid euch eures Körpers bewusst in vollkommener Dankbarkeit für alles Leben und wiederholt die Worte: „Dies sind die Augen, durch die Gott sieht; dies sind die Ohren, durch die Gott hört« und »Es *gibt* nur ein Absolutes Dasein, ein Absolutes Sein, und ich (hier wiederholt ihr euren Namen) bin Zeuge dieser Schönheit.«

Schließlich steht ihr vorsichtig von eurem Stuhl auf, in Frieden und Dankbarkeit, und geht euren alltäglichen Geschäften nach.

Of Maps and Boats

New Preface to the 25th Anniversary Edition
of *The Last Barrier*

around me, I feel a little like my ancestor Sir John Feild, who lived in the sixteenth century. He was a mathematician, a mystic, and a close associate of the Renaissance magus John Dee, who met Queen Elizabeth I on 28 May 1577 at Windsor Castle and suggested England should challenge Spain's claim to the New World. That was the eve of Francis Drake's epoch-making voyage around the world. Family tradition tells us that John Feild had assisted Dee in drawing up a map of the world. Drake had a ship, and he sailed round the world with the help of the map. They needed each other. Without a map, how could Drake know where he was going? And without a ship there was no way that John Feild's map could be proven to be correct.

Francis Drake returned to England in 1580, and the Queen bestowed a knighthood on him. John Feild had already been knighted in 1558 for his work in astronomy and mathematics. After playing his part in Drake's voyage, he settled down to continue with his pioneering work until the end of his life.

Perhaps I inherited my wanderlust from my ancestor. The first time I went round the world was just before my twenty-first birthday. I carried little, except for my guitar and a backpack full of songs. In fact the whole of my life's story has been a journey, a journey that can never really end. Although steeped in the Sufi tradition, I am not a Sufi, neither am I tied to any other of the world's spiritual lifelines. I have no labels, but I travel with all true seekers, wherever they come from and whatever their religious or spiritual background, until the end of time.

The spiritual journey in life can follow many paths. It is unlikely that Japanese people would travel all the way to Side in southern Anatolia to try to find dervishes. Perhaps they might go north, to Mongolia, to seek out the path of the shamans, or south to Australia and the wide open spaces. A seeker who is totally committed to the journey of life will eventually find his or her own direction. No country is more special than any other, although at certain times there are more true spiritual teachers in one area of

Von Karten und Schiffen

Neues Vorwort zur 25-Jahre-Jubiläumsausgabe von *The Last Barrier*

WENN ICH AUF MEIN LEBEN ZURÜCKBLICKE UND ES EINER Karte gleich um mich herum auslege, komme ich mir ein bisschen vor wie mein Vorfahre Sir John Feild aus dem sechzehnten Jahrhundert. Er war Mathematiker, Mystiker und ein naher Gefährte des Renaissance-Magiers John Dee, der am 28. Mai 1577 Königin Elisabeth I auf Schloss Windsor traf und ihr vorschlug, England solle dem spanischen Anspruch auf die Neue Welt entschlossen entgegentreten. Es war das Vorspiel zu Francis Drakes epochaler Weltumseglung. John Feild, so erzählt es unsere Familiengeschichte, hatte Dee beim Zeichnen einer Weltkarte geholfen. Drake besaß ein Schiff und umsegelte den Globus mit Hilfe dieser Karte. Sie brauchten einander. Wie hätte Drake ohne Karte wissen sollen, wohin er fuhr? Und ohne Schiff hätte die Korrektheit von John Feilds Karte nie bestätigt werden können.

Francis Drake kehrte 1580 nach England zurück und wurde von der Königin zum Ritter geschlagen. John Feild war für sein astronomisches und mathematisches Werk die Ritterwürde bereits 1558 verliehen worden. Nachdem er seine Rolle bei Drakes Weltumseglung erfüllt hatte, zog er sich zurück und führte seine bahnbrechende Arbeit bis zum Ende seines Lebens fort.

Vielleicht habe ich meine Wanderlust von diesem Vorfahren geerbt. Kurz vor meinem einundzwanzigsten Geburtstag bin ich zum ersten Mal um die Welt gereist. Abgesehen von meiner Gitarre und einem Rucksack voller Lieder trug ich nicht viel bei mir. Tatsächlich war meine ganze Lebensgeschichte eine Reise, eine Reise, die nie wirklich enden kann. Obwohl in die Sufi-Tradition versunken, bin ich kein Sufi und bin auch an keine der anderen spirituellen Lebenslinien der Welt gebunden. Ich trage keine Etiketts, doch reise ich mit allen wahrhaft Suchenden bis ans Ende der Zeit, von wo immer sie herkommen, aus welchem religiösen oder spirituellen Hintergrund sie auch stammen mögen.

Die spirituelle Lebensreise mag vielen Wegen folgen. Es ist unwahrscheinlich, dass Japaner auf der Suche nach Derwischen den langen Weg nach Side in Südanatolien reisen; vielleicht halten sie sich nordwärts in Richtung Mongolei und erkunden den Pfad der

the world than in another. Knowledge is universal, but if, for example, some people wiser than most, could see that a war was inevitable in one country or another, they might move to a safer place so that the knowledge, brought up to date for the needs of the moment, could be made more available. Jalaluddin Rumi's father left Balkh, in present-day Afghanistan, for Konya in then Seljuk Turkey, in advance of the armies of Genghis Khan. Although that was over seven hundred years ago, the knowledge has continued and Rumi is now considered to be the most popular mystical poet of our time.

"The journey of a thousand miles begins with one step." We have all heard this from one source or another. We are seldom told, however, what this one step is or what the result might be of making this move into the unknown. Perhaps if we knew, we would never make that step at all. Many people have asked me why my teacher, called "Hamid" in *The Last Barrier,* was so harsh with me. The answer is that I obviously needed that kind of discipline and experience to help me face life as it actually is and not as I wanted it to be. I was stubborn. I had been with many spiritual teachers since that first journey round the world. I don't think I had listened very much. I was blind to the signs that the universe always provides. I was identified with the "poor me" syndrome and in general was about as conscious as a hedgehog playing with a balloon. I wanted the truth *my* way. Certainly I did not expect the sort of treatment I sometimes got from Hamid, and if I were to tell you the whole story, you would probably never get past the first chapter. But I do not regret one single moment of what I was asked to go through during those years with the man who became my guide and teacher.

His real name was Bulent Rauf, and he was one of those masters who choose to remain virtually anonymous during their lifetime, although his influence has spread throughout the world in various ways, including through his books and extensive translations of some of the works of the great Sufi master Ibn Arabi. Only now, in this new edition of *The Last Barrier,* will his name be known. Although Bulent has left us now, in the knowledge of the Unity of God there is no separation. Bulent knew the map that was right for me. Perhaps he needed a boat to help spread the message of love, Compassion and Service, and I was a willing and useful seeker who had finally been brought to that unconditional state of saying, "I will." The role of my ancestor in the sixteenth century was reversed.

Schamanen, oder sie fahren nach Süden, in die weiten, offenen Ebenen Australiens. Ein Suchender, der sich mit voller Entschlossenheit auf die Reise des Lebens macht, wird schließlich seine oder ihre eigene Richtung finden. Kein Land ist besser als ein anderes, obwohl zu gewissen Zeiten mehr wahre spirituelle Lehrer in einer Weltgegend leben mögen als in einer anderen. Wissen ist universell, doch wenn beispielsweise einige Menschen, die weiser sind als die meisten, sehen können, dass in dem einen oder dem anderen Land ein Krieg unvermeidlich wird, ziehen sie vielleicht in eine sicherere Gegend, so dass das für die Bedürfnisse des gegenwärtigen Moments aufbereitete Wissen besser zugänglich bleibt. Unter dem Schatten der anrückenden Armeen von Dschinghis Khan verließ Jalaluddin Rumis Vater das heute afghanische Balkh und ging nach Konya in der damals seldschukischen Türkei. Obwohl dies über siebenhundert Jahre her ist, hat das Wissen überdauert, und Rumi gilt heute als der bekannteste mystische Dichter.

„Die Reise von tausend Meilen beginnt mit einem Schritt.« Wir alle haben dies aus der einen oder anderen Quelle schon gehört. Nur selten sagt man uns jedoch, was dieser eine Schritt oder die Folge dieses Aufbruchs ins Unbekannte sein könnte. Wüssten wir es, würden wir den Schritt vielleicht gar nie tun. Viele Menschen haben mich gefragt, wieso mein Lehrer, den ich in *The Last Barrier (Ich ging den Weg des Derwisch)* »Hamid« nenne, so streng mit mir gewesen sei. Die Antwort ist, dass ich dieser Art Disziplin offensichtlich bedurfte als Hilfe, mich dem Leben zu stellen so, wie es tatsächlich ist, und nicht so, wie ich wollte, dass es sei. Ich war dickköpfig. Seit jener ersten Reise um die Welt war ich bei vielen spirituellen Lehrern gewesen. Ich denke nicht, dass ich sehr gut zugehört hatte. Für die Zeichen, die uns das Universum immer bietet, war ich blind. Ich war mit dem »Armes Ich«-Syndrom identifiziert und im Allgemeinen etwa so bewusst wie ein Igel, der mit einem Luftballon spielt. Ich wollte die Wahrheit auf *meine* Weise. Sicherlich erwartete ich keine Behandlung der Art, wie sie mir manchmal von Hamid zuteil wurde, und wenn ich euch die ganze Geschichte erzählte, würdet ihr es wahrscheinlich nie über das erste Kapitel hinaus bringen. Doch ich bereue keinen einzelnen Moment dessen, was ich in jenen Jahren mit dem Mann, der mein Führer und Lehrer werden sollte, aufgefordert wurde durchzumachen.

Sein richtiger Name war Bulent Rauf, und er war einer jener Meister, die es vorziehen, zu Lebzeiten praktisch anonym zu blei-

So what is this step that all true seekers have to make? It is an unconditional step of surrender. Sooner or later, if we really want to know the truth, we have to give up all our preconditioned notions of what we think we want. Seldom what we want is what we need. We cannot take our limited concepts of freedom into freedom as it really is. It is not even possible to find the meaning of truth or to learn how we fit into the purpose of life on earth until we reach the time when we can, as the Sufis say, "Die before you die." To be in the right time and at the right place, we need to have patience and perseverance, living in the eternal question that can finally bring about true freedom – freedom from ignorance, freedom in the knowledge of love, and freedom for all other sentient beings. To know the truth, we must work for the sake of truth, and not for ourselves alone.

We seek for knowledge, but knowledge is not mere information. It is the knowledge of oneself. "He who knows himself knows his Lord." Only in the unity, when we know beyond any shadow of a doubt, that there is only *one* Absolute Existence, can we learn what is asked of us. There is no room for two! Truth beckons us, but we cannot carry anything with us. Little by little we have to discard all the labels and baggage that appear to have supplied our needs in the past. Every little concept and defence mechanism we have held has to go. All systems for self-development are found to be illusion. Our suitcases become lighter and lighter, and finally even the labels that had appeared to be our guidelines and protection fall into the dust of the road. We have finally become what Bulent called "People of the Way".

There is a famous story of a group of mystics in India. They were travelling people, going from town to town, singing and dancing to the Glory of God. Wherever they went, people would come out of their homes to greet them and share in the Divine Presence that all could sense and feel. One day, a member of the group died very suddenly. All the others sat around in a circle, chanting the Names of God in remembrance of their friend. Suddenly the man, whom they thought to be dead and gone to heaven, reappeared and squeezed his way into the circle.

"But we thought you were dead," they said in shock.

"No," he replied. "I too thought I was free at last. I went to knock on the doors of heaven, but they threw me out, and now I have come back here to this world."

ben, obwohl sein Einfluss sich auf verschiedenste Weise in der Welt verbreitete, einschließlich durch seine Bücher und ausgedehnten Übersetzungen einiger Werke des großen Sufi-Meisters Ibn Arabi. Erst heute, in dieser neuen Ausgabe von *The Last Barrier,* wird sein Name enthüllt. Auch wenn uns Bulent mittlerweile verlassen hat, gibt es im Wissen um die Einheit Gottes keine Trennung. Bulent kannte die für mich richtige Karte. Vielleicht brauchte er ein Schiff, das dabei helfen konnte, die Botschaft der Liebe, des Mitgefühls und des Dienens zu verbreiten, und ich war ein williger und brauchbarer Sucher, der endlich zu jenem bedingungslosen Punkt gebracht worden war, zu sagen: »Ich will.« Die Rolle meines Vorfahren aus dem sechzehnten Jahrhundert hatte sich umgekehrt.

Was also ist dieser Schritt, den alle wahrhaft Suchenden tun müssen? Es ist ein bedingungsloser Schritt des Aufgebens. Wenn wir die Wahrheit wirklich wissen wollen, müssen wir früher oder später alle unsere vorgefassten Meinungen über das, was wir denken, dass wir möchten, aufgeben. Wir können unsere beschränkten Konzepte von Freiheit nicht mitnehmen in die Freiheit, wie sie wirklich ist. Es ist noch nicht einmal möglich, die Bedeutung der Wahrheit zu finden oder zu erkennen, wie wir in den Plan des Lebens auf der Erde hineinpassen, bis wir den Moment erreichen, in dem wir wie die Sufis sagen können: »Stirb, bevor du stirbst.« Um zur rechten Zeit am richtigen Ort zu sein, brauchen wir Geduld und Ausdauer, und wir müssen in der ewigen Frage leben, die schließlich zur wahren Freiheit führt – Freiheit von Unwissenheit, Freiheit im Wissen um die Liebe und Freiheit für alle fühlenden Wesen. Um die Wahrheit zu kennen, müssen wir um der Wahrheit willen arbeiten, und nicht nur für uns selbst.

Wir suchen nach Erkenntnis, aber Erkenntnis ist nicht einfach Information. Sie ist Selbsterkenntnis. »Wer sich selbst kennt, kennt seinen Herrn.« Nur in der Einheit, wenn wir ohne jeglichen Hauch eines Zweifels wissen, dass es nur *ein* Absolutes Dasein gibt, können wir lernen, was von uns gefordert ist. Es gibt keinen Platz für zwei! Die Wahrheit winkt uns heran, doch wir können nichts mit uns nehmen. Nach und nach müssen wir uns aller Etiketts und Gepäckstücke entledigen, derer wir in der Vergangenheit scheinbar bedurften. Jedes noch so kleine Konzept oder Schutzgerüst, das wir getragen haben, muss verschwinden. Alle Systeme der Selbstentwicklung entpuppen sich als Illusion. Unsere Koffer werden leichter und leichter, und schließlich lösen sich alle Etiketts, die

"But what happened?" they all asked.

"The gatekeeper told me I had been smuggling, and therefore could not enter the Garden of Paradise."

"But smuggling is not allowed in our work," said one of his friends.

"How could you do such a thing? What were you smuggling?" asked another.

There was a pause, and then the man raised his head and said, very humbly, "I was trying to smuggle myself."

Before the time of the story in *The Last Barrier* I had been a pop singer, a partner to Dusty Springfield and her brother Tom. We were called the Springfields, and we received the New Musical Express Award for the best vocal group in the U.K. at that *time*. We even topped the country-and-western hit parade in the States with a song called *Silver Threads and Golden Needles!* But that was just before the Beatles came along. When they soared into popularity, we split up as a group. Dusty went solo. I became an antique dealer and designer, returning to my inner studies, and spending more and more time in a Tibetan centre in Scotland under the guidance of Chogyam Trungpa Rinpoche. Later I met up with the Sufi tradition. I had been to a small lecture in London, given by Pir Vilayat Khan. Although I cannot remember a word he said, I knew that whatever was behind the *sound* of his words carried a message for me. I flew to Paris the next day to see him. It was the start of a totally new cycle of my spiritual journey.

A few years later I met Bulent in an antique shop. There was no more doubt. I knew with all my heart that this time I was at last ready to make that step that was originally asked of me when I entered the spiritual path. Now I was at the crossroads of my life. That story unfolds in this book.

So many people have asked what became of Reshad after *The Last Barrier* and its sequel, *The Invisible Way,* were published that I feel it is only fair to include a brief précis of what happened during the past twenty-five years. One day I plan to write a full autobiography, but first I need to let the dust settle after what has been an almost continuous journey lasting nearly fifty years.

In the early 1970s I was running a spiritual centre in England called Beshara (*beshara* means "good news" and is sometimes used

uns als Richtungsweiser und Schutz erschienen, und fallen in den Straßenstaub. Endlich sind wir »Leute des Weges« geworden, wie Bulent sie nannte.

Es gibt eine bekannte Geschichte über eine Gruppe von Mystikern in Indien. Sie waren Reisende, die von Stadt zu Stadt zogen und zum Lobpreis Gottes sangen und tanzten. Wo immer sie hinkamen, traten die Leute aus ihren Häusern, sie zu begrüßen und an der Göttlichen Präsenz teilzuhaben, die jedermann zu sehen und fühlen vermochte. Eines Tages starb ein Mitglied dieser Gruppe unvermittelt. Die anderen setzten sich im Kreis und sangen die Namen Gottes im Gedenken an ihren Freund. Plötzlich tauchte der Mann, von dem sie dachten, er sei tot und bereits im Himmel, wieder auf und bahnte sich einen Weg in den Kreis.

„Aber wir dachten du seiest tot«, sagten sie schockiert.

„Nein«, entgegnete er. »Auch ich dachte, ich sei endlich frei. Ich klopfte ans Himmelstor, doch sie warfen mich wieder hinaus, und nun bin ich in diese Welt zurückgekehrt.

„Aber was ist den geschehen?«, fragten sie alle.

„Der Pförtner sagte, ich hätte geschmuggelt und könne daher den Paradiesgarten nicht betreten.«

„Aber Schmuggeln ist in unserer Arbeit nicht erlaubt«, sagte einer seiner Freunde.

„Wie konntest du so etwas tun? Was hast du denn geschmuggelt?«, fragte ein anderer.

Es entstand eine Pause, dann hob der Mann seinen Kopf und sagte sehr demütig: »Ich hatte versucht, mich selbst hineinzuschmuggeln.«

Vor der Zeit der Geschichte, die ich in *The Last Barrier* erzähle, war ich ein Popsänger, Partner von Dusty Springfield und ihrem Bruder Tom. Wir nannten uns The Springfields und uns wurde der New Musical Express Award als *damals* beste Gesangsgruppe im Vereinigten Königreich verliehen. Wir schafften es mit einem Song namens *Silver Threads and Golden Needles* sogar an die Spitze der Country-and-Western-Hitparade in den USA! Doch das war kurz bevor die Beatles aufkamen. Als diese zu Popularität aufstiegen, lösten wir unsere Gruppe auf. Dusty startete ihre Solokarriere. Ich wurde Antiquitätenhändler und Designer, nahm mein inneres Studium wieder auf und verbrachte mehr und mehr Zeit in einem tibetischen Zentrum in Schottland unter Führung von Chogyam

to designate a Sufi order). It was in the heart of the countryside, and thousands of seekers came from all over the world to spend weeks or even months living in the community. It remains a legend to this day for all those who lived and worked there.

It was during that period of my life that I met Sheikh Suleyman Dede, called simply "Dede" in the book. He asked me to bring the line of the Mevlevi dervishes, popularly known as the whirling dervishes, to the West, which, of course, Bulent encouraged. Dede, whose family name was Loras, was a devout and simple man, and later I had the honour to be able to invite him personally to Canada and the States. He touched the hearts of all those he met. As someone said to me thirty years later, "Dede had a heart like silk."

In September 1973 I received a farewell letter from Bulent, in which he told me I had to move on, to leave my own house and garden and travel west to North America. I knew that this was to be yet another one-way ticket on a lifelong path. Once again I would have to leave my home for a totally unknown future. Beshara would have to be passed on to others. I loved it there, and all the people with whom I had worked and shared that time together. I loved the land and the changing seasons. It was a difficult time, but I did remember that I had said "I will" to this work, and the inner voice was stronger than the feeble excuses I made to Bulent concerning all the reasons I thought it was not possible for me to leave. As I have already said, Bulent needed someone to pass on the teachings, so I swallowed what resentment and pride I had left and set forth with only two suitcases, a few books and my guitar. I was thirty-nine years old at the time.

Below is Bulent's letter, the last I ever received from him. I share it with you because it contains so much of the inner teachings. As it suggests, I did start off this next step of my journey in Vancouver, but the task I had been given extended over many years and took me as far south as Tepoztlán in Mexico (about which I wrote in *The Invisible Way*), and then throughout the States and Hawaii. I was involved with setting up many centres, although they were no longer given the title of Beshara. I was one of the "travelling people", a modern spiritual gypsy, always on the road, giving teachings wherever I was invited, from New York to Los Angeles and San Francisco, from Boulder, Colorado, and Sedona, Arizona, and on to West Virginia and Texas. My final stop was in Santa Fe, New Mexico, before returning to Europe.

Trungpa Rinpoche. Später traf ich auf die Sufi-Tradition. Ich hatte in London eine kurzen Vortrag von Pir Vilayat Khan gehört. Obwohl ich mich an nichts mehr erinnern kann, was er sagte, erkannte ich, dass das, was hinter dem *Klang* seiner Worte lag, eine Botschaft für mich trug. Gleich am nächsten Tag flog ich nach Paris, ihn zu besuchen. Es war der Beginn eines vollkommen neuen Zyklus' meiner spirituellen Reise.

Ein paar Jahre später traf ich Bulent in einem Antiquitätengeschäft, und es gab keinen Zweifel mehr. Ich wusste mit meinem ganzen Herzen, dass ich dieses Mal endlich bereit sei, jenen Schritt zu tun, der von mir schon damals verlangt worden war, als ich mich auf den spirituellen Weg gemacht hatte. Nun stand ich am Scheideweg meines Lebens. Von jener Geschichte handelt dieses Buch.

Viele Menschen haben gefragt, was wohl aus Reshad geworden sei, nachdem *The Last Barrier* und dessen Fortsetzung, *The Invisbile Way (Wissen, dass wir geliebt sind),* veröffentlich waren. So halte ich es für gerechtfertigt, die vergangenen fünfundzwanzig Jahre kurz zusammenzufassen. Ich habe vor, eines Tages eine vollständige Autobiografie zu schreiben, doch muss sich zuerst der Staub dieser fast ununterbrochenen, fünfzigjährigen Reise setzen.

In den frühen 1970er-Jahren leitete ich ein spirituelles Zentrum in England mit dem Namen Beshara (*beshara* bedeutet »gute Neuigkeit« und wird manchmal zur Bezeichnung von Sufi-Orden verwendet). Es lag mitten auf dem Land, und Tausende von Suchenden kamen aus der ganzen Welt, um Wochen oder gar Monate in dieser Gemeinschaft zu verbringen. Bis zum heutigen Tag bleibt es für alle, die dort gelebt und gearbeitet haben, legendär.

Zu jener Zeit meines Lebens lernte ich Scheich Suleyman Dede kennen, der im Buch einfach »Dede« genannt wird. Er bat mich, die Linie der Mevlevi-Derwische, die im Volksmund als die drehenden Derwische bekannt sind, in den Westen zu bringen, wozu mich Bulent natürlich ermutigte. Dede, dessen Familienname Loras lautete, war ein frommer, einfacher Mann, den ich später auch die Ehre hatte, persönlich nach Kanada und in die USA einzuladen. Er berührte die Herzen aller, denen er begegnete, und jemand sagte zu mir noch dreißig Jahre später: »Dede besaß ein Herz wie Seide.«

Im September 1973 erhielt ich einen Abschiedsbrief von Bulent, in welchem er mir mitteilte, ich müsse weiterziehen, mein Haus

Now I am nearly seventy years old. I have no official home, dividing my time between Europe and the States, where I continue to give teachings. My three sons are scattered around the world, and when I can, I go back to my beloved England to walk the moors of Devonshire and sit by the river Dart. Sometimes I go way up north to the Orkney Islands off the east coast of Scotland. It is a wild place with few tourists. It rains a lot, and the wind blows cold and fierce, and yet those islands always give me what I need. They restore that deep sense of conviction in the real, unchanging Beauty of God that can so often get lost or weakened through endless years of travelling and city life.

I wonder what the next chapter of my life will bring. I do know that whenever I read this letter from Bulent, it sends a fresh wind into the sails of this old boat. The map is hidden in that wind.

29 September 1973

Dear Reshad,

To say good-bye is to say God be with you. He always is, but this is a reminder that one should be aware of His being with you and so harmonize all your actions with His Wish. In other words, it is a reminder to confide oneself to His Will so that all personal direction, desire, and action is in complete accordance with His Plan.

To found a Beshara is part of His Plan, and if you keep this always in mind He will make your undertaking easier for you. You have been chosen to do His Work for Him; surely this is a great beneficence bestowed on you. Your part of gratitude in this case is to see to it that your personal interest is only second to His, that your personal choice is consequent to His, and that your personal impulses are in complete harmony with His – and then complete success and victory is yours.

Like all perfect victories should be, it will then be beneficial to Him, to you, and to Vancouver. Tell the people of Vancouver and Canada that man, who is the complete Image of God, is eternally linked to Him, Whose image they are in consciousness of this fact, and they were not invented to be a lot of footloose and fancy-free robots, unguided, irresponsible, and left to be tossed about by waves of a fate brought about as a consequence to their own action, the control of

und meinen Garten verlassen und nach Nordamerika reisen. Ich wusste, dass dies nur eine weitere einfache Fahrkarte auf einem lebenslangen Weg war. Einmal mehr sollte ich mein Zuhause für eine vollkommen unbekannte Zukunft hinter mir lassen. Beshara sollte an andere weitergegeben werden. Mir gefiel es dort und ich mochte all die Menschen, mit denen ich zusammengearbeitet und Zeit verbracht hatte. Ich liebte die Landschaft und den Wechsel der Jahreszeiten. Es war eine schwierige Zeit, doch ich erinnerte mich daran, dass ich zu diesem Werk »Ich will« gesagt hatte, und die innere Stimme war stärker als die fadenscheinigen Ausflüchte, mit denen ich Bulent zu entgegnen versuchte, weshalb ich glaube, es sei mir nicht möglich zu gehen. Wie ich bereits gesagt habe, brauchte Bulent jemanden, um die Lehren weiterzugeben; also schluckte ich herunter, was mir an Groll und Stolz verblieben war und brach mit zwei Koffern, einigen Büchern und meiner Gitarre auf. Ich war damals neununddreißig Jahre alt.

Weiter unten folgt Bulents Brief, der letzte den ich von ihm erhalten sollte. Ich teile ihn mit euch, weil er so viel von den inneren Lehren enthält. Wie er anregt, begann ich den nächsten Schritt meiner Reise in Vancouver, doch die Aufgabe, die mir anvertraut worden war, erstreckte sich über viele Jahre und brachte mich bis in den Süden ins mexikanische Tepoztlán (worüber ich in *The Invisible Way* geschrieben habe) und dann quer durch die USA und Hawaii. Ich war am Aufbau vieler Zentren beteiligt, die aber nicht mehr den Namen Beshara trugen. Ich war einer der »Reisenden«, ein moderner spiritueller Zigeuner, immer unterwegs, und lehrte, wo immer ich dazu eingeladen wurde, von New York über Los Angeles und San Francisco, von Boulder, Colorado, und Sedona in Arizona bis nach West Virginia und Texas. Schließlich landete ich in Santa Fe, New Mexico, bevor ich nach Europa zurückkehrte.

Nun bin ich fast siebzig. Ich habe kein offizielles Zuhause und teile meine Zeit zwischen Europa und den USA, wo ich weiterhin lehre. Meine drei Söhne leben über die ganze Welt verstreut, und wenn ich kann, reise ich nach meinem geliebten England, wandere durch die Moore von Devonshire und sitze am Fluss Dart. Manchmal fahre ich in den Norden auf die Orkney-Inseln vor der Ostküste Schottlands. Es ist eine wilde Gegend mit wenigen Touristen. Trotz des häufigen Regens und des kalten, scharfen Windes geben mir diese Inseln stets, was ich brauche. Sie rufen in mir wieder diese tiefe

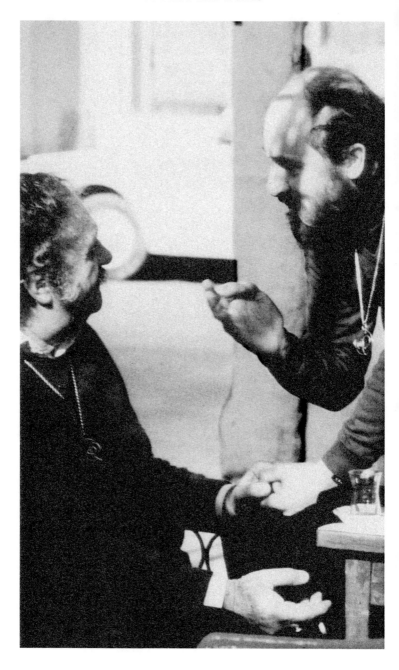

Überzeugung in die wirkliche, unveränderliche Schönheit Gottes wach, die durch endlose Jahre des Reisens und des Stadtlebens so oft verloren gehen oder geschwächt werden kann.

Ich frage mich, was das nächste Kapitel meines Lebens wohl bringen mag. Ich weiß jedoch: Wann immer ich diesen Brief von Bulent lese, bläst er frischen Wind in die Segel dieses alten Schiffes. Die Karte liegt im Wind verborgen.

29. September 1973

Lieber Reshad,

good-bye zu sagen, heißt, Gott möge mit dir sein. Das ist Er zwar immer, doch dies ist eine Erinnerung daran, dass man sich der Begleitung durch Ihn bewusst sein und alle seine Handlungen mit Seinem Wunsch in Einklang bringen soll. Mit anderen Worten, es ist eine Ermahnung, sich Seinem Willen anzuvertrauen, so dass jedes persönliche Lenken, Streben und Handeln in vollständiger Übereinstimmung mit Seinem Plan erfolgt.

Ein Beshara zu gründen, ist Teil Seines Plans, und wenn du dir das stets vor Augen hältst, wird Er dir dein Unterfangen erleichtern. Du wurdest dazu erwählt, Sein Werk für Ihn zu tun; sicher ist dir damit eine große Wohltat zuteil geworden. Dein Teil der Dankbarkeit liegt in diesem Fall darin, deine persönlichen Interessen den Seinen hintanzustellen, deine eigene Wahl in Übereinstimmung mit der Seinen zu treffen und deine persönlichen Beweggründe in vollständiger Harmonie mit den Seinen zu bringen – dann sind dir vollständiger Erfolg und Sieg gewiss.

Wie es bei jedem vollkommenen Triumph der Fall sein sollte, wird dieser dann Ihm, dir und Vancouver förderlich sein. Sag den Leuten in Vancouver und Kanada, dass der Mensch, welcher ein vollständiges Abbild Gottes ist, wenn er sich dieser Tatsache bewusst ist, ewig mit Ihm – Dessen Abbild sie sind – verbunden ist. Sie wurden nicht als ein Haufen richtungsloser und umhergetriebener Roboter erschaffen, ohne Führung, verantwortungslos und ihrer Unechtheit überlassen, umhergeworfen von den Wellen des Schicksals, die als Konsequenz ihrer eigenen Handlungen auftreten – eine Konsequenz, deren Kontrolle ihren Händen

which has slipped from their hands. Ralph Waldo Emerson says, "Woe unto him who suffers himself to be betrayed by fate."

But mankind accepts this fate, with its ebb and tide, as a birthright and as an opportunity for self-satisfaction without any obligation in return. They forget that all right incorporates an obligation. To bring out this inherent obligation in being man is your job – a difficult job that can only be resolved by a certain knowledge which inevitably leads to love. This is the knowledge of oneself.

To know oneself is surely to know Him, in Whose Image one is. For the image and the subject of that image to unite is fulfilment; and complete fulfilment is only possible in Love. Tell them that if they come to you with reservations, with prejudices, with self-centred and self-protective pettiness and bigotry, it is better for them not to come to you but to find a suitable confined form or dogma which will placate their self-righteousness. Because our way is just the opposite of this. We give up the self we have nurtured for a Universal Truth which is the matrix of our true self. For those of us who have come on this way with you, we have discovered that our selves will never again be satisfied, fulfilled, except through that reunion with the Universal Truth. If they want to give themselves up to this joy or realisation, then lead them to come to Him. And this is why Godspeed to you and goodbye. Know that a part of all of us goes with you wherever you go, together with all our prayers for success in your undertaking, and love, which is mutually His and ours. May He in His all-enfolding Compassion lend you grace and ease your task for you and protect you. God be with you.

BULENT RAUF

I saw Bulent twice more before he died in 1987. He is buried in Scotland.

2001

entglitten ist. Ralph Waldo Emerson sagt: »Wehe dem, der sich vom Schicksal betrügen lässt.«

Die Menschen jedoch akzeptieren dieses Schicksal mit seiner Ebbe und seiner Flut als Gelegenheit zur Selbstbefriedigung und als ein Geburtsrecht, das keinerlei Verpflichtung mit sich bringt. Sie vergessen, dass jedes Recht eine Verpflichtung einschließt. Diese zum Menschsein gehörende Verpflichtung wachzurufen, ist eine schwierige Aufgabe. Sie kann nur durch ein bestimmtes Wissen erfüllt werden; dieses führt unvermeidlich zur Liebe. Es ist die Kenntnis seiner selbst.

Sich selbst zu kennen, heißt sicher, Ihn zu kennen, Dessen Abbild der Mensch ist. Denn das Bild und das Subjekt dieses Bildes zu vereinen, ist Erfüllung; und vollständige Erfüllung ist nur möglich in Liebe. Sag ihnen, dass wenn sie mit Vorbehalten, mit Vorurteilen, mit egozentrischer und selbstschützender Kleinlichkeit und Bigotterie zu dir kommen, es besser für sie ist, wegzubleiben und geeignete beschränkte Formen und Dogmen zu finden, die ihrer eigenen Selbstgerechtigkeit schmeicheln. Denn unser Weg ist genau das Gegenteil davon. Wir geben das Selbst, das wir genährt haben, für eine Universelle Wahrheit auf, welche das Grundmuster für unser wahres Selbst ist. Denn diejenigen unter uns, die sich mit dir auf diesen Weg gemacht haben, haben entdeckt, dass unser Selbst nie wieder zufrieden und erfüllt sein kann, außer in jener Vereinigung mit der Universellen Wahrheit. Wenn sie sich dieser Freude oder Erkenntnis hingeben wollen, führe sie zu Ihm. Und daher: Gottes Glück auf deiner Reise und *good-bye*. Wisse, dass ein Teil von uns allen mit dir ist, wo immer du hingehst, zusammen mit all unseren Gebeten für ein Gelingen deines Unterfangens und aller Liebe, Seiner wie auch unserer. Möge Er dir in Seinem allumfassenden Mitgefühl Gnade verleihen, deine Aufgabe erleichtern und dich beschützen. Gott sei mit dir.

BULENT RAUF

Ich sah Bulent noch zweimal, bevor er 1987 verstarb. Er liegt in Schottland begraben.

༄ ༄ ༄

1976

Index

Register

Photo Credits

All photographs by Chalice Foundation, Switzerland, with the exception of the following pictures: Alois Alexander (page 610, 764), Roman Balenko / Fotolia (574), ByteSizeBiology.net (506), Gustave Doré (613), Nick Saxton (410, 468, 474, 722, 768), Ruth Linauer (492, 536 / 537), Shunya.net (432), Wikipedia (734).

Der Chalice Verlag widmet sich
der Publikation des Werkes von Reshad Feild
und wertvollen Texten aus verschiedenen
spirituellen Traditionen

Unser Verlagsprogramm und weitere Informationen
finden Sie auf unserer Website
www.chaliceverlag.ch